编委会名单

北京市
法治建设年度报告
（2018）

北京市法学会　主编

中国政法大学出版社

2019·北京

图书在版编目（ＣＩＰ）数据

北京市法治建设年度报告.2018/北京市法学会主编.—北京：中国政法大学出版社，2019.12
ISBN 978-7-5620-9384-8

Ⅰ.①北…　Ⅱ.①北…　Ⅲ.①社会主义法治－建设－研究报告－北京－2018
Ⅳ.①D927.100.4

中国版本图书馆CIP数据核字(2019)第291638号

出　版　者　　中国政法大学出版社

地　　　址　　北京市海淀区西土城路 25 号

邮寄地址　　北京 100088 信箱 8034 分箱　邮编 100088

网　　　址　　http://www.cuplpress.com (网络实名：中国政法大学出版社)

电　　　话　　010-58908289(编辑部) 58908334(邮购部)

承　　　印　　固安华明印业有限公司

开　　　本　　720mm×960mm　1/16

印　　　张　　26.25

字　　　数　　510 千字

版　　　次　　2019 年 12 月第 1 版

印　　　次　　2019 年 12 月第 1 次印刷

定　　　价　　89.00 元

前　言

　　2018 年是贯彻党的十九大精神的开局之年，是改革开放 40 周年，是全面实施新一版北京城市总体规划的第一年。中共北京市委在党中央的坚强领导下，以习近平新时代中国特色社会主义思想为指引，全面贯彻党的十九大和十九届二中、三中全会精神，深入学习贯彻习近平总书记对北京重要讲话精神，全面实施《北京城市总体规划（2016 年—2035 年）》，牢牢把握北京市"四个中心"战略定位，以建设国际一流的和谐宜居之都为目标，切实努力全面推动首都的高质量发展。

　　2018 年，中共北京市委牢固树立和贯彻落实新发展理念，顺应人民群众对美好生活的期待和需求，团结和带领北京市广大人民群众，圆满完成 2018 年中非合作论坛北京峰会服务保障任务、平昌冬奥会、平昌冬残奥会闭幕式接旗仪式和北京文艺表演，成功举办第三届国际冬季运动博览会和北京市第一届冬季运动会，扎实推进冬奥会、冬残奥会筹办工作。坚定有序推进"疏解整治促提升"专项行动，制定实施《北京市推进京津冀协同发展 2018—2020 年行动计划》，深入推进京津冀协同发展，积极稳妥有序疏解北京非首都功能。全面深化改革开放，提出进一步优化营商环境行动计划，扎实推进"营商环境四大示范工程"，努力打造国际一流的营商环境高地。全力推进全国科技创新中心建设，深化"三城一区"建设，加快构建高精尖经济结构。全面加强生态文明建设，制定实施《北京市打赢蓝天保卫战三年行动计划》和《北京市打赢净土持久战三年行动计划》，进一步完善空气重污染应急机制，修订《北京市空气重污染应急预案》，切实加强城市精细化管理，下大气力治理"大城市病"。将乡村振兴战略摆在突出位置，实施美丽乡村建设三年专项行动计划，创建良好的农村人居环境。持续保障和改善民生，发布第三期学前教育行动计划，开展校外培训机构专项治理行动，着力实施城市安全隐患治理三年行动，切实增强人民群众的获得感、幸福感、安全感。坚持全面依法治国基本方略，充分发挥市人大常委会在立法工作中的主导作用，贯彻科学立法、民主立法、依法立法原则，积极推进重点领域立法，不断提升地方立法工作质量实效；全面落实依法行政，严格规范公正文明执法，切实加强政府廉政建设；紧紧围绕"努力让人民群众在每一个司法案件中感受到公平正义"的目标，全面深化司法责任制改革，推进法律监督机制创新，切实贯彻监察法，深入开展扫黑除恶专项行动；加大普法力度，进一步推进"七五"普法，深入开展法治宣传教育，让尊法学法守法用法成为全体人民的共同追求和自觉行动。2018年，北京市从"建设法治中国首善之区"的需求出发，自觉服从服务大局，谱写了首都法治建设的新篇章。

《北京市法治建设年度报告（2018）》系统回顾和总结了北京市一年来法治建设的主要成绩和经验，汇集了法治建设各个方面的基本数据，为了解北京市法治建设提供真实全面的参考。2018年报告在2017年报告基础上，根据多次专家论证，结合机构改革，大幅调整了结构，丰富了内容，更能体现新时代北京市法治建设的总体状况。

《北京市法治建设年度报告（2018）》分为总报告、区法治建设报告、满意度调查报告和特色专项报告四部分。总报告包括八章，分别是全面依法治市，人大立法和法律监督，法治政府建设，监察法治建设，审判、检察、公安和司法行政工作，司法体制改革，法治社会建设，法治队伍建设，系统概括总结了北京市2018年法治建设各个领域的主要情况。区法治建设报告16个，分别是东城区法治建设报告、西城区法治建设报告、海淀区法治建设报告、朝阳区法治建设报告、丰台区法治建设报告、石景山区法治建设报告、门头沟区法治建设报告、房山区法治建设报告、通州区法治建设报告、顺义区法治建设报告、大兴区法治建设报告、昌平区法治建设报告、平谷区法治建设报告、怀柔区法治建设报告、密云区法治建设报告、延庆区法治建设报告，介绍了北京市16区立法、执法、司法等法治建设情况和特色亮点，为了解基层法治实际工作提供一手资料。2018年的满意度调查报告，在调整问卷结构和内容基础上，运用问卷调查方法对北京市2018年法治建设的市民感受进行了调研和分析，为了解北京市当前总体法治建设情况提供有益参考。特色专项报告9个，分别为北京市人大常委会法制办公室的《立三法修一法　形成首都交通法治新秩序》，北京市高级人民法院审判管理办公室课题组的《发挥金融审判职能　保障金融健康发展》，北京市人民检察院的《关于加强法律监督工作情况的报告》，北京市司法局的《北京市公共法律服务体系建设工作情况》，北京市戒毒管理局的《强制隔离戒毒人员复吸原因调查及防范对策研究》，北京市监狱管理局的《统筹推进五大改造工作情况》，北京市教育委员会的《北京市年度法学教育报告》，北京市律师协会的《2018年北京律师行业十大亮点工作巡礼》，朝阳区法学会的《朝阳区构建"吹哨报到"基层治理新模式》，展示了法治建设的亮点和成效。

本报告的编写工作得到了市委政法委、市人大法制办、市司法局和市各有关单位，各区委政法委、区法学会和区各有关单位及众多专家学者的大力支持，在此特别致谢！

目 录
Contents

调查报告

专题报告

总 报 告

一、全面依法治市 *

　　按照中央决策部署和中央全面依法治国委员会办公室工作要求，2018 年底，北京市组建了中共北京市委全面依法治市委员会，进一步加强市委对北京法治建设的集中统一领导，标志着北京市的法治建设踏上了新的征程。

　　（一）重要意义

　　全面依法治市是新时代北京市深入学习贯彻习近平总书记关于全面依法治国的重要论述，牢固树立"四个意识"，自觉提高政治站位，切实把思想和行动统一到党中央决策部署上来，是确保依法治国基本方略落地生根的必然要求，是满足人民群众在民主、法治、公平、正义、安全等方面新需求的迫切需要，是深化依法治国实践、推动法治中国首善之区建设迈上新台阶的有力务实举措。全面依法治市要加强市委对立法工作的领导，加强重点领域立法，加强法治政府建设，深化司法体制改革，全面推进法治社会建设，畅通各类法治人才交流渠道，为首都经济社会发展营造更加公正高效的法治环境。

　　（二）机制搭建

　　中共北京市委全面依法治市委员会主任由市委书记蔡奇同志担任，副主任由市委副书记、市长陈吉宁，市人大常委会主任李伟同志担任，办公室设在市司法局，市委常委、政法委书记张延昆同志兼任办公室主任。2018 年 12 月 21 日，中共北京市委全面依法治市委员会召开第一次会议。市委书记、市委全面依法治市委员会主任蔡奇主持会议并讲话。会议传达学习了习近平总书记在中央全面依法治国委员会第一次会议上的重要讲话精神，审议通过了《中共北京市委全面依法治市委员会工作规则》《中共北京市委全面依法治市委员会协调小组工作规则》和《中共北京市委全面依法治市委员会办公室工作细则》。

　　会议确定了全面依法治市工作机制。中共北京市委全面依法治市委员会发挥

---

　　* 市司法局提供材料。

牵头抓总作用，重大事项要及时向党中央、向中央全面依法治国委员会报告。委员会办公室要做好具体的协调、督促、检查等工作。各协调小组在相关领域发挥统筹协调作用，定期向委员会报告工作。各有关部门履职尽责，加强协作，确保任务落到实处，更好地发挥法治固根本、稳预期、利长远的保障作用，以首善标准扎实做好法治建设各项工作。

二、人大立法和监督工作[*]

2018 年，北京市人民代表大会常务委员会（以下或称市人大常委会）共召开常委会会议 10 次、审议议题 74 项，制定法规 5 部、修改 9 部，听取和审议"一府两院"专项工作报告 13 个，开展执法检查 2 项、专题询问 2 项，通过有关法规问题和重大问题的决议决定 7 项。

（一）立法工作

1. 坚持和加强党对人大工作的全面领导

坚持正确的政治方向。市人大常委会牢记习近平总书记"看北京首先从政治上看"的要求，健全完善市人大常委会党组向市委请示报告制度，就贯彻党中央决策部署以及落实市委工作安排以及人大工作中的重要问题、重大事项，全年报告 85 次；就立法规划编制、重要法规审议、重点议题监督等事项，提请市委常委会会议和市委深改委会议研究决定 13 次。

2. 谋划五年立法任务

编制北京市十五届人大常委会立法规划，确定了本届人大任期内制定或修订、开展调研起草和根据需要及时立改废的三大类 65 个立法项目。在前两类 56 个项目中，同贯彻实施新版城市总规直接相关的有 19 项；同全面深化改革、构建有效的超大城市治理体系、保障改善民生相关的有 37 项。在首次设置的第三类项目中，明确规定根据实际情况变化，及时就实施机构改革、配合上位法修改、筹办北京冬奥会、冬残奥会等项目启动立法程序。

3. 针对城市治理难题打出立法组合拳

城市交通治理方面，制定《北京市机动车停车条例》《北京市查处非法客运若干规定》和《北京市非机动车管理条例》，修改《北京市实施〈中华人民共和国道路交通安全法〉办法》，对本市静态交通、动态交通环境和机动车、非机动

＊ 北京市人民代表大会常务委员会工作报告。市人大提供。

车等交通工具使用进行全面规制。针对生态环境领域突出问题，深化京津冀立法工作协同机制，确定《北京市机动车和非道路移动机械排放污染防治条例》作为三地人大立法工作协同项目，联合攻关、协同推进。审议通过《北京市气象灾害防御条例》，安排审议《北京市危险废物污染环境防治条例（草案）》，对《北京市生态保护红线管理条例》进行了立项论证。对《北京市大气污染防治条例》等7部法规进行修改。

4. 探索"小切口"立法

《北京市查处非法客运若干规定》《北京市小规模食品生产经营管理规定》聚焦城市管理突出问题，精准发力，增强立法针对性、实效性，推动城市管理精细化水平提升。

表1　2018年地方性法规审议通过情况

序号	名　称	审议、通过情况
1	《北京市机动车停车条例》	2018年3月30日北京市第十五届人民代表大会常务委员会第三次会议通过
2	《北京市人民代表大会常务委员会关于修改〈北京市大气污染防治条例〉等七部地方性法规的决定》	2018年3月30日北京市第十五届人民代表大会常务委员会第三次会议通过
3	《北京市人民代表大会常务委员会关于修改〈北京市国家工作人员宪法宣誓组织办法〉的决定》	2018年3月30日北京市第十五届人民代表大会常务委员会第三次会议通过
4	《北京市查处非法客运若干规定》	2018年5月31日北京市第十五届人民代表大会常务委员会第四次会议通过
5	《北京市非机动车管理条例》	2018年9月28日北京市第十五届人民代表大会常务委员会第七次会议通过
6	《北京市人民代表大会常务委员会关于修改〈北京市实施中华人民共和国道路交通安全法办法〉的决定》	2018年9月28日北京市第十五届人民代表大会常务委员会第七次会议通过
7	《北京市气象灾害防御条例》	2018年11月23日北京市第十五届人民代表大会常务委员会第九次会议通过
8	《北京市小规模食品生产经营管理规定》	2018年12月27日北京市第十五届人民代表大会常务委员会第十次会议通过
9	《北京市危险废物污染环境防治条例（草案）》	2018年5月31日北京市第十五届人民代表大会常务委员会第四次会议审议

序号	名　称	审议、通过情况
10	《北京市城乡规划条例（修订草案）》	2018 年 11 月 21 日北京市第十五届人民代表大会常务委员会第九次会议审议

（二）监督工作

1. 对法律法规实施情况进行检查

先后组织了对《北京市消防条例》《中华人民共和国旅游法》及《北京市旅游条例》实施情况的执法检查，明确指出电动自行车停放充电、老旧厂房转型利用中消防监管标准和民宿经营管理、"一日游"市场治理等方面存在的问题，督促有关部门落实依法行政职责。在全国人大常委会组织的《中华人民共和国大气污染防治法》实施情况的执法检查活动中，在自查报告中提出移动源污染防治、挥发性有机物监管和区域污染防治协同等方面存在的问题和相关工作建议。

2. 听取和审议专项工作报告

全年围绕落实《北京城市总体规划（2016 年—2035 年）》督办 3 项议案、审议 5 个专项工作报告。听取和审议市政府关于城市总规实施进展情况的报告。公开政府的工作情况和常委会的审议意见。审议《北京城市副中心控制性详细规划（街区层面）》草案。听取和审议市政府关于"三城一区"建设发展情况的报告。听取和审议市政府关于"聚焦'一核一城三带两区'，推进全国文化中心建设"和"提高城市精治共治法治水平，持续改善人居环境"两项议案办理情况的报告。听取和审议市政府关于"十三五"规划纲要实施情况中期评估报告。听取和审议市政府关于金融企业国有资产专项报告。听取和审议本市侨务工作情况报告。听取和审议市政府关于"实施乡村振兴战略，促进城乡融合发展"议案办理情况报告。

3. 预算决算监督工作

落实党中央办公厅《关于人大预算审查监督重点向支出预算和政策拓展的指导意见》中的要求，完善财经委员会牵头、相关专门委员会参与的、具有北京特色的预算初审制度，新建预算联网监督系统并在初审中首次投入使用。

听取和审议北京市 2017 年市级决算草案的报告、批准 2017 年市级决算，并在健全支出政策科学论证制度、完善预算绩效管理相关规划、加强对基层预算单位监管等方面提出审议意见。听取和审议北京市 2018 年地方政府债务限额及市级预算调整方案、作出批准执行的决议，并就严格债券发行管理、提高政府债务资金使用效益、依法查处变相举债提出建议。

4. 对规范性文件进行备案审查

2018 年，市人大常委会审查市政府报送的规范性文件 18 件，处理公民审查建议 2 件，积极推进规范性文件备案审查信息平台建设、做好现行有效政府规章电子报备工作，确保党中央令行禁止，保证宪法和法律法规得到有效实施，维护国家法制统一。

5. 推动解决民生领域重点问题

学前教育方面，市人大常委会深入全市 16 区调研了解工作情况，借鉴兄弟省市先进经验。在听取和审议专项工作报告、组织专题询问过程中，就学位供给、成本分担、师资保障、管理体制改革等提出有针对性的审议意见。居家养老方面，听取和审议专项工作报告、开展专题询问，重点关注康复护理服务体系建设、长期护理保险制度试点、家庭医生签约和家庭病床发展等方面工作进展。

6. 加强对监察和司法工作的监督

市人大常委会落实深化国家监察体制改革的要求，探索人大监督的方式方法，以主任专题会议形式听取市监察委员会工作情况。听取和审议市高级人民法院关于"基本解决执行难"工作情况的报告、市人民检察院关于加强法律监督工作情况的报告，在深入推进审执分离改革、健全执行联动常态化工作机制、加强对民事执行的监督、综合运用多种方式开展诉讼监督等方面提出审议意见，组织代表旁听本市首例刑事附带民事公益诉讼案件庭审，提升司法工作公信力。

表2 2018 年对规范性文件进行备案审查

备案编号	规范性文件名称	规范性文件文号
1	《北京市农业机械安全监督管理规定》	北京市人民政府令第 279 号
2	《北京市人民政府关于废止〈关于所外执行劳动教养的暂行规定〉等 19 项规章的决定》	北京市人民政府令第 278 号
3	《北京市公共信用信息管理办法》	北京市人民政府令第 280 号
4	《北京市人民政府关于宣布失效一批市政府文件的决定》	京政发〔2018〕7 号
5	《北京市人民政府关于环境保护税收入市区分享比例的通知》	京政发〔2018〕11 号
6	《北京市人民政府关于实施工作日高峰时段区域限行交通管理措施的通告》	京政发〔2018〕15 号
7	《北京市人民政府关于印发〈北京市政府核准的投资项目目录（2018 年本）〉的通知》	京政发〔2018〕13 号

备案编号	规范性文件名称	规范性文件文号
8	《北京市人民政府关于扩大对外开放提高利用外资水平的意见》	京政发〔2018〕12号
9	《北京市人民政府关于修改〈北京市行政执法机关移送涉嫌犯罪案件工作办法〉的决定》	北京市人民政府令第281号
10	《北京市社会救助实施办法》	北京市人民政府令第282号
11	《北京市人民政府关于修改〈北京市利用文物保护单位拍摄电影、电视管理暂行办法〉等26项规章部分条款的决定》	北京市人民政府令第277号
12	《北京市人民政府关于发布北京市生态保护红线的通知》	京政发〔2018〕18号
13	《北京市人民政府关于落实向市人大常委会报告国有资产管理情况制度的实施意见》	京政发〔2018〕20号
14	《北京市人民政府关于印发〈北京市打赢蓝天保卫战三年行动计划〉的通知》	京政发〔2018〕22号
15	《北京市人民政府关于印发〈市政府重大决策出台前向市人大常委会报告工作办法〉的通知》	京政发〔2018〕23号
16	《北京市人民政府关于印发〈北京市空气重污染应急预案（2018年修订）〉的通知》	京政发〔2018〕24号
17	《北京市人民政府关于市政府机构改革涉及市政府规章规定的行政机关职责调整问题的决定》	京政发〔2018〕25号
18	《北京市人民政府关于鼓励社会力量兴办教育促进民办教育健康发展的实施意见》	京政发〔2018〕26号
19	《北京市人民政府关于做好当前和今后一个时期促进就业工作的实施意见》	京政发〔2018〕30号
20	《北京市人民政府关于改革国有企业工资决定机制的实施意见》	京政发〔2018〕31号

三、法治政府建设

　　2018年，市各级行政机关深入学习贯彻习近平新时代中国特色社会主义思想和党的十九大精神，按照党中央、国务院和市委、市政府统一部署，认真落实中共中央、国务院印发的《法治政府建设实施纲要（2015—2020年)》（以下简称《纲要》）中的要求，法治政府建设取得积极成效。[1]

　　（一）加快推进政府职能转变[2]

　　加大优化营商环境改革力度，制定出台"9+N"系列政策措施和进一步优化营商环境3年行动计划，积极向国家有关部门提出修法建议，开办企业时间压缩至5天，工程建设项目审批制度改革试点深入推进。北京市在国内22个城市营商环境试评价中综合排名第一。深化"放管服"改革，市区两级行政审批事项压缩一半以上，编制市、区、街道（乡镇）、社区（村）四级政务服务事项清单，建成网上政务服务大厅，工程建设项目竣工联合验收机制等5个典型经验在全国复制推广。推进重点领域行政管理体制改革，北京市人民政府办公厅印发《机构改革期间行政执法工作衔接规则》等文件，为市级机构改革提供坚实法治保障。积极推进"街乡吹哨、部门报到"改革，在16个区169个街乡进行试点，相关经验在中央全面深化改革委员会第五次会议上得到充分肯定并向全国推广。加强社会信用体系建设，建成全市统一公共信用信息服务平台和"信用北京"网站，颁布《北京市公共信用信息管理办法》。

　　（二）规范性文件的合法性审查和备案工作[3]

　　加强行政规范性文件合法性审查和备案监督工作，完成339件市政府重大行

〔1〕　北京市司法行政系统2018年工作总结。市司法局提供。

〔2〕　北京市人民政府关于2018年法治政府建设情况的报告，载http://www.beijing.gov.cn/zhengce/zhengcefagui/201905/t20190530_82344.html.

〔3〕　北京市人民政府关于2018年法治政府建设情况的报告，载http://www.beijing.gov.cn/zhengce/zhengcefagui/201905/t20190530_82344.html.

政决策、行政规范性文件和协议的合法性审查。认真落实《北京市行政规范性文件备案规定》，对各区政府、市政府各部门报送的 399 件行政规范性文件进行备案。办理公民、法人和其他组织提起的行政规范性文件合法性审查 10 件。

（三）积极推进重点领域立法[1]

研究制定《市政府 2018 年立法工作计划》，加强城市规划建设、民生保障、生态文明建设、城市精细化管理等重点领域立法。向市人大常委会报审《北京市城乡规划条例》等 6 部地方性法规草案，制定《北京市社会救助实施办法》等 4 部政府规章；完成对现行有效的 250 项政府规章的集中清理，废止 19 项、简易修改 26 项、全面修订 20 项。

（四）不断提升行政执法效能[2]

做好《北京市实施行政处罚程序若干规定》等 3 部新修订政府规章及《行政强制案卷标准和评查扣分细则（2017 版）》宣传贯彻工作。对城市管理等部门相对集中行政处罚权工作落实情况开展专项督察。加强全市行政执法信息服务平台建设，平台二期项目入选司法部全国信息化应用系统优秀典型案例和法治政府建设提名奖。

（五）进一步强化对行政权力的监督[3]

1. 主动接受人大依法监督和政协民主监督

向市人大常委会报告工作 27 项，接受专题询问 2 项，接受法律法规实施情况检查 2 项；向市政协通报工作 16 项，就 8 项重点议题开展协商；办理全国"两会"建议提案 47 件，办理市人大代表议案 4 件、建议 931 件，办理市政协提案 941 件。

2. 主动接受纪检监察机关监督

制定落实党中央、国务院和市委重大决策部署实施方案时，主动征求纪检监察机关意见；实施重大专项行动过程中，主动接受纪检监察机关监督；邀请纪检监察机关相关负责同志列席市政府常务会议；政府各职能部门主动接受派驻纪检监察组日常监督；高度重视纪检监察机关建议书，坚决整改落实。

3. 自觉接受司法监督

将行政机关负责人出庭应诉等情况纳入依法行政考核，全市行政机关负责人

---

[1] 北京市人民政府关于 2018 年法治政府建设情况的报告，载 http://www.beijing.gov.cn/zfxxgk/dxq354/gfxwj/2019-05/31/content_7b57407289ff41e5b7a7af9445e49b6b.shtml.

[2] 北京市人民政府关于 2018 年法治政府建设情况的报告，载 http://www.beijing.gov.cn/zhengce/zhengcefagui/201905/t20190530_82344.html.

[3] 北京市人民政府关于 2018 年法治政府建设情况的报告，载 http://www.beijing.gov.cn/zhengce/zhengcefagui/201905/t20190530_82344.html.

出庭应诉达 1455 人次，较 2017 年增长 61.7%。

4. 加强审计监督

对城市副中心建设等政府重大投资项目和教育、卫生、养老等民生重点领域开展审计，首次实现对市级 208 个一级预算单位审计全覆盖。创新预算执行动态监督模式，在 14 个部门 35 家基层预算单位开展实有资金监控试点。

（六）扎实推进政府信息和政务公开[1]

深化政府信息公开工作，加大优化营商环境、社会公益事业建设等重点领域信息公开力度，开展覆盖全市各行业领域和市、区、街道（乡镇）三级的政务公开全清单编制工作，全年受理向市政府提出的信息公开申请、咨询、举报 1441件。《2017 年北京市政府信息公开工作年度报告》被中国政府网重点推介。创新开展政务公开工作，完成全国基层政务公开标准化规范化试点；完善政务公开惠民便民地图，新增医院预约挂号、企业信用信息查询等 17 项办事服务功能；办好"市民对话一把手"节目。在国务院办公厅组织的全国政府网站抽查中，我市在省级政府中唯一连续 9 个季度合格率 100%。

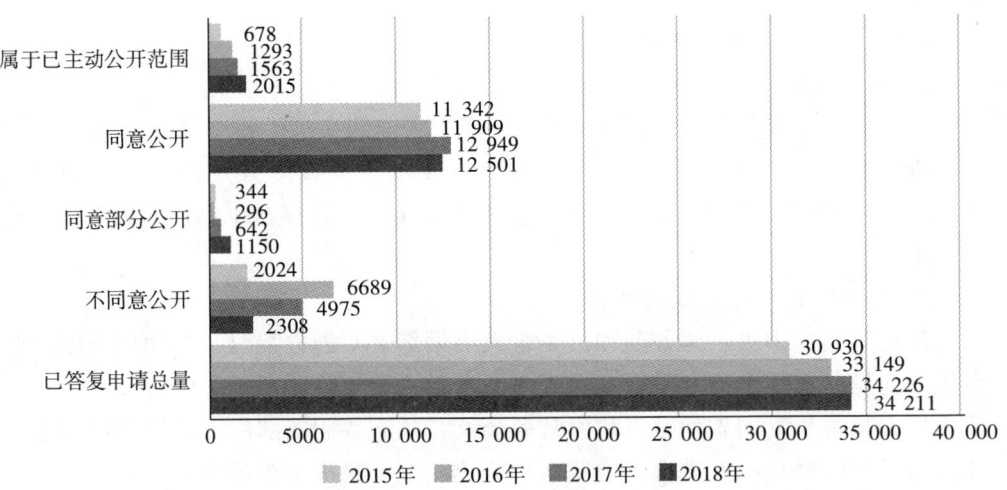

图 1　2015—2018 年答复申请类型数量（单位：件）

（说明：在不同意公开的 2308 件中，有非《中华人民共和国政府信息公开条例》所指政府信息 1576 件。数据来源于 2018 年北京市政府信息公开工作年度报告，载 http：//www. beijing. gov. cn/gongkai/gkzt/2018nb/t1580426. htm？from＝timeline. ）

---

[1]　北京市人民政府关于 2018 年法治政府建设情况的报告，载 http：//www. beijing. gov. cn/zhengce/zhengcefagui/201905/t20190530_82344. html.

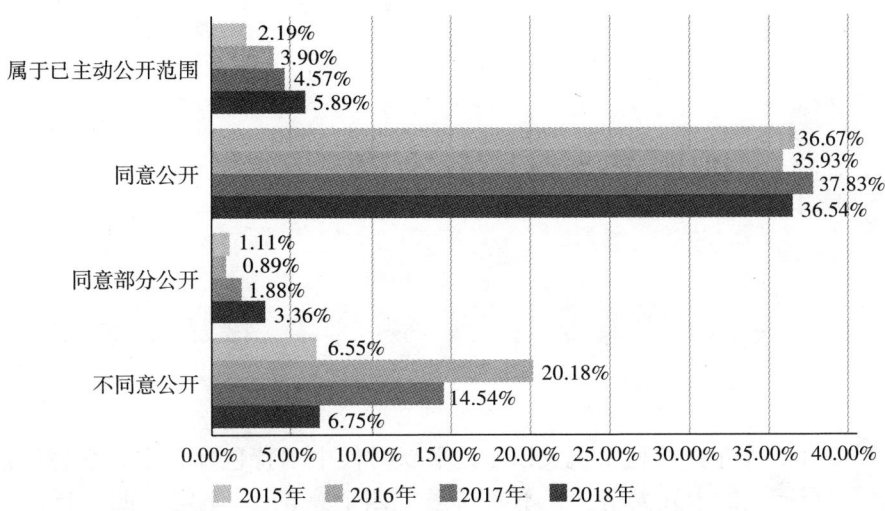

图2 2015—2018 年答复申请类型占比情况

（数据来源于 2018 年北京市政府信息公开工作年度报告，载 http：//www. beijing. gov. cn/gongkai/gkzt/2018nb/t1580426. htm？from＝timeline.）

（七）加强依法行政能力建设[1]

坚持会前学法制度，邀请全国人大法工委、中央纪委国家监委等机关专家在市政府常务会会前进行学法辅导，各区政府、市政府各部门组织区政府常务会、部门办公会会前学法 257 次。组织多层次法治教育培训，举办局级干部法治政府建设专题培训班，在局级干部研修班、中青年干部培训班等开设依法行政相关课程；利用北京干部教育网，开发 17 门以依法行政为主题的课程；各区政府、市政府各部门共举办依法行政专题培训班 80 余期，举办各类法制讲座 100 余次。加强法治宣传教育，积极开展"12·4"国家宪法日以及"法律十进""以案释法"等宣传活动。

---

[1] 北京市人民政府关于 2018 年法治政府建设情况的报告，载 http：//www. beijing. gov. cn/zhengce/zhengcefagui/201905/t20190530_82344. html.

四、监察法治建设*

2018 年，全市纪检监察机关以习近平新时代中国特色社会主义思想为指导，深入学习贯彻党的十九大精神，不断增强"四个意识"，坚定"四个自信"，做到"两个维护"，在完成党和国家赋予的为国家监察体制改革探路、为全国推开积累经验这一政治任务的基础上，坚持首善标准，始终以走在最前列的要求自我加压，不断深化改革，将制度优势转化为治理效能，取得了显著的阶段性成效。

（一）监察全覆盖体系更加严密

监察体制改革推开后，北京市精准识别监察对象，明确 6 类监察对象的具体标准，建立动态识别确认机制，将党员和行使公权力的公职人员全面纳入监督范围，在监督对象上达到了全覆盖。经在全市范围内进行摸排认定，监察对象达到 77.1 万人，比改革前增加了 56 万人，为把握地区政治生态，奠定了坚实基础。

为适应监察范围扩大的现实要求，真正实现"监督无空白"，北京在市区两级建立监察委。在横向层面，将派驻纪检组更名为派驻纪检监察组，赋予其部分监察职能，还探索了由市监委向承担城市副中心工程建设和冬奥会、残奥会筹办等重大阶段性任务的组织和单位派出监察专员，实现横向层面监察职能的有效拓展。在纵向层面，为打通监察"最后一公里"，北京市出台《关于进一步加强乡镇街道纪检监察工作的指导意见》，区监委向街道派出监察组、向乡镇派出监察办公室，加强乡镇街道纪检监察组织体系建设，完善工作机制，强化日常管理，把基层现有的监督机构和监督力量调动起来，充分发挥乡镇（街道）纪（工）委委员、村和社区党组织纪检委员的作用，指导督促村（居）务监督委员会发挥作用，使基层党内监督和监察监督、民主监督统一起来，加强对基层党员和所有行使公权力的公职人员的监督，推进监察组织体系全覆盖。

---

* 北京市纪委市监委 2018 年度工作报告。市纪委市监委提供。

（二）监察权运行更规范

深化国家监察体制改革，需要完善制度，在实效上做文章。在改革初期，北京市就从组织决策、执纪执法、法法衔接、监督制约四个方面构建了"1+4"制度体系。全国推开改革试点工作后，北京对标监察法 9 项配套规定，在先期改革试点的基础上，持续加强规章制度体系建设，对有关制度进行合并、补白、细化、修订。紧紧围绕纪检监察机关监督执纪问责和监督调查处置工作职责，从综合决策、监督问责、线索管理、审查调查、审理执行、纪法衔接和自我监督 7 个方面建章立制，基本形成综合决策科学、履行职责有力、纪法衔接顺畅、自我监督有效的纪检监察法规制度体系。

（三）监察体制改革成效更加显著

1. 惩治腐败更加有力

2018 年，全市各级纪检监察机关共接受检举控告类信访举报 40 025 件次；处置问题线索 17 567 件；给予党纪政务处分 3565 人，同比增长 10.9%；移送司法机关 235 人，同比增长 164%。线索处置数、立案数、处分人数均再创改革开放以来的历史新高。

2. 分类处置更加精准

2018 年，全市纪检监察机关运用监督执纪"四种形态"处理 14 808 人次。其中，第一种形态、第二种形态 13 783 人次，占 93.1%；第三种形态 561 人次，占 3.8%；第四种形态 464 人次，占 3.1%。全市共查处违反中央八项规定精神问题 636 人，给予党纪政务处分 572 人。

3. 追逃防逃更加有效

监察体制改革以来，北京市共追回在逃人员 35 名，成功阻止 15 名有外逃嫌疑的党员干部出境，继续保持新增外逃人员"零增长"，延续了追逃追赃工作在改革试点期间的良好局面，并形成了持续震慑。

4. 纠"四风"更加科学完善

整治形式主义、官僚主义是正风肃纪、纠正"四风"的长期任务，市纪委市监委将信息化手段运用于纠"四风"工作中，充分运用大数据拓宽监督渠道，分析筛查发票电子记录、公车加油卡消费记录、公车行驶记录，开展多轮次治理。利用大数据等科技手段加以监督，为纠"四风"插上科技翅膀，取得了传统监督形式难以取得的效果。

（四）自身建设更加严格、规范

1. 从严教育，勤为打铁"蓄能"

2018 年，市纪委市监委领导班子发挥"头雁效应"，加强思想建设，认真学习贯彻习近平新时代中国特色社会主义思想，带头履行全面从严治党的政治责任，增强"四个意识"，坚定"四个自信"，做到"两个维护"。紧扣习近平新时代中国特色社会主义思想和中央、市委中心工作开展集体学习和交流研讨，全年共计 37 次。

加强政治理论教育，组织举办全市纪检监察系统深入学习贯彻党的十九大精神和监察法的专题培训班 3 期，切实深入推进宪法、监察法和《中国共产党纪律处分条例》的学习落实。首次开展全市纪检监察干部大练兵，通过"学""炼""考""比"，进一步提升全市纪检监察干部业务能力。2018 年，共培训纪检监察干部 3278 人次。

2. 开列"负面清单"，亮明行为底线

2018 年，针对纪检监察干部履职风险点，市纪委市监委印发《北京市纪委市监委机关干部行为规范"十不准"》《北京市纪检监察干部公务回避规定》等制度，为全市纪检监察干部列出"不可为"的负面清单，严格规范审查调查权力，构建责任认定和追究机制，将责任压力传递到每个环节，为自我监督划出清晰的制度路径，为强化纪检监察干部自我约束立起规矩、亮明底线，这既是高标准、严要求，也体现了对纪检监察干部的关心爱护。

五、审判、检察、公安和司法行政工作

（一）审判工作[1]

2018年，全市法院新收案件895 224件，比上年增长16.3%，结案893 570件，比上年增长5.4%；其中，市高级法院新收案件17 838件，结案17 833件。全市法官人均结案357.1件，居全国首位。

1. 履行审判职能

（1）刑事审判工作。全年审结刑事案件21 928件。

第一，深入开展扫黑除恶专项斗争。认真贯彻习近平总书记关于扫黑除恶专项斗争重要指示精神，全面落实中央部署和市委要求，坚持依法严惩方针，受理黑恶犯罪案件53件，依法从严从快审结36件，追缴、罚没财产2000余万元，甄别移送黑恶犯罪线索112条。

第二，依法严惩严重刑事犯罪。审结杀人、抢劫、绑架等严重暴力犯罪案件4919件，对1307人判处5年有期徒刑以上刑罚。审结非法集资、电信诈骗等涉众型经济犯罪类案件467件。审结危害食品药品安全、破坏生态环境资源犯罪类案件335件。积极参与社会治安综合治理，组建"以案释法"百人讲师团，深入开展送法进农村、进社区、进学校、进军营活动，促进犯罪源头预防、矛盾源头化解。

第三，坚定不移惩治贪腐。坚决落实中央反腐败斗争决策部署，审结贪污贿赂等职务犯罪类案件291件。依法审理张少春、张化为、莫建成、刘强等原省部级领导干部重大职务犯罪案件。

第四，加强人权司法保障。严格落实罪刑法定、疑罪从无、证据裁判、非法证据排除等原则，对3名公诉案件被告人、12名自诉案件被告人依法宣告无罪。继续推进律师辩护全覆盖，一审刑事案件律师辩护率提高到95%。深化认罪认罚

---

[1] 2018年法院法治建设白皮书材料。市高级人民法院提供。

从宽制度改革试点，对 4529 名被告人依法判处缓刑、管制或免予刑事处罚。在少年审判工作中，贯彻教育、感化、挽救方针，健全轻罪记录封存、回访帮教等制度。

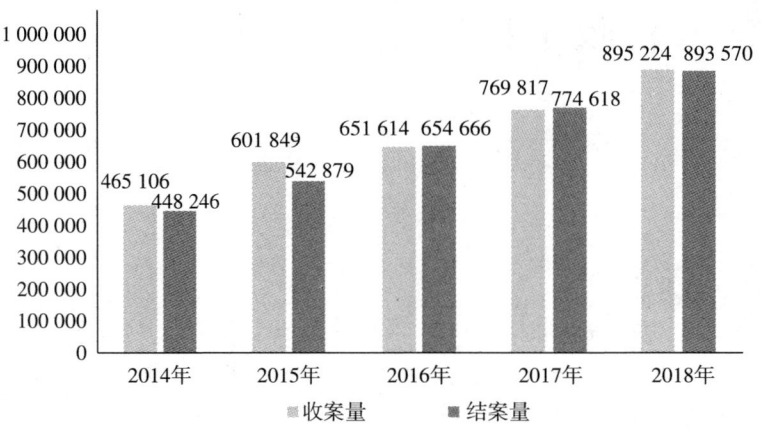

图 3　北京市近 5 年全市法院收案结案情况（单位：件）

（2）民商事审判工作。全年审结民商事案件 560 415 件。

第一，围绕实施新一版北京城市总体规划、疏解非首都功能，审结有关企业和市场疏解、大棚房整治中的解除租赁、劳动争议、拆迁腾退等案件 4095 件。围绕防范化解重大风险，审结金融借款、民间借贷、信用卡、证券、保险等案件 121 052 件。围绕污染防治，试行生态环境损害赔偿制度，审结环境污染责任纠纷 81 件。围绕脱贫攻坚、乡村振兴，依法妥善审理涉山区农村搬迁、农村房屋建设、承包地"三权分置"等案件 2370 件。围绕服务保障军队和武警部队全面停止有偿服务，坚决如期完成 1144 件相关案件审判执行任务。

第二，加强民生司法保障。高度关注人民群众对教育、医疗、消费者权益等问题的关切，审结医患纠纷、人身伤害、产品责任等案件 8043 件。依法保障劳动者权益和企业用工权益，审结劳动争议案件 29 715 件，发布劳动关系诚信建设十大典型案例。依法保障妇女、儿童、老年人、残疾人权益，依法保障军人军属权益，审结婚姻家庭继承案件 57 111 件。健全司法救助制度，向 880 名生活困难的当事人发放司法救助金。

（3）知识产权审判工作。全年审结知识产权案件 57 086 件。

制定《关于加强知识产权审判促进创新发展的若干意见》，服务保障"三城一区"建设。审结专利案件 1341 件；审结商标案件 14 061 件；审结著作权案件

38 378 件[1]。加强知识产权审判领域改革创新，依法适用惩罚性赔偿，加强行为保全、证据保全等措施的适用。一批典型案例在国内国际产生重要影响。

（4）行政审判工作。全年审结行政案件 22 894 件。

发挥行政审判职能作用，支持行政机关依法履责，保障城市副中心、北京大兴国际机场建设和棚户区改造、中轴线申遗等重点工作、重点工程有序推进；依法保护行政相对人权益，原告胜诉或协调解决的行政案件占 21.7%；通过发布行政审判白皮书、发送司法建议等，促进行政机关依法行政。

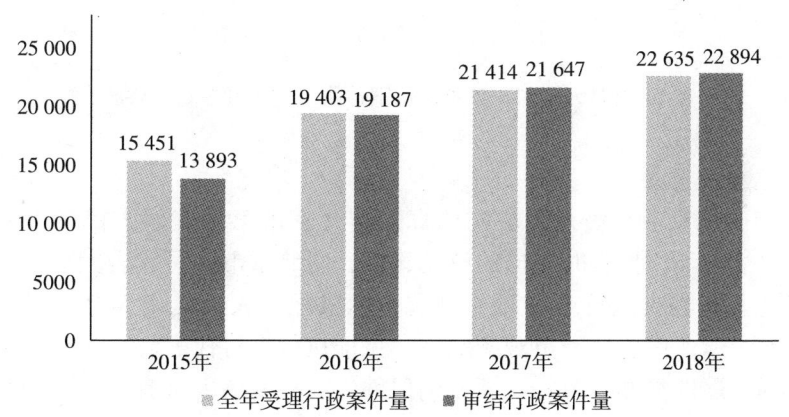

图 4　北京市近 4 年行政案件结案情况（单位：件）

（说明：本图中行政案件不含知识产权行政案件）

2. 全面加强执行工作

全年新收执行案件 216 393 件，执结 217 483 件。

健全由全市 49 家单位参加的执行联席会议制度，形成综合治理执行难工作格局。完善执行查控机制，实现对车辆、房产、工商、民政等 9 类政务信息和银行存款的联动查询。建立联合信用惩戒机制，在行业准入、生活消费、融资信贷等方面，对失信被执行人进行信用监督、警示、惩戒，加强执行宣传，促使被执行人履行判决义务。全年公布失信被执行人信息 7.3 万起，限制 38.6 万人次购买飞机票，限制 4.3 万人次购买动车、高铁票，限制 2.2 万人参加小客车指标摇号。开展规范执行行为专项整治行动，着力解决消极执行、选择性执行、乱执行等问题。大力开展执行信息化建设，形成由执行指挥系统、执行查控网、网络拍卖平台、管理监督平台等组成的执行信息系统。

---

[1]　知识产权案件中还包括少量的反垄断，不正当竞争等其他案由的案件，此处未列举。

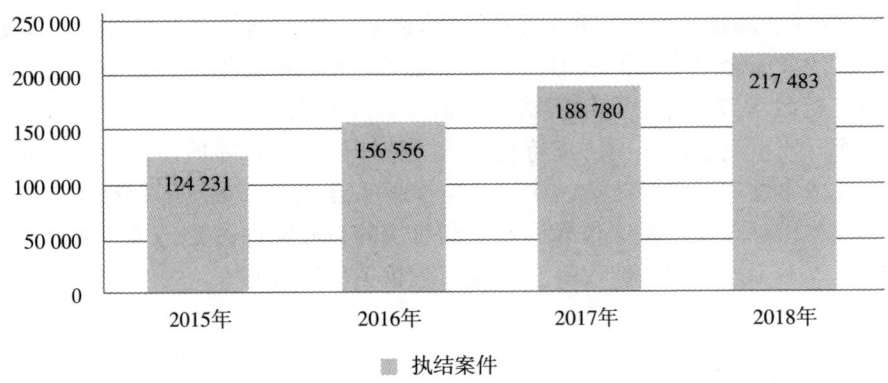

图 5　2015—2018 年年法院案件执结情况（单位：件）

3. 自觉接受监督

2018 年，北京市高级人民法院认真落实北京市第十五届人民代表大会第一次会议审议法院工作报告时提出的意见建议，向北京市人民代表大会常务委员会专项报告"基本解决执行难"工作情况，积极配合人民代表大会开展专题调研和集中视察。邀请代表、委员观摩庭审、见证执行，对代表、委员提出的意见建议逐条梳理、逐件督办、及时反馈，确保件件有答复、事事有回音。加强代表建议、委员提案办理工作，31 件代表建议、13 件委员提案全部办结。自觉接受政协民主监督，认真整改市政协司法责任制落实情况专项监督报告提出的问题。

（二）检察工作[1]

1. 履行刑事检察职能

2018 年，全市检察机关认真履行批捕、起诉等职能，共受理审查批准和决定逮捕案件 17 359 件 24 222 人，逮捕 11 576 件 14 817 人；受理审查起诉案件 20 311 件 26 148 人，起诉 16 865 件 21 073 人。

---

〔1〕　北京市人民检察院 2018 年工作报告。市检察院提供。

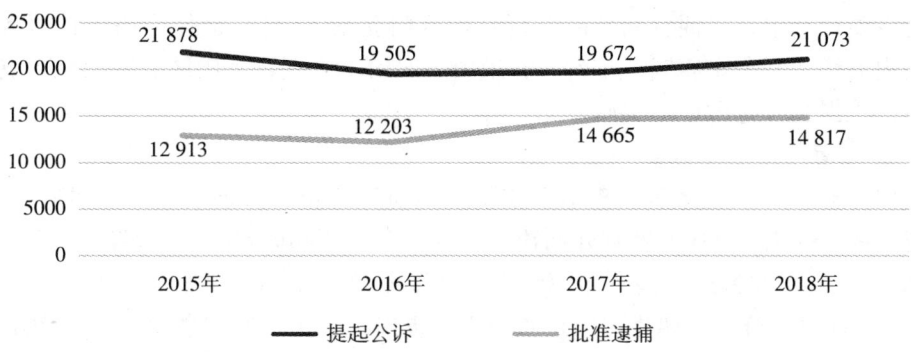

图6　2015—2018 年北京市检察机关批准逮捕及提起公诉的情况（单位：人）

（1）依法开展刑事犯罪检察。起诉故意杀人、抢劫、绑架等严重暴力犯罪903 件 1227 人，起诉盗窃、诈骗、敲诈勒索等多发性侵财犯罪 5150 件 6360 人，起诉危害食品药品安全犯罪 306 件 366 人。妥善办理了红黄蓝幼儿园教师虐童案、西单大悦城持械行凶案等社会关注案件。严厉打击暴力伤医、"医闹"滋事刑事犯罪。加强对涉罪未成年人的感化、挽救，坚持少捕、慎诉、少监禁，附条件不起诉 80 人。严惩侵害未成年人恶性犯罪。

（2）依法开展国家安全和公共安全犯罪检察。牢固树立总体国家安全观，立足北京全国政治中心定位，起诉间谍、煽动实施恐怖活动、利用邪教组织破坏法律实施、编造传播政治谣言寻衅滋事犯罪 85 件 111 人。依法办理各类涉军犯罪 38 件 89 人。

（3）依法开展职务犯罪检察。受理监察委员会移送案件 214 件 229 人，经审查决定逮捕 139 人，取保候审 64 人；提起公诉 167 件 182 人。与市纪委市监委等单位会签职务犯罪案件提前介入、退回补充调查等规范性文件；探索拘留对接留置、设立强制措施审查期限等工作机制，办案衔接不断完善。

（4）依法开展经济犯罪检察。起诉非法集资犯罪 434 件 1098 人，妥善办理了华赢凯来、六宝等一批重大案件。坚持严厉打击与追赃挽损并重。加大涉税案件打击力度，起诉危害税收征管犯罪 216 件 308 人。海淀区人民法院办理的"11·01"系列虚开增值税专用发票案，涉及犯罪嫌疑人 100 余名，涉案价税合计 50 亿余元。

（5）依法履行提起公益诉讼职责。围绕保护国家利益和社会公共利益，部署生态环境和资源保护、食品药品安全等 7 个专项活动，发现公益诉讼案件线索306 件，立案 242 件，提起公益诉讼 5 件，行政机关回函和启动整改率为 100%。共督促恢复各类土地 821 亩，收回国有财产和权益 6284 万元。在网络餐饮食品安全专项行动中，督促食品药品监督管理部门立案17件，促使网络餐饮服务平台集中下线2万余家店铺。丰台、石景山、房山、大兴、延庆区委专门出台支持检察机关提起公益诉讼的实施意见。

2. 全面加强法律监督

（1）依法开展立案和侦查活动监督。加强对公安机关该立案不立案的监督；监督立案255人，100人被判处刑罚；监督立案后共起诉88人，监督立案后不起诉22人；立案监督后被判有罪100人。对于不该立案而立案的，监督撤销案件294人；针对不符合法律规定的侦查行为，提出纠正违法通知书75份。继续推进派驻公安机关执法办案管理中心检察室制度，将法律监督向执法办案一线延伸。深化行政执法与刑事司法衔接机制。建议行政执法机关移送涉嫌犯罪案件546人，移送后公安机关立案417人，197人被判处刑罚。

（2）全面加强审判监督。全市检察机关共提出抗诉案件75件；发出纠正审理违法意见书15份；针对法院审判工作不规范等问题发出诉讼监督类检察建议23份；针对法院轻微违法情形提出口头纠正意见149次，发出书面审查意见函45份，发出情况通报2份，法院均予接受；受理不服法院判决的刑事申诉案件227件，提出再审检察建议2份；办结减刑、假释裁定审查案件48件；受理不服检察机关决定、国家赔偿等新增职能案件共计108件；根据扫黑除恶专项斗争工作的要求，全市各院指定专人办理。[1]

（3）全面加强刑事执行监督。办结减、假、暂监督案件4111件，提出纠正意见320份，纠正监外执行罪犯脱管漏管14人。将罪犯对财产性判决事项履行情况纳入其悔罪评估范围。依法维护在押人员合法权益，对于涉及会见、通信、劳动报酬、警戒具使用等方面的违规监管行为提出纠正意见35份。针对没有继续羁押必要的犯罪嫌疑人、被告人，提出释放或变更强制措施建议731份。

3. 自觉接受监督

坚持双赢多赢共赢，共同维护法律权威，认真接受其他执法司法机关的制约，自觉接受政协民主监督，认真整改市政协在关于本市司法责任制落实情况专项监督报告中提出的问题，贯彻落实市人大常委会提出的审议意见。此外，自觉接受社会各界监督及舆论监督，确保检察权始终在依法、规范、受监督的轨道上运行。

（三）公安工作[2]

2018年，市公安局在市委、市政府和公安部的坚强领导下，坚持以习近平

---

〔1〕 刑事审判监督。市检察院提供。
〔2〕 2018年首都公安法治建设情况报告。市公安局提供。

新时代中国特色社会主义思想为指导，深入学习贯彻党的十九大、十九届二中全会、十九届三中全会精神，增强"四个意识"，坚定"四个自信"，做到"两个维护"，忠实践行"四句话，十六字"总要求，坚持"四个第一"理念，牢记使命、忠诚履职，从严从实从细抓好保稳定、护安全、促发展、惠民生各项工作，全力确保了首都的安全稳定。

1. 维护首都安全工作

（1）圆满完成系列重大安保任务。圆满完成党的十九届二中全会、十九届三中全会、改革开放 40 周年系列纪念活动、全国"两会"，特别是中非合作论坛北京峰会等一系列重大活动安保任务。

（2）坚守反恐防控底线。严格落实"六住"硬措施，不断健全反恐防恐工作体系，强化地区、部门、警种协作，深化力量、资源、手段合成，全面落实各项反恐防恐工作措施。组织开展社会化系列反恐宣传活动，形成立体化、全方位、多手段宣传攻势，有效提升群众反恐防恐意识和能力。

（3）深入推进区域警务合作发展。瞄准京津冀协同发展战略和城市区域空间布局，开展三地警务发展状况调研，探索先进技术手段在安保维稳中的实战应用，筑牢"区域保北京、全国保首都"的立体防线。

（4）加强网络安全防线。依托"净网护网 2018"专项行动，积极开展网络安全执法大检查，对全市重点网站和重要信息系统，全面开展监测、预警、检查、处置和防范。坚持依法行政，严格督促企业落实安全责任。瞄准传播黑客程序并传授黑客犯罪方法的网站，实施精准打击，同时，开展打击侵犯公民个人信息犯罪专项阶段性收网行动，营造清朗网络空间。

2. 打击犯罪工作

（1）严厉打击各类刑事犯罪。以"守护·2018 平安行动"等专项为牵引，破获当年刑事案件和依法处理犯罪人员数量同比分别上升，达到 2016 年以来最好水平。其中，八类危害严重刑事案件破案率达到 85.2%，新发命案破案率连续 4 年保持 100%；侵财案件破案率同比上升 15.1%，"两抢一盗"破案率再创新高。

（2）深入推进扫黑除恶专项斗争。坚持"有黑扫黑、有恶除恶、有乱治乱"，将具有首都特点的"黑物流""黑开采"等"八黑"作为扫黑除恶的重要延伸并在全国推广，组织全局持续推进专项打整。

（3）打击经济犯罪工作。组织开展打击非法集资犯罪、互联网传销犯罪、侵犯知识产权等专项行动，并注重防范化解金融风险。全年经济案件持续保持"两升两降"，即受理、立案数同比下降，破案、抓获犯罪嫌疑人数同比上升；其中，涉众型案件破案、抓获犯罪嫌疑人数同比分别增长 99.3% 和 149.3%。

（4）打击电信网络诈骗犯罪。以两级反诈平台为依托，组建首都反诈联盟，强打击、重反制、严治理。全年破获电信网络诈骗犯罪案件、抓获犯罪嫌疑同比分别上升 29.57% 和 9.52%，，群众财产损失同比下降 11.64%，拦截劝阻事主 7.95 万人次，避免经济损失 5.92 亿元。

（5）打击食品药品环境违法犯罪。以非法采矿、非法占用农耕地、非法医疗美容案件为切入，组织开展集中专项打击行动，并依托与行政机关信息共享等机制，对污染环境重点区域、涉旅乱象重点点位开展系列检查整治和"点穴式"执法，有效提升综合整治效果。

3. 社会治安防控工作

（1）实施常态化社会治安整治。紧盯涉黄涉赌、黑车扰序等治安难题，依托"6+N"常态化打防管控机制，强化清查整治。聚焦城乡接合部等重点地区，依托"回天利剑"千警百日集中打整等专项，推动地区社会治安形势明显改观。强化对重点、重性精神障碍患者社区管理和日常管控，积极救助社会面精神异常人员，未出现因失管失控引发肇事肇祸案件。

（2）全面提升立体化治安防控质效。围绕立体化治安防控体系建设布局，有序释放机关警力前置、派出所"两队一室"和"7×24 小时"基层警务运行等改革红利，固化完善区域警务合作、京津冀警务协同发展等机制，全市接报治安和秩序警情同比分别下降。组织 1070 名党员社区民警试点兼任社区（村）党组织副书记，市委、市政府、公安部予以充分肯定。

（3）进一步严密行业场所管控。组织开展暑期游艺娱乐场所整治专项整治，强化旅馆业单位、歌舞娱乐场所等管控措施。严厉打击物流行业领域实施的敲诈勒索、诈骗等违法犯罪活动。依法加大对保安行业的监管力度，组织开展保安员职业培训工作。

（4）严格安全监管工作。圆满完成 2018 年度烟花爆竹安全管理工作。春节期间，全市因燃放烟花爆竹引发火情同比下降 77%，致伤人员同比下降 66%，实现了"禁放区禁住、限放区安全、社会面平稳"的预期目标。持续强化危险物品单位安全检查和缉枪治爆专项行动，圆满完成 969 项 4218 场次各类大型群众性活动，接待群众 2429.6 万余人次，确保了重大节日、重要活动期间的绝对安全。

4. 服务民生工作

（1）协同推进首都城市发展重点任务。服务保障全市"疏解整治促提升"专项行动，紧盯影响首都人居环境的"散乱污"等问题，铲除一批黑窝点、黑作坊。加强居住证和积分落户配套政策落地实施，持续开展日租短租和群租房专项清理。

（2）大力加强首都公共安全体系建设。以全市"交通综合治理年"为契机，优化交通组织、严整交通乱象，全年共销账堵点 88 处、乱点 122 处，交通事故报警和亡人数同比分别下降 3.8% 和 5.7%。严格落实轨道交通重点时期全路网"人物同检"。强化高风险场所、部位排查整治和重点部位常态化管控，全市火灾事故数及死亡人数同比下降 18.3%、36%。

（3）"网上北京市公安局"上线运行。组织开展"网上北京市公安局"平台项目建设，并于 2018 年 8 月 27 日上线投入试运行，出入境、人口、治安、交管、监管等 8 类 120 项服务事项在线办理。

5. 深化公安执法规范化建设

（1）进一步提升执法权力运行规范化水平。持续深化执法办案管理中心+建设，狠抓执法办案管理中心规范管理和深度应用，强力推动全局 430 个基层所队案管组标准化运行，组织全市公安基层所队分批启动办案区智能化升级建设，全力打造"执法办案管理中心+办案区"两级执法办案场所智能管理体系。

（2）进一步提升公安改革落地精准化水平。持续深化受立案改革和深化侦审一体化改革，严把警情、案件"入口"关，强化对案件初始、侦办、审理各环节全方位、全过程的指导监督，同时，持续深化放管服改革，提升服务管理水平。

（3）进一步提升公安执法管理系统化水平。持续推动执法监督管理委员会常态运行，强化精准定位指导。建立"实物静止，手续流转"涉案财物跨部门集中管理新机制，推进涉案财物三级保管场所建设，并与财政局搭建罚没涉案财物实物上缴国库"绿色通道"，有效畅通出口。加快推进执法办案系统优化升级，创新研发智慧办案 APP，并狠抓执法信息化规模应用、深度应用，以智能提质效。

（4）进一步提升执法培训实战化水平。打造"学考练战"一体化执法实战培训体系，全面提升各级领导干部及民警法治理念和用法能力。完善落实"谁执法谁普法"责任制，不断扩大公安法治宣传教育覆盖面。

（四）司法行政工作[1]

2018 年，市司法行政系统始终坚持以习近平新时代中国特色社会主义思想为指引，牢牢把握稳中求进工作总基调，按照"明确新站位、破解新矛盾、服务新战略、推进新改革、探索新治理"的总体思路，充分发挥司法行政"五大功能作用"，在服务首都经济社会发展，助推国际一流和谐宜居之都和法治中国首善之区建设中作出了积极贡献。

---

[1] 北京市司法行政系统 2018 年工作总结。市司法局提供。

1. 公共法律服务体系建设扎实推进

（1）制定公共法律服务体系标准。出台北京市公共法律服务实体平台建设标准和实体平台验收标准，设计公共法律服务视觉识别系统，按照党委对"三基工作"的部署，制定下发《关于开展基层公共法律服务社会力量大建设工作方案》。

（2）稳步推进公共法律服务实体平台建设。初步确定市级公共法律服务中心（市法律援助中心）长期固定办公用房，并提前进场开展测绘和设计工作。以进"一扇门"办理公共法律服务"所有事"为目标，东城、朝阳、海淀、通州、顺义、平谷、密云、怀柔、延庆等9区公共法律服务中心已投入使用，建成率56.25%；依托司法所或政务服务大厅建成街道乡镇公共法律服务站309个，建成率95.96%。依托社区（村）委会或服务站建成社区村公共法律服务室6108个，建成率90.02%。海淀区、通州区、密云区、延庆区街道（乡镇）公共法律服务站、社区（村）公共法律服务室建成率已达到100%。

（3）其他平台建设效果明显。北京法律服务网注册用户3611人，访问量574304次，智能法律机器人为群众解答咨询40634次，解答群众留言咨询712条，在线咨询4799次，群众满意度达99%。热线平台36个电话坐席日均接听量1000余次，群众满意率达到96%。分三批研发并公布143个公共法律服务项目，供各类社会主体选择使用。

2. 服务保障首都重大发展战略

（1）深入服务京津冀协同发展。举办"司法行政服务京津冀协同发展推进会"，与津冀两地构建"1+13"整体协同体系，抓好协调发展30个合作项目落地见效，并就坚持发展"枫桥经验"、加强党建工作等进行深度合作。京津冀三地监矫系统，先后开展3次监管安全互查。建立京津冀法律援助业务专家组工作机制。建立法律援助协作"直通车"。建立完善常态化司法鉴定执法检查机制。共同组建三地环境损害司法鉴定机构评审专家库，联合开展血液酒精浓度鉴定专项检查活动。两次举办京津冀协同法治宣传活动。

（2）积极服务"疏解整治促提升"专项行动。研究制定《北京市司法局2018年服务保障"疏解整治促提升"专项行动工作方案》。律师服务团研究形成《北京市律师协会关于疏解整治促提升专项行动的法律风险提示》。整理汇编推进"疏解整治促提升"典型案例15篇，对全市"疏整促"工作进行指导。向市政府提交《"疏解整治促提升"专项行动所涉法律问题处理的指导意见》《查处违法建设执法流程》《对于违法建设当事人给予惩处措施的研究报告》等材料，报经市政府专题会议审议通过。制发《关于积极发挥律师在"疏解整治促提升"专项行动治理违法建设任务作用的通知》，对律师团队参与治理违法建设的方式、内容及各相关部门的统筹保障做出规范，组织市区两级专班顾问律师为"疏解整治促提升"工作提供全方位法律服务。

3. 律师管理工作

2018 年，成立北京市律师行业党委，指导 16 个区全部建立律师行业党组织。开启优秀律师人才落户北京新进程，34 名律师成功积分落户。市区两级律师协会组织建设实现全覆盖。[1] 巡查检查律所 320 余家，对 70 余家律所作出责令整改决定。全年做出各类处分、处罚决定 105 件，同比增加 22 件。成立律师惩戒委员会，加大对违纪律师的惩处力度。[2] 截至 2018 年 12 月 31 日，北京市律师事务所达 2570 家，全市执业律师 32 205 人。[3]

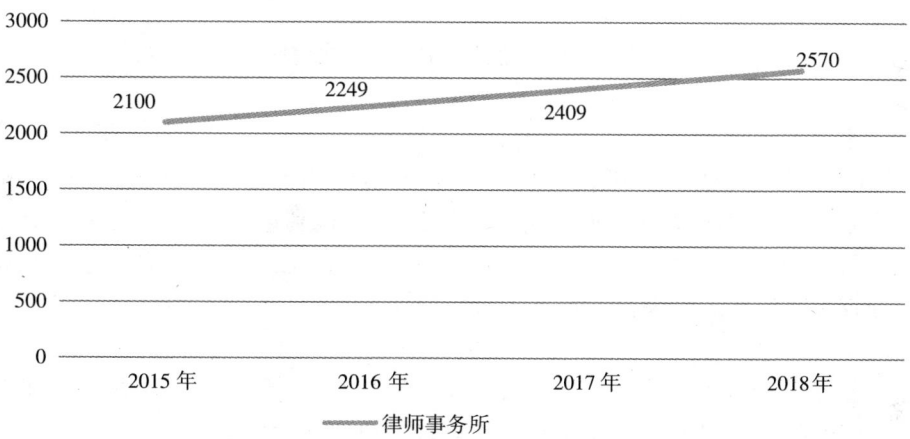

图 7　2015—2018 年北京律师事务所变化情况（单位：家）

〔1〕 新时代谱写新篇章——2018 年北京律师行业十大亮点工作巡礼。市律协提供。
〔2〕 北京市司法行政系统 2018 年工作总结。市司法局提供。
〔3〕 市律协提供材料。

图 8 2015—2018 年北京执业律师人数变化情况（单位：名）

4. 司法鉴定管理工作

2018 年，市司法鉴定机构办理司法鉴定案件 8.7 万件，同比增长 27.8%，有效满足了群众司法鉴定需求，促进了诉讼活动顺利进行。开展司法鉴定行业"大梳理、大检查、大整改"活动。对鉴定机构和鉴定人的执业情况进行"双随机"抽查 122 件次。办理投诉答复 33 件。

5. 法律援助工作

在全市开展妇女、残疾人、未成年人、军人军属、老年人、农民工法律援助专项维权活动，2018 年 1—11 月全市法律援助机构接待解答法律咨询 32 万人次，同比增长 10%，承办法律援助案件 34 146 件，同比增长 18%，其中刑事案件 9240 件，同比增长 46%。

6. 国家统一法律职业资格考试工作

2018 年，市司法行政系统圆满完成改革后的首届国家统一法律职业资格考试组织实施工作。组织动员一线考务人员 6000 余人，在 107 个考点 956 间考场全面推行考务安全管理系统，实行人像比对和身份识别，顺利完成 55 632 人次考生的考试组织实施工作。开通考生热线，制作考试手册，精准推送微信、短信 20 余万条，取得良好的社会效果。

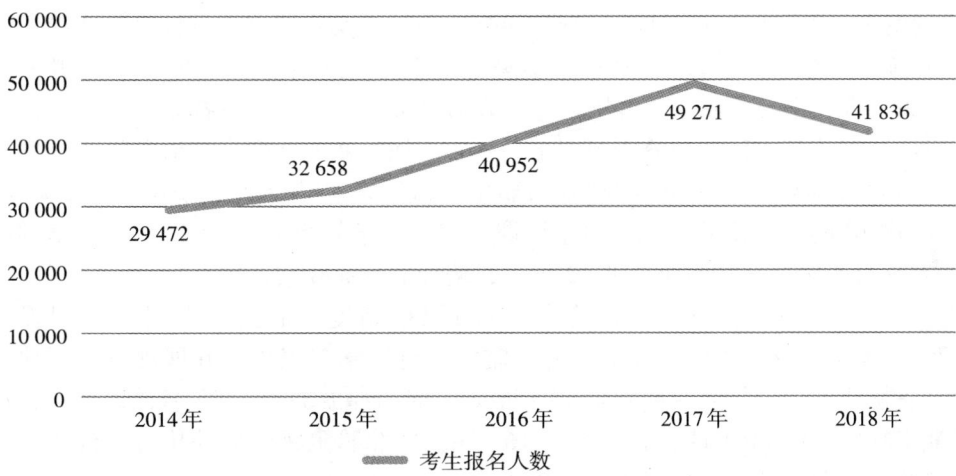

图9 2015—2018 年北京考区法律职业资格考试考生报名数量变化表（单位：名）

7. 社区矫正工作

2018 年，完善社区矫正管理机制。研究起草《关于对违反监督管理规定的社区服刑人员依法适用治安管理处罚的规定》，加大对违纪违规行为治安管理处罚力度。研究制定《社区服刑人员分类分级管理规定》，完善和推进全市社区服刑人员风险评估工作。建立各区督查队季度督查工作机制，明确日常督查八项内容。

8. 监狱工作[1]

（1）坚守安全底线。圆满完成全国"两会"、中非合作论坛北京峰会等活动的重大安保任务。各监狱正式被纳入北京市整体反恐防暴体系，12 所押犯监狱均建成警务工作站。自主研发了"321"罪犯危险性评估模式，全面运行"内隐+外显"高危行为筛查系统，实现精准防控和重点罪犯管控。实行罪犯被服二维码管理，推广罪犯网上采买，出台狱内防疫与食品安全工作制度，全年未发生狱内重大疫情和食品安全问题。

（2）践行改造宗旨。坚持以政治改造为统领，统筹推进五大改造工作。开展以宪法主题教育活动为核心的罪犯法治教育，重点围绕宪法、刑法、刑诉法、新的减刑假释规定等法律法规进行教育宣讲，共邀请社会专家 40 余人次进监狱授课，罪犯每人累计学习不少于 80 课时，切实提高罪犯法治意识和认罪悔罪意识。持续推进"法律援助进监区"，各监狱与市、区法律援助中心协商结对，成

---

[1] 北京市监狱管理局 2018 年工作总结。市监狱局提供。

立法律援助中心驻监狱工作站，全年根据罪犯改造实际需求提供针对性法律援助40 余场次，提升了罪犯守法意识和学法用法能力。围绕改革开放 40 周年开展形势政策教育，引导罪犯增强爱国情感、真诚认罪悔罪。充分发挥亲情对改造的促进作用，春节及中秋期间分别组织全局具有亲属关系的 260 余名罪犯进行视频会见、面对面会见，春节期间组织 8 名罪犯离监探亲。结合罪犯释放后就业需要，有针对性开展职业技术教育和创业培训，职业技术教育涉及 35 个工种，培训罪犯 1600 余人次，开展创业培训 12 批次，培训罪犯 390 余人次。

（3）坚持公正执法。修订完善 20 项规章制度，依法加大假释适用提高202%，建立病犯定期筛查机制和暂予监外执行医学专家库，开展规范文明执法教育整顿活动，全年共收押罪犯 10 156 人，刑满释放罪犯 1593 名，提请并经法院裁定减刑案件 1101 件、假释案件 163 件，批准罪犯暂予监外执行案件 16 件，开展社区服刑人员集中教育 38 批 1969 人。[1]

9. 轻刑犯教育矫治和戒毒工作[2]

积极构建统一戒毒模式，率先建成四期四区五大专业中心整体工作机制，持续深化科学戒治，与科研院所、高等院校开展合作攻关，开发培育了正念防复发、成瘾者认知行为重构、"动机—技能—脱敏—心理能量"干预、虚拟现实技术应用等近 20 个戒治项目，其中 3 个项目被司法部评为优势戒治项目，2 个项目被列入司法部第一批新技术新方法应用范围。深入推进戒毒一体化，打造所内戒毒、所外照管、遇到复吸危险回所巩固的闭合戒毒链条，挂牌成立"北京市社区戒毒社区康复教育矫治局培训指导中心"，戒毒一体化实践成果被纳入《北京市禁毒工作三年规划（2018—2020）》。大力开展禁毒戒毒法治宣传教育，启动第二届"青少年暑期戒毒宣传教育活动季"，与市团委、市公安局文保总队联合举办"向毒品说不"大型系列进校园活动，与地方政府联合开展禁毒宣传进街道、进社区、进家庭、进企业活动，累计发放宣传读本 2100 余册、宣传折页 7000 余份，累计受众 32 万余人次，制作的戒毒工作微动漫《复苏》在第三届平安中国微电影微视频微动漫比赛中获得优秀奖，微电影《春暖长城》获得第六届亚洲微电影艺术节好作品奖。积极参加戒毒工作国际交流，接待来自 14 个国家和国际组织的 30 余名禁毒警务联络官参观天康戒毒康复所。全年收治强制隔离戒毒人员 3598 人，戒毒康复人员 344 人，依法办理戒毒人员提前解除、所外就医、延期案件 298 件。

10. 扫黑除恶专项工作

成立市司法局扫黑除恶专项斗争领导小组，把扫黑除恶专项斗争作为重大政

---

〔1〕 北京市司法行政系统 2018 年工作总结。市司法局提供。
〔2〕 北京市监狱管理局 2018 年工作总结。市监狱局提供。

治任务，坚持在押罪犯、戒毒人员和民警职工三个群体同时覆盖，坚持深挖黑恶线索、净化改造秩序和彻查"保护伞"一体发展，深入开展在押人员坦白检举行动，摸排符合 10 类黑恶势力犯罪以及涉枪涉爆犯罪的重点罪犯，深挖黑恶势力违法犯罪线索并按程序转递。

六、司法体制改革

2018 年，北京市稳步推进司法体制改革，为建设法治国家做出了自己的贡献。北京市委深改小组法治建设领域改革专项小组办公室和市法学会委托中国法学会，组织司法体制改革领域相关专家，于 2018 年 3—5 月开展了北京市司法责任制改革第三方评估工作，形成了《北京市司法改革评估指标体系》和《北京市司法责任制改革第三方评估报告》，取得了预期效果。

（一）审判工作改革[1]

1. 全面落实司法责任制

全市法院落实法官、合议庭办案责任制，99% 以上的案件由独任法官、合议庭直接裁决并签发裁判文书。健全院庭长权责清单，完善审判委员会工作机制，推行专业法官会议制度，落实违法审判惩戒制度，实现审判监督管理从个案请示汇报向全院、全员、全程、实时监管转变，权责统一、规范有序的审判权运行体系逐步形成。落实院庭长办案责任制，修订院庭长办案标准，对院庭长办案情况实行定期通报，全市法院院庭长审结案件 34.8 万件，占总结案数的 38.9%。

2. 推进司法体制综合配套改革

全市法院组建符合新型审判权运行模式的审判团队 1839 个，增补审判辅助人员 795 名，积极推进基层法院内设机构改革，为司法责任制的落实提供组织保证。完成 1463 名法官等级晋升工作，建立审判辅助人员单独职务序列，提高聘用制审判辅助人员职业待遇。落实全市法院编制和法官员额市级统管。进一步落实人民陪审员制度，随机选取人民陪审员参审案件 16.6 万件。

3. 完成北京互联网法院筹建任务

高标准完成互联网法院办公场所改造、审判规则制定、电子诉讼平台建设等工作，确保北京互联网法院如期挂牌办案。截至年底，北京互联网法院已受理案

---

[1] 2018 年法院法治建设白皮书材料。北京市高级人民法院提供。

件 3040 件，审结 2540 件，电子诉讼平台访问量达 823 万人次，实现全流程在线审判、人工智能辅助办案、24 小时不"打烊"。

4. 加强智慧法院建设

全市法院推动现代科技与审判工作深度融合，加快建设全流程网上办案体系，推进网上立案、网上查询、网上缴费、在线调解、电子送达，全面落实电子卷宗随案同步生成，扫描电子卷宗 88 万卷，网上立案 10.3 万件，电子送达司法文书 3.4 万件。开展智能辅助办案系统建设，通过类案智能推送、文书自动生成、语音文字自动转换等系统的应用，规范司法行为，统一法律适用，提高工作效率，促进司法公正。

（二）检察工作改革[1]

1. 深化司法责任制改革

坚持以专业化促进办案精准化，组建以检察官为核心的各专业类别办案组 1144 个，实行固定设置和临时组建相结合，在院内、院际统筹使用，实现动态化、机动化管理。落实入额领导干部办案制度，将所有检察官领导干部编入办案组，带头办理重大疑难复杂案件；检察长、副检察长、检察委员会委员、业务部门负责人共办结各类案件 8420 件，占案件总数的 10.9%。实施检察官年会、检察官履职年审制度，将业绩评价情况记入检察官司法档案，作为绩效考核、等级晋升和惩戒退出的依据。

2. 推进司法办案机制创新

开展与以审判为中心相适应的刑事检察工作机制试点，全面提升案件审查和指控证明犯罪的能力水平。加强量刑建议规范化建设，制定常见罪名量刑建议参考标准，完善大数据辅助办案系统，促进量刑建议从幅度量刑向精准量刑转变。继续推进跨行政区划检察院改革，探索由北京市人民检察院第四分院、北京铁路运输检察院集中管辖或指定管辖公益诉讼案件；顺应北京互联网法院网上审理新模式，积极探索相应检察院网上开展业务工作机制。

3. 推进法律监督机制创新

深化法律监督"五化"建设试点，依法规范法律监督案件案由、立案标准、监督规程，建立线索管理、立案纠正等系列机制。将诉讼违法行为分为一般违法、重大违法和涉嫌职务犯罪三种类型，推动重大监督事项由"办事模式"向"办案模式"转变。研发法律监督独立办案模块。首次通过检察长列席法院审判委员会会议制度。与北京市高级人民法院共同健全完善列席长效机制。向市司法局通报全市刑事执行活动监督情况。

---

[1] 2018 年北京市人民检察院工作报告。市检察院提供。

4. 推进专业管理机制创新

开展专业平台、专业工具和专业素质"三位一体"建设试点。深化全市检察科技资源整合试点，编制科技强检总体规划，推进司法实验室建设，开展技术性证据审查、鉴定、勘验491件。推进新型办公区、新型办案区、新型管理监督设施、新型专业技术设施"四新"检察院建设试点。探索新型检察管理监督机制，将所有司法办案类别和监督制约事项细化为2400多个流程节点，实现全过程、闭环式的实时动态监督；检察管理监督平台获评全国政法智能化建设"智慧检务十大创新案例"。

5. 积极探索捕诉一体工作机制

落实最高人民检察院关于捕诉一体的改革要求，开展优化检察职能配置试点。全市三级人民检察院各刑事办案部门按案件类型统一实行捕诉一体工作机制。健全检察权运行监督制约体系，由专门部门统一履行强制措施的备案审查、复议复核、司法救济等职责，统一强制措施适用标准，强化人权司法保障。

（三）公安工作改革[1]

1. 进一步提升公安改革落地精准化水平

持续深化受立案改革。持续深化侦审一体化改革，强化对案件初始、侦办、审理等各环节全方位、全过程的指导监督。持续深化放管服改革，全面清理规范涉及企业群众办事创业各类证明，积极推进市级政务服务事项进驻市政务服务中心，提升服务管理水平。

2. 进一步提升公安执法管理系统化水平

持续推动执法监督管理委员会常态运行，创建北京市公安局对各分局执法状况定向分析制度，强化精准定位指导。健全"实物静止，手续流转"跨部门涉案财物集中管理新机制，推进涉案财物三级保管场所建设，并与财政局搭建罚没涉案财物实物上缴国库"绿色通道"，有效畅通出口。加快推进执法办案系统优化升级，创新研发智慧办案APP。

（四）司法行政工作改革[2]

1. 全面深化司法行政改革

2018年，市司法局制定出台全面深化司法行政改革的实施意见、监狱教育矫治工作改革意见、公证工作改革意见和司法鉴定改革意见在内的改革文件13个，其中以市委办公厅和市政府办公厅名义印发了《北京市关于健全司法鉴定管理体制的若干意见》，以北京市法治建设领域改革专项小组办公室名义印发了

---

〔1〕 2018年首都公安法治建设情况报告。市公安局提供。
〔2〕 北京市司法行政系统2018年工作总结。市司法局提供。

《北京市关于全面深化司法行政改革的实施意见》（附带分工方案）与《北京市关于深入推进"三项工作"的实施方案》等文件，首都司法行政改革的"四梁八柱"基本形成，制度框架全面确立。接续推动完成改革任务140余项，全面深化司法行政改革进入新阶段。

2. 监矫工作改革有序推进

2018年，市司法局出台罪犯减刑、假释、收监三项规定，加强罪犯假释与社区矫正工作衔接，健全完善刑罚执行工作体系。加强与公安部门协调，在各监狱建立公安驻监警务工作站，建立健全监所反恐防暴体系。着力推进强制隔离戒毒、戒毒康复、医疗自愿戒毒、社区康复相互衔接配合的一体化戒毒工作机制。开展矫治项目训练成果评比，项目训练师认证考核、愤怒控制、戒酒治疗等一批矫治项目逐步成熟推广。探索建立远程医疗会诊机制，提高场所医疗保障水平。

3. 律师制度改革取得显著成效

2018年，市司法局强化律师党建工作，将市、区律师协会党委全部调整为律师行业党委，明确律师行业党委隶属于司法局党组织。全面放开律师法律服务收费，实行市场调节价。"两公"律师改革工作取得阶段性成果，新审批公职律师试点单位150家，新审批公司律师试点单位26家，新审批公职律师827人，新审批公司律师132人。稳妥开展中国律师事务所聘任外籍律师担任外国法律顾问试点工作，10月份圆满完成第一件外籍法律顾问备案工作。调整在京执业律师存档政策。将律师事务所纳入北京市《工作居住证》办理范围。律师参政议政比例大幅度提高。上线运行村居法律顾问APP。

4. 法律援助制度不断完善

积极推动刑事案件律师辩护全覆盖试点，试点期间指派办理刑事法律援助案件9878件，因试点新增法律援助案件5113件。组建总数保持在1000人左右的值班律师队伍，建立值班律师选任"三查"制度，完善运用值班律师准入退出机制，探索律师值班三种方式，形成法律援助值班律师工作"北京模式"。新建驻公安执法办案中心、看守所、人民法院、人民检察院、监狱法律援助工作站24个，实现驻看守所、人民法院、人民检察院、监狱法律援助工作站全覆盖。积极参与刑事案件认罪认罚从宽制度试点，试点期间全市办理认罪认罚法律援助和法律帮助案件3.1万件，解答法律咨询6万余人次。联合市高级人民法院、市人民检察院出台《关于律师代理申诉工作的实施办法（试行）》，将经济困难申诉人纳入法律援助范围。联合市财政局修订《北京市法律援助补贴办法》，进一步提高了民事、刑事、行政案件法律援助补贴标准。

5. 司法鉴定改革成效显著

2018年，北京市高级人民法院、北京市人民检察院、北京市公安局、北市司法局、北京市国家安全局联合印发《关于推进以审判为中心的诉讼制度改革加强司法鉴定从业人员职业安全保障工作的意见》，司法鉴定职业安全保障基本制度实现了零的突破。市人大常委会将制定《北京市司法鉴定条例》列入地方立法规划。

七、法治社会建设

（一）法治宣传[1]

1. 突出重点，圆满完成"七五"普法中期检查

市司法局研究制定了《北京市"七五"普法中期检查工作方案》，组织开展对 16 个区的集中评查和对部分区的实地督导工作。法治文艺大赛成功举办。联合市委宣传部、首都文明办等 13 家单位开展北京市 2018 年法治文艺大赛。征集作品 8026 部，涵盖 27 种文艺表现形式，各区、各单位先后开展 8000 余场法治文艺基层演出活动，受益群众达 285 万余人。

2. 开展各项法治宣传教育活动，推动全社会树立法治意识

（1）将宪法学习宣传贯穿全年。市司法局围绕宪法修正案实施开展主题宣传，圆满完成首个宪法宣传周的各项活动，开通首都地铁一号线宪法宣传列车。全年累计组织宪法宣传活动 7000 余场，发放宪法读本 140 多万册，制作《印记》《依法治国》公益宣传片，在北京电视台、公交移动电视等累计播放上万次，其中《印记》被司法部推荐到全国 300 多条高铁线路播放。《北京市宪法学习宣传实施工作报告》经市委书记蔡奇、市委政法委书记张延昆审阅后正式上报中央依法治国办。

（2）重点对象普法工作进一步深化。市司法局联合开展第三届全国学生"学宪法讲宪法"活动、第二届北京市中小学教师法治教育基本能力展示活动、第四届青少年法治文艺大赛活动，启动"法律进企业"活动暨首期京企云帆法治高峰论坛。全年全市深入开展"法律十进""以案释法"等各类法治宣传教育活动 10 万余场，制作法治宣传主题挂图海报 18 期 12.5 万张。

（3）两次举办京津冀协同法治宣传活动。相继开展"砥砺奋进新时代 美好生活法相伴"京津冀协同发展法治宣传教育活动和"学习贯彻十九大精神 谱写

---

〔1〕 北京市司法行政系统 2018 年工作总结。市司法局提供。

新时代法治新篇章"京津冀打击传销法治文艺演出活动，三地法治宣传教育进入层次更深、规格更高、互动更强的新阶段。

（二）非诉讼纠纷解决机制

1. 调解

（1）人民调解。[1] 2018 年，全市各级各类人民调解组织共调解案件 130 650 件，调解成功 117 299 件，调解疑难复杂案件 12 564 件，涉及金额 161 亿元。以"坚持发展'枫桥经验'实现矛盾不上交试点"为抓手，全力打造北京升级版，将相关工作纳入北京市矛盾纠纷多元化解工作三年规划和全市维稳安保联席会议事范围，成立工作协调小组，逐步建立人民调解工作领导体制。打造"1333"人民调解工作新格局，推动形成源头预防—多元化解—依法处置—后期稳控的社会矛盾排查化解工作体系。深化"诉调对接"，将知识产权人民调解组织纳入"诉调对接"范围。

（2）行业调解。[2] 2018 年，按照行业主管部门牵头推动、司法行政机关指导、以行业协会、商会为依托，在矛盾纠纷易发多发领域建立行专调解组织 893 个，调解范围覆盖物业、劳动争议、医疗、互联网、知识产权等十几个领域。行专调解组织数量比 2017 年增长 3.2%，调解纠纷 110 683 件、同比增长 1.5 倍。

（3）行政调解。[3] 2018 年，全市各级行政机关共受理行政调解案件 936 237 件，调解成功 425 642 件。

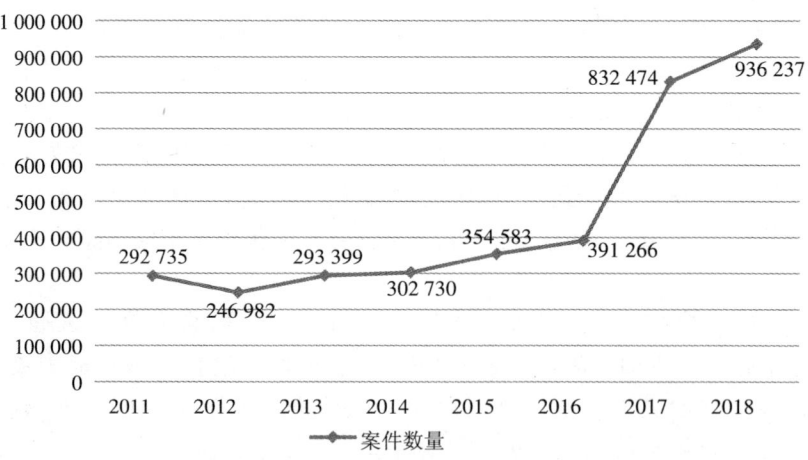

图 10　2011—2018 年行政调解受理案件数量及趋势（单位：件）

---

〔1〕　北京市司法行政系统 2018 年工作总结。市司法局提供。

〔2〕　市司法局提供材料。

〔3〕　2018 年北京市人民政府关于法治政府建设情况的报告，载 http://www.beijing.gov.cn/zhengce/wenjian/192/33/50/438650/1574729/index.html.

2. 仲裁

（1）劳动人事争议仲裁。2018 年，北京市劳动人事争议仲裁机构受理劳动人事争议案件 95 321 件，其中集体争议案件书 5655 件，审结劳动人事争议案件 92 054 件，裁决方式结案 38 625 件，调解方式结案 27 856 件。

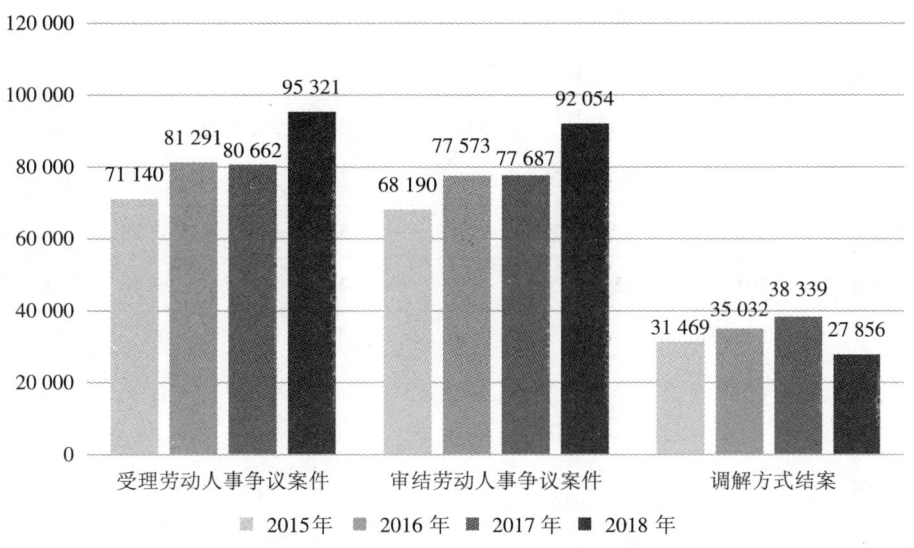

图 11 2015—2018 年劳动人事争议仲裁状况（单位：件）

（2）商事争议仲裁。[1] 2018 年，北京仲裁委员会/北京国际仲裁中心（以下简称北仲）共受理案件 4872 件；全年产生争议标的额为 751.55 亿元（指人民币，下同）。受理国际商事仲裁案件（含简易程序）88 件；立案标的额 46.81 亿元。国内案件中，当事人一方或双方为外地的案件共 2942 件，比上一年度同期增加 859 件；当事人双方均为外地的案件共 810 件，较上一年度同期增加 241 件。全年结案 4125 件，比上一年度同期增长 607 件；结案争议标的 499.79 亿元，比上一年度同期增长 112.03 亿元。立案到结案的平均时间为 136.73 天。组庭到结案的平均天数为 82.25 天。

---

[1] 北京仲裁委员会 2018 年度工作报告。北京仲裁委员会/北京国际仲裁中心提供。

表3 2015—2018年仲裁案件类型对比表

种类 年份	买卖合同	委托合同	建设工程合同	投资金融类合同	租赁合同	借贷合同	特许经营、旅游类新型合同	承揽合同	信息网络争议	技术合同	担保合同	知识产权	其他案件
2015年	773	331	315	816	153	302	64	28	33	50	16	26	37
2016年	782	336	358	692	207	382	65	29	31	42	8	47	33
2017年	842	118	376	858	183	455	—	32	—	—	28	275	24
2018年	1107	161	618	1219	299	487	—	46	—	—	46	320	78

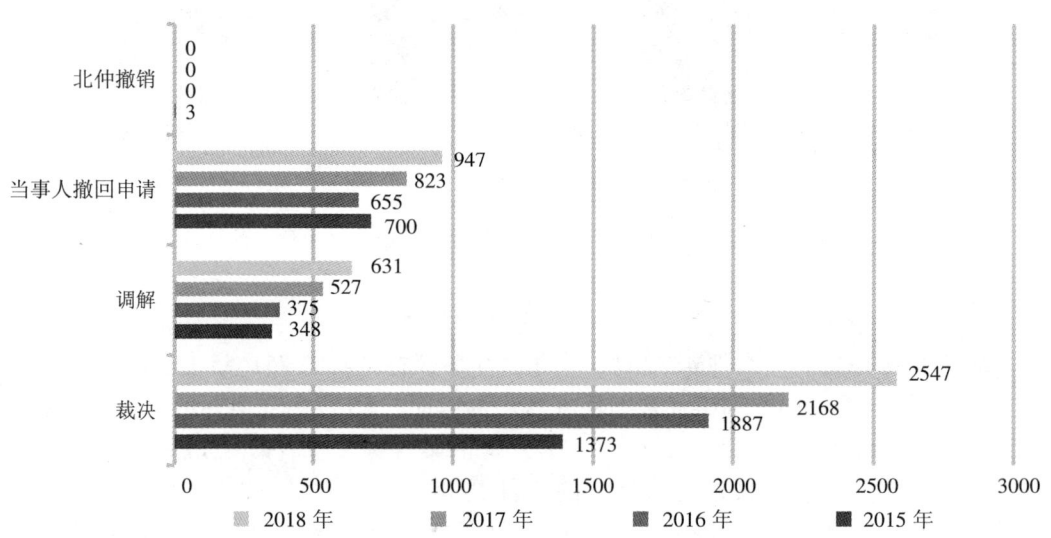

图12 2015—2018年北仲结案量（单位：件）

3. 公证[1]

2018年，推出公证行业减证便民十项举措，将"最多跑一次"公证事项范围扩大至52项，实行公证证明材料清单制度，建立公证公益法律服务制度和公证服

---

[1] 北京市司法行政系统2018年工作总结。市司法局提供。

务监督制度。全市公证机构共办理公证事项 666 464 件，其中国内公证事项 363 268 件，涉外公证事项 298 911 件，涉港澳公证事项 2264 件，涉台公证事项 2021 件。

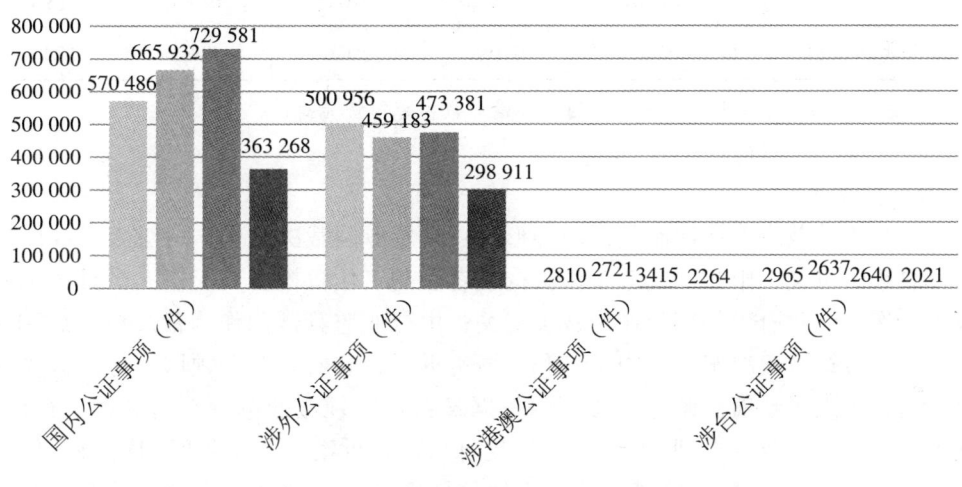

图 13　2015—2018 年公证机关办理的案件类型及数量（单位：件）

4. 行政复议[1]

全年，北京市各级复议机关共收到行政复议申请 7718 件，受理 6845 件，审结 6197 件，直接纠错 929 件，直接纠错率为 15.0%。其中，北京市政府共收到行政复议申请 1070 件，受理 687 件，不予受理 268 件、其他处理 115 件。北京市政府全年共审结行政复议案件 708 件，直接纠错案件 64 件，直接纠错率为 9.0%。完成第四届市政府行政复议委员会换届工作，新聘任 43 名市政府行政复议委员会委员。

表 4　2014—2018 年全市收到行政复议申请情况

年　份 项　目	时　　间				
	2014 年	2015 年	2016 年	2017 年	2018 年
新收申请数（件）	8097	7616	7567	9416	7718

----

[1]　北京市人民政府关于 2018 年法治政府建设情况的报告，载 http：//www. beijing. gov. cn/zfxxgk/dxq354/gfxwj/2019−05/31/content_7b57407289ff41e5b7a7af9445e49b6b. shtml；北京市司法行政系统 2018 年工作总结。市司法局提供。

续表

年份 项目	时间				
	2014 年	2015 年	2016 年	2017 年	2018 年
受理数（件）	5835	6708	5936	7983	6845

（说明：2018 年新收行政复议申请数和受理数由市司法局提供。）

5. 行政裁决

行政机关裁决工作体制包括四种形式：设置专门裁决机构；一级人民政府作为行政裁决机关，由相关业务工作机构或者法制工作机构及其工作人员具体承办裁决工作；由政府工作部门作为裁决机关；由行业监管部门作为裁决机关。2018年，北京市行政裁决案件集中于专利、城市拆迁、政府采购等领域。行政裁决权分别由各级人民政府和政府工作部门依据各自行业领域的单行部门管理法行使。其中，北京市财政局办理 45 件，均为政府采购投诉案件；平谷区司法局（代表平谷区人民政府）办理 32 件，均为土地权属案件；丰台区司法局（代表丰台区人民政府）年度行政裁决集中于房屋拆迁领域，行政裁决立案前调解谈话 96 户，解决 37 户；正式裁决立案 5 户，立案后完成签约 1 户、撤销裁决申请 2 户、正式下发裁决书 2 户；朝阳区人民政府办理 2 件，均为土地所有权和使用权争议案件。

表 5 2016—2018 年北京市行政裁决案件情况

单位名称	裁决案件情况	备 注
北京市住房和城乡建设委员会	187 件	2016—2018 年，各区共受理拆迁裁决申请 187 件，作出拆迁裁决 105 件，申请强制执行 59 件，实际强制执行 25 件
北京市财政局	2016 年办理 42 件，2017 年办理 51 件，2018 年办理 45 件，3 年共 138 件	均属于政府采购投诉案件
北京市市场监管局	10 余件	企业名称争议 10 余件，"对个体工商户名称争议的裁决"和"组织计量仲裁检定"均为零案件量
北京市水务局	无（自 2013 年至今）	有裁决职责

单位名称	裁决案件情况	备　注
北京市档案局	无	有裁决职责
北京市卫生健康委员会	无	该事项未单独列入该部门权力清单中，采取在医疗机构行政许可中一并解决的处理方式
平谷区司法局（代表平谷区人民政府）	9项行政裁决事项中，有8项近年无案件。土地权属争议案件2014年为23件，2015年为31件，2016年为32件，2017年为29件，2018年为32件，5年共147件	
石景山区司法局（代表石景山区人民政府）	113件（区政府处理共3件，宅基地权属争议案件1件、土地权属争议案件2件；区各委办局裁决案件110件，原工商分局2016年处理商标名称裁决案件1件，区住建委2011年至2015年房屋拆迁裁决109件，2015年至今无）	
延庆区司法局（代表延庆区人民政府）	18件（土地权属争议17件，其中区政府2件、乡镇政府15件；企业名称争议案件1件）	
丰台区司法局（代表丰台区人民政府）	2018年度行政裁决立案前调解谈话96户，解决37户；正式裁决立案5户，立案后完成签约1户、撤销裁决申请2户、正式下发裁决书2户	集中于房屋拆迁领域
西城区司法局（代表西城区人民政府）	4件（属于现正推进的5个拆迁项目范围）	裁决类型主要有损害赔偿纠纷、补偿争议、标准争议、权属争议和民间纠纷

续表

单位名称	裁决案件情况	备　注
朝阳区人民政府	2件（自2018年以来，人民政府层面关于土地所有权和使用权争议的裁决）	分为人民政府政府行使和工作部门行使两大类
房山区司法局（代表房山区人民政府）	北京市规划和自然资源委员会房山分局2项，房山区青龙镇政府1项，房山区阎村镇政府1项	复函附有案件统计表格
通州区司法局（代表通州区人民政府）	1件（发生于2014年宋庄镇）	

（三）法治国企建设[1]

1. 推动完善国资监管体制

（1）以管资本为主推进监管职能转变。制定并印发《市国资委以管资本为主推进职能转变方案》，该方案坚持"四强化一优化"的工作思路，即强化党对国有企业的领导、强化国有资本运营、强化国有资产监督、强化引导企业创新、优化一般管理职能，拟精简监管事项26项，包括取消事项11项，下放事项8项，授权事项7项，将原则上由企业自主决策的事项归位于企业。

（2）配合开展国资监管体制改革情况督查。2018年，市委改革办组织相关单位就全市落实《北京市人民政府关于改革和完善国有资产管理体制的实施意见》的情况开展专项督察。一方面在市国资委内部成立国有资产管理体制改革自查工作专项小组，全面梳理《实施意见》涉及的改革事项落实情况；另一方面作为督查工作牵头单位，组织北京市全面深化市属国资国企改革工作推进小组18家成员单位和中关村科技园区管理委员会、北京市国有文化资产监督管理办公室、北京经济技术开发区管理委员会等国资监管部门报送自查报告材料，并及时反馈至北京市委全面深化改革委员会办公室。

（3）推进经营性国有资产集中统一监管。加快健全国有资产基础管理联席会议制度，推动不同的国有资产监管机构按照统一的监管规则实施国有资产监管。

---

[1]　基本情况、政策法规处2018年工作总结。市国资委提供。

2. 依法监管工作开展情况

（1）严格规范性文件审核。编制市国资委年度规范性文件制定计划。截至12月31日，共审核17份年内出台的规范性文件（含党委规范性文件）。

（2）加强重大决策法律审核。针对市国资系统重点改革项目，如北京市国资委系统党委意识形态工作责任制、首钢综合改革试点、北辰长沙项目等多项重点工作和改革任务提供法律审核和咨询服务。

（3）做好机关法律事务工作。提升诉讼应对能力。全年审核机关合同129份。截至12月31日，办理行政复议2件，行政诉讼案件4件，其中已结3件，全部胜诉。

3. 推进依法治企工作情况

（1）强化意识，层层落实法治建设第一责任人职责。第一，召开企业法治工作大会。会议着力推动落实法治建设第一责任人职责。第二，开展法治建设专项检查。专项检查分为各市管企业自查和对14家重点企业专项抽查。第三，着手对市管企业进行法治建设考核。制定并印发北京市《市属国有企业法治建设考核评价办法（试行）》，考核评价指标体系包括5个方面内容设置36条指标。

（2）完善机制，坚决遏制企业重大案件高发态势。加强法律风险防范机制建设。制定并印发《2017年度市管企业法律纠纷案件情况通报白皮书》。指导协调企业重大法律纠纷案件。

（3）立足预防，探索开展市管企业合规管理试点工作。第一，组建了市管企业合规管理体系建设课题研究组，先后赴上海市国资委、中国中铁、微软中国等单位进行了合规管理调研学习；第二，撰写《市管企业合规管理体系建设研究报告》，并邀请业内12位合规专家召开专家论证会进行研讨论证，研究制定了《市管企业合规管理工作实施方案》；第三，将市管企业合规管理工作分"三步走"，构建全员参与、全程监控、全领域覆盖的合规管理体系；第四，选定北汽集团等五家企业作为合规管理首批"4+1"试点单位；第五，联合举办主题为"构建合规管理体系，助力国企健康发展"的京企云帆法治高峰论坛。

（4）强化队伍，进一步完善企业总法律顾问制度。制定并印发北京市《市属国有企业总法律顾问述职评议办法（试行）》。要求各市管一级企业要在年内配齐总法律顾问。举办2018年市管企业高级法律管理人员履职能力培训班。

（5）多措并举，以京企云帆法务平台为载体营造法治文化氛围。第一，市国资委重点打造了包括"京企云帆法治讲堂""京企云帆法治专栏""京企云帆法治高峰论坛"在内的"三位一体"的法务工作平台。截至12月25日，先后举办八期京企云帆法治讲堂，每期讲堂参加人数近3000。第二，组织市管企业参加"同心共筑中国梦 法治文艺京城行"北京市2018年法治文艺大赛，市国资委选送的多部作品在决赛中获奖。第三，充分整合各类宣传资源，利用市国资委"一报一号两网"建设京企云帆法治专栏，同时建立健全市国资委系统法治信息管理制度。截至 12 月 31 日，在《首都建设报》刊登稿件 20 篇、在"国资京京"微信公众号刊登信息 79 条。第四，推动企业加强"七五"普法宣传。以"12·4"国家宪法日和宪法宣传周为核心，组织企业充分利用多媒体资源，通过多种形式，深入开展"法律进企业"活动。

（四）民营企业健康发展司法环境

（1）全市人民法院积极优化营商法治环境。围绕加强民营企业合法权益保护，坚持平等保护原则，防止将经济纠纷当作犯罪处理、将民事责任变为刑事责任，防止超标查封、扣押、冻结企业财产，保障民营企业专心创业、放心投资、安心经营。

（2）全市人民检察院积极优化营商法治环境。严格区分民营企业个人犯罪和单位犯罪、企业财产和个人财产，防止刑事打击扩大化。强化立案监督、侦查活动监督，防止以刑事手段插手经济纠纷，将民事责任升级为刑事责任。加强督办指导、案例引导，审慎采取强制措施，避免影响民营企业正常生产经营。

（3）全市公安系统积极优化营商法治环境。认真落实全市优化营商环境三年计划部署，实现千余项行政处罚职权和政务服务事项权责清单的深度融合。把依法保障和服务民营企业健康发展作为着力点，深入开展减证便民再深化再推动专项工作和办理经济犯罪案件领域"三查一治"执法监督工作，进一步扩大公安部支持北京创新发展 20 项出入境政策的惠及范围，取消涉及企业群众办事创业各类证明 20 项。

（4）全市司法行政系统积极优化营商法治环境。集中开展不必要证明清理工作，先后梳理涉及企业群众办事创业各类证明 18 项，排除 8 项，取消 3 项，合并 1 项，保留 6 项，列入市政府《证明暂时保留目录》。发布《"一带一路"沿线六十五个国家中国企业海外投资法律环境分析报告汇编暨外国投资法律制度分析报告汇编》。牵头起草《北京市人民政府办公厅关于进一步优化营商环境建议修改部分法律法规规章的函（代拟稿）》，向国务院提出 78 项修法建议。

八、法治队伍建设

（一）法学教育[1]

1. 高等法学教育机构与专业

（1）北京高校开设法学专业情况。

2018 年，北京地区开设法学专业的中央高校 28 所，开设法学专业的市属高校 14 所。具体开设情况如下：

表 5　2018 年北京高校开设法学专业情况

专业名称	开设的中央高校	开设的市属高校
法　学	外交学院、北京航空航天大学、北京理工大学、中央民族大学、国际关系学院、北京大学、中国人民大学、清华大学、北京交通大学、北京科技大学、北京化工大学、北京邮电大学、中国农业大学、北京林业大学、北京中医药大学、北京师范大学、北京外国语大学、中国传媒大学、中央财经大学、对外经济贸易大学、中国政法大学、华北电力大学、中国矿业大学、中国石油大学、中国地质大学、中国劳动关系学院、中国社会科学院大学、中华女子学院	北京工业大学、北方工业大学、北京建筑大学、北京农学院、首都医科大学、首都师范大学、北京第二外国语学院、北京工商大学、北京物资学院、北京联合大学、北京城市学院、首都经济贸易大学、北京警察学院、北京开放大学
知识产权	北京大学（仅有二学位）、中国人民大学（仅有二学位）	北方工业大学

（2）2018 年北京市高等教育机构法学教师、学生情况。

---

[1]　市教委提供材料。

表6 全市高等教育机构分学科（法学）专任教师情况 （单位：人）

	合 计	正高级	副高级	中 级	初 级	未定职级
总 计	4776	1180	1660	1576	164	196
其中：普通高校	4633	1158	1614	1517	152	192
其中：成人高校	143	22	46	59	12	4

表7 全市普通本科法学专业学生情况 （单位：人）

	毕业生数	招生数	在校生数	预计毕业生数
合 计	4313	4196	17 736	4558
普通高校	4313	4196	17 736	4558
成人高校	0	0	0	0

表8 全市普通高职公安与司法大类学生情况（专科法律大类） （单位：人）

	毕业生数	招生数	在校生数	预计毕业生数
合 计	1042	1066	2823	1012
普通高校	1042	1066	2823	1012
成人高校	0	0	0	0

表9 全市成人本科法学专业情况 （单位：人）

	毕业生数	招生数	在校生数	预计毕业生数
合 计	3230	2736	7958	3792
普通高校	3126	2736	7958	3792
成人高校	104	0	0	0

表10 全市成人专科公安与司法大类学生情况（法律大类） （单位：人）

	毕业生数	招生数	在校生数	预计毕业生数
合计	484	352	1033	681
普通高校	484	2	683	681

	毕业生数	招生数	在校生数	预计毕业生数
成人高校	0	350	350	0

表 11　全市法学专业硕士研究生情况　（单位：人）

	毕业生数	招生数	在校生数	预计毕业生数
合　计	6645	8178	20 676	7209
普通高校	6555	8052	20 348	7119
科研机构	90	126	328	90

表 12　全市法学专业博士研究生情况　（单位：人）

	毕业生数	招生数	在校生数	预计毕业生数
合　计	1018	1439	5912	2637
普通高校	916	1341	5505	2444
科研机构	102	98	407	193

2. 法治教育进学校

（1）文化引领，青少年法治教育入心入脑。

一是抓实法治课堂教学。认真落实《青少年法治教育大纲》要求，根据青少年学生的认知特点和成长规律，落实《道德与法治》课堂教学要求，科学规划教学内容，改进教育方式。关注法治教育的系统性，在人文学科、自然学科中挖掘法治教育的知识点和切入点，努力做到多学科渗透。

二是抓好法治文艺活动。深入开展校园法治文化建设，鼓励法治文化作品创作推广，充分发挥法治宣传教育在校园文化建设中的引领熏陶作用。继续组织第六届普法微视频优秀作品征集，展现了首都学生法治教育成果，营造了蓬勃向上的校园法治文化氛围。

三是抓牢法治实践体验。注重法律知识教育和实践活动相结合，在法治宣传教育中贯穿知行合一的原则，强调在实践活动中加深学生对法律知识的理解、掌握。推动全市建设 17 个法治教育实践示范基地，努力构建以法治观念养成为中心、多种模式相结合的法治教育新格局。加强普法志愿者队伍建设，鼓励高校开展便民法律咨询，继续推动大学生法律志愿服务与青少年法治教育有机融合。继续通过开学第一课、"以案释法"等形式，法制副校长、法律顾问等普法力量在师生开展法治教育中的作用不断增强。

（2）突出特色，法治教育创新成果不断固化。

一是"法治与校园"学生记者站顺利运行。《法治与校园》学生记者站既能引导学校发挥法治宣传教育在学校治理和规范管理中的重要作用，压实学生法治教育课堂教学和实践活动要求，也能激励学生热衷法治学习，关心法律时事、热心法治宣传，养成守法的习惯，成为《法治与校园》杂志捕捉鲜活素材的重要力量。

二是探索新媒体推广覆盖。大力推进教育行政部门门户网站网络阵地法治宣传。2018年2月"北京教育普法"在首都之窗教育服务网站全新上线，设有工作文件、法治要闻、动态信息、以案释法、法治电子刊物等栏目。充分发挥《法治与校园》公众号传播速度快、覆盖面广的特点，播报教育法治新闻、宣讲青少年法律知识功效。

（3）教育法治工作水平稳步提升。

实现校长教师法治教育能力"二次成长"。细化全市中小学校长依法治校要求，建立全市中小学校长依法治校能力提升制度，以培养一批具有法治思维和擅于运用法治方式管理学校的管理者为重点。认真落实将法治教育纳入"中小学、幼儿园教师国家级培训计划"，选派9名一线教师积极参加全国依法治教专题培训，组织全市中小学教师法治教育基本功展评，以赛促学增强了教师学法讲法的吸引力。立足提升法治课堂教学，大力宣讲教育基本法律知识，全力推广优秀经验。

（二）法学研究[1]

1. 开展法学研究、加强智库建设取得新进展

（1）完善课题研究的组织，不断增强法学研究的实效。2018年经北京市委政法委委务会批准，北京市法学会设立市级法学研究课题40个，其中重点课题10个、一般课题20个、青年课题10个，课题研究经费200余万元。由市法学会学术委员会、法学带头人和资深专家、学者组成评审专家组，组织完成2017年市级法学研究课题结项以及市委政法委交办的5个委托课题的结项。评选出优秀课题10项，合格课题30项。

（2）完善论坛组织形式。北京市法学会组织了以"学习宣传新宪法，深化推进北京市司法责任制改革的理论与实践"为主题的"双百"首都法学家专场报告会。围绕报告会的主题和分论题，市法学会共征集论文212篇，其中25篇

---

[1] 北京市法学会2018年工作总结。市法学会提供。

被评为优秀论文。与其他省市法学会共同主办了环渤海区域法治论坛、京津沪渝法治论坛和京津冀协同发展法学交流研讨会。广泛动员法学法律专家积极参加相关论坛和研究会，分别有 21 篇、20 篇和 11 篇论文获奖。

（3）完善《北京市法治建设年度报告（2017）》结构与内容。《北京市法治建设年度报告（2017）》全面反映了北京市年度法治建设发展情况，内容丰富、亮点突出。首次将各区法学会纳入编委会成员单位，增加了各区法治建设报告，从市、区两级层面全面反映北京市法治建设情况。

（4）精心组织好立法咨询论证。全年组织了《北京市非物质文化遗产条例》《中华人民共和国民法典各分编》等五场立法咨询论证活动。《北京市非物质文化遗产条例》（草案送审稿）论证工作，得到了市政府法制办的高度认可，市政府法制办专门复函充分肯定了论证意见，并在立法中予以吸收采纳。

（5）《法学杂志》贡献力不断提升。《法学杂志》坚持围绕全面依法治国的重大理论和现实问题进行专题研究，结合当前法治建设和正在推进的法治建设领域改革中的热点难点进行专题策划，每期都有 1～2 个专题，一些名家还有特稿或专稿。开通杂志微信公众号，扩大杂志的影响力。全年共出刊 12 期，刊发文章 173 篇，质量稳步提升，继续保持核心期刊的地位和荣誉。

（6）提升对外法学法律交流工作，增强法治话语权和影响力。组织召开了京台两地法学法律人员参与的京台法律实务专业研讨会。

2. 组织建设取得新突破

（1）规范加强研究组织建设。截至 2018 年 11 月，市法学会所属研究组织总数达到 64 家，其中社团法学研究会 29 家，民办非企业单位 7 家。研究制定了《北京市法学会研究组织考评激励暂行办法（试行）》，对所属法学社团组织年度工作完成情况和自身建设发展情况开展考核评估。指导研究组织换届工作，坚持把政治过硬作为首要条件，指导比较法学研究会、劳动和社会保障法学会、企业法治与发展研究会等 3 家研究组织按期完成换届。创新资金支持方式，为研究组织申请支持经费 160 多万元，采取政府购买服务的方式，市法学会与研究组织签订《项目委托合同》，委托研究组织开展不同学科领域的学术研讨活动项目，并进行经费支持。指导研究组织积极开展学术年会、专题研讨会、经验交流会等，强化学术研讨中的政治引领功能。2018 年各研究组织和各区法学会开展法学研究、法治宣传、法律服务、法律培训和对外学术交流等活动 100 多场，受众达 1 万多人。创新服务方式，编发《组织建设专刊》12 期，发挥了交流工作经验、指导工作开展、推进组织建设的重要作用。

（2）协调推进区法学会建设。积极贯彻落实中央政法委转发的《中国法学会关于加强市县法学会工作的指导意见》，推动区法学会工作有序开展。从 2018

年开始，北京市法学会对全市区级法学会开展考评，并纳入首都综治考评内容，2018 年年初向各区法学会下发《区法学会 2018 年工作要点提示》，11 月印发了《关于开展 2018 年度区级法学会工作考评的通知》。积极推进组织建设，通过购买党建管理岗位等举措，支持区法学会的业务建设为法律服务工作在全市的进一步开展夯实基础。全年共开展法律培训、法治宣传、法律论证等活动近百场，受益群众达 2 万余人。

（3）加强会员队伍建设。2018 年市法学会新发展会员 1436 人，会员总规模达到 4.3 万人，新增团体会员 18 家。充分利用"北京市法学会研究组织微信群""北京市法学会区法学会微信群""会员手机月报"等手段进一步加强研究组织、区法学会、团体会员、个人会员之间的沟通交流和信息共享，进一步紧密联系，增强凝聚力。

（三）政法队伍建设[1]

2018 年，在中央、市委坚强领导下，全市政法系统坚持以习近平新时代中国特色社会主义思想为指导，坚持抓党建带队建促业务，各项工作取得了新成效，为首都政法事业发展提供了有力的政治保证、思想保证和组织保证。

1. 政治思想建设取得显著成效

始终把政治建设摆在首位，严格落实中央关于加强和维护党中央集中统一领导的若干规定和市委实施办法，深入贯彻习近平总书记"看北京首先从政治上看"指示精神，增强"四个意识"、坚定"四个自信"，坚决做到"两个维护"。精心组织习近平新时代中国特色社会主义思想大学习、大研讨、大培训活动，举办全市政法领导干部学习贯彻习近平新时代中国特色社会主义思想研讨班等主题班次，印发专门实施意见，推动全体政法干警学出坚定信仰、学出绝对忠诚、学出使命担当。创新思想政治工作方法，建立经常性政治教育与战时思想动员相结合工作机制，定期开展干警思想状况摸排分析，推动思想教育向新型办案组织延伸。大力弘扬政法队伍主旋律，开展北京市第十届人民满意的政法干警（单位）暨"首都政法先锋"评选表彰，打造政法典型群像，形成集中宣传态势。

2. 干部队伍建设取得创新发展

加强政法队伍建设统筹谋划，组织开展了一次近年来最大规模、最系统、最深入的党建专题调研，向市委常委会作专题汇报。认真贯彻新时期好干部标准，抓好《北京市委关于建设新时代高素质专业化干部队伍的意见》落实，选优配强政法单位领导班子，进一步优化班子整体功能。加强优秀年轻干部培养锻炼，组织 108 名优秀年轻干部交叉挂职锻炼，着力解决年轻干部基层经历不足、岗位

---

[1] 北京市委政法委提供材料。

相对单一、执法办案认识标准不够统一等问题，推动优秀年轻干部在处理棘手矛盾、应对复杂问题中经受考验、展示才干。积极适应新时代政法工作专业化、专门化、精细化要求，研究制定政法人才培养规划，开展各类各层级教育培训，政法队伍职业素养和规范文明执法水平持续提升。严格落实意识形态责任制，大力加强政法新媒体和政法网军建设，运用"三同步"机制妥善处理系列重大敏感案事件，确保首都政法舆情持续平稳有序。

3. 基层组织建设质量和水平取得明显提升

发挥全市政法系统党建工作领导小组职能作用，固化党建"双轨运行"领导体制，党建工作领导体制机制进一步完善。在全市政法系统近5100余个党支部全面推行规范化建设，结合司法改革探索建立标准化党组织设置模式，推动政法系统党建工作基层联系点全覆盖。聚焦提高基层党组织负责人抓党建的履职能力，制定专门实施意见，推动党务轮训常态化运行，全系统年度受训人数达7711人。大力推进党员社区民警兼任社区（村）党组织副书记工作，助力"街乡吹哨、部门报到"改革，基层党组织和在职党员"双报到"实现100%。深入推进律师行业党建工作，强化党对律师行业的政治引领，16个区全部建立律师行业党组织。推进党员教育管理常态化，大力实施党员先锋工程，设定党员先锋岗、划定党员责任区、擦亮党员示范窗，激励了党员在政法工作各条战线当先锋、创佳绩。

4. 政法机构改革和队伍分类管理改革取得重要突破

坚持整体推进、重点突破，统筹推进党委政法委和综治、维稳、反邪教工作机构整合、人员融合，建立平安北京建设工作领导体制和协调机制，有力加强了市委对政法工作和首都安全稳定工作的统筹领导。健全司法人员分类管理体系，完成首批法官、检察官等级按期晋升，推进择优选升，加快推进公安机关执法勤务警员和警务技术序列改革。优化新型司法资源配置，北京互联网法院如期挂牌成立，加快推进法院、检察院内设机构改革，制定出台政法干警职业安全保障等工作办法，大幅提升聘用制司法辅助人员薪酬待遇水平。

5. 政法队伍纪律作风建设取得向好更好态势

全面落实管党治党政治责任，严格开展全面从严治党主体责任检查考核，推动从严治党向基层延伸。充分发挥"政法口"的归口指导督促作用，坚持问题导向，从严从实抓好政法系统巡视反馈问题整改工作，持续形成越往后执纪越严的鲜明导向和有力震慑。坚持不懈整治"四风"问题，做好群众满意度社会测评年度分析、政法民声热线季度分析通报和群众反映问题及时核查督办工作。持续整治特权思想、衙门作风等顽症痼疾，让群众感受到执法司法新气象。严厉查处干警违纪违法问题，严肃铁规禁令和行为规范，坚决查处失职渎职、贪赃枉法、以案谋私等违纪违法行为，以零容忍的态度惩贪治腐。2018 年全市政法系统社会测评总体满意度评分为 88.6 分，比上年提升 1.4 分，2018 年是党的十八大以来得分最高的一年。

区报告

 # 东城区法治建设报告

2018 年，东城区各部门深入学习贯彻党的十九大精神和习近平新时代中国特色社会主义思想，紧紧围绕东城区"一条主线，四个重点"战略任务，结合中央和市、区的工作部署，认真做好法治建设相关工作，较好地完成了全年的工作任务。

一、人大法治保障和监督工作

（一）突显法律监督，推进执法检查备案审查有成效

1. 双管齐下，突显《北京市烟花爆竹安全管理规定》执法检查的时效性

为落实好《北京市烟花爆竹安全管理规定》，区人大法制委员会迅速行动、制定方案，成立执法检查组，组织部分代表在元旦和春节期间开展执法检查，推动禁放管控措施落实到位，执法检查实效明显。

2. 上下联动，突显《北京市消防条例》执法检查成效性

2018 年，区人大法制委员会深入推动区政府消防安全责任制、消防基础设施建设、火灾隐患排查、消防安全普法宣传教育、灭火应急救援处置等工作落实到位。

3. 规范流程，突显制定《区人大常委会检查法律法规实施情况的工作规程》必要性

区人大常委会法制办公室制定了《区人大常委会检查法律法规实施情况的工作规程》，从执法检查的选题、组织、报告、审议、整改、反馈等 6 个环节，规范了执法检查工作，提高了执法检查实操性，执法检查更加规范、公正、严明，规程的必要性显而易见。

4. 依法审查，突显备案审查监督的合宪性

一年来，与相关委员会对《东城区 2018 年本市户籍无房家庭承租人适龄儿童子女入学审核实施细则》《东城区 2018 年非本市户籍适龄儿童少年入学审核实施细则》等规范性文件共同履行备案审查监督职责。

（二）突显工作监督，推进公检法司等工作有成果

1. 关注司法体制改革，提升司法公信力

全面深化检察改革和"基本解决执行难"是司法体制改革的重要内容，区人大法制委员会紧扣两个专项工作开展监督，推动区法、检两院司法体制改革工作。

2. 关注经济领域犯罪和电信诈骗，保障群众合法权益

区人大法制委员会专门听取了区公安分局所作的打击经济领域犯罪和电信诈骗的专项工作报告，督促区政府加强舆论宣传引导，加强预测预警预防，加强依法打击和警示的工作力度。

3. 关注普法宣传工作，增强全民守法意识

区人大常委会对《关于在东城区开展法治宣传教育的第七个五年规划（2016—2020年）》做出决议，重点关注区政府贯彻落实情况以及开展相关普法工作情况，重点了解区法治宣传教育工作组织领导和机构建设情况、宪法和中国特色社会主义法律体系等重点内容的学习宣传情况，重点检查普法对象学法用法情况，以及"法律十进"活动开展情况等。

4. 关注修法动态，推动相关工作进展

区人大常委会法制办公室根据新出台的监察法，及时与区监察委沟通协调。同时，法制办公室根据全国人大新修订或制定的各项法律法规，推动政府部门和各级领导认真普法、带头守法。

（三）突显以人民为中心，推进民生保障有落实

1. 着眼社区治理，调研考察有收获

2018年区人大法制委员会专题调研组深入街道、社区，听取老旧小区、平房、楼宇等不同结构类型的15个社区关于自治功能发挥情况的介绍，推动区政府进一步完善多元主体参与的城市治理长效机制，形成了政府治理和社会调节、居民自治良性互动格局。

2. 着眼养老事业，跟踪监督有结果

区人大法制委员会持续关注养老事业，跟踪监督区政府关于东城区第十六届人大常委会第七次会议对《东城区人民政府关于推进居家养老服务体系建设，加快养老服务事业发展议案办理情况的报告》的审议意见的研究处理情况。

3. 着眼"十三五"规划中期评估，两项专题调研有效果

区人大法制委员会在"十三五"规划中期评估调研工作中，充分发挥委员作用，对涉及民主法制专题的3项指标和涉及社区建设专题的13项指标、23项重点任务展开调研，形成了社区建设和民主法制专题调研报告。

4. 着眼代表小组活动，创新活动模式有探索

区人大法制委员会妇女青少年小组，把社会治理课题与妇女青少年代表小组活动紧密结合，探索社会组织参与社会治理、精准救助困境儿童的专业工作模式。妇女青少年代表小组还对区妇联制定的《东城区政策法规性别平等评估工作实施意见》提出意见建议。

区人大常委会少数民族代表小组围绕全区中心工作和常委会重点工作开展调研，充分听取少数民族群众意见建议，努力当好密切联系群众的桥梁和维护民族团结的纽带。

5. 着眼建议督办，代表关心问题有成果

法制办公室在代表意见建议督办工作中，坚持以问题为导向，对政法民政类的 23 件建议进行归纳分析、分类施策，共同协商解决办理工作中遇到的问题和困难，做到办前分析透彻，办中推进有力，办后督办高效，使政法民政类代表建议办理效果显著。

（四）突显能力培养，推进履职水平有提升

1. 加强政治理论学习，抓实思想作风建设

区人大法制委员会和法制办公室认真学习党的十九大和习近平新时代中国特色社会主义思想，深刻领会党中央的大政方针和市委、区委的战略部署，深入推进"两学一做"常态化制度化，自觉坚定理想信念，增强政治意识、大局意识、核心意识和看齐意识，为法制委员会委员依法履职提供有力的政治思想保证。

2. 加强业务学习培训，夯实履职保障基础

区人大法制委员会和法制办公室紧密结合工作实际，深入学习贯彻习近平总书记关于坚持和完善人民代表大会制度的重要思想，加强人大工作理论、宪法和法律法规、法制工作经验、规律等方面的学习培训，坚持履职必学、调研必学、开会必学、活动必学，不断提高业务素质和履职能力。

3. 加强沟通协调联系，做实委员履职服务

法制办公室通过与对口联系单位的沟通，提前对全年工作计划安排，并适时调整工作安排和进度，做到"信息上保持畅通、重要事项及时沟通、重要工作积极参与、重要会议保证出席"，把工作监督和工作支持有机结合，不断跟踪代表和委员意见建议的落实情况，为委员履职做实服务保障工作。

二、法治政府建设

（一）全面评估法治政府建设情况，查找短板，落实规划

东城区政府法制办与中国政法大学法治政府研究院合作，共同开展了东城区法治政府建设的评估工作，这既是对"法治政府建设十三五"规划实施以来的情况进行客观分析，也是对本区法治政府建设的现状和进展进行客观评价。这次

评估工作深入剖析了本区法治政府建设实施中出现的问题及原因，为实现 2020 年基本建成法治政府的目标提出改进建议。经过多次探讨和修改完善，形成了具有公信力和说服力的《东城区法治政府建设评估研究报告》，已经以区推进依法行政工作领导小组办公室的文件下发全区。

（二）贯彻《实施意见》，聚焦中心工作，提高法治服务综合保障水平

认真贯彻落实《实施意见》及工作任务分解书，完善重大行政决策公众参与、专家论证、风险评估、合法性审查、集体讨论决定等程序，明确纳入年度重大决策目录的事项，均须按规定程序进行合法性审查。深入研究破解旧城更新改造的法律难题，参与处理宝华里、望坛、天坛周边简易楼腾退等各类重大项目审核论证，积极参加各项目法律研讨会，就项目中出现的土地开发、补偿标准等重点难点问题进行分析研讨，为领导决策和项目的顺利推进发挥了不可或缺的参谋、助手和法律顾问作用。

（三）加强培训，确保效果，全面提高一线执法人员的依法履职能力

依托东城区法治教育培训基地，按照全员参训、分批轮训、分类集中的方式分三期对全区 940 余名执法人员和法制干部，从作风养成到工作技能进行全方位封闭式军事化学习培训，进一步提高了一线执法人员运用法治思维和法治方式履职尽责的能力和素质，磨砺了大家顽强的意志、优良的作风和团队协作品质，塑造了一线执法人员良好的精神风貌。

（四）底数清晰，要求明确，组织开展规范性文件清理工作

1. 开展公平竞争行政规范性文件清理工作

按照东城区公平竞争审查领导小组工作要求，对各部门以区政府或者区政府办名义制定的行政规范性文件自查结果进行审核，并提出审核意见，确保了公平竞争审查工作顺利开展。

2. 开展生态环境保护行政规范性文件清理工作

下发《关于开展生态环境保护行政规范性文件清理工作的通知》，对以区政府或区政府办名义下发的行政规范性文件、部门自行制定的涉及生态环境保护的行政规范性文件进行清理。

（五）强化合法性审查，全面推行法律顾问制度，法治服务保障融入中心工作

按照《东城区行政规范性文件制定、备案和监督的若干规定》的要求，实行全区行政规范性文件制发统一登记、统一编号、统一印发"三统一"制度，不断提升行政规范性文件审核能力和水平。

因政府换届，上届政府法律顾问的聘期已满，需对原法律顾问成员进行调整，组建本届政府的法律顾问小组。根据《北京市东城区人民政府关于印发法律顾问工作暂行办法的通知》（东政发〔2014〕40 号）要求，各单位应当自法律顾

问合同签订之日起 15 日内将法律顾问合同报送区政府法制办备案。出台了东城区法律顾问工作考核制度，并初步建立了区政府法律顾问工作档案，为东城区法律顾问走入正规化奠定基础。

（六）严格考评，加强规范化建设，行政执法更加规范高效

1. 开展东城区行政执法专项考评工作

严格落实《东城区行政执法专项考评办法（试行）》和《东城区行政执法专项考评评分标准（修订版）》，分别对全区 32 个行政执法部门的执法情况开展了专项考评和半年通报。

2. 落实"放管服"工作方案，积极开展"双随机、一公开"监督工作

根据《东城区推广随机抽查规范事中事后监管工作方案》，对区属行政执法部门应公示的权力清单、随机抽查事项清单、抽查事项、抽查依据、抽查对象、抽查对象基数、抽查比例、抽查周期、抽查方式和抽查主体及抽查结果的公示情况进行了随机抽查。

3. 组织全区执法部门科学制定年度执法计划

组织各单位认真完成 2018 年度行政执法工作计划报备工作，审核后编制《北京市东城区 2018 年度行政执法计划汇编》下发各执法部门和街道办事处。

4. 制定《东城区行政执法规范化建设实施方案（2018—2020）》

为推动东城区行政执法规范化建设，区政府法制办与中国政法大学法治政府研究院合作，设立东城区行政执法规范化建设的研究课题，在全市率先开展和实施行政执法规范化建设的实施与评估工作。形成了《东城区行政执法规范化指导标准及评估指标体系》，制定了《东城区行政执法规范化建设实施方案（2018—2020）》，计划用两年半的时间，在全区行政执法部门中组织开展执法规范化建设的实施与评估工作。

5. 对拆除违法建设案卷进行审核

根据《北京市城乡规划条例》的有关规定，对区城管执法监察局报送的违法建设强制拆除案卷进行法制审核。

6. 组织开展行政处罚案卷评查、抽验工作

按照《关于开展东城区 2018 年度行政处罚案卷评查及质量抽验工作的通知》（东政法制〔2018〕1 号）的有关内容，区法制办抽调部分执法部门法制干部对全区 27 个执法部门共 121 本行政处罚案卷进行了评查、抽验工作。

7. 组织开展全区行政执法人员执法资格的重新审核确认以及更换新版证件工作，共完成对 26 个行政执法部门、12 个街道办事处，共计 1456 名行政执法人员的执法资格证件的更换工作，注销 85 名行政执法人员执法证件。

（七）创新方式，提高能力，实现行政复议、应诉工作量、质双提升

针对行政复议应诉案件量不断上升的态势，优化办理审批流程，提高办案效率，从严把握案件审理尺度，对违法不当行为，坚决予以撤销或确认违法，确保每一起行政复议案件都经得起司法审查。截至目前，区政府共接待来访190人次，收到行政复议申请126件；其中，受理117件，共审结行政复议案件96件。通过行政复议纠正行政机关违法或不当行为的案件5件。

积极组织出庭应诉，按时提交答辩材料，共办理以区政府为被告的行政诉讼一审案件560件，已审结325件，其中一审撤销被诉行政行为3件，二审被部分确认违法9件，撤销1件。办理区政府作为行政复议被申请人的行政复议案件31件。已审结12件，其中撤销行政行为的2件。

三、审判工作

（一）充分履行审判职能，服务保障经济社会发展

2018年，东城区人民法院新收案件39 150件，结案39 547件，收结案数稳中有升，均再创历史新高。未结3424件，同比下降10.4%，结案率为92%。一审案件服判息诉率达到88.5%，一审案件被二审发回重审和改判率为0.45%，经抗诉被发回重审和指定再审案件7件，法官人均结案344件，以上数据均优于2017年，取得良好审判质效。

（1）依法打击各类犯罪，助力"平安东城"建设。审结刑事案件672件，判处罪犯753人。①深入开展扫黑除恶专项斗争。②妥善审判涉众型经济犯罪，着力稳控风险。③配合监察体制改革，依法严惩贪污贿赂等职务犯罪，净化党员干部队伍，保持惩治腐败高压态势。

（2）加强民事纠纷化解，促进社会和谐稳定。审结各类民事案件17 397件。①妥善审理西河沿、宝华里等危改地区涉及房屋拆迁安置补偿的涉众型纠纷。②稳妥审结涉及军队停止有偿服务案件30余件，妥善解决相关历史遗留问题。③继续推进家事审判改革，最大限度弥合家庭裂痕，最大限度保护未成年人合法权益。④妥善审理因企业转型、外迁引发的涉及劳动者群体性维权的劳动争议纠纷。⑤破解医疗纠纷审理难题成效显著。

（3）加强商事案件审判，优化营商环境。审结商事案件6188件。针对民间借贷纠纷激增的态势，审慎甄别案件背景、深层法律关系，在高效审结案件的同时，准确打击虚假诉讼和隐藏于合法形式的违法犯罪行为，努力防控金融风险，保护中小投资者合法权益。

（4）加强知识产权司法保护，优化创新发展环境。审结知识产权案件2517件。加强对中华老字号企业、文化创意企业知识产权的保护，提增侵权赔偿力度。积极延伸审判职能，对辖区重点行业、企业在维权保障、风险防控等方面加强司法指引，提升区域文化软实力。

（5）妥善化解行政争议，助推法治政府建设。审结行政诉讼案件1077件、行政非诉执行案件443件。在行政案件审理中，加强以案释法工作，将协调工作贯穿审判全过程，力促行政纠纷实质性解决。

（6）全力强化司法保障，服务区域重点工作。充分运用"快立、快审、快执"工作机制，畅通绿色通道，大力保障"疏解整治促提升"专项行动。依法妥善审理违建拆除、开墙打洞、居改商整治类案件90余件，涉公房规范管理案件40余件，涉地下空间整治案件20余件。

（二）决胜"基本解决执行难"，执行工作取得重大突破

2018年是最高人民法院承诺全国法院实现"基本解决执行难"的决胜之年，"3个90%、1个80%"是评估的核心指标，东城区人民法院各项指标均超额完成，并代表北京市法院接受了"基本解决执行难"第三方评估。2016—2018年，东城区人民法院有财产可供执行案件法定期限内结案率达到96.9%；终本程序案件总体合格率达到98.9%；执行信访案件办结率为100%；首次执行案件整体执结率为95.7%。

（1）内部众志成城，外部大力支持。执结案件11 158件，执行到位金额43.63亿元。区人大常委会专题听取推进基本解决执行难工作报告。市区人大代表和政协委员多次参加重大执行活动。与东城区各相关部门、各街道、区拘留所等单位建立联动机制。与试点街道共建全市首个"诚信执行街区"，联手严惩失信被执行人。多方助力、深度合作的大执行工作格局基本形成。

（2）不断健全工作机制，提升执行威慑力。加大执行强制措施与失信惩戒力度，拘留被执行人83人次，罚款49.6万元，限制消费12 622人次，公布失信被执行人名单5413人次。严厉打击被执行人拒不到庭、规避执行等违法行为，通过专项夜抄搜查、突袭执行等方式重拳出击惩治"老赖"。迫于以上惩戒措施，1247名被执行人履行了全部义务，履行金额达1.35亿元。

（3）加大执行宣传力度，形成良好社会效应。通过主流媒体宣传、微信公众号推广、微电影拍摄、全媒体直播等方式，全面展示解决执行难的举措和成效。1400余万网友在线观看本院两次强制执行全媒体直播活动，获得良好社会反响。

（三）深化司法体制综合配套改革，推进改革向纵深发展

（1）深化审判权运行机制改革。①健全以员额法官为中心的审判团队，逐步配齐法官助理、书记员，加强专业化审判团队建设。②严格落实院庭长办案要求，院长结案17件，副院长人均结案84件，庭长人均结案223件，均完成了市高级法院规定的院庭长办案任务。③认真落实新颁布实施的《人民陪审员法》，

约请陪审员参与审理各类案件6976件，发挥其深度参审和民主监督作用。

（2）稳步推进综合配套改革。①完成员额法官等级按期晋升工作，相关配套待遇基本落实，法官职业尊荣感不断提升。②积极稳妥推进内设机构改革，先行探索部分内设机构合署办公，整体效能得到优化。③落实审判辅助人员职业保障政策，大幅提高了聘辅人员薪酬待遇，稳定了聘辅人员队伍。④建立健全重大案件依法处理、舆论引导、社会面管控"三同步"工作机制，确保重大敏感案事件处置取得良好法律效果、政治效果和社会效果。⑤在区委区政府的帮助协调下，派出法庭选址工作已经完成，正按计划推进建设。

（3）深化以审判为中心的刑事诉讼制度改革。①多措并举推进庭审实质化，完善庭前会议制度，注重证据的合法性审查。②积极推进认罪认罚从宽试点改革，不断扩展试点案件案由范围，规范量刑建议和刑罚裁量权，真正实现"实体从宽、程序从简"。③落实刑事案件律师辩护全覆盖，实现控辩平等对抗。

（4）创新发展"枫桥经验"，完善多元化解纠纷机制。①完善"1+X"多元调解工作模式。将15 459件民商事案件导出至多元调解，占全部民商事案件收案总量的62.4%，调解成功2207件。②大力开展速裁工作。将物业、供暖、交通事故、信用卡、金融借款纠纷及全部小额案件纳入速裁范围，速裁法官人均结案1071件，7%的员额法官审结了全院33.8%的民商事案件，形成了大量简单案件在诉讼前端调解速裁、复杂案件在后端精审研判的审判格局。③继续推动"东城区司法地图"成果的转化应用，助推基层社会治理实现共治、精治、法治。

（四）创新诉讼服务便民举措，提升司法为民水平

（1）以群众需求为导向，完善便民诉讼机制。以"北京法院诉讼服务"微信公众号为载体，完善网上引导、网上立案、诉讼信息自动推送等功能，强化"线上线下"诉讼服务的联动集成，为当事人提供智能化诉讼服务。

（2）扩大司法公开，加强法治宣传教育。严抓裁判文书上网公开，上网率为100%。认真及时回应群众诉求，办理"给大法官留言"15人次，审判信息网留言409人次，12368语音服务平台留言4390人次。创建"东城法院"微信公众号，推送各类原创内容70余条，累计阅读量3万余人次。

（3）加强代表联络，自觉接受监督。创新完善代表督办联络工作机制，邀请区人大代表、政协委员来院旁听案件90余人次，组织市区人大代表联络活动9次。邀请区人大机关干部来院参加宪法日活动。院领导积极走访市区人大代表，征求意见建议。重视代表关注案件督办工作，做到专人负责、全程留痕、快速交办，确保件件有着落。

（五）全面推进党风廉政建设，打造忠诚干净担当的司法队伍

（1）坚持全面从严治党，加强党支部规范化建设。严格落实党建主体责任，

各支部书记签署党建责任书，细化管党治党责任清单，定期开展支部书记述职考评。以党建规范化建设为重点，出台规范化考核管理办法，对各支部党建工作实行量化打分。以审判团队为单位组建新型党小组，发挥党组织对审判工作和团队建设的引领作用，推动党建工作与司法审判深度融合，不断推动党建工作创新。落实好全体在职党员到街道社区报到工作，全院356名党员全部报到，参加社区活动1400余人次。

（2）不断压实管党治党主体责任，持之以恒正风肃纪。贯彻全面从严治党决策部署，召开履行党风廉政建设主体责任情况通报会，强化党风廉政建设责任制考核。坚持做好对干警工作作风日常监督检查和对重点工作的专项督察。推进信访举报工作规范化建设，对问题线索深入核查，坚决查处各种违反纪律的行为，依纪依规严肃问责，信访举报数量同比下降26%。通过开展谈话提醒、发送审务督察建议书、发布全院通报等形式，把监督执纪"四种形态"尤其是第一种形态运用到对党员干部的日常教育、管理和监督之中，始终保持从严监督管理态势。

（3）加强法院文化建设，重视人才培养。分专业、分岗位建立各类别、各层次人才库，组织开展各类培训30余次，努力提升干警能力素质，为法院长远发展夯实人才储备。开展形式多样、有益干警身心健康的文化活动，缓解审判工作压力。加强调研学术工作，依托学术论文和案例研讨，助推法官审判业务和调研学术能力提升。金薇法官荣登2018年度"中国好人"榜；高翡法官被评为全国法院知识产权审判工作先进个人；冯宁法官裁判文书获评北京市法院优秀裁判文书一等奖。

四、检察工作

（一）依法履行检察职能，维护社会公平正义

2018年，东城区检察院共受理各类案件4633件，办结4047件。充分发挥监督、审查、追诉基本职能作用，努力让人民群众在每一个案件中感受到公平正义。

（1）严厉打击各类刑事犯罪，维护首都安全稳定。共受理审查逮捕案件857件1201人，同比上升14.3%、23.4%，依法批捕524件703人，不批捕327件474人；受理审查起诉案件853件1090人，同比下降6.9%、6.3%，依法提起公诉596件715人，不起诉128件171人。法院一审判决案件586件707人，诉判一致率99.8%。①积极开展扫黑除恶专项斗争。坚决贯彻中央、市委关于"有黑必扫、有恶必除、有伞必打、有腐必反、有乱必治、除恶务尽"的要求，与公安司法机关迅速建立办案衔接机制，强化引导侦查取证，形成了打击黑恶势力的高压态势。②重拳打击涉众型经济犯罪。共依法批捕、起诉152件264人，其中包括涉及投资人 7 万余人、涉案金额 145 亿余元的"华赢凯来""安信普华"等重大涉众型经济犯罪案件。③高效办理一批新型疑难复杂案件，如媒体广泛关注的利用摄像头窥探个人隐私案、本市首例网络刷单骗保案等，切实维护首都政治安全、经济安全和社会稳定。

（2）积极推进公益诉讼，维护社会公共利益。民事、行政公益诉讼共立案 20 件，移送上级院审查起诉 4 件 5 人，发出诉前检察建议 12 份，收到书面回复 11 份。①开展食药领域公益诉讼专项监督。立案 4 起生产、销售假减肥药案，并向社会发出诉前公告，维护辖区药品管理秩序，守护百姓用药安全。开展网络餐饮服务违法经营专项监督，发出诉前检察建议 1 份，获得区食药监局大力支持，现已建立互联网监测系统，并对违法问题行政立案 71 件。②开展环境资源保护专项监督。针对东二环护城河污染事件成立专案组，及时赴现场调查核实，现已立案 3 件，发出诉前检察建议 3 份，相关整改工作正在推进。③保护国有财产安全。共立案 8 件，其中针对存续多年的"停车占道费欠缴案"，主动与相关政府部门会商，发出诉前检察建议 7 份，均被采纳。

（3）突出监督主责主业，确保法律统一正确实施。①强化刑事诉讼监督职能。共监督公安机关立案 12 件、撤案 30 件，追捕追诉犯罪嫌疑人 40 人，其中已有 8 人被法院作出有罪判决；完善"两法衔接"工作机制，建议行政执法机关移送犯罪案件 64 件，公安机关已立案 39 人，法院判决 11 人。提出刑事抗诉案件 3 件，促成公检法三机关共同开展类案自查自纠专项工作；建立裁判文书同步审查数据库，汇编抗诉案例，指导一线办案，提高监督质效。依法办理羁押必要性审查案件 117 件，提出变更强制措施建议并被采纳 11 件。②强化民事、行政诉讼监督职能。办理民事诉讼监督案件 40 件，在对正确判决、裁定做好释法说理、息诉服判工作的同时，向法院发出纠正违法类检察建议 2 份、再审检察建议 1 份，提请抗诉 2 件，均获得上级院支持。办理行政诉讼监督案件 8 件，针对法院迟延送达法律文书制发检察建议 1 份。③强化检察建议在社会治安综合治理中的作用。共制发该类检察建议 16 份，其中针对办理"7·18"涉黑案中发现的丰台区辛庄村在以往"两委"换届选举中存在的不规范问题，制发检察建议，在本市农村"两委"换届前主动对接该区有关部门，协助地方党委政府加强农村基层组织建设。

（4）强化职务犯罪检察，发挥惩治腐败的重要职能作用。①依法审查起诉职务犯罪案件 13 件 14 人，东城区社区服务中心负责人张某某利用主管"为老服务"职务便利收受贿赂案等一批重点案件被依法批捕起诉。②积极探索完善与区监察委员会对接机制。在全市率先适用刑事拘留措施衔接留置案件。在反贪反渎职能转隶一周年之际，与区监察委举行办案衔接座谈会，在提前介入、强制措施审查、线索移转等方面达成共识，并形成会议纪要推动工作开展。③加强职务犯罪源头预防。如在东城区人事考试中心考务管理人员肖某某利用报名资格审核确认的职务便利受贿、滥用职权案公开审理中，犯罪嫌疑人当庭认罪悔罪，来自全区各单位的200余名党员干部观摩了此次庭审，廉政警示教育效果良好。

（二）主动融入全区中心工作，服务经济社会发展大局

（1）积极服务"疏解整治促提升"重点工作。①积极服务非公经济发展。②积极探索不可移动文物保护领域民事公益诉讼。

（2）突出抓好"涉众型经济犯罪"综合治理。①坚持将释法说理贯穿矛盾化解始终，累计接待群众来访799批12 788人次，妥善处置涉众型经济犯罪案件引发的集体访114批5683人次。②努力研究突出问题治理对策。针对涉众型经济犯罪同比上升23.6%，集体访批次同比上升3.2倍、人次同比上升9.8倍的情况，组建涉众型经济犯罪防治策略研究课题组，形成防治报告。

（3）切实加强"涉未案件"司法人文关怀。①坚持对未成年犯罪嫌疑人"少捕慎诉"原则。②坚持开展未成年被害人救助工作，从心理疏导、经济救助、疾病治疗等方面，为被害人提供特殊帮助和保护。③积极推进校园欺凌防治工作，结合办理的2起校园欺凌案件，协助学校加强未成年人法治教育。

（4）深入落实"谁执法、谁普法"普法责任制。①讲好"法治课"，普法进校园。②贴近"百姓心"，送法进社区。③探索"多领域"，送法到身边。

（三）锲而不舍抓好落实，提升司法体制改革成效

（1）捕诉一体试点成效初显。①完善刑事检察工作新格局。②积极落实"两个审查"实质化要求。③强化引导侦查提高办案质效。

（2）以审判为中心的诉讼制度改革有力推进。①强化指控和证明犯罪效果。②深化认罪认罚从宽制度落实。③落实繁简分流提高办案效率。

（3）检察长列席审委会制度和检察长办案规定有效落实。切实落实检察长列席法院审判委员会制度，依法对审判活动开展监督。

（四）全面加强自身建设，打造一流检察队伍

（1）加强政治建设。①组织干警认真学习十九大精神和修改后的党章、宪法、刑事诉讼法和检察院组织法。②策划开展了"讲好东检故事，传承检察精神""记录·启迪·传承——东检故事座谈会""微视频大赛"等活动。③开展丰富多彩的"不忘初心、牢记使命"特色主题党日活动。

（2）加强能力建设。①以备战北京市检察机关第六届检察业务竞赛为契机，深入推进"全程、全员、全面"练兵。②实施导师制，通过教学相长，培养一支"通理论、精实务、善研究、会管理"的检察人才队伍。③关怀干警心理健康，启动"幸福东检人"心理干预项目。

（3）严格规范司法行为。①坚持问题导向，开展为期一个月的专项督察，针对督察中发现的问题进行通报和整改，促进检察工作规范开展。②严格落实司法责任制，对一名执法行为不规范、未有效听取被害人意见的检察官作出纪律处分。③严格落实《领导干部干预司法活动、插手具体案件处理的记录、通报和责任追究规定》等"三个规定"。

（4）强化内部监督。①注重发挥案件监督平台闭环监控作用，发起流程监督 1601 件，针对执法办案不规范情况，向办案部门进行口头提示和纠正 386 次。②加强案件质量评查和考核。对 1873 件案件进行质量评查，并通过考核促进案件质量提升。③坚持批捕案件备案审查，通过自我监督、内部纠错，确保"捕诉一体"后审查逮捕案件的质量。

（五）自觉接受监督，打造公开公信的阳光检务

（1）自觉接受人大和政协监督。①主动汇报检察工作。②高度重视代表意见建议办理工作。③积极为代表委员了解和监督检察工作创造条件。

（2）自觉接受社会监督。①坚持检务公开，已公开案件程序性信息 2071 条、法律文书 689 份，受理电话咨询 4000 余次、微信预约服务 760 余次，不断提高信息公开和服务群众的水平。②加强检察宣传，用好门户网站、"两微一端"等平台，共发布官方微博 900 余条、官方微信 200 余条，同比上升 86%、54%；借助首都政法综治网平台，全程网络直播东城区检察院检察长在北京市第十一中学讲授的法治课，在线观看量达 38.4 万人次。

五、公安工作

（一）以坚决打赢防范化解重大风险攻坚战为主线，维护社会安全稳定

2018 年，北京市公安局东城分局始终牢固树立总体国家安全观，把"对党忠诚"体现在维护政治安全特别是政权安全、制度安全中去检验、去衡量，从政治安全、暴力恐怖、社会稳定、金融安全四条战线出发，向影响首都社会大局稳定的各类风险挑战发起攻坚，赢得有效防范应对的战略主动。①防范化解政治安全风险攻坚战首战告捷。②防范化解暴力恐怖风险攻坚战成效显著。提请区委区政府审议通过《加强重点地区反恐防恐建设实施方案》，本着"政治活、精细活、专业活"理念率先打造"王府井样板"，在全区逐步推广落实，实现反恐防恐"一盘棋"统筹。③防范化解金融安全风险攻坚战成果丰硕。推动制定了《东城区 P2P 网贷机构风险专项整治工作方案》和《金融突发事件应急预案》，会同金融、工商等部门深入开展"金融风险控增清存工程"和涉众风险"六必查"，全区 P2P 网贷机构存量大幅压减，全年破获涉众类经济案件 18 起、刑事拘留 65 人。

（二）积极践行"城市常态化办会"理念，有力带动各项警务工作效能稳步提升

2018年，北京市公安局东城分局主动担当践行"城市常态化办会"理念的先行者、排头兵，以主力军姿态圆满完成了中非合作论坛北京峰会等一系列重大安保活动，实现了"史上难度最大、效果最好"，战时"点、线、面"18项超常规管控措施全部转化为常态长效机制，全年警情呈现"降期增加、降幅提高、降类增多、降域扩大"，"城市常态化办会"理念"生根发芽"，成效"破土而出"。①社会治安环境持续净化。全年破获刑事案件1452起、刑事拘留1310人，依法查处治安案件1.1万余起、治安拘留2387余人，秩序类警情同比下降15%，北京站、崇文门、永外等复杂区域治安状况明显好转。②城市综合安全品质不断提升。全年火警起数实现"五连降"，全区交通堵点得到有效缓解，胡同静态停车治理经验在主城区得到应用推广，超额完成年度"疏整促"目标任务，全年办理各类证件22万余件。持续提速公安行政审批服务效能。③社区基层治理更加深入。深入落实"街道吹哨、部门报到"部署，扎实推进党员社区民警"进班子"、流管员队伍扩编、街区综合执法平台搭建和群防群治力量整合等工作，全年社区可防性案件同比下降20%，调处各类邻里矛盾纠纷5368件。

（三）坚持对照"五个过硬"标准，打造绝对忠诚、能打胜仗、风清气正的高素质队伍

北京市公安局东城分局始终坚持"五个过硬"总要求，不断强化思想引领，切实将党的组织优势转化为强大政治保障，教育全警始终保持如履薄冰的危机意识、勇于担当的责任意识和身体力行的务实作风，切实把"四句话、十六字"总要求在分局坚决落实下去，担负起确保一方平安、维护一方稳定的重大责任。①狠抓思想政治建设。持续深化"三严三实"专题教育，深入推进"两学一做"学习教育常态化制度化，全年组织开展党委理论中心组学习25次、全局理论学习扩大会20余次；扎实开展"七型"党支部创建、"两优一先"评选等工作，不断掀起创先争优热潮。②狠抓纪律作风建设。认真落实区委、区政府和市局关于全面从严治党的实施意见，积极配合市局党委开展第二轮常规巡察，全面加强和规范党内政治生活，坚持民主集中制，严格落实"三会一课"组织生活。③狠抓队伍建设。坚持内强素质与外树形象相结合、从优待警与从严治警相结合，职能部门深刻重构、机构设置更加合理、实战效能更加突出、基层基础更加扎实。

六、司法行政工作

（一）服务全区经济社会发展，公共法律服务工作取得新进展

（1）持续推进公共法律服务体系建设。加强本区三级公共法律服务实体和

网络平台建设，依托区法援中心挂牌成立区级公共法律服务中心，并按照"3+X"工作模式，对外开展公共法律服务活动，落实街道、社区公共法律服务工作站（室）实体平台选址工作。

（2）深化律师行业管理和服务。坚持行政监管和行业自律两结合，深化律师行业管理和服务。一方面，把行业自律挺在前面，完成律协换届工作，维护律师执业权利，同时惩处违规行为，全年律师协会惩戒委共受理并处置投诉案件70件；另一方面，强化行政监管，围绕重大安保任务，开展了172次对律师事务所的巡察检查，约谈律师200余人，备案重大敏感案件154件，受理投诉20件，办结15件。对6件违规执业行为进行行政处罚。

（3）加强公证行业规范化建设。加大日常检查，规范公证执业活动，提升公证质量，落实"放管服"改革要求，区属公证处对出生、学历、职称、证书等四类公证事项实行"最多跑一次"服务。

（4）提高法律援助水平。有序开展刑事案件认罪认罚从宽制度及刑事审判阶段律师辩护全覆盖两项试点工作，加强法律援助示范联系点建设，抓好法律援助"六季行"专项维权工作，指导各法律援助工作站适时开辟绿色通道，维护弱势群体合法权益，全年办理法律援助案件415件，解答法律咨询5800人次。

（5）积极开展司法鉴定分级管理工作。全面开始行政许可、行政备案初审，积极开展对司法鉴定机构和司法鉴定人执业监管工作，依法依规受理和调查处理针对司法鉴定行业的投诉，全年共接待来电、来信、咨询170余人次，受理行政投诉27件，已经办结并书面答复22件。

（二）推进"扫黑除恶"专项工作，"平安东城"建设取得新成效

（1）圆满完成中非合作论坛北京峰会等重点时期安保工作。成立重点时期维稳安保工作领导小组，细化工作措施，形成矛盾调解排查、"两类人员"管控、律师行业管理等专门工作方案，做好各项安保稳控、排查、调处工作，确保实现了"五个坚决防止"和"三个确保"任务目标。

（2）稳步推进社区矫正工作。开展"两类人员"排查整治和衔接安置工作，落实"百日专项整治活动"，开展集中教育167人次，接收61人次，解矫69人次，确保全区社区矫正安全稳定。

（3）扎实开展矛盾调解工作。加强"诉调对接"和"访调对接"，开展坚持发展"枫桥经验"，实现矛盾不上交试点工作，协调区综治办、信访办、法院共同推进工作落实，成立区信访诉求人民调解委员会。筑牢人民调解防线作用，组织全区各级调解组织开展特殊时期矛盾纠纷专项排查化解活动，全年全区共调解案件1767件，调解成功1710件，成功率96.8%。

（4）全力确保律师队伍稳定。围绕重点时期，对重点律师事务所进行逐个

督察检查，指导律师依法依规办理重大敏感案件，律师队伍基本稳定。

（三）围绕法治东城建设，法治宣传工作迈上新台阶

（1）"七五"普法中期检查和总结工作开展有序。部署"七五"普法中期检查验收等重点工作，组织进行实地检查和现场汇报，推动普法效能建设。分别向区委、区政府、区人大和市法宣办汇报本区"七五"普法工作开展情况。

（2）公民法律素养切实提升。以"法律十进'七五'行"活动为载体，深入开展普法大讲堂、法律知识竞答、法治交通伴您行等活动。策划印制"疏整促"、扫黑除恶、优化营商环境等各类法治东城建设宣传海报 2 万余份，发送至区属各单位、各街道及社区，着力提升法治东城建设效能。

（3）法治文化建设蓬勃开展。开展东城区 2018 年法治文艺大赛复赛及优秀节目选拔赛，组织优秀法治文艺节目参加北京市法治文艺大赛复赛。综合利用互联网+和传统普法宣传载体，常态化推进法治文化传播。成功举办 2018 年"法治文化你我他"法治文艺节目展演及法治文艺大赛颁奖典礼，突出国家宪法日活动主题，营造了浓厚法治宣传氛围。

（四）强化基层基础和干部队伍建设，司法行政发展基础有了新加强

（1）加强党建工作和干部队伍建设。①坚持理论武装，组织党组理论学习中心组集中学习和研讨 12 次，牢固树立"四个意识"，坚定"四个自信"，坚决维护习近平总书记的核心地位，坚决维护党中央权威和集中统一领导，进一步用习近平新时代中国特色社会主义思想武装头脑、指导实践、推动工作。②坚持民主集中制，发挥集体效能，增强决策科学性，保证领导班子高效运转。2018 年共召开 21 次党组会，研究议题 89 个。局长办公会"会前学法" 6 次，不断提升班子以法治思维和法治方式想问题、作决策、办事情的能力和水平。③科学调配干部，加强思想政治工作。加大干部轮岗交流工作力度，坚持把干部"放下去"锻炼实务、"推上去"提升站位、"送出去"开阔视野，全年交流干部 8 人；严格贯彻执行《党政领导干部选拔任用工作条例》，规范选拔任用工作程序，统筹职位空缺情况，根据机构改革相关要求，严格遵守各项组织人事纪律，暂缓办理选拔任用等组织人事工作，提高政治站位，统一思想认识，加强教育引导，做到令行禁止。

（2）加强党风廉政建设。开展《中国共产党纪律处分条例》的学习宣传，使铁的纪律真正转化为党员干部的日常习惯和自觉遵循。处级领导带队深入基层司法所检查党风廉政工作情况，针对考勤情况、在岗情况、请销假制度执行情况等进行明察暗访。

（3）配合做好巡察检查工作。配合区委第三巡察组做好巡察工作，配合组织部做好选人用人检查、不担当不作为问题专项检查工作，协调配合做好干部谈

话和基层检查工作。

（4）加强依法行政工作。加大执法监督力度，做好行政诉讼、行政复议、政府信息公开工作，全年共做出行政检查302件，行政处罚6件，处理行政诉讼8件，行政复议7件，依申请政府信息公开案件6件。

（5）推进基层司法行政工作。举办第八届司法行政开放日活动，安排主开放点4个、司法所开放点17个，共发放相关资料、便民手册及宣传品6000余份，接待群众法律咨询200余人次，征集群众意见33条。高度重视人大代表、政协委员建言献策，2018年共承办人大代表议案1件，政协委员提案6件（3件主办、3件会办），2017年人大代表议案延伸办理工作1项。持之以恒推进司法所规范化建设，坚持抓硬件设施改善和制度规范建设，双管齐下不断提升司法所规范化水平。

七、2018年法治建设特色和亮点

（一）"疏整促"工作

（1）首都功能持续强化。疏解提升区域性专业市场方面，2018年拆除永定门鑫天立菜市场（位于望坛拆迁区）、鸿运金宝菜市场（属于违法建设）、清退心满诚综合市场（恢复原规划用途）、景泰桥农副产品市场（位于望坛拆迁区）、美博汇（伪市场，已出售给南京银行），升级改造金年丰菜市场，共疏解商户1144户，涉及批发相关的物流、仓储功能全部疏解。疏解医疗卫生资源方面，完成天坛医院整体搬迁，深入推进天坛医院外迁影响分析及区域优化提升课题研究；进一步净化和规范就医环境，整治非法行医32家，清理小型医疗机构40家。疏解教育资源方面，调减3校6址中职学生规模、推进职业教育转型，压缩培训机构10所，关停无证幼儿园8所，清理引资改造房产1处。配合完成行政事业单位搬迁。

（2）环境秩序有效改善。整治街巷环境秩序乱象，拆除违法建设21.6万平方米，新生违建动态清零，封堵违规"开墙打洞"点位2017处，整治占道经营42处，整治地下空间74处，清理群租房640户。深入开展"百街千巷"环境整治提升，完成916条街巷整治提升任务，民旺北胡同、方家胡同、东四四条、西总布胡同、景山东街、沙滩后街、三眼井胡同、青龙文化创新街区等示范街巷陆续精彩亮相；西总布胡同、东四四条、史家胡同入选"10条北京最美街巷"；新建停车设施3处，新增车位120个，21条街巷实现胡同不停车。

（3）重点区域集中推进。故宫周边南、北池子大街、东华门大街、崇西、前门东大街整治提升工程有序进行。王府井地区全力推进国家级高品位步行街建设，"1+3"规划形成阶段性成果，15条胡同禁止停车，成为全市第一个不停车街区，成功举办第六届北京王府井国际品牌节。与故宫博物院签订战略合作协议，推动文化项目在前门、隆福寺地区落地。崇雍大街一期工程完成后恢复"慢街素院"的历史风貌。永外地区推动百荣商城转型升级，深化设计"新永外城"国际文化创意产业园。青龙文化创新街区成功举办 2018 北京国际设计周东城分会场暨"创意点亮北京"活动。

（4）老城保护全面开展。编制申遗工作方案，将中轴沿线区域列入疏整促工作重点，开展故宫周边等 5 个片区和永定门等 11 个重要节点的修缮保护。完成太庙、社稷坛、天坛公园、估衣会馆、法国兵营旧址等文物腾退，中轴线重点文物腾退任务全部完成。南锣鼓巷四条胡同以雨儿胡同为试点区域，积极探索"共生院"改造路径，为老城区有机更新改造和保护提供有益借鉴。完成草厂三条到七条胡同北片区域整治提升工作，结合草厂片区特点，研究探索老城保护与原住民共融共生模式。东四胡同博物馆对外开放，进入试运行阶段。

（5）整体品质显著提升。公共服务短板不断补齐。编制生活性服务业设施规划，新建及规范提升各类便民商业网点 110 个。绿色空间不断扩大。新建、改造绿地 20 万平方米，公园绿地 500 米服务半径覆盖率达到 92.48%，完成 4 处大尺度绿地和 33 处口袋公园建设。居住环境不断改善。推进 5 个老旧小区综合整治，完成 16 栋简易楼腾退；清理整治直管公房转租转借 146 户、居改商 590 户。腾笼换鸟力度不断增强。修订完善东城区产业禁限目录；以中粮广场改造升级为典型，加快腾笼换鸟、产业升级；全市首个非遗主题园区"咏园"落户东城，南京银行正式入驻美博汇；启动隆福大厦、一商园区招商工作；实现中国篮协、中国羽协等十余家改制协会入住东城区，龙潭湖国家体育产业升级提速。

（二）"吹哨报到"工作

2018 年初，北京市委印发《关于党建引领街乡管理体制机制创新实现"街乡吹哨、部门报到"的实施方案》，东城区委经过反复论证，制定了"1+6"文件，明确改革总体目标是构建"三级管理、五方联动"机制。"1"，即《东城区关于党建引领街道管理体制机制创新实现"街道吹哨、部门报到"的实施意见》；"6"，即关于街道改革、城管改革、综合执法、网格化监督、社区治理创新、加强党的建设等 6 个配套文件。改革中，区级部门突出"高站位、强统筹"，做到对中央和市委决策部署认识到位、宣传到位、落实到位，定好政策、标准和程序。街道突出"抓协调、强服务"，做到"面向社区、面向群众、面向问题"，走好群众路线、推动社区自治。社区突出"重民生、强自治"，做好"五民工作法"（即民事民提、民事民议、民事民决、民事民办、民事民评）的执行者，回归居民自治组织定位。同时，坚持政府、市场专业力量、社会组织、社区、居民等"五方"联动合作，形成共治共享合力。

1. 坚持党建引领，牢牢把握党组织领导基层社会治理主线

①统筹区域资源，实现基层治理由"单打独斗"向"协同作战"转变。东

城作为政务服务中心，驻区中央、市属单位较为集中，各类资源丰富。区委着力健全区、街道、社区三级区域化党建协调议事平台，推动驻区中央、市属单位担任各级党建工作协调委员会成员，由区领导担任街道党建工作协调委员会主任，加大对辖区资源的统筹协调力度，推动实现组织融合、感情契合、资源整合。比如，东华门街道针对"停车难"问题，协调协和医院等单位向居民提供共享停车位近 600 个，推动王府井地区成为全市首个"不停车街区"。②打破身份壁垒，实现社区建设由"平行线"向"立体网"转变。过去，由于街道社区对在职党员的统筹调动力度不大，社区开展活动往往只有离退休党员参加，造成社区建设只能依靠"老人家"，难以形成合力。在"吹哨报到"工作中，区委扎实开展基层党组织和在职党员"双报到"工作，结合群众需求、立足党员专长进行分类设岗，搭建医疗教育、法律咨询、矛盾化解等服务群众平台，全区所属 351 个法人单位党组织、22 900 名在职党员完成报到并常态化参与社区活动，统筹 1356个在职党支部与 2191 个低保家庭、341 名困难学生开展结对帮扶，形成社区建设靠"大家"的良好氛围。③引导多元参与，实现群众由"站着看"向"跟着干"转变。在社区治理中，由于群众参与渠道不畅，社会力量参与程度不高，往往会出现"政府干着、群众看着，政府很努力、群众不认同"的现象，区委坚持组织引领，聚焦背街小巷、平房院落环境脏乱差等突出问题，将起源于东四街道的"周末卫生大扫除"活动向全区推广，推动党员干部沉入一线，带动群众和社会力量参与城市建设，活动开展以来，全区 829 个党支部带头，310 余家驻区单位、7 万余人次参与，清理院落 1694 个、胡同 1328 条、楼房 2427 栋。在推行"街巷长制"基础上，首创"小巷管家"社会动员机制，招募 2064 名社区党员、群众任职"小巷管家"，2018 年累计寻访 246.6 万小时，处理案件 12.2 万件，目前已在全市推广。

2. 坚持以人民为中心，以群众满意检验基层治理成效

①建立重大事项统筹协调机制。统筹城市管理、应急指挥、综治维稳等力量，整合各类政府服务管理资源，实现快速反应、合力应对。改革实施以来，管理体系逐步优化，各项机制有效衔接，助力中心工作有效推进，重点难点工作取得新突破。目前，全区与批发相关的物流、仓储功能全部疏解完毕，基本完成175 条大街、1005 条背街小巷整治提升，692 条支路胡同通信架空线入地。围绕市民"五性"需求，新建提升便民服务网点 110 个，新增共享车位 3330 个，建成新中街等 4 处大尺度公园和 18 处口袋公园，建设养老驿站 34 个，解决一大批百姓关心的问题，群众生活品质显著提升。②优化社区治理机制。推进"吹哨报到"向社区延伸，立足于面对矛盾纠纷、面对管理难题、面对群众诉求，以"五规范"为抓手，即规范社区党建工作体系、规范社区服务管理标准、规范平

安社区建设机制、规范和谐社区工作机制、规范社区服务保障，着力健全社区治理体制机制。坚持做强街道、做优社区、做实网格，提升网格响应能力，探索建立"楼门院长制"，将社区管理延伸到"楼门院落"，做到"大事不出社区、小事不出网格"。完善社区议事协商机制，推行"五民工作法"，构建社区协商治理新模式，探索"网格议事厅""开放空间讨论"等有效载体，实现议事协商平台在社区全覆盖，2018 年全区召开居民议事协商会议 3000 余场，解决社区难题 2000 余个，"五民工作法"也被民政部评为全国社区治理优秀案例，居民群众在共商共建、共治共享中，有了更多获得感、幸福感、安全感。③健全服务群众的响应机制。作为网格化管理的发源地，东城区发挥既有优势，依托"区——街——社区"三级网格化工作平台，健全完善"街道吹哨、部门报到"工作机制，实现对居民诉求受理的全面覆盖、对"吹哨报到"案件的全面管控、对城市管理问题的全面研判、对考核结果的全面应用。坚持群众的诉求就是哨声，开发公众随手拍 APP 等 21 个渠道，全面打通发现问题、响应群众诉求渠道。坚持把解决问题的指挥所建在前沿阵地，按照"部门主建、街道主战"的原则，明确区级部门和街道的职责任务，精准制定街道"吹哨"事项清单，涵盖关系群众切身利益的 14 大类 44 项问题，并将每项具体问题分为 3 个等级，对不同问题等级设定不同的协调思路，建立了"街道启动吹哨、部门快速响应、及时报到处置、结案反馈评价"的全程闭环管理机制。研发综合执法信息化系统，运用大数据分析，形成城市管理案件高发类型、区域、时段等执法预警信息，打破原有条块、条条之间的信息孤岛和数据壁垒，实现基层执法信息"真融合""总融合"。实行"网上吹哨、一哨一考、全程追踪"，将吹哨案件纳入对职能部门的绩效考核，考核情况定期向纪检监察、组织等部门通报。

（三）基层矛盾化解工作

东城区矛盾纠纷排查化解工作，以社区为单位重新设计矛盾纠纷排查化解表格，开展滚动排查，建立了区、街、社区三级稳控台账。

（1）各街道、各地区、各部门开展了矛盾纠纷全年持续摸排，重点围绕突出社会矛盾、重大群体性问题、各类高风险重点人员、重大公共安全隐患，特别是针对"疏解整治促提升"征收项目、拆迁滞留区等进行了持续排查、动态排查。

（2）坚持"做不好信访工作失去的是民心、推卸的是责任、伤害的是感情、削弱的是执政基础"的大局观，对排查出的矛盾纠纷，逐一落实了防控化解责任、措施，确保发现在早、控制在先、处置在小。

（3）区属各单位开展了领导干部接访活动，主动倾听民意、体察民情，协调解决群众诉求，真正把各类矛盾化解在初始、解决在基层。

（4）深化社会稳定风险评估，大型商市场疏解、重要拆迁、重大司法强制执行等，都实现了风险评估全覆盖，从源头防止矛盾风险的产生。

（5）组织开展了重大社会稳定风险防范化解专项行动，落实线索侦控、人员管控、外围封控、面上查控、重点巡控、视频监控、区域联控"七控"机制措施，守住了"不能发生规模性聚集"的底线。

（6）是高度重视金融风险防控工作，启动了金融企业"六必查"，切实摸清了重点领域风险隐患；保持金融风险防范化解机制高效运转，形成风险指数综合评估报告，防止形成现实危害。

西城区法治建设报告

2018 年，西城区坚持以习近平新时代中国特色社会主义思想为指导，全面贯彻落实党的十九大和十九届二中、三中全会精神，深入落实《中共中央关于全面推进依法治国若干重大问题的决定》要求，围绕《中共北京市西城区委关于全面推进西城区法治建设的实施意见》的部署任务，立足首都城市战略定位和西城区域功能定位，切实将法治思维、法治理念贯穿工作始终，以首善标准不断推进西城法治建设取得新进展、新成效，努力成为法治中国首善之区的示范区。

一、人大法治保障和监督工作

2018 年，西城区共召开常委会会议 9 次、主任会议 16 次，常委会听取和审议议题 49 项，作出决议、决定 9 项，形成审议意见书 9 份，任免国家工作人员 75 人次，接受 1 名区级国家机关领导人员辞去职务。

（一）组织机构建设工作

1. 坚持党的全面领导

深入学习领会习近平总书记重要讲话精神、党中央重要会议和文件精神，切实加强理论武装。坚决落实中央、市委和区委的决策部署，主动把人大工作放到全区工作大局去思考、谋划和推进。坚持重大问题、重大事项向区委请示报告制度，党组先后就整体工作情况、重点专项工作、重要制度建设等向区委常委会作了专题报告。全年共召开党组会议 32 次，研究常委会重点工作、党组自身建设、党风廉政建设等重大事项。认真履行全面从严治党主体责任，切实发挥党组领导核心作用，持续强化作风建设、纪律建设。

2. 加强常委会能力建设

认真组织会前学法、专题学习。改进常委会会议服务，完善"一府两院"报告工作和常委会组成人员审议发言机制。修订宪法宣誓誓词，改进宣誓程序，组织区人大及其常委会选举、任命的国家工作人员进行宪法宣誓。首次聘请法律顾问、预算监督顾问，首次建立预算监督代表小组，进一步提升常委会依法履职能力。一年来，区人大四个专委会充分履行职责，重点围绕全年监督议题，深入开展视察调研，共组织各类会议、活动83次。

3. 推进人大宣传工作

继续办好《西城人大》刊物、常委会网站、常委会公报，开通"西城人大"微信公众号，及时公开重大事项决定、监督、任免、代表工作、自身建设等方面的进展和成效，促进国家根本政治制度深入人心。

（二）人大代表工作

1. 进一步"深化代表联系选民月"活动

连续二年开展区人大代表联系选民月活动，381名代表参加，参与率91.1%，组织接待选民活动301次，15个街道544名处级、科级干部与代表一起参与了接待活动，共接待选民和群众4353人次，累计征集意见建议1530件。继续深化选民意见处理工作，坚持向区委进行专题报告，并探索形成了解释说明、街道协调处理、部门办理、市代表平类建议的分级分类处理机制，937件当场或事后向选民作出说明和解释，555件由街道协调处理，27件梳理后作为代表建议交区政府部门办理，11件由市代表以平类建议提交市人大常委会。

2. 进一步加强建议督办工作

区十六届人大四次会议期间收到的代表建议118件（含议案转建议1件）已经全部办复，其中，已经或部分解决、采纳的有80件，列入计划的有19件，作为工作参考的有19件。坚持常委会主任、副主任牵头重点督办，专委会分类督办，代表联络部门协调督办的全体系督办机制，推动解决了一批群众关注的热点问题。首次向社会公开代表建议及办理情况。推进代表履职服务平台建设，实现了与区政府代表建议办理系统的实时信息共享。组织区情通报会，向代表通报了全区上半年经济社会发展情况和代表建议办理情况。持续推动代表大会期间代表审议意见的处理，主任会议专题听取了区政府研究处理情况的报告，督促代表审议意见得到更好落实。

3. 进一步推进代表工作制度化、规范化

制定实施《北京市西城区人民代表大会常务委员会组成人员联系代表制度》《关于市人大代表联系区人大代表和街道联组的工作制度》。坚持代表自主选择列席常委会会议、参加执法检查和视察调研的工作机制，更好地调动代表参与监督工作的积极性和主动性。按照市人大常委会要求，认真组织市人大西城团代表报告履职情况。建立市区人大代表联系组，积极开展市区代表联动活动。受市人大常委会委托，圆满完成市人大西城团代表联络服务工作。一年来，参加各类会议、活动的代表共4352人次。根据代表出缺情况，经区委同意，常委会依法补选了13名区十六届人民代表大会代表。

4. 进一步加强对街道人大工作的指导

召开街道人大工作座谈会，征求做好基层人大工作的意见建议。继续组织各街道人大工作机构工作人员业务培训，不断提高服务保障能力。各街道人大工作机构结合本地区实际，积极开展视察调研、代表联系选民、代表进两院等活动，还依法组织区人大代表向选民报告年度履职情况。

（三）法治保障工作

1. 加强对法律法规实施情况的监督

在开展大气污染防治法律法规执法检查的同时，还就安全生产法律法规实施情况开展执法检查，推动我区安全生产防控能力和监管水平持续提高。围绕国家监察法的贯彻实施，视察调研区监委组建以来深化监察体制改革试点工作和依法履职情况。组织代表视察档案法实施情况，听取相关工作的报告。认真执行规范性文件备案审查有关规定，依法对区政府关于加快现代金融产业发展若干意见等6份规范性文件进行了备案审查。

2. 加强对司法工作的监督

加强对区人民法院金融案件审判工作监督，组织28名审判员、16名检察员进行了书面述职。关注维护国家和社会公共利益，组织代表视察莲花河环境整治现场。听取区人民检察院关于公益诉讼工作情况的报告，推动公益诉讼更好地发挥保障国家利益和社会公共利益的作用。听取区政府民族宗教工作情况的报告，促进区域民族宗教工作的开展。

3. 加强对立法工作的参与

积极参与市人大立法征求意见工作，对北京市非机动车管理条例、北京市非物质文化遗产保护条例、北京市小规模食品生产经营管理规定等提出了建设性意见。协助市人大常委会对现行24部涉农地方性法规实施情况开展评估。

（四）监督工作

1. 依法开展对"十三五"规划实施情况的监督

对区"十三五"规划纲要及36个综合和专项规划中期评估情况进行监督，围绕落实新版北京城市总体规划、推进京津冀协同发展、推动新时代首都核心区建设提出意见，针对其中4项指标提出不作调整的建议。

2. 强化对经济工作的监督

听取和审议区政府关于2018年上半年和1—9月计划执行及调整情况的报告，专委会对2018年计划执行情况和2019年计划草案主要内容进行了初步审查。听取2018年政府投资计划执行情况和高精尖经济结构调整实施情况的报告，推动我区进一步优化产业布局，加快构建高精尖经济结构。听取国有资产管理情况的综合报告，推动国有资产更好地服务发展、服务社会。

3. 创新预算审查监督工作

听取和审议 2017 年决算报告、审计工作报告及审计查出问题整改情况的报告、2018 年上半年和 1—9 月财政预算执行情况的报告，并依法作出相关决议。在听取和审议审计查出问题整改情况报告时，首次要求区审计局提交审计项目整改落实情况清单。在初步审查 2019 年预算草案工作中，首次由区人大四个专委会分别开展部门预算初审工作，对区园林绿化局、区残联、区统计局、区体育局等四个单位 2019 年部门预算进行初审，推动预算审查向部门预算延伸、预算监督向纵深发展。在区级计划预算草案初审会议上，除安排区发改委、区财政局外，首次安排区商务委、区国资委、区统计局、区金融办、区税务局就相关工作进行专题解读。首次将区级预算草案初审意见交区政府研究处理，并要求区政府在代表大会召开前反馈研究处理情况。通过丰富监督内容、细化监督程序、扩大参与范围等多项新举措，预算审查监督工作更加规范、成效更加显著。

（五）民生工作

1. 聚焦医药分开综合改革

组织代表到复兴医院、二龙路医院、大栅栏社区卫生服务中心等 7 家医疗机构进行视察调研，听取和审议区政府关于医药分开综合改革情况的报告，从准确把握工作方向、强化完善政策保障、推动信息化建设、加强医疗队伍建设、加大政策宣传力度等方面提出审议意见，推动医疗行为进一步规范化，不断完善分级诊疗制度，持续提升医疗服务质量。

2. 聚焦学前教育和文化事业发展

在配合市人大常委会督办调研学前教育议案暨专项工作的基础上，组织代表视察槐柏幼儿园、美仁幼儿园，主任会议听取我区学前教育工作情况的报告，支持区政府全面落实北京市和我区第三期学前教育行动计划，采取多种方式增加学前教育学位，不断提升整体保教质量和办园水平。组织代表视察区非遗保护中心、月坛雅集传艺荟，听取我区非物质文化遗产保护与传承工作情况的报告，推动相关工作的开展。

3. 聚焦服务市民便利生活

组织代表视察后半壁街 46 号金质生活百姓生活服务中心、碧海生鲜月坛北街百姓生活服务中心，听取相关工作情况的报告，支持区政府科学合理布局生活服务网络，进一步提升商品和服务质量，更加精准地满足群众生活需求。组织代表视察福州馆社区养老服务驿站、万寿公园孝亲敬老示范基地，推动我区养老服务水平持续提升。

（六）探索创新

1. 助力打好三大攻坚战

围绕打好防范化解重大风险攻坚战，听取和审议区人民法院关于加强金融案件审判服务区域金融健康发展工作情况的报告，从推进金融审判机制创新、深化实务和理论研究、加强金融审判队伍建设等方面提出审议意见，支持区人民法院依法履行金融案件审判职能，为促进经济和金融良性循环、健康发展提供司法保障。围绕打好精准脱贫攻坚战，听取区政府关于2017年以来对口扶贫协作工作开展情况的报告。市、区人大代表积极参与对口扶贫工作，共捐款82.3万余元，用于资助张北县二台镇地局子村自来水加压过滤项目和阜平县医疗卫生项目。2018年11月底，张北县二台镇地局子村自来水加压过滤项目建成并投入使用，实现了整村脱贫出列。围绕打好污染防治攻坚战，在连续四年开展监督的基础上，再次就大气污染防治法律法规开展执法检查，督促区政府进一步完善管理机制、加大执法力度、提升共治水平，推动中央文件精神和北京市新标准全面落实，确保大气质量持续改善。

2. 有力推进重点领域改革

修订实施《北京市西城区预算审查监督办法》，进一步明确预算审查监督的范围、重点和程序，为全面加强预算监督奠定基础。协助区委起草《关于建立区政府向区人大常委会报告国有资产管理情况制度的意见》，为人大开展全口径国有资产监督提供了制度保障。听取和审议区政府关于街道大部制改革议案办理情况的报告，为构建简约高效的基层治理体制提供有力支持。

3. 大力推动历史文化名城保护

连续两年对加强历史文化名城保护提升城市发展品质决议落实情况进行监督，组织代表视察泰安里腾退项目、新地百建设项目，听取和审议区政府落实决议情况的报告，提出要切实落实新版北京城市总体规划，积极争取社会各界支持，集中力量推动重点文物腾退，加强对腾退文物利用的研究等审议意见。

4. 大力推动街区整理

组织代表对德宝新园街区开展视察调研，听取和审议区政府落实决议情况和办理关于加强街区整理打造精品街区提升城市品质议案的报告，提出加强统筹协调、优化设计方案、完善生活设施、创新管理模式、总结推广经验等审议意见。组织代表视察常乐坊城市森林、南新华街公共休闲空间建设情况，听取和审议区政府关于园林绿化工作情况的报告，提出扩展绿化面积、建设绿化精品、加大执法力度、提升管理水平等审议意见，推动核心区环境品质持续提升。此外，还听取了地下空间清理整治管理情况、城管执法监察工作情况的报告。

二、法治政府建设

2018年，西城区政府牢固树立新发展理念，深入践行红墙意识，强化法治思维，加强依法行政，统筹推进疏功能、提品质、稳增长、促改革、调结构、惠民生、防风险、保稳定等各项工作。

（一）疏解整治工作

认真落实区人大《关于扎实推进街区整理不断提升核心区品质的决议》，制定《进一步深化街区整理提升核心区品质实施计划》《街区整理公共空间管理办法》，以街区为单元，以"疏整促"为抓手，统筹推进区域功能优化、品质提升。创新"叠图作业、挂图作战、挂旗拔旗、手册管理"工作模式，建立责任规划师制度，全区划分101个街区，编制街道城市设计导则，形成20套重点地区深化设计方案，实现阜内大街、南新华街等17个街区初步亮相。组织控制性详细规划和专项规划编制工作，落实"双控""四降"要求。实施"疏整促"新三年行动计划，持续推动非首都功能疏解攻坚，百路通鑫等9个市场实现疏解提升，随着"官批"市场闭市，区域性批发市场疏解全面收官。拆除违法建设16.3万平方米，治理"开墙打洞"566处，区属直管公房违规转租转借、住人地下空间整治实现动态"清零"。119处占道经营得到全面整治，11个街道保持动态"清零"。主次干路架空线入地基本完成。做实街巷长、准物业管理、小巷管家等机制，1167条街巷实现"十有"、394条街巷实现"十无"。杨梅竹斜街和达智桥胡同入选北京"最美街巷"。居民对城市环境秩序满意度达到92.18%，位居中心城区前列。

（二）保障安全工作

持续抓好"长安计划"70项具体任务全面落地，实施"雪亮工程"，增强区域风险防控能力。开展扫黑除恶专项行动，依法严厉打击各类违法犯罪行为，发挥"西城大妈"等群防群治力量作用，反恐防恐能力不断提升，圆满完成中非合作论坛北京峰会等重大活动服务保障任务。加大安全生产工作力度，实施城市安全隐患治理三年行动计划。初步建成风险隐患双预防安全生产大数据平台，强化企业安全生产主体责任，完成万人企业安全生产大培训，企业安全生产责任险参保企业数量、投保金额、投保覆盖率全市第一。安装9.4万个独立式、6.5万个联网式烟感报警装置，8个街道小型消防站建成并投入使用，微型消防站实现社区全覆盖。精心做好水电气暖保障。防汛减灾工作扎实有效，城市排涝能力明显增强。探索建立城市部件应急维护更新和城市体检评估机制，加强城市地下空间和管网诊断，做好城市安全风险评估。强化食品药品安全监管，餐饮单位、网络订餐店铺"阳光餐饮"覆盖率分别达到80.13%、96.28%。开展餐饮业品质提升，减少不规范餐饮单位460家，评选品质餐厅452家，升级改造C1星餐饮单位979家。全区药品、重点食品安全合格率稳定在99%和98.5%以上，群众"舌尖上的安全"有了更加可靠的保障。

（三）深化"放管服"改革

取消行政职权事项4项、清理规范中介服务事项10项。落实"一号一窗一网一次"改革，实现政务服务"一号"响应、822 个事项"一窗"受理，平均等待时长减少 30%，推进"互联网+政务服务"，区级政务服务事项均可网上办理。新开企业实现"一日取照"，开展章照票快递送达、免费刻章服务。变更登记"只跑一次"。办税服务实现三级联合。推出"服务卡、示范牌、晴雨表、光荣榜、亲清会"，深化走访回访机制，为企业送服务包。强化"大数据+市场监管"，创新联席机制、联动平台、联合监管的工作模式，荣获"首批国家守信激励创新试点地区"暨"全国守信激励创新奖"，企业监管信息共享平台入选全国守信激励创新典型案例。西长安街街道"数字红墙"模式成为国务院"放管服"领导小组全国调研典型案例。

（四）推进政务公开

规范政务公开流程，制发《北京市西城区行政机关政策性文件公开发布、解读、预公开和政民互动直播办法（试行）》，建立健全公文公开属性源头管理机制、重大行政决策预公开制度、政策解读全链条管理机制，坚持重大部署、重要措施、重点工作与政策解读同步研究、同步部署、同步推进。顺利完成全国基层政务公开试点工作。积极建立网络新闻发言人制度，进一步健全政府新闻发言人制度。修订并印发《西城区政府信息公开指南（2018 版）》，将全区各公开机构的受理方式、时间、地点等信息统一公布，并做好动态管理，及时更新。制定《西城区人民政府常务会议首场网络视频直播工作方案》，在全市率先开展区政府常务会议网络视频直播。持续推进政府开放日活动和政府向公众报告活动，主动接受社会监督。开展政民互动直播 12 次，回应群众关切，听取民意，汇集民智。2018 年主动公开政府信息数 45 476 件，主动公开规范性文件 31 件，重点领域政府信息数 12 832 件。2018 年全区申请办结数为 1319 件（包括 2017 年结转申请件）。

三、审判工作

2018 年，西城区人民法院收案总量达到 80 487 件（含旧存 7574 件），同比上升 24.52%；审（执）结 73 202 件，同比上升 28.28%；法官人均结案 413.6 件，同比上升 33.38%；审判综合质效考核指标位列全市法院第二名。

（一）刑事审判工作

审结各类刑事案件 977 件，判处罪犯 930 人。依法审理挂账涉黑案件，开展线索排查，深入摸排民商事案件中涉"套路贷""软暴力"等新型黑恶势力犯罪问题，建立与纪检监察、公安、检察等机关的线索移交与查办反馈的"双向通道"，移送案件线索 30 起，共同遏制黑恶势力违法犯罪。依法严惩暴力犯罪、多发性侵财犯罪，审结故意伤害、非法拘禁、侵犯公民个人信息、抢劫、盗窃、诈骗等案件 444 件，保障公民人身财产安全。严厉打击危害公共安全、妨害社会管理秩序犯罪，审结朱某某酒后连环撞车案、"蓝黛俱乐部"组织卖淫案以及非法组织卖血案等案件464件，维护社会安全稳定。依法严惩和积极预防职务犯罪，审结贪污贿赂、渎职侵权等职务犯罪案件9件，彰显党和国家坚决惩治腐败的决心。积极参与构建"惩防并举、预防为主"的职务犯罪惩防体系，先后组织50家国有企业、事业单位共2000余人到我院旁听职务犯罪案件庭审。依法贯彻宽严相济的刑事政策，严格落实罪刑法定、疑罪从无、非法证据排除等法律原则和制度，充分保障诉讼参与人的诉讼权利，对主观恶性较小、社会危害较轻的犯罪依法从宽处理，对145名被告人判处缓刑或免予刑事处罚。积极开展未成年人司法保护工作，确立"宣教式""关爱式""解忧式"的"三式联动"法庭教育体系，持续开展"法制副校长进校园""小西课堂""法院开放日"等活动，探索完善社会观护、社区矫正机制，推动完善少年司法制度。

（二）民商事案件审判工作

审结各类民商事案件51 645件。审结离婚、继承等婚姻家庭案件3036件，依法适用人身安全保护令27次。妥善审理教育培训、食品药品、供热合同、物业服务、医疗纠纷等案件6392件。审结劳动争议案件1660件，高效稳妥审理涉及600余人的"邻里家"劳动纠纷系列案件。审结民间借贷案件2759件。审结公司决议效力、股东知情权、股权转让纠纷244件。通过模块化审判标准和要素式审判方式公正高效审结金融借款、信用卡纠纷、融资租赁等涉金融类案件22 214件。审结涉及批发市场等疏解案件914件，受理文物腾退案件23件。组建专门合议庭，高效审执结已受理的全部23件涉军队、武警全面停止有偿服务案件。

（三）知识产权审判工作

全年新收知识产权案件5480件，同比增长104.2%。审结5241件，同比增长97.1%。完善《知识产权典型案件审理标准化流程》，稳妥办结涉小说《人民的名义》著作权纠纷等一批重大典型案件。依法审理涉"贵州茅台""华融"等侵犯商标权及不正当竞争纠纷案件416件，为企业知名品牌发展提供司法保护。妥善审理涉"钢铁侠"等侵犯著作权纠纷案件2759件，加强对动漫、视频等与技术、网络产业密切相关的新型业态的保护。在审理的涉热播电视剧《锦绣未央》《大唐荣耀》著作权侵权案件中，充分考虑相关作品在知识产权市场的价值，对原告分别主张的1000万元、800万元赔偿额均予以全额支持，让侵权者付出沉重代价，以司法裁判树立尊重知识产权的价值导向。

（四）行政审判和监督依法行政工作

审结各类行政案件1165件。依法审理涉国家部委、市政府及相关部门的行政复议双被告案件386件，规范行政行为。妥善审理涉北京行政副中心建设、京张城际铁路等市区重点项目案件，医疗保险异地报销、食品药品管理等涉民生类行政案件。在全市首次适用行政诉讼—并审理民事争议制度审理案件，节约诉讼成本，确保纠纷实质性解决。切实推进行政机关首长出庭应诉制度，全年行政机关负责人出庭应诉49人次，倾听百姓诉求，提升争议化解效率。协调处理行政案件163件，有效化解矛盾。每季度向区法制办发送涉区属行政案件台账，督促涉诉行政机关自查自纠。发布《年度司法审查报告》，先后向行政机关发送司法建议9份，组织中国人民银行、市国税局、市发改委等15家单位342人次旁听行政案件审理，与国家发改委、市不动产登记中心、市司法局等行政机关开展专题研讨11次，法官授课14次，通过多种形式强化行政机关依法行政意识。

（五）案件执行工作

全年执结案件19 415件，结案率92.8%，涉案标的总额164亿元，执行到位43亿元。深化执行联动机制，与区工商分局、区税务局、区质监局、区食药局等多家单位建立信息共享与协同联动合作机制，对被执行人实施联合惩戒。与区属街道建立共同查找被执行人下落及财产线索协作配合工作机制，形成全社会参与执行、支持执行的工作格局，助力基本解决执行难，促进区域诚信体系建设和市场环境优化。妥善执结联通大楼征收补偿收尾项目、北纬路市政道路拓展项目、"戊戌维新纪念馆"文物疏解征收项目等案件，保障区域重点工程顺利推进。开展涉民生案件执行专项行动，执结百万庄、光源里和菜园街棚户区改造项目、涉"邻里家"劳务合同案件等一批涉民生案件，促进城市品质提升，增强群众获得感。以逆向审批为抓手，倒逼执行团队用足强制执行措施，避免"消极执行"和"选择性执行"。根据不同执行案件类型，建立标准化执行流程和专业执行团队。探索财产处置工作新模式，充分运用司法拍卖等方式，保证财产处置更加公开透明。全面启用西城法院执行智能管理系统，实现全流程规范化管理。加大执行宣传力度，开拓执行新媒体宣传阵地，创建执行微信公众号，开辟"执行悬赏""老赖曝光台"等栏目，开展新闻通报会等系列宣传活动，为执行工作营造良好社会环境和舆论氛围。

（六）接受人大、政协等各方面监督工作

牢固树立宪法意识，不断提高对根本政治制度的认识。积极配合市人大组织的"基本解决执行难"等专题视察调研活动。向西城区人大常委会汇报《关于加强金融审判工作服务区域金融健康发展》的专项报告，并根据审议意见不断改进相关工作。认真执行《北京市西城区人民代表大会代表建议、批评和意见办理条例》，规范办理流程，加强跟踪督办。自觉接受政协民主监督，办结政协委员提案6件，办理结果均为满意。加强与代表、委员沟通联络，开展"邀请代表委员进法院"主题联络活动15场，各级代表、委员118人次走进法院参加案件旁听、视察座谈、见证执行等活动。依法接受检察院法律监督，2次邀请检察长列席审委会，根据检察建议改进工作。充分发挥人民陪审员的作用，全年人民陪审员参审案件19 907件。主动接受网络舆论监督，实行舆情双通报双追责制度，切实发挥舆论监督矫正司法作风的作用。

四、检察工作

2018年，西城区人民检察院立足首都城市战略定位和西城区域功能定位，围绕全面提升司法的融入融合能力和水平，忠实履行法定职责，大力践行司法为民，扎实推进新时代首都强检战略，各项检察工作取得新进展。

（一）法律监督工作

1. 把严防冤假错案作为坚守的底线

严把案件事实关、证据关和法律适用关，对现有证据不足以证明构成犯罪、需要补充侦查的170件案件，积极引导、督促侦查机关完善证据、查清事实；对情节显著轻微、不构成犯罪的50人，依法作出不捕不诉的决定，确保无罪之人不受刑事追究。坚持证据裁判、疑罪从无等原则，对存在违法取证嫌疑的案件，依法调查核实，共排除非法证据6件；完善证人、鉴定人、专家辅助人出庭制度，47人出席庭审、配合调查，确保定案证据客观真实、案件依法公正处理。围绕统一辖区司法尺度，举办第六届"控辩审三方论坛"，公检法司及理论界齐聚一堂、充分探讨，推动形成证据共识，促进法律正确适用。特别是针对信用卡诈骗案件频发高发的情况，深入开展调研，升华形成经验，及时向上反馈，推动了"两高"有关司法解释的出台。

2. 以程序公正彰显保障人权的力量

严格落实权利义务告知程序，切实保障当事人的诉讼权利，实行口头、书面"双告知"，用群众听得懂的语言详细解释，确保其清楚明白地行使权利、履行义务。强化对弱势群体的司法保护，坚决惩处侵害妇女、儿童、老年人合法权益的犯罪，积极为31人协调法律援助。最大限度地挽救涉罪未成年人，做出终结性决定必封存犯罪记录，共依法宽缓处理9人，尽最大努力为他们创造改过自新的机会。高度重视律师对维护公正的积极作用，对律师提出的无罪、罪轻等意见，一律记录入卷、认真核实、依法采纳。保障律师阅卷完整，不设时间、次数限制，全年共接待律师阅卷749人次，助力构建良性互动的新型检律关系。

3. 依法加大对诉讼活动的监督力度

树立双赢多赢共赢的监督理念，多措并举、综合施策，推动公安司法等机关完善自身防错纠错机制，共同维护公平正义。针对公安机关在侦查取证、适用强制措施等方面的违法情形或不规范事项，及时提醒，督促纠正，跟进效果，共监督立案29件，监督撤案23件，追捕追诉32人，促使证明标准向侦查前端传导。

针对刑事、民事、行政裁判中认定事实不清、适用法律不当、量刑不够均衡等问题，定期座谈，通报会商，居中监督，共发出检察建议3份，对认为确有错误的提出或提请抗诉1件，确保履行监督职能与维护审判权威并行不悖。坚持"高墙内外"一体管控、全程监督、不留死角，共监督纠正刑事执行和监管活动违法7件，纠正不当"减假暂"3人，对不需要继续羁押的36人建议释放或者变更强制措施。西城区人民检察院驻所检察室连续第四次被评为"全国检察机关派驻监管场所一级规范化检察室"。

（二）刑事检察及公益诉讼工作

1. 依法惩治各类刑事犯罪

全年共批准逮捕各类刑事犯罪嫌疑人733人、提起公诉1085人，与2017年基本持平。依法办理市检察院交办的系列涉黑涉恶案件10件27人，深挖彻查黑恶案件背后的关系网、保护伞1件1人。依法加大对危险驾驶、故意伤害等高发犯罪的打击力度，突出惩治盗抢骗等多发性侵财犯罪，共起诉477人。突出打击暴力伤医、侵害学生、妨害风化等犯罪，对"北京大学第一医院暴力伤医案""蓝黛俱乐部案"等案件快速反应、及时介入、重点督办，坚决形成司法震慑。深入推进治爆缉枪、禁毒扫黄、打击网络电信诈骗等专项活动，坚决惩治网络贩枪、网络黄赌毒、侵犯公民个人信息等犯罪，共起诉36人。依法受理区监委移送案件10件11人；协助区监委成功抓获在逃人员5人，其中一人潜逃26年之久。建议税务机关移送企业虚开发票线索108件，起诉非法经营、合同诈骗等犯罪94人。着力惩治冒金融创新之名行非法集资之实的涉众型经济犯罪，共起诉16人。强化对生态环境的司法保护，坚决打击非法狩猎、滥伐林木等破坏环境资源行为，共起诉95人。

2. 积极开展公益诉讼工作

实当好公共利益的代表，与文委、水务等多个部门建立工作机制，公益诉讼"一盘棋"的局面正在形成。注重从文物保护、食药安全、土壤、大气和水体污染防治等群众关切领域入手，认真筛查有价值信息。严格落实宪法规定，对人大负责并报告工作，先后两次就公益诉讼工作情况作专题报告，对人大提出的三点建议全部落实。

五、司法行政工作

2018年，西城区司法行政工作在区委区政府和市司法局的坚强领导下，立足区域发展实际，扎实开展各项工作，社会矛盾化解工作成效进一步凸显，法律行业规范化水平显著提升，法治保障作用得到有效发挥，公共法律服务体系更加完备，矫正帮教工作规范化进一步提升，为促进区域经济社会平稳健康发展和维护社会和谐稳定做出了积极贡献。

（一）人民调解工作

在司法部召开电视电话会议上，代表北京市在会上作了题为"践行红墙意识发挥防线作用 书写'枫桥经验'西城新篇章"的交流发言。2018 全年全区共调解矛盾纠纷 6349 件，调解成功 6257 件。大力推进人民调解参与信访问题化解试点工作，成立了西城区信访诉求人民调解委员会。持续推进品牌调解室建设，建立了西城区以老年人维权为特色的调解组织"肖玲人民调解工作室"。加强人民调解员队伍管理和培训，加强对人民调解工作的宣传，于今年年初表彰了 2015-2017 年西城区人民调解工作优秀集体和优秀个人。圆满完成重要时期专项矛盾纠纷排查化解工作，确保地区和谐稳定。进一步推进协会建设，指导完善内部管理制度，圆满完成"人民调解培训师暨首席调解员专项技能培训"项目，推动全区骨干调解员力量建设及调解培训工作的高标准化。协会会长刘跃新被聘为全国人民调解专家。

（二）律师工作

行政许可及备案业务更加规范化，落实业务办理一次清、一口清。2018 年共办理律师类行政审批业务 747 件，其中许可业务 253 件，备案业务 636 件，开具律师不具有二十一说明 354 件，接待业务咨询约 1100 余人次，接听电话咨询约 2400 余人次。对律所巡查检查常态化，充分利用行政许可、重大敏感案件协调指导、重点律师管控、年度考核、日常检查、行政处罚等工作方法对律所的规章制度、内部管理、自媒体使用、党建等情况进行检查指导。全年已巡查检查律所 145 家，约谈律师 246 人次。积极稳妥办理投诉查处及行政处罚工作，今年共受理律师类投诉 11 件，与区律协建立投诉案件会商机制，指导区律协调解纠纷双方，减少矛盾上移。办理行政复议 1 件，行政诉讼 2 件。对律师事务所、律师做出行政处罚 13 件。

（三）公证工作

做好涉及重大工程建设、金融企业法律风险防范、知识产权等重要工作领域的公证事项，为重点建设项目、中小企业和社区群众提供优质高效的公证法律服务，并在巩固继承、委托等传统公证业务的同时，不断拓展金融、涉外、典当合同、民间借贷的强制执行、企业转制、企业法定代表人授权等各项公证业务。2018 年，区属三家公证处共接待办证咨询 335 032 人次，办结公证事项 193 231 件。充分发挥公证制度在推进多元化纠纷解决机制改革中的职能作用，全面参与人民法院调解、送达、保全、执行等方面工作。推进公证体制改革机制创新，中信公证处被批准参与合作制公证机构试点工作，有效落实《调整和规范北京市公证行业收入分配办法》文件精神，坚持以规范收入分配为抓手，开展突击检查、抽查工作，突出公证机构的公益属性。对公证处进行业务指导和监督检查，全年共督导公证处 14 次，执法检查 48 次，检查公证卷宗 395 件，对发现的办证质量问题当场督导整改。

（四）法律援助工作

做好弱势群体法律援助工作，实施援助律师办理刑事认罪认罚案件制度。设立公安执法办案中心和人民检察院法援工作站。扩大老年人法律援助覆盖面，取消 60 岁以上老人法律援助案件范围审查，对 80 岁以上老人免于案件范围和经济困难条件审查。加强街道法援工作站建设，配备专职值班律师队伍，授权行使代行受理和初审的职能。加强法援案件质量监督管理，综合运用案件质量评估、受援人回访以及庭审旁听三项措施，切实提升法援办案质量。2018 年，西城区共办理各类型法律援助案件 3576 件，较 2017 年办案量 2605 件增幅为 37%。

（五）特殊人群管理工作

进一步做好社区矫正人员及安置帮教人员走访评估，实现日常管理标准化、手册化、制度化。以信息科技手段为引擎，持续抓好抓实远程视频督察、矫正电子监管和网络督察、刑释人员信息核查及视频会见、视频帮教等信息系统的功能作用，实现区、街两级全覆盖，进一步提升社区矫正和安置帮教智能化水平；结合体制改革和矫正立法的实践，强化社区矫正规范执法，探索监狱社区矫正一体化建设，完善优势互补、资源共享、相互贯通和工作机制；深化"五个一"监所结对协作工作新模式，进一步推进社会力量参与社区矫正和安置帮教工作的力度，建立适应核心区安全稳定的矫正帮教管理工作模式和机制。

六、治安工作

2018 年，西城公安分局深入推进"扫黑除恶""守护·2018 平安"等专项，坚持严打高压态势，刑拘 1475 人，治拘 3669 人，全区刑事、治安、秩序类警情同比分别下降 24%、20% 和 31%。

（一）净化社会环境维护治安秩序

依托"6+N 社会面"治安秩序常态化整治工作机制，紧密结合"疏解整治促提升""铁铲"等专项行动，积极牵动属地城管、交通执法、街道及派出所等部门加强联勤联动，推进落实广泛发动、强化管控、集中清理、捆绑作战等工作措施，稳步开展重点地区及周边治安秩序的清理整治工作。2018 年，积极牵动工商、城管、民政、交通等执法力量，开展集中清理整治行动 91 次。以"守护·2018 平安""扫黑除恶""晨风"专项为牵动，严打涉黄涉赌、盗窃非机动车、号贩子等突出治安问题。通过全面动态摸排、分级管控、专项督导检查，依托公安、精卫、社区、家属组建的实名制管控小组，定期见面走访评估，全面强化重点精神病人动态管控。

（二）强化安全监管

组织开展歌舞娱乐场所专项整治、特种行业反销赃、"铁拳"黑开旅店打击整治专项、电子游艺整治、中小旅店专项整治等多波次行动，通过对抗式暗访和公开震慑检查相结合的方式，加大查处力度，确保行业场所阵地"零失控"。紧密围绕中非合作论坛北京峰会、全国两会等重大安保工作，以排查和解决保安服务行业"五类重点人和六类突出问题"为重点，深入推进辖区保安行业监管措施落实。以"打击枪爆""易制爆危险化学品"专项行动为抓手，采取安全大检查、强化科技、排查摸底整改等措施加强日常监管，切实消除暴恐安全隐患。联合安监、质监、供电、消防等政府职能部门，加强场地水电气热讯等重点要害部位安全检查，完善现场方案预案，强化大型活动安全监管。

七、2018 年法治建设特色和亮点

（一）健全完善工作制度，推动依法行政工作迈上新台阶

1. 提升行政决策法治化水平

注重事前合法性审查，全年共审核各类文件、草案 119 件次；审核政府及部门合同、协议 25 件；备案政府部门行政规范性文件 20 件；向市政府和区人大备案行政规范性文件 6 件。推进《北京市西城区行政规范性文件管理办法》贯彻落实，确保行政规范性文件的合法严谨性，法制日报、新华网等媒体将西城区规范性文件管理工作的相关情况进行了刊登和宣传。做好协助市政府立法工作，共完成市立法草案征求意见稿 10 件。与此同时，利用外脑，充分发挥区委、区政府法律顾问团及法治建设专委会的专业作用，全年共参与区政府重大决策、重大合同的法律咨询论证 58 件次。全面推行党政机关法律顾问制度，制发《北京市西城区委区政府法律顾问团工作规则》《关于区委各部门参照〈北京市西城区法律顾问工作管理办法〉聘用法律顾问的通知》，充分发挥法律顾问在参与区委区政府重大决策、协调利益关系、维护群众利益、化解社会矛盾等方面的专业作用。

2. 规范行政权力的制约和监督

全面推进政务公开，围绕公共企事业单位信息、财政预决算信息、疏解整治促提升、优化营商环境、民生工作等重点领域做好信息公开。持续加大公众参与力度，不断完善区政府公报编辑及发布机制、政务服务咨询机制，提升服务水平。自觉接受人大、政协监督。强化财政监督，预决算公开实现了全覆盖。积极推进"1+5+N"政策体系落地，完善财政宏观调控。加强过程管理，实现税源建设专业化。完善激励制约机制，强化街道税源管理责任。探索西城特色 PPP 模式，建立 PPP 备选项目库；加强审计项目质量检查和控制，有效防范审计风险。加大审计监督力度，实现全口径预算审计监督全覆盖。完善成果应用，公开审计结果。强化行政执法监督，完成全区 1585 名行政执法人员考试、新版执法证件换发等工作。区属部门人均处罚量 23.5 件、人均检查量 100.18 件、职权履行率10.97%、处罚案件撤案率 3%，岗位人员编制比 45.59%，岗位人员关联率

87.49%，已完成全市考核要求。开展行政处罚案卷评查工作，合格率100%。完善第三方评估监督机制，结合区情和上一年度法治政府建设短板，西城区委托中国政法大学对本年度法治政府建设指标考评体系进行了调整，并对全区法治政府建设进行独立评估，形成《西城区法治政府评估报告》。在总分值800分中，西城区得分733.135分，得分率为91.64%，在考评难度整体提高的情况下，较之去年成绩又有了较大程度的提升。

3. 强化依法行政绩效考核

制定2018年依法行政工作要点、2018年考核指标，对全区各委办局、各街道办事处2017年依法行政的工作情况进行绩效考核，每季度组织一次考核，进一步加强各部门自身法治建设水平，提升行政执法能力。加强市政府对区依法行政考核项目的落实，2017年西城区排名全市前列。

（二）围绕中心服务大局，推进法治建设实现新发展

1. 依法保障"疏解整治促提升"专项行动

加强对文物腾退案件的专业化审判，妥善执结有关区域重点工程案件、涉民生案件，依法介入辖区批发市场调整清退、"拆墙打洞"整治等重大项目的实施，开通绿色通道，确保"疏解整治促提升"专项行动有序推进。对专项行动进行风险评估，系统梳理了22个方面的风险因素，制定风险评估报告，根据不同风险点，对照风险清单，制定风险应急处置预案，把风险降到最低。发挥律师、公证、人民调解等作用，遴选骨干力量组建专家团队，对全区疏解整治过程中出现的典型问题进行分析研判，并提出法律方面的建议和对策，为疏解整治工作提供专业法律服务。

2. 提高多元调解工作水平

完成对多元调解专项组及办公室人员更新，围绕"长安计划"印发了《西城区综治委社会矛盾多元调解专项组2018年工作要点》。加强人民调解、司法调解、行政调解、各类行业调解组织之间的对接，切实有效化解矛盾。坚持"法治信访"理念，进一步深化落实信访工作责任制，努力实现从源头上预防和减少信访问题发生，推动信访问题及时就地解决。开展律师调解试点工作、开创公证员调解机制，对家事类、物业供暖、交通事故等民生类案件，经当事人同意后，导入多元调解程序处理，提供多种快速化解纠纷的途径，满足人民群众的多元化解纷需求。

3. 提升社会治理水平

扎实推进"街道吹哨、部门报到"工作，全面落实13项"街道吹哨、部门报到"改革任务。梳理建立8项"街道吹哨、部门报到"的事项清单，推进"37+N"个难点问题"吹哨、报到"试点，形成了"三级吹哨、三级报到"的

协同问题解决模式。实施"微改革"行动计划，围绕办事便利、惠民福利、城市宜居、和谐共治、依法治理等五类 29 项改革事项，从细节处着眼、从细微处创新，制定接地气、见效快、可推广的改革举措，助推城市基层治理堵点痛点问题的解决。街道管理体制机制改革试点工作全面展开，梳理形成街道工委、办事处职责清单，建立"一委七办三中心"大部制工作体制，建成 15 个街道实体化综合执法平台。启动社区"两委"换届工作。深入推进社区"减负增效"，建立社区工作准入制度，确定社区居委会 51 项、社区服务站 47 项工作事项，探索"一站多居"社区服务站设置。深化社区、社会组织、社会工作"三社联动"机制，促进"参与型"社区分层协商全面落地，提高社区工作者待遇，完成全国社区治理和服务创新实验区验收。加快"多网融合"，区级大数据中心平台初步建成，街道分中心建设有序推进。

（三）深化司法体制改革，促进司法公信力取得新提升

1. 进一步落实司法责任制

加强监督管理和业绩评价，加大裁判文书和已生效案件日常评查力度，健全司法业绩档案和检察官业绩评价制度，确保放权不放任、有权不任性。落实领导干部办案制度，加强对院庭长办案的考核通报、督促警示，入额院领导带头办理重大疑难复杂案件，切实发挥示范作用。持续加强司法专业化、规范化建设，不断完善类案参考、裁判指引等机制，创新建立专业法官会议"微平台"，为破解裁判"尺度不一"难题寻找到新的有效路径。突出专业化团队建设，以法官为中心打造 6 类 147 个审判团队，明确团队成员岗位职责，形成团队内部分工负责、互相配合、密切协作的运行模式；将所有检察官划分为 17 个专业类型，以专业化确保办案精准化。

2. 进一步深化诉讼制度改革

大力推进以审判为中心的刑事诉讼制度改革，优化庭前会议程序，落实庭审实质化改革要求。深化家事审判方式和工作机制改革，构建家事审判特别程序。推动案件繁简分流机制改革，前端简案快审，为后端繁案精审创造条件，推动了诉讼流程转型升级。深化认罪认罚从宽制度改革，坚持在法律文书、程序衔接方面做"减法"，在认罪认罚自愿性审查、听取辩护人意见建议方面做"加法"，推动实现节约司法资源、强化人权保障、维护社会稳定的多赢局面。

3. 进一步推进人员分类管理改革

推进落实法官单独职务序列改革，完善法官审判质效考核体系，落实法官员额退出规定，探索法官惩戒具体工作程序，稳妥做好改革后法官按期晋升工作。推动聘用制审判辅助人员科学化管理。完善司法行政人员管理，建立部门及个人履职清单，实行"AB 角"工作制度，不断提高服务保障审判工作能力。大力推

行"一考四档"人员分类管理考核系统,将业绩考核、廉政监督、优善引领和瑕疵预警融于一体,精细化考核全院干警,为业绩评价、员额调整、奖励评优提供依据。

(四)创新手段积极作为,开创法治宣传教育新局面

1. 提升各级干部和法治人才的法律素养

完成区政府常务会会前学法 7 次。组织处级领导干部依法行政研讨班三期。全面提高公务员的法律知识水平和依法行政能力,在初任培训、军转干部培训、科级任职培训中开设具有针对性的法律课程,举办第七期科级公务员高级研修班、第五期依法行政高级研修班。组织 2018 年西城区依法行政培训工作会。组织各类行政执法人员培训学习 25 次,干部参学率达到 95%以上,接受人员 2000余人次。对西城区法治人才库进行了动态调整,完成了第一个 3 年培训计划。通过组织定期法治培训、不定期法治论坛、庭审观摩和研讨等形式,提升在库人员的法治素养,做到以点带面,提高全区政府工作人员依法行政理念和水平。

2. 不断深化法治宣传阵地建设

着重打造普法公园、远见名苑北京市法治文化示范社区等普法宣传精品阵地,紧跟法治宣传教育工作重点热点,把习近平新时代中国特色社会主义思想、社会主义核心价值观等内容第一时间传达给辖区群众,让百姓在休闲生活中尊法、学法、守法、用法。4 月 23 日圆满完成接待全国人大常委会、全国人大监察和司法委员会副主任委员张苏军同志一行对我区法治文化阵地建设进行调研工作,受到领导高度肯定。着重强化青少年法治宣传阵地建设,指导帮助展览路街道在北京市五十六中学建立了西城区首家法治学校,提供"青春船长"等优势法治教育资源,协助区教委打造全区青少年普法互动活动基地。

3. 运用"互联网+普法"新模式加大新媒体普法力度

在继续巩固报纸、杂志等传统优势媒体普法阵地的基础上,不断改进完善"西城普法"微信公众号,积极搭建法治宣传新媒体矩阵,促进全媒体普法力度不断加大。在"北京西城"微博开设"七五普法"板块,定期推送普法信息。注重强化普法信息的提炼和报送,全年向北京市法宣网报送法治宣传信息 300 余篇,向司法部报送法宣案例 14 个。

# 海淀区法治建设报告

2018 年，海淀区围绕加快建设全国科技创新中心核心区的奋斗目标，积极推动全区各项事业发展，努力服务海淀经济社会发展大局，为首都和海淀区域经济社会发展创造安全、稳定、公正、优质的社会环境，努力打造高品质城市，实现经济社会新发展。

一、人大法治保障和监督工作

区人大常委会在区委的坚强领导下，在市人大常委会的有力指导下，坚持党的领导、人民当家作主、依法治国有机统一，紧紧围绕全区工作大局，认真履行法定职责，充分发挥制度优势和职能作用，为加快建设具有全球影响力的全国科技创新中心核心区作出了积极贡献。全年共筹备召开区人民代表大会会议 1 次、常委会会议 8 次、主任会议 12 次，听取和审议区"一府两院"专项工作报告 33 项，督办议案 1 项，跟踪督办议案 1 项，作出决议、决定 17 项，形成审议意见书 10 份，依法选举任免区国家机关工作人员 79 人次，接受辞职 9 人，任免人民陪审员 47 人次，较好地完成了区十六届四次人代会确定的各项工作任务，为全区经济社会发展提供了坚实的民主法治保障。

（一）围绕中心，服务大局，推动全区各项事业取得新发展

常委会始终把人大工作放到全区工作大局和中心工作去谋划和推进，充分发挥人大的优势和特点，综合运用督办议案、专题询问、跟踪监督、工作评议、视察检查等多种方式，全力支持区政府聚焦中关村科学城建设，推动区委"两新两高"战略的落实。

1. 推动中关村科学城建设

通过举办专题讲座等方式，使人大代表熟悉《关于加快推进中关村科学城建设的若干措施》的内容，组织代表视察国际科学园、东升科技园以及小米、百度等高科技企业，深入了解政策的实施效果，认真听取高科技企业代表的意见和建议，提出了进一步发挥企业创新主体作用、完善各项配套措施、引导企业加大研

发投入、提升政府服务水平、加大政策宣传等建议，全力支持区政府加速推进中关村科学城建设。

2. 推动新型城市形态构建

跟踪督办"大力推进非首都功能疏解，加快建设和谐宜居海淀"议案，围绕产业升级、空间腾退、便民惠民等方面提出意见建议，推动区政府进一步做好顶层设计、功能织补、精细管理等工作，监督和支持区政府加快高品质城市建设步伐。

3. 推动全区重要规划的实施

高度关注新版北京城市总体规划的落实，主任会议听取区政府关于《海淀区全面落实北京城市总体规划统筹做好海淀规划工作情况的报告》，常委会会议审议通过了《海淀分区规划（2017—2035 年）》。

4. 推动国家卫生区创建工作

重点督办了"以改革创新为动力，积极创建国家卫生区，加快推进健康海淀建设"等 8 件并案办理的议案。在督办过程中，坚持"五个注重"，即注重议案提出代表的全程参与，注重发挥卫生领域代表的专业优势，注重各联组代表的广泛参与，注重听取基层群众的意见建议，注重综合利用多种监督方式，将督办议案与工作评议、专项监督相结合，采取座谈交流、视察督办、调研督导、察看访谈和考察借鉴等形式，加大了对政府议案办理工作的督办力度。坚持问题导向、结果导向原则，常委会与区政府及相关部门密切配合，同向发力，攻坚克难，8 件议案涉及的各项目标任务均按时完成或有序推进，一批重点难点问题得以攻克，议案领衔代表对议案办理工作给予了高度肯定。

5. 推动全区经济高质量发展

密切关注全区经济运行情况，听取和审议区国民经济和社会发展计划执行情况、财政决算、预算执行和调整情况、审计工作以及审计查出问题整改情况等报告，并作出了相关决议。加大对综合经济部门的工作调研力度，组织代表视察我区税务工作、统计工作和商业运营情况，督促区政府坚持创新驱动发展，挖掘经济增长新动力，持续优化营商环境，努力完成全年经济社会发展的各项目标任务。

6. 推动区属道路大中修工程建设

常委会认真总结询问工作经验，拓展询问工作内容和范围，首次由重大资金的询问延伸到对专项工作的询问，围绕 2018 年区属道路大中修工程建设情况，重点询问了区属道路修缮工作中的立项审批、施工进度、工程质量、资金使用与管理情况等内容，并提出了优化项目设计、实现项目全周期跟踪评价等询问意见，督促区政府优化市政道路工程立项，提升工程建设质量，切实改善我区道路交通环境，提高交通承载运行能力，起到"整修一条路，提升一条街"的效果。

（二）突出重点，注重实效，推动财经监督工作开创新局面

常委会积极落实中央关于人大预算审查监督重点拓展改革的要求，以部门预算、重点支出和重大投资项目、政府债务为切入点，将预算审查重点从预算收支平衡向支出预算和政策拓展，将事中、事后监督向事前审查延伸，更加注重财政资金使用绩效和政策实施效果，实现了人大预算审查从程序性审查向实质性审查的重大转变。

1. 推进财经监督工作制度化建设，强化人大审查监督职能

一是适应新形势新任务新要求，结合我区实际，及时修订完善《北京市海淀区预算审查监督办法》，并在对 2017 年决算、2018 年预算执行和调整，以及 2019 年预算草案的审查工作中逐一贯彻落实；二是建立预算监督顾问制度，首次聘请专家担任预算监督顾问，为准确界定调整预算范围和指导预算初审工作起到重要作用；三是落实中央、市委部署要求，以区委名义发文，建立区政府向区人大常委会报告国有资产管理情况制度，为下一步监督工作奠定了基础。

2. 深化计划、预算初步审查工作，事前监督取得显著成效

加大部门预算审查力度。部门预算初审范围从 2017 年的 5 家扩大到 2018 年的 16 家，5 个专门委员会发挥各自专业优势，部门根据合理意见建议调整预算项目 37 项，涉及资金 6.19 亿元，完善预算初审方式，组织代表参与部门预算项目事前绩效评估，其中 18 个预算项目中不予支持的项目为 7 个，涉及资金 1339 万元。

3. 改进计划、预算执行和决算监督工作，事中事后监督形成完整闭环

一是完善审查监督程序。按照相关制度规定，增加了对预算调整及财政决算的初步审查，进一步增强了监督实效。二是调整审议时间。将计划、预算半年执行议题从 9 月份提前至 7 月份常委会审议，提高了监督的及时性、有效性。三是改进审查监督内容。按照制度规定严格界定预算调整范围，对以往预算调整报告的体例及内容做了重大修改。加强对部门决算问题整改情况的审查监督，针对审计查出问题清单，逐一审查整改落实情况，强化了对决算的闭环审查监督，促进政府相关部门改进预算管理工作。

（三）关注热点，破解难点，推动民生工作获得新改善

保障和改善民生只有进行时，没有完成时。常委会把人民群众关切的保障性住房、社区便民服务设施、农村集体经营性建设用地、社区卫生工作等民生项目作为本届常委会届内专项跟踪监督内容，聚集力量，持续攻坚，督促和支持区政府一年接着一年干，一件接着一件办，努力让人民群众生活更方便、更舒心、更美好。

1. 聚焦保障性住房工作

深入区房管局和区住建委开展前期调研；组织人大代表视察了中关村西三旗科技园配套公租房项目、中关村创客小镇项目，实地了解相关工作；常委会会议听取和审议专项工作报告，提出构建健康完善的海淀住保体系、优化保障住房配套设施、形成公平有序的保障房市场秩序等审议意见，完善具有海淀特色的"大住保"体系，加快缓解保障家庭、企业人才的住房困难。

2. 聚焦社区便民服务设施规划建设

常委会要求区国资委制定工作计划，建立工作台账制度，定期汇报工作进展情况，并组织专题调研和代表视察活动，实地查看了二里庄锅炉房车库、港沟南区二号楼社区配套用房项目整治情况，召开专题座谈会，提出了做好国企所属房屋回收利用整体规划、着力解决社区便民服务网点不足问题、改善经营环境、提高服务水平等建议，督促区属国企强化责任担当，积极主动作为，发挥国企主力军作用，为海淀打造宜居宜业城区贡献力量。

3. 聚焦农村集体经济发展

通过实地视察、听取工作汇报、座谈交流、常委会会议审议等方式，对农村集体经营性建设用地情况开展监督，提出要注重产业发展的长期性、持续性，将农村集体经营性建设用地与中关村科学城建设相结合，解决集体产业用地指标落地及后续建设问题，确保"一镇一园"建设有序推进，以及加强农村专业人才培养等意见建议，督促区政府进一步加快我区农村集体经营性用地建设，壮大集体经济，促进农民就业增收。

4. 聚焦教育和文化事业发展

加大对北部教育发展的监督和推动力度，组织代表对区北部教育发展情况和第三期"学前教育三年行动计划"落实情况进行视察，主任会议听取区政府相关专题汇报，并提出了找准北部教育事业发展定位、进一步整合教育资源、吸引优秀人才服务北部地区教育、引入民间资本参与学前教育等建议。

5. 聚焦"美丽海淀"建设

围绕区环境保护、"无煤化"、公厕建设等工作，通过听取专项工作报告、督办代表建议、开展垃圾处理工作课题调研、深入居民家中查看煤改清洁能源后的取暖效果等方式，督促和支持区政府进一步抓好生态文明建设，加大生态环境保护力度，解决突出问题，提高环境质量，更好满足人民日益增长的优美生态环境需要。

（四）弘扬法治，维护公正，推动依法治区工作得到新提高

常委会紧紧围绕依法治区重点任务，加大对区"一府两院"的法律监督、工作监督力度，不断推进区"一府两院"严格执法、公正司法，提高全民守法

意识。

1. 促进区政府依法行政

把严格规范执法作为监督重点，在组织相关专题视察调研的基础上，听取和审议了区政府《关于海淀区依法行政工作情况的报告》、区公安分局《关于规范执法、完善执法办案中心运行机制情况的报告》，督促区政府及相关部门严格依法行政、规范公正文明执法。进一步加强了规范性文件备案审查工作。

2. 促进司法机关公正司法

为了加强对区刑事速裁工作的全流程监督，常委会会议听取和审议了区法院、区检察院、公安分局和区司法局的相关工作报告，实现各环节工作的紧密衔接，不断优化司法资源配置，提高诉讼效率，维护当事人合法权益，不断提高司法质量、效能和公信力。

3. 促进公民法治意识提升

关注区"七五"普法中期工作，组织代表视察区公共法律服务中心、海淀街道创业公社商务楼宇工作站等，提出了加强基层普法队伍建设、重视发挥律师普法的专业优势、针对各种人群采取适用有效的宣传方式等建议，推动"七五"普法工作顺利开展，不断增强全社会法治观念。

4. 促进人事监督依法有效开展

坚持贯彻党管干部原则，把好人事任命关，加大任后监督力度，依法规范和完善人事任免各项工作程序，严格任前谈话、任前法律法规考试制度，共开展任前考试 6 次、39 人，任前谈话 4 次、9 人，认真落实十三届全国人大一次会议审议通过的宪法修正案精神，及时修订了《海淀区国家工作人员宪法宣誓的规定》，更好地体现宪法尊严、彰显宪法权威、弘扬宪法精神。

5. 促进基层民主政治建设

通过召开镇人大主席联席会议等方式，组织镇人大主席学习法律、研究工作、交流经验，指导各镇人大结合自身特点，完善规章制度，规范工作程序，推动了基层民主政治建设。

（五）创新方式，搭建平台，推动代表工作再上新台阶

常委会坚持发挥代表主体作用，不断健全服务保障机制，创新工作方式方法，更好地发挥代表在推动海淀各项事业科学发展中的作用。

1. 拓宽代表学习的深度和广度

常委会首次以委托办班、小规模短期集中培训的形式，与区委党校联合举办了两期封闭式代表履职学习培训班，进一步增强了代表培训的系统性，参加培训代表予以充分肯定。

2. 畅通代表反映民意的渠道

扎实开展"代表联系选民月"活动，390 名区代表和 50 名市代表深入社区，

走访和接待选民 5229 人次，收到选民提出的意见建议 1392 件次，发挥了政府和人民群众之间桥梁纽带作用。

3. 完善代表建议督办机制

常委会把代表建议的督办工作作为全年工作的重中之重，高度重视并高位协调，着力创新督办方式，加大督办力度，区属职权范围内的 309 件建议全部办结，51.5% 的建议所涉及问题得到解决或取得进展。

4. 做好市代表的服务保障工作

为使新一届市代表全面了解海淀整体发展情况，开展了海淀团市代表年中集中活动、市人代会会前活动和市代表集中培训等工作，为市代表履职提供了良好的服务保障。发挥市、区代表联系组作用，认真做好《北京市非物质文化遗产条例（草案）》征求市、区代表和人民群众意见建议工作。

（六）强基固本，完善制度，推动自身建设展现新气象

常委会贯彻落实全面从严治党要求，巩固作风建设年成果，大力加强常委会组成人员和机关干部的政治、思想、组织、作风、纪律和制度建设，履职能力和担当精神进一步提升。

1. 政治机关属性不断强化

常委会党组切实担负起全面从严治党主体责任，始终坚持党对人大工作的领导，进一步明确人大是权力机关、工作机关、代表机关，但首先是政治机关，常委会组成人员和机关全体干部不断提高政治站位，树牢"四个意识"，坚定"四个自信"，自觉把"四个意识"转化为围绕中心、服务大局的实际行动，确保中央、市委和区委的重大决策部署在人大工作中切实得到贯彻落实。

2. 思想建设切实增强

通过党组集中学习、常委会组成人员读书班、代表主题培训班、机关干部全体会等多种形式，学习和深入领会习近平新时代中国特色社会主义思想和党的十九大精神，重点学习习近平总书记关于坚持和完善人民代表大会制度的重要思想，切实增强做好人大工作的责任感和使命感。

3. 作风建设不断深化

常委会大力发扬求真务实的工作作风，党组成员深入基层单位、驻区重点单位和人大代表中开展走访调研，常委会组成人员实地调研区域科技创新企业发展及棚户区改造等情况；机关全体党员积极参与党总支举办的"扬时代风帆、展人大风采"文艺汇演和"学理论、走基层、见实效"主题党建活动，增强"为民、务实、清廉"意识。认真做好群众来信来访工作，全年共受理群众来信 34 件，受理来访 47 批次、73 人次，有效发挥了化解社会矛盾、帮助群众排忧解难的作用。

4. 制度建设成果突出

为进一步规范议事决策程序，充分保障区人大及其常委会依法履行职权，修订完善了《海淀区人民代表大会会议事规则》《海淀区人民代表大会常务委员会讨论、决定重大事项的规定》等14项制度；新制定出台了《海淀区人民代表大会常务委员会专题询问办法》等2项制度；废止了4项制度，用制度规范、支撑和保证各项工作的开展。

5. 宣传工作与时俱进

综合利用海淀人大网站、"海淀人大"微信公众号、《海淀人大信息》《海淀人大》刊物等新媒体和传统宣传平台，不断加大对人民代表大会制度和我区人大工作的宣传力度，充分展示了人大代表的履职风采和民主法治建设的成果。"海淀人大"微信公众号获得了"海淀区政务新媒体大赛"最佳创意奖三等奖、市党建创新典型微信公众号等荣誉。

二、法治政府建设

2018年，海淀区政府在市委市政府和区委的坚强领导下，在区人大、区政协的监督帮助下，深入学习贯彻党的十九大精神，全面开展"两贯彻一落实"，以《海淀区"十三五"时期法治政府建设规划》为主线，依法全面履行政府职能，法治政府建设各项工作取得新进展、新成效，为加快建设具有全球影响力的全国科技创新中心核心区提供坚强的法治保障。

（一）切实加强组织领导

1. 全面部署落实法治政府建设任务

区政府常务会议听取依法行政工作进展以及区法院对本区行政审判情况的介绍，充分发挥区推进依法行政工作领导小组统筹协调作用，全面部署2018年推进依法行政工作重点任务，制定任务分解方案，各项责任落实到具体部门。

2. 健全完善法治政府建设的推进机制

认真落实法治政府建设报告制度，完善依法行政考核机制，制定本区依法行政专项考评实施细则。

（二）领导干部学法用法能力进一步提升

1. 领导干部带头学法

全年组织6次区政府常务会前法律知识学习讲座，举办处级领导干部依法行政培训班和科级干部改善执法暨案卷评查工作培训班，多次组织旁听行政诉讼案件。

2. 公务员开展依法行政专题培训

制定并落实区公务员依法行政年度培训计划，将全体管理权限内的公务员纳入培训范围，实现培训的无遗漏、无死角，普及率达100%。

（三）推进行政决策科学化、民主化、法治化

1. 积极开展重大行政决策案例评审

2018年8月，开展重大行政决策事项案例评选，全区各单位共上报31例重大行政决策案例。

2. 规范性文件审核备案工作扎实有效

全年共审查区政府及区属单位报送行政规范性文件18件、委办局征求意见稿172件，提出法律意见和建议310余条，全年共审核强制拆除违法建设案件78件。

3. 充分发挥法律顾问作用

全年7家区外聘政府法律顾问所提供法律服务事项总数945件，参与区政府行政诉讼103件，参与行政复议案件470件，两公律师队伍居全市前列。

（四）深化"放管服"改革，依法全面履行政府职能

1. 健全清单管理制度，深化简政放权

全年对应完成5批次涉及58项行政审批事项的动态调整工作。截至2018年底，海淀区权力清单事项共计944项。

2. 推进税费改革，进一步减轻企业负担

2018年，海淀区全面开展涉企行政事业性收费及政府性基金收费清理规范工作，行政事业性收费及政府性基金全部纳入全市收费目录清单管理。

3. 推进审批提速，创新投资项目管理

全面贯彻落实执行《北京市公共服务类建设项目投资审批改革试点实施方案》与《北京市扩大内需重大项目绿色审批通道实施办法（试行）》文件

4. 深化商事等领域改革，降低就业创业门槛

为持续优化区域营商环境，海淀工商分局推出29条涵盖各项工商业务的服务措施。优化企业办理营业执照的程序，率先在全国探索"结果登记制"。全面开展"证照分离"试点改革工作，采取改革审批方式和加强综合监管。

5. 创新监管方式，营造公平竞争环境

推行公正监管方面，坚持公正监管与精准监管结合，有序推进"双随机、一公开"，实现"双随机一公开"在具有行政检查职能的政府部门100%全覆盖，符合要求的各类行政检查事项100%全覆盖。

6. 优化政务服务，进一步提升服务效能

按照市级相关要求，以"四减一增"为原则，进一步优化审批服务流程。全面开展精简本区政务服务（公共服务）事项工作，通过精简审批材料、科学调整办事程序、整合部门内审批环节等方式，在全市率先实现920个区属政务服务事项100%"最多跑一次"。

2018年，区法治政府建设工作取得了一定的成效，但对标法治政府的要求，对标核心区发展的目标要求，对标上级和人民群众的要求，还面临许多挑战，工作还存在一定的差距和不足，主要表现为：一是行政决策机制有待进一步完善。部分领导干部对"重大行政决策"的认识还模糊不清，在项目执行过程中，对决策的公众参与、风险评估等环节还认识不够。二是各街镇、各部门在推进依法行政工作过程中存在不平衡、不协调的现象，基层法治建设还比较薄弱。三是行政执法职权履行不充分、协同协作不顺畅、执法落实不到位现象还不同程度存在，与社会公众所期望的法治获得感存在差距。

三、审判工作

2018年，海淀区人民法院以习近平新时代中国特色社会主义思想为引领，突出审执工作服务区域大局的核心地位，以司法改革和信息化建设为抓手，以执法规范化、执法作风为重点，构建党的建设、业务建设、队伍建设、个体建设四位一体的工作格局，再打基础、沉心积淀，努力打造名实相符、内外兼优的全国领先法院，聚焦中关村科学城建设，为我区"挖掘新动力、构建新形态，推动高质量发展、打造高品质城市，加快建设具有全球影响力的全国科技创新中心核心区"提供坚实的法治保障。2018年，海淀区人民法院全年案件总量121 121件，其中，受理各类案件103 111件，较去年同期增加18 010件，同比上升21.2%；审结、执结案件103 159件，较去年同期增加17 572件，同比上升20.5%；收结案数量双破十万件，创下历史新高。未结案件17 962件，较去年同期减少48件，同比下降0.3%。法官人均结案482.05件，同比上升19.6%。结案数过千的审执团队有37个。法定审限内结案率达到99.88%。案件审理质效保持平稳，各项改革举措成效显现，整体工作势头良好，司法公信力深入人心。

（一）服务区域发展需求，突出司法职能的保障性作用

2018年，区委明确了全区"两新两高"的发展战略。海淀区人民法院在各项工作中强化服务大局意识，找准司法服务大局的结合点，充分发挥司法职能，全力保障区域发展。

1. 助力区域"两新两高"发展战略落实

深入学习"两新两高战略"的基本内容，悟透战略内涵、明确保障思路。以裁判宣示知识产权保护规则，主动适应中关村科学城作为原始创新策源地和自主创新主阵地的功能定位。以整体研判热点问题案件，对标全球顶尖科创中心建设要求，为区域发展提供法律支持。

2. 服务区域民营企业发展

认真贯彻落实习近平总书记在民营企业座谈会上的重要讲话精神，高度关注、切实保障民营企业发展。准确把握民间借贷案件裁判尺度，促进解决民营企

业融资难融资贵问题，全年审结此类民间借贷案件 2803 件。

3. 聚焦"疏解整治促提升"专项行动

深刻理解都与城、疏解与提升的关系，全面梳理拆除违建等 12 项工作涉及的法律问题，四季青法庭审结的锦绣大地物流港业态调整系列案件入选市高院评选的为"疏解整治促提升"专项行动提供司法保障优秀案例。

4. 营造良好区域营商法治环境

对照营商法治环境评估指标，逐项改进工作。认真落实市委、区委关于为企业定制"服务包"的要求，将保障企业合法权益、优化营商法治环境的各项司法政策、工作举措纳入服务包，为服务包扩容升级。

5. 有力防范区域金融风险

加强区域经济发展新常态研判，对多批次 P2P 网贷案件中的商事法律问题、民刑交叉问题进行专项调研，妥善处理"互联网+"引发的涉金融借贷等新型纠纷，顺利审理首例比特币现金争议案、互联网分期租房案等各类金融案件 9485 件。

6. 深入推进"送法"工作

加强人民法庭与所在辖区的联系，积极开展"送法"活动，普及相关法律知识，组织 69 名法官赴高校授课。通过多类别、分层次的"送法"形式，促进"法治海淀"建设。

（二）攻坚三大重点任务，突出社会治理的参与性功能

作为区域社会治理的参与者，2018 年，海淀区人民法院聚焦"群众意见最突出、中央要求最紧迫、社会稳定最棘手"的三大重点任务，集全院之力推动完成。

1. 全力推进决胜"基本解决执行难"

全面支援执行工作，从各部门抽调 56 名干警充实执行队伍力量。全年对 299 人次采取司法拘留、对 49 名人员以涉嫌拒执罪移送公安机关侦查、对 5 名人员以拒执罪定罪惩处，司法拘留人数位居全市法院之首。

2. 全力配合"涉军停偿"工作

全年共审理"涉军停偿"案件 229 件。相关庭室组织最强审判力量，成立"涉军停偿"专项小组，庭长牵头、业务骨干专人负责、主管副院长逐案督办。加强军地协调，定期召开专业法官会议专题研判，确保办案的政治效果、法律效果和社会效果的统一。

3. 全力开展扫黑除恶专项斗争工作

成立扫黑除恶专项工作小组，制定工作方案、建立工作台账，指定专人及时跟进、通报、汇报工作情况。深入开展涉黑涉恶线索"大排查"，聚焦重点主

体、重点案件，摸排核查、及时上报涉黑涉恶线索，助力维护和谐稳定社会环境。

（三）积极履行审判职责，突出司法裁决的解纠性价值

执法办案始终是人民法院的第一要务。2018年，海淀区人民法院依法妥善审理各类案件，认真履行审判职责。

1. 刑事审判方面

坚决维护国家、区域安全，依法惩处危害国家安全、公共安全和社会治安犯罪，审结刑事案件2688件，同比下降18.7%。

2. 民商事审判方面

加强涉民生案件审判，审结各类民事案件38 375件，同比上升26.4%；审结各类商事案件19 764件，同比上升8.4%；其中，劳动争议、医疗、教育、交通、住房等案件9208件。

3. 行政审判方面

审结各类行政案件1272件，同比上升13.6%。加大对征收拆迁、教育服务等民生案件的协同处理力度，赴全国各地行政机关授课10余次，接待500余人旁听庭审，创新行政审判白皮书内容，行政机关负责人出庭上升到32人次。

4. 知识产权审判方面

审结各类知识产权案件15 910件，同比上升44.2%。

5. 执行工作方面

执结各类案件24 924件，同比上升16.7%。持续开展集中执行专项行动，腾退面积达3万余平方米，首次全媒体直播没名儿生煎系列执行案件，直播当日共有近千万人次在线观看，营造决胜执行难良好舆论氛围。

6. 涉诉信访工作方面

继续丰富具有海淀特色的信访工作经验，全年处理群众来信269封，接待群众来访3242人次，答复政法民生热线2449人次，主动高效处理群众来信来访涉及的问题。

（四）持续推进司法改革，突出审判权运行的现代化要求

2018年，是人民法院实施"四五改革纲要"的收官之年。海淀区人民法院在做好四项基础性改革工作的同时，重点解决司法体制机制中存在的"五大难题"和"一大矛盾"，进一步实现司法治理能力和治理体系的现代化。

1. 基本落实四项基础性改革

在人员分类管理方面，全年完成170名法官等级按期晋升工作及第四批法官遴选需求测算，新招录各类司法辅助人员共163人，严格院庭长办案，院长办案突出"示范性"，庭长办案突出"引领性"，院庭长全年共办结案件45 151件，

占比达 43.7%。

2. 深化案件"繁简分流"机制

巩固案件院级大分流和庭室小循环格局。在院级层面，民商事速裁审判庭全年审结案件 16 595 件，同比上升 64%。

3. 推动多元纠纷化解和"律师调解"

深化与区调解与法律援助中心、中国互联网协会调解中心等调解机构合作，全年通过多元纠纷化解渠道导出案件 50 755 件，同比上升 88.08%；成功化解案件 11 400 件，同比上升 214.74%。

4. 首试"司法公信力"综合评估

2017 年年初，海淀区人民法院在兼顾司法规律和人民性的基础上，构建了涉及三类三级、共 130 项指标的评估体系，以期客观、量化评估司法公信力建设情况，精准倒逼工作改进。2018 年，邀请第三方公司，依据该体系对 2017 年全年工作进行评估。

5. 启动"案件电子卷宗随案生成电子档案"试点工作

作为最高法院案件归档方式改革北京市唯一试点单位，在全国率先提出"混合单套制"卷宗归档新模式，受到最高法院认可。

（五）全面提升综合院力，突出队伍建设的整体式发展

2018 年，海淀区人民法院继续夯实基础，力促提升，以综合院力建设推动忠诚、干净、担当的干警队伍培养，为我区发展提供更有力的司法人才保障。

1. 营造学术氛围

努力将海淀区人民法院打造成"海淀法学院"。干警全年撰写 122 篇学术论文，42 篇获得市级以上奖项。

2. 打造精品裁判

鼓励法官以裁判立身，组织参加市高院优秀裁判文书"百佳奖"评选，举办院第八届"金玫奖"裁判文书评选活动。

3. 强化人才培养

出台《北京市海淀区人民法院 2018 年教育培训和人才工作计划》等规定，为人才培养明确路径。全年新增 5 名干警攻读博士学位，1 名干警参加国家法官学院与香港城市大学 2018 年联合培养项目。

4. 孕养独特文化

突出"敢创新、不服输、有灵魂、富朝气"的海法文化。最高法院党组书记、院长周强来院调研时，对院文化建设工作给予高度赞赏。

5. 深化典型感召

在更高平台展示优秀法官风采，"青年楷模"陈昶屹法官参加国务院新闻办

公室举办的全国 5 位法官中外记者见面会，多家中央媒体集中报道。

6. 激发思维活力

撰写有深度、有温度的人物访谈稿件，推出"新青年""标兵说""师者说"等覆盖全院各类干警的采访栏目。

7. 传播海法精神

继续传承和发展"为人民不计功利、想事业甘于奉献"的海法精神及海法精神新内涵。

8. 推动共同管理

继续完善"上通下达、兵将相知"的共同管理新机制，最大程度凝聚干警对法院建设的共识和共情，打好共同管理基础。

（六）主动接受全面监督，突出严格行权的"阳光化"建设

有权必有责，用权当监督。2018 年，海淀区人民法院着力完善权力运行公开体系，广泛接受各界监督。以主动"开窗"的开放透明，让权力在阳光下运行。

1. 全面接受人大监督

创新代表联络方式，建立"人大代表海淀法院行"微信群，每周向区人大代表发送一周工作动态，认真办理代表建议，全年共收到代表建议 3 件，目前已经全部办结，代表满意度有所提高。

2. 依法接受检察机关监督

主动配合检察机关履行诉讼监督职能，审理检察院抗诉案件 5 件、改判 1 件；办理一般检察建议 30 件、采纳检察建议 15 件。邀请检察长列席审判委员会 1 次，全面接受检察监督。

3. 广泛接受人民群众监督

打造自媒体宣传矩阵，通过 6 个公众号多角度展现法院工作，接受人民群众监督。全年共有人民陪审员 29 509 人次参加庭审，参与审理案件 13 876 件，司法民主程度进一步提高。

4. 积极接受舆论监督

畅通与新闻媒体联络渠道，全年接待媒体采访 330 余次。保持面向新闻媒体的开放姿态，充分保障社会舆论对法院工作的知情、参与和监督。

2018 年既是海淀法院再打基础、沉心积淀的一年，也是海淀区人民法院直面困难、顽强拼搏的一年。在审判任务空前繁重的情况下，全院干警加班加点，圆满完成了全年各项工作任务。此外，全院共有 33 个集体、81 名个人获得区级及以上荣誉。其中，民五庭及中关村法庭干警游美玲分别获评全国知识产权审判工作先进集体和先进个人，信访办主任王志勇获评"全国法院先进个人"，诉讼

服务办公室干警石晓倩获评"全国法院司法技术工作先进个人";审判委员会委员、民三庭负责人李盛荣,刑一庭庭长游涛,中关村法庭庭长陈昶屹获评"北京市审判业务专家",执行局副局长兼技术保障中心主任毛金柯获评"北京市法院信息技术专家"。

四、检察工作

2018 年,海淀区检察院全面落实党的十九大和十九届二中、三中全会精神,坚决执行区委和市检察院各项部署,坚持"讲政治、顾大局、谋发展、重自强"工作总基调,突出抓好政治建设,政治理想信念更加坚定;依法高标准办好每一件案件,服务保障海淀"两新两高"战略实施的成效进一步凸显;坚持在办案中监督,在监督中办案,法律监督的能力水平进一步提升;继续深化司法体制改革和诉讼制度改革,检察工作发展内生动力进一步增强;牢牢把握"六个强检"建设方向,主动接受外部监督,进一步树立良好社会形象。

(一) 突出政治建设,牢牢把握检察工作正确政治方向

1. 坚定不移加强政治建设,旗帜鲜明讲政治

以学习习近平新时代中国特色社会主义思想和党的十九大精神为引领,深刻领会检察工作是政治性极强的业务工作,确保在政治立场、政治方向、政治原则、政治道路上同以习近平同志为核心的党中央保持高度一致。

2. 突出重点抓好班子建设

抓好主业。推动"两学一做"常态化制度化。严格落实党组主体责任,党组会定期听取党建、纪检监察等专项工作,研究年度重点工作、重大改革措施,充分发挥班子成员示范带头作用,牵头重点调研课题 15 项,直接办理批捕、起诉、监督等重大疑难案件 76 件,亲自主持信访接待、公开审查等活动 21 次,切实为全体检察人员做出表率。

3. 脚踏实地推进党建工作

基层党建重在提升组织力。结合检察机关新型办案模式改革,在检察官办案组中建立党小组,在重大敏感案件专案组中设立临时党支部,切实把党的领导延伸至办案一线。认真落实"双报到"要求,参与社区法治宣传、便民服务等公益活动 400 余人次,进一步密切与群众的血肉联系。

(二) 坚持以司法办案为中心,积极服务海淀经济社会发展大局

1. 推进平安海淀建设

全年共受理审查逮捕案件 3440 件 4884 人,人数同比上升 10.8%,受理审查起诉案件 3367 件 4221 人,人数同比下降 6.4%。贯彻宽严相济刑事政策。依法批准逮捕 2777 人,提起公诉 3257 人;对涉嫌犯罪但无社会危险性的,决定不批捕 772 人,对情节轻微、依法不需要判处刑罚的,决定不起诉 738 人。坚持总体

国家安全观。依法办理了"全能神"邪教组织"9.11"专案，深入开展反邪教斗争，全力保障区域政治安全。纵深推进"扫黑除恶"专项斗争。依法办理了市级交办督办的"8.23""12.05"等涉黑恶专案4件、本区督办的"5.27"强迫交易等涉黑恶专案7件，切实增强群众安全感。突出打击涉众型经济犯罪。妥善办理了涉案金额高达43亿元的"银豆网"、涉案人员多达111人的"钱生钱"等一批非法集资类案件。严格保护公民个人信息。依法办理了最高人民检察院、公安部联合督办的梁某某等人侵犯公民个人信息"滤网"行动专案，"追源头、断链条"，切实维护公民信息安全。妥善化解社会矛盾。注重对不批捕、不起诉等决定的释法说理，探索引入北京电视台第三调解室调解等多种方式，积极引导轻微刑事案件当事人达成和解，促使被损害的社会关系得到修复，促进社会和谐。

2. 切实保护自主创新

坚持"打击保护"与"服务保护"并重，不断发挥检察机关服务保障创新发展的职能作用。全年共办理侵犯知识产权类刑事案件127件175人，办理涉及科技创新类刑事案件353件716人，推进"阳光检务"，邀请企业代表与人大代表、专家学者共同参与案件公开审查，以公开促公正、以博论晰公平，定制化打造检察法治新产品。

3. 惩治腐败力度不减

全年共受理职务犯罪案件28件30人，决定逮捕5人，取保候审18人；提起公诉16件18人，均获有罪判决，加强刑事诉讼法与监察法的衔接，通过证据收集指引，积极引导取证，办理北京市首例"零口供"留置案件。

4. 积极推进公益诉讼

紧紧围绕"公益"这个核心，加大公益诉讼力度，切实保护公共利益，提升群众安全感和幸福感。依法开展行政公益诉讼。全年立案22件，发出诉前检察建议21份，行政机关回函整改率达100%，开展网络餐饮食品安全专项监督活动，督促区食药监局整顿入网餐饮服务商户3000余家，立案审查全市首例英烈保护公益诉讼案件，依法对《小白说古今》等文章作者及部分门户网站侵犯他人肖像、名誉、荣誉权案提起诉讼，共为国家挽回直接经济损失4000万余元，督促恢复平整土地4500平方米，清运垃圾8200余吨。

5. 主动参与社会治理

延伸检察职能，服务经济发展新常态，促进社会治理水平不断提升。针对互联网乱象严重危害网络健康发展的突出问题，发布《网络安全刑事司法保护白皮书》，全年发送检察建议120份，就办案中发现的突出问题监督相关责任主体整改并完善制度机制，深入开展"协助解决农民工讨薪问题专项活动"，办理涉及农民工讨薪案件 93 件，支持起诉 12 件，帮助讨薪金额 115.8 万元，成功为一起重伤害案件的未成年被害人申请国家司法救助款用于紧急手术费用。

（三）强化对诉讼活动的法律监督，维护社会公平正义

1. 加强刑事诉讼监督

坚持惩罚犯罪与保障人权并重，实体公正与程序公正并重，不断提升刑事诉讼监督实效。依托派驻公安执法办案中心检察室，监督公安机关立案 28 件 32 人，监督撤案 60 件 67 人。督促行政执法机关移送案件线索 14 件 14 人，监督公安机关立案 12 件 12 人，针对强制措施适用、扣押财物等方面出现的问题向公安机关发出纠正违法通知书 10 份、检察建议书 13 份，提出口头纠正违法意见 36 件，先后对 38 份刑事裁判文书，向区法院提出纠正意见并获裁定更正。向区法院提出二审抗诉 2 件，提请审判监督程序抗诉 3 件并已改判 1 件，以审判监督促审判公正。

2. 加强刑事执行监督

注重对被羁押人员合法权益的保障。全年对 9500 余人次开展收押、出所检察，对监管现场巡视检察 460 余次，对监管活动中的风险点及需要改进的问题，发出检察建议 2 份，针对交付执行存在的问题发出监督文书 38 份，将监督触角延伸至刑罚交付执行前，逐人逐案进行审查，共核查纠正漏管 8 件 9 人，其中跨区监督协调 4 件 5 人，最终全部纳入监管。

3. 加强民行诉讼监督

依法对生效民事行政裁判、调解书提出抗诉或再审检察建议 14 件，对审判中的违法情形提出检察建议 15 件，对民事执行活动中的违法情形提出检察建议 30 件。除刚性建议方式外，对 68 件民事案件探索运用口头检察建议方式实现监督效果，节约诉讼资源，增加法官对审判监督的接受度。

（四）全面深化各项改革，确保检察工作统筹协调发展

1. 继续推进诉讼制度改革

以繁简分流为出发点，以专业化、便捷化为导向，与区公安、法院、司法局等机关沟通合作，全年适用速裁程序结案 1205 件 1281 人，适用率达 35.8%，平均办案周期缩短为 9.5 天。推广适用"48 小时全流程结案"模式，全年办理案件 101 件 101 人，同比增长 400%。全年适用认罪认罚模式结案 1663 件 1768 人，适用率达 49.4%，量刑建议采纳率达 99.5%，制度功能得到充分释放。

2. 优化内设机构职能配置

根据上级检察院统一部署，海淀区人民检察院于 2018 年 7 月正式启动内设机构职能优化工作，将原有的批捕、起诉部门分设格局转变为"捕诉一体"模式。强化了审查对侦查的引导作用，检察官对案件介入更为及时、连贯，司法责

任制落实更加彻底。优化强制措施审查，强化对逮捕适用的备案审查，确保强制措施适用标准统一。捕诉一体办案模式推行以来，共办理审查批捕案件1762件2590人，审查起诉案件1689件2177人，"侦捕诉"的衔接更加顺畅，办案质效稳步提升。

3. 构建新型检察管理监督机制

针对放权可能带来的廉政风险、司法尺度不一等问题，探索建立新型检察管理监督机制。严把案件"出入口"，对31件侦查机关移送的案件做出不予受理决定，对135件审结案件退回承办检察官补正修改。对全年7383份结案文书全面审查，通报问题文书115份。对9027件案件发起流程监控，发现并督促整改瑕疵问题288处。

（五）着力加强自身建设，不断打造高素质检察队伍

1. 强专业，通过阶梯培养锻造队伍

以专业化建设为主线，开展全院全员培训练兵，通过专家授课、案例研讨、庭审观摩多阶梯培训模式开展人才培养。依托"启航工程"，充分发挥资深检察官"传帮带"作用，为新入职人员成长成才打好基础。

2. 兴文化，传承海检精神凝心聚力

以编撰文集、自编自导自演等形式，致敬改革开放40周年暨检察机关恢复重建40周年。以工会、团委为组织，举办棋牌赛、迎春歌会等活动，丰富检察文化。

3. 听谏言，接受外部监督改进各项工作

主动接受人大及其常委会的监督，专题报告海淀区人民检察院刑事速裁试点等专项工作，定期报告建议、批评和意见办理情况，开展刑事申诉、不起诉等案件公开听证、公开答复活动7次，邀请人大代表参加并发表意见，保证案件公开公正办理。主动接受社会监督。全年向社会公开司法文书2802份，公开案件信息5409件，文书公开率达到100%。

过去的一年，海淀区人民检察院各项工作又取得了新的成绩：顺利通过全国文明单位复评，继续获评"全国检察机关信息工作先进单位""全国检察宣传先进单位"，第六次蝉联"全国检察机关文明接待示范窗口"称号。检察管理监督部被授予"北京市人民满意的政法单位"争创奖，齐沁霞同志被最高人民检察院授予个人一等功，吴超同志荣获"第八届首都民族团结进步先进个人"称号，李刚同志获评"海淀区十大杰出青年"等等。

五、司法行政工作

2018年，海淀区司法局在市司法局和区委区政府领导下，紧扣中心任务、重点工作，聚焦"区公共法律服务中心"建设，全面推进法治宣传、法律援助、

律师、公证、人民调解、矫正帮教、司法鉴定等职能提质增效、融合发展，努力为首都和海淀区域经济社会发展创造安全的政治环境、稳定的社会环境、公正的法治环境和优质的服务环境。

（一）高质量建成"海淀区公共法律服务中心"

2018 年 9 月 26 日，"海淀区公共法律服务中心"正式建成启用，"中心"建筑面积 3200 平方米，使用面积 2100 平方米，有效整合法律援助、律师、公证、人民调解、司法鉴定等职能，以一厅（法律服务大厅）、一线（"148"法律服务热线）、一网（海淀公共法律服务网）的形式，集中受理和解决区域百姓和中关村核心区企业的法律服务事项，成为全市首家标准化、示范性及全国一流公共法律服务实体平台。

（二）全面开展"七五"普法中期检查验收

严格落实"谁执法谁普法""谁主管谁普法""谁服务谁普法"责任制，制定下发检查考核标准，组织区属 61 个部委办局和 29 个街镇对照考核指标扎实开展"七五"普法中期自查、检查工作。认真总结工作经验成果，分别向区委常委会、区人大主任会、区政府常务会报告全区"七五"普法中期工作，接受市法宣办验收和检查。

（三）稳步推进司法鉴定行业管理

有序承接司法鉴定分级管理工作，成立区司法局司法鉴定工作管理科，落实机构、编制、人员及业务经费。全区现有司法鉴定机构 37 家，司法鉴定人员 681 人，全年司法鉴定业务总量达 13 876 件。加强执法监督检查，逐一核查全区鉴定机构规范化管理达标情况，实地检查四类内机构 16 家，四类外机构 19 家，重点督查、检查涉诉鉴定机构 5 家。

（四）进一步深化社区矫正执法功能

规范开展"两类"人员接收、社会调查、居住地核实、走访、教育等日常执法，在全国"两会"、中非合作论坛北京峰会等重点时期，认真做好"两类"人员的维稳任务，成功实施全国社区矫正 1 号专案异地管控。为新接收社区服刑人员和重点人佩戴电子监管腕表 212 块，制定社区评议卷 3981 卷，组织社区服刑人员开展社区服务 257 人次，开展集中初始教育、分类教育、解矫教育 61 期 1088 人次，开展心理测评、心理咨询 402 人次。

（五）大力推进律师管理工作

圆满完成第三届区律协换届工作，召开第三次海淀区律师代表大会，选举产生年富力强领导班子，新一届区律协组建了服务中关村、业务拓展与创新等 20 个专门工作委员会和金融、社区规划与治理等 16 个专业法律研究会，区律协换届换出了新思路、新队伍、新气象。全年办理律师类行政许可审批事项 2612 件，开展行政许可谈话提醒 92 人次。扎实做好公职律师公司律师工作，获批两公律师达 84 人，参与法律咨询、政府信息公开、复议等工作累计 2935 件。强化执法检查、行业惩戒和行政处罚，处理各类投诉 520 件，处置海淀区律师受到不法侵害事件 11 起。全区 381 名村居法律顾问提供法律咨询 6936 次，提供法律意见 1480 条，服务村居群众 84 376 人次。

（六）努力推动人民调解工作升级

2018 年，全区共有人民调解组织 771 个，人民调解员 6692 人。扶持区级行业性、专业性人民调解组织，认真研究行、专调委会案件补贴实施办法。开展人民调解参与信访问题化解试点工作，组建"区级人民调解参与信访问题化解工作协调小组"，成立"区信访诉求人民调解委员会"。规范诉前人民调解员岗位职责，选聘 100 名律师担任区法院特邀诉前人民调解员，全区现有诉前人民调解员 197 人。举办"人民调解培训年"活动，培育"优秀教员"32 名，开展人民调解业务培训 120 余场次，培训受众近 1.2 万余人次。认真落实人民陪审员选任工作，为一中院、四中院、知识产权法院以及互联网法院依法选任人民陪审员 225 人。

（七）着力强化公证行业监管

打造"公证服务质量建设年"，明确五个方面 19 项主要工作，全面提高公证质量和执业水平。积极参与疏解整治促提升工作，为魏公村、钓鱼台等地区疏解整治工作提供公证服务 57 次，涉及面积近 14 200 余平方米。开展公证便民利民工作，为 70 岁以上老人免费办理遗嘱公证 580 件，网上办理公证 1942 件，上门提供公证服务 206 人次。履行监管职能，修订《海淀区公证机构财务管理办法》，完善公证机构内部行政管理、业务管理、人事管理及党建等各项制度，全年组织案卷评查 10 次。

（八）整体优化法律援助工作

完善法律援助工作站管理制度，严格规范受理、指派、办理、补贴发放、质量评估等各项流程，开展法律援助同行评估 4 次，案卷专项检查 2 次，涉及案卷 3500 余卷。全面做好刑事案件律师辩护全覆盖试点工作，协调区法院、区检察院、区公安分局等建立联席会议制，组建由 145 名律师组成的海淀区刑辩法律援助律师团，其中，34 名律师被选入刑辩法律援助专家团，海淀区刑事辩护工作现已覆盖律师事务所 40 余家，有效保障刑事案件审理有序进行。扩大法律援助覆盖面，开展妇女、未成年人、残疾人、老年人、军人军属和农民工"法律援助关爱行"系列活动 127 场次，努力实现"应援尽援""应援优援"。

（九）全力推进依法行政

健全完善区司法行政工作制度、规范 38 项，修订"北京市海淀区司法局业务规范"汇编，编纂"工作年鉴"，编印"工作参考资料"10期。提升执法人员业务能力水平，举办"春夏海淀司法行政与法同行"等依法行政专题培训讲座10次。外聘法律顾问参与办理各类法律事务131项。提升行政执法规范化水平，全年开展行政检查989件（次），受理信访投诉36件，作出行政处罚12件，处理律所6家，律师8人。推进"司法公信建设"工作，落实海淀区社会信用体系建设示范城区创建工作要求，制发《海淀区法律服务行业信用承诺制度（试行）》《海淀区法律服务行业守信红名单和失信黑名单管理制度（试行）》等文件，创新海淀区法律服务行业事前事中事后监管模式。

六、2018年法治建设特色与亮点

2018年，海淀区健全政府权力清单制度，推进税费改革，推进审批提速，创新投资项目管理，深化商事等领域改革，降低就业创业门槛，优化政务服务，进一步提升服务效能，落实"街镇吹哨、部门报到"街镇管理体制创新。

（一）落实"街镇吹哨、部门报到"街镇管理体制创新

坚持首善标准，立足集约高效地解决基层城市治理问题，打造海淀特色，选取西三旗街道、四季青镇为试点，完成"街镇吹哨、部门报到，地区鸣笛、家家出力"相关街镇管理体制创新任务。海淀区在各区中率先一体推动街镇管理体制创新，明确试点街道党工委和办事处职责清单事项138项，试点镇党委（地区工委）和镇政府（地区办事处）职责清单事项150项。对应职责清单分工，取消试点街道机关内设机构的党工委序列、办事处序列分类，将内设机构综合设置为6个部室；将试点镇内设机构综合设置为9个部室。围绕综合执法、重点工作、应急处置等重点领域，在全市率先独创"吹哨报到"事项清单，建立问题解决机制，明确街镇"吹哨"范围，规范"报到"部门职责。继续依托城管执法队、司法所、食药所、卫生计生监督站等各类派出机构，做实相关工作机制，让机构、人员到基层一线去，在基层一线解决问题。

（二）着力提升行政执法效能

1. 加强行政执法监管力度

实施行政执法资格动态管理，严格执行执法人员持证上岗制度，未经执法资格考试合格，不得从事执法工作。积极推进北京市行政执法信息服务平台建设，严格执法部门、执法人员、执法岗位、权力清单、执法检查、行政处罚、案卷评查、执法主体等事项管理。每月对全区行政执法情况进行统计分析，定期向行政执法部门通报其在本市执法系统排名情况，督促行政执法部门加大履职力度。根据市政府法制办通知要求，组织开展2018年行政处罚案卷评查及质量抽验工作。在督促各单位强化案卷评查员队伍建设，依托市执法信息服务平台认真开展自评的基础上，10月中旬组织了全区处罚案卷质量集中抽验评查，采取分组交叉互

评的方式，对抽选的 75 本卷宗从主体、程序、事实、证据、定性及适用法律、处罚、执行、文书规范、装订等多方面逐条逐项开展评查。印发执法案卷评查通报，对行政处罚典型案例进行评析，加强案卷评查后续整改落实，发挥案卷评查对执法工作的指导规范作用。

2. 专题研究"疏整促"工作中执法难题

区政府法制办根据区领导半年调研会上的要求，向执法部门征集执法中遇到的"难题"。经研究汇总后归为"法律程序繁琐影响行政执法进度、行政审判对行政执法提出更高要求、违法成本低导致行政违法行为多发、相关政策法规未能及时跟进、对已取得相关手续的经营主体清退遭遇执法难、执法主体不明确导致执法难"等 6 类执法难题，在征求 7 家政府法律顾问单位意见基础上，形成了"严格依据现有法律进行执法、加强与市级相关部门沟通、建立联合执法机制、多渠道争取法律政策支持"等四条工作建议。与市政府法制办对接，研究"疏解整治促提升"专项行动所涉的 42 类法律问题，要求各行政执法部门应严格按照法律程序执法，禁止随意执法，降低执法风险。

3. 积极推进城市管理领域处罚职权划转

根据北京市人民政府《关于进一步相对集中城市管理领域部分行政处罚权的决定》（京政发〔2017〕32 号）及市区有关工作要求，区编办会同区政府法制办推进本辖区城市管理领域行政处罚职权划转有关工作，4 月 27 日印发《关于海淀区权力清单动态调整（对应调整 76 项行政处罚类、行政强制类职权事项）的通知》（海经转改办发〔2018〕7 号），对应调整我区行政处罚职权事项 76 项。基本实现城市管理领域行政处罚职权相对集中，有效解决了行政管理中的多头执法、职权交叉重复等问题。

（三）强化对行政权力运行的制约和监督

1. 主动接受人大依法监督和政协民主监督

区政府高度重视办理工作，坚持高位统筹谋划，全面部署，强化机制措施，加大资金保障，坚持主管区长领衔，推动问题落实，不断提升办理水平。严格按照《北京市人民政府办理人民代表大会代表建议、批评、意见和人民政治协商会议提案办法》，办理全国提案 1 件，市级建议提案 50 件，其中会上建议 30 件、会上提案 16 件、会下建议 4 件；办理区级建议提案 560 件，其中会上建议 302 件，会下建议 15 件，会上提案 239 件，会下提案 4 件。所有建议、提案均已办理完毕并按规定方式提交。

2. 强化公共财政管理

深入推进财政内控制度体系建设，重点聚焦预算管理、资金分配等业务环节，强化内部流程控制，及时堵塞漏洞。加强政府采购管理，完善管理制度和机制，全面落实政府采购信息公开工作，打造透明采购。坚持厉行节约，严控"三公"经费等一般性支出，控制和降低行政运行成本，增强财政透明度。继续深入推进财政预决算公开，扩大范围，细化内容。深化和完善国库集中收付制度改革，扩大国库集中支付范围，深化公务卡制度改革，强化预算执行动态监控，加强预算执行事中监督。继续盘活财政存量资金，加强财政资金管理，健全完善管理制度，形成科学规范的财政资金管理机制。搭建人大联网监督系统，邀请人大代表全过程参与部门预算编制和初步审查工作。

3. 加强审计监督

全年开展审计监督项目 34 项，组织完成政府投资审计 51 项，实施行政检查事项 1672 项，依法作出行政处罚 1 项，下达审计决定书 5 份，出具审计移送书 1 份，提出审计建议 109 条，促进各相关单位整改到位金额 7.80 亿元。加大审计结果公开力度，在持续公开全部预算执行审计结果的基础上，首次公开专项审计调查和企业审计的单项审计结果，进一步扩大审计结果公开的数量和范围。强化审计结果运用，加强审计整改"回头看"，推进被审计单位完善制度，加强管理，促进提高资金使用效益，有效维护了审计监督的严肃性和权威性。

4. 大力推动政务公开

2018 年，全区主动公开政府信息 25 614 万条，较去年增长 19%；聘请法律顾问对"海政发""海政办发""会议纪要"等三类文件进行合法合规性审查，确保政府文件合法性，全年共审查文件 95 件；开展常规性业务检查和评估，及时以"体检报告"形式向各单位进行一对一反馈并督促整改；编发《政务公开周刊》67 期，在全区 400 多个社区 LED 屏幕滚动播放，方便群众就近查阅政府信息。全区依申请公开稳中有降，2018 年，受理依申请案件 2231 件，同比去年下降 12%。首次实现信息公开年度报告"码上看"。制定了 19 项政务公开工作制度。围绕区委、区政府中心工作，举办了"政务开放·你我同行"系列开放日活动。归集政务资源，绘制"海淀政务公开便民惠民地图"。实现政府常务会议常态化开放，每季度邀请人大代表、政协委员两次列席政府会议。

（四）积极化解矛盾纠纷

1. 加强行政复议、调解、应诉有关工作

全年共受理行政复议案件 480 件，在全区范围内组织大型业务培训会两次。全区共受理行政调解案件 15 735 件，调解成功 10 523 件。区政府办理区政府应诉案件 450 件。积极推进落实行政机关负责人出庭应诉制度，2018 年，区委副书记、区长戴彬彬，区委常委、常务副区长孟景伟作为行政机关负责人分别在市四中院和海淀法院出庭应诉。

2. 积极开展人民调解

全区 29 个街镇能够按照全区基层司法行政工作要求，及时规范开展人民调解工作；按时报送相关人民调解报表，规范发放人民调解案卷补贴，积极做好辖区人民调解员的业务培训。2018 年共调解各类矛盾纠纷 18 127 件，调解成功 17 370 件，成功率 95.8%。

3. 依法开展信访工作

全年信访总量、集体访、重复访和初信访实现"四下降"，信访形势平稳。坚持依法分类解决信访诉求，通过信访复查，要求办理机关重新向信访人出具行政事项答复意见 24 件，告知信访人通过司法途径解决所反映问题 29 件，占全部复查件 30% 以上。在全区开展了以"坚持以人民为中心，推动法治信访建设"为主题的信访条例宣传月活动，教育引导群众依法合规、理性有序信访。

4. 大力开展法治宣传教育

发挥区法宣领导小组办公室牵头抓总作用，严格落实"谁执法谁普法""谁主管谁普法""谁服务谁普法"责任制，制定下发检查考核标准，区属 61 个部委办局和 29 个街镇对照考核指标扎实开展自查、检查工作。认真总结经验成果，分别向区委、区人大报告工作，迎接市法宣办督导检查。2018 年，全区共开展各类法治宣传教育活动 9100 余场（次），发放宣传资料和宣传品 350 余万份，惠及群众 348.5 万人（次），为海淀区经济社会发展营造了浓厚的法治氛围。

朝阳区法治建设报告

2018 年，是贯彻党的十九大精神的开局之年，是改革开放 40 周年，也是朝阳区建区 60 周年。朝阳区以习近平新时代中国特色社会主义思想为指导，深入贯彻党的十九大精神和习近平总书记对北京重要讲话精神，全面推进法治建设工作，奋发有为地落实好各项任务，着力打造法治中国首善之区的排头兵。

一、人大法治保障和监督工作

2018 年，朝阳区人大常委会共召开常委会会议 9 次，主任会议 10 次；审议议题 86 项，其中，"一府两院"专项工作报告 21 项，计划、预算、决算、审计等报告 7 项，开展执法检查 1 项，开展专题询问 2 次；作出决议决定 11 项；依法任免国家机关工作人员 201 人次。

（一）强化思想引领，坚定正确政治方向

区人大常委会将贯彻落实习近平新时代中国特色社会主义思想作为首要政治任务，健全五级联动学习制度，在"学"上发力，在"悟"上深化，在"做"上落实，推动学习成果转化为工作举措。将贯彻落实习近平总书记关于坚持和完善人民代表大会制度的重要思想摆在突出位置，制定实施方案，组织召开交流会，坚持区、街乡两级联动，在人大系统掀起贯彻落实的热潮，进一步凝聚思想共识，为做好人大工作提供坚实保障。完善向区委请示报告常态化机制，全年先后就重大事项、重要工作向区委请示报告 23 项，向区委常委会会议专题报告 6 次。制定出台专门办法，增强行使重大事项决定权的规范性、程序性。紧扣市委"四四三三"中心任务和区委"减量精治优环境"工作主线，加强工作监督和法律监督。积极参与"吹哨报到"、精准扶贫、安全生产检查、两委换届督察、优化营商环境等工作，在推进重要任务中做出人大贡献。

（二）依法履行监督职权，促进"一府两院"依法行政、司法公正

全面推进预算审查监督规范化、科学化。依法听取和审议预算决算审计等工作报告，依法批准决算，突出绩效理念，加强对预算的全过程监督。开展"十三

五"规划中期评估监督，建立各专委会联动监督机制，聘请第三方机构给予专业支持，提出审议意见，并根据发展的客观实际，依法作出调整部分指标的决议。抓住落实北京城市总体规划的关键节点和人民群众"急难愁盼"的问题，加强非首都功能疏解、"一绿"试点、科技创新、文化融合、学前教育、老旧小区综合整治、环境保护等工作监督。加强对权力运行监督，连续第二年听取和审议区政府法治政府建设情况的报告，组织专题询问，增强监督刚性。加强对区法院审判管理工作、区检察院金融检察工作的监督，促进公正司法。开展居家养老服务条例实施情况、居家养老健康服务工作专项调研，推动相关法律法规有效落实。开展"七五"普法规划实施情况监督，做好规范性文件备案审查工作。协助市人大开展立法工作调研和《北京市消防条例》执法检查等专项工作，使市人大立法具有更加坚实的民意基础。着力提高监督质量，议题调研课题化取得实质性进展，自本届人大常委会第十五次会议开始，所有提请常委会审议的重点议题，同时上报调研报告，作为审议意见的参考；议题审议专业化更加深入，优选 11 名专家组成人大专家顾问组，发挥人大工作研究会作用，探索第三方参与监督工作模式，整合智力资源，为提高常委会履职水平提供智力支持。

（三）发挥代表主体作用，畅通民意表达渠道

持续开展"双月"代表座谈会，组织形式由"邀请上门"向"深入一线"转变，坚持视察与座谈相结合，全年举行专题座谈会 5 次，40 余名代表参加。以"贯彻十九大、服务新发展"为主题，开展"代表联系选民主题月"活动，817 人次代表参加活动，收集意见建议 1559 条。完善代表工作室网上平台管理制度，丰富板块内容，拓宽代表联系选民途径。网上平台与代表工作室"双轨并行"，确保选民及时、便捷反映意见。一年来，2659 人次代表接待群众 1.2 万余人次，收集意见建议 2648 条。加强代表建议督办，坚持科学分类、统筹督办、重点督办、复查补办、跟踪检查等工作机制，实现全面督办、全程督办，有力提高代表建议办理实效。2018 年，本届人大第四次会议以来提出并交区有关部门办理的 237 件建议，已全部办复，其中关于朝阳医院东院（常营院区）建设、望京沟污水治理等一批群众反映强烈的问题得到推动和解决。

（四）加强自身建设，提高践行法治、推动法治的能力

坚持常委会会前学法制度、深化组成人员读书班制度，促进组成人员履职意识和水平的提升。加强常委会机关建设，成立机关党委，设立 6 个党支部、11 个党小组，从组织设置上保障党建对业务的引领作用。修订完善 17 项机关管理制度，开展多种形式的机关活动，不断提高凝聚力、战斗力。加强代表法律知识培训，全年共举办培训班 6 批次，480 余人次区人大代表、910 余人次乡人大代表参加，提高代表履职能力和水平。

二、法治政府建设

2018 年，朝阳区政府对标新时代新要求，牢固树立新发展理念，深刻把握首都城市战略定位，抢抓机遇，攻坚克难，全面完成全年各项任务。

（一）疏解整治工作

1. 疏控结合持续发力

2018 年，朝阳区政府坚持决心不变、力度不减，构建"疏整促"信息系统和违法建设举报平台，成立全市首支拆违控违督察队，形成了精准发力、多点突破的工作态势。聚焦金盏、管庄等重点区域，实施集中连片疏解，拆除腾退 1017 万平方米，实现"场清地净"645 万平方米。全年共疏解一般制造业企业 36 家、商品交易市场 39 家、区域性物流基地 5 家，整治"开墙打洞"1832 处、无证无照经营 5056 户、地下空间 325 处。

2. 优化提升成效显著

2018 年，朝阳区以提升廊道地区服务功能为重点，加大环境综合整治力度。完成 7 条重要道路沿线 324 个问题点位集中整治以及广渠路、长安街延长线景观照明建设。全面完成 4399 块违规屋顶牌匾标识整治。实现 100 条道路、92 公里架空线入地。在全市率先开展并完成地铁站口周边环境治理，81 个站点、303 个站口周边环境达到"五无一加强"标准。设立 2067 名街巷长、招募 4390 名小巷管家，完成 336 条背街小巷整治，形成了十里堡路等多条精品街巷。推进"拆一补一"，加快民生设施支补，建设提升便民商业网点 159 个，留白增绿 112 公顷。

3. 协同发展力度全面加大

2018 年，朝阳区主动融入京津冀协同发展大局，与雄安新区、天津武清等地区在产业发展、文化创新、公共服务等领域开展交流活动百余次，北京市第八十中学、朝阳实验小学在雄安新区设立分校。积极做好扶贫协作，建立区、部门、街乡、企业四方联动机制，针对河北唐县、新疆墨玉县等地区的实际需求，实施全方位支持、多领域协作，全年投入各类资金 5.4 亿元，有效带动了当地建档立卡贫困人口脱贫增收。

（二）保障安全工作

1. 安全保障能力持续提升

2018 年，朝阳区政府深化安全生产专项整治，启动隐患治理三年行动，消除各类隐患 21 万余项，人均检查量、处罚量、处罚额和职权履行率均位列全市第一，安全生产事故起数和死亡人数分别下降 24.6% 和 13%，火灾事故起数下降 37.9%。高标准通过食品安全示范区创建验收。全力防范和化解金融风险，率先成立工作专班，开发建设"鹰眼系统"，建立"一企一档"金融风险电子档案，实现各类涉稳风险平稳可控。建立覆盖全区的应急值守信息化平台，率先开展风险评估规范化和社区应急管理规范化试点，应急管理基础进一步夯实。

2. 健全立体化、信息化社会治安防控体系

2018 年，朝阳区试点推进"街乡吹哨、部门报到"改革，建成街乡实体化综合执法平台、"朝阳群众管城市"监督管理平台，安贞路拥堵等 500 余个难题得到解决，城市精细化管理水平持续提升；积极推进"社会矛盾化解年"工作，创新"精准信访"工作模式，在全市率先引入第三方参与疑难信访案件化解评估，一批重点案、疑难案得到有效化解，群众上访总量、集体访量均大幅下降；深入开展扫黑除恶专项斗争，群众安全感指数及其在全市排名均大幅提升。

（三）深化"放管服"改革

2018 年，朝阳区政府落实北京市"9+N"系列政策，制定实施三年行动计划，营商环境实现跨越式提升。朝阳区在全市率先建立常态化的政策"服务包"制度。首推政务服务中心错峰延时服务，实现区级政务服务事项 100%"一门办理、一窗受理、一网通办"，企业开办、获得电力、办理建筑许可、跨境贸易等方面的环节和时间有效压缩。制定金融业"开放 36 条"等创新政策，服务业扩大开放两轮试点 135 项任务提前完成，累计推出外资审批登记一体化等 10 项创新政策措施，实现外商独资演出经纪机构等 17 个新兴业态落地。"放宽服务业准入、助推区域高水平开放"被列入国务院第五次大督查发现的典型经验做法。

（四）推进政务公开

2018 年，朝阳区政府进一步加强自身建设，持续改进工作作风。自觉接受人大法律监督、工作监督和政协民主监督，全年办复全国、市、区人大代表建议、政协提案 519 件。落实法治建设三年行动计划，完成新一届政府法律顾问和行政复议委员会换届，建成区公共法律服务中心。加大政府信息公开和政务公开力度，主动接受群众监督。狠抓源头治理，严管财政资金、国有资产和公共资源，加强专项审计和跟踪审计。深入推进"督考合一"，聚焦市区重要决策、重点任务，建立周督月查制度，确保工作落实。

（五）坚持严格规范公正文明执法

2018 年，朝阳区坚持严格公正文明执法，对区政府权力清单进行了 5 次调整，共计取消行政职权事项 17 项，承接行政职权事项 5 项，新增行政职权事项 13 项，变更行政职权要素或实施主体 94 项。开展执法信息平台研发的启动与推进工作，上线部署数据可视化展示系统、综合查询系统和报表分析系统，为全区行政执法工作提供了全面、多维度、可视化的法治信息分析服务。深入开展全区行政执法案卷集中评查工作，不断规范执法行为，提升全区行政执法水平。2018 年，人均行政处罚量、处罚职权履行率、撤案率等 3 项指标均列居全市第一。

（六）健全依法决策机制

加大区政府重大行政决策的合法性审查力度，共审核重大决策事项草案近

90 件，涉及产业决策、行政管理、经济合同、疏解整治促提升等各领域。通过深入沟通、专题研讨等多种形式开展工作，共提出切实可行的修改意见 350 余条，为依法决策提供了有力支持。

三、审判工作

2018 年，朝阳区法院共受理各类案件 150 050 件，审结案件 150 165 件，同比均增长 15%，收结案数量居全国法院首位。

（一）刑事审判工作

2018 年，共审结刑事案件 2860 件，判处罪犯 3651 人。

1. *严惩破坏社会治安的严重犯罪*

严厉打击抢劫、绑架、故意伤害等危害群众生命财产安全犯罪，判处五年以上有期徒刑 154 人；审结毒品犯罪案件 225 件。

2. *依法打击经济犯罪*

把涉众型经济犯罪案件办理与化解风险、追赃挽损、维护稳定结合起来，审结该类案件 207 件，同比增长 41.8%，为受害群众挽回经济损失 3.4 亿元。

（二）民商事案件

2018 年，贯彻新发展理念，妥善化解民商事纠纷，服务辖区经济社会发展。

1. *坚持保障和改善民生*

妥善审结涉住房、医疗、教育、就业等与民生密切相关的案件 41 036 件。建立家事审判模式，妥善审结"红黄蓝幼儿园虐童案"等涉及未成年人的刑事案件 81 件；加强抚养费、赡养费、涉家暴案件审判工作，切实维护未成年人、老年人和妇女的合法权益。审结劳动争议案件 4808 件，同比增长 23.1%，发布《互联网平台用工劳动争议审判白皮书》，构建和谐劳动关系。审结消费者维权案件 2038 件，发布《消费维权合同纠纷白皮书》《涉旅游民事纠纷白皮书》；审结房屋预售、买卖、租赁等涉房产交易案件 5708 件，维护市场交易秩序。审结医疗纠纷案件 264 件，发布《医疗纠纷审判白皮书》，助力病有所医、医患和谐。

2. *优化营商环境*

出台《关于为优化营商环境提供司法保障的意见》，妥善化解民营企业等经济主体投资经营纠纷 6922 件，让企业家专心创业、放心投资、安心经营。

3. *防范金融风险*

审结民间借贷、互联网金融、融资租赁等金融案件 30 131 件，发布《金融风险防范白皮书》，切实维护辖区金融安全；审结破产清算类案件 142 件，完善市场主体救治和退出机制。

4. *保障重点工作推进*

对涉疏解整治促提升案件实行统一管理，妥善审结一批涉温榆河公园建设等重点工程的案件；将涉冬奥会、冬残奥会案件集中到奥运村法庭审理。

（三）知识产权审判工作

2018年，进一步加大了对文化创意产业的司法保护力度，妥善办理了涉电影《妖猫传》著作权、"非诚勿扰"著作权纠纷案等一批影响力较大的知识产权案件，强化知识产权保护，推动经济社会创新发展。

（四）行政审判和监督依法行政工作

2018年，妥善化解行政争议，审结行政案件987件。支持和监督行政机关依法行政，维护行政相对人合法权益；支持行政机关"放管服"改革，依法审结工商登记等行政案件255件，进一步规范行政许可和审批行为；发布《行政案件司法审判年度报告》，针对行政机关执法中的问题提出建议。

（五）案件执行工作

2018年，朝阳区法院以前所未有的决心和力度扎实推进执行工作，共执结案件40 532件，同比增长14.2%；发放案款46.3亿元，同比增长28.3%。

1. 构建综合治理执行工作格局

与区公安分局、区检察院加强工作衔接，对7名拒不执行判决、裁定的被执行人判处刑罚，对174名失信被执行人采取罚款、拘留等强制措施；与区教委、工商朝阳分局等单位联动协作，对失信被执行人在教育消费、行业准入等方面采取限制措施，公布失信被执行人11 020人次，限制51 151人次购买飞机票、动车票、高铁票、参加小客车指标摇号，1365名失信被执行人迫于信用惩戒压力主动履行法律义务，履行金额4.8亿元。

2. 抓改革重塑执行工作流程

按照"有利于规范执行行为、有利于提升执行质效、有利于增强群众获得感"的思路，重塑执行工作流程。在执行管理上实行"权力分解"，实现权力的相互制约；在执行实施案件中实行"类案分流"，提升专业化水平；在执行过程中实行"事务分离"，促进人力资源效用的最大化。

3. 多方借力优化执行工作模式

树立互联网思维和社会化理念，促进执行查控、财产变现和案款发放方式的全面革新。财产查控实现"网络覆盖"，全年查询到不动产、机动车、证券、银行存款等信息604万条，基本实现对被执行人主要财产形式的全覆盖。司法拍卖全面"走向线上"，共进行网络司法拍卖2563次，成交金额23.4亿元，溢价率24.4%，为当事人节约佣金超过1100万元。案款管理引入"金融活水"，在北京市法院系统首家引入"案款管家"，由银行为案款管理提供专业金融服务，让当事人方便快捷地领取案款。

（六）接受人大、政协等各方面监督工作

1. 自觉接受人大监督

主动向区人大常委会专项汇报审判管理工作情况，按照审议意见完善审判管理机制；邀请人大代表到区法院实地调研、随案听审、见证执行、开展座谈，共有 180 名人大代表走进法院；妥善办结代表建议 5 件。

2. 依法接受检察机关法律监督

办理检察建议 7 件，审结抗诉后再审案件 2 件；邀请检察长列席审判委员会，共同促进司法公正。

3. 广泛接受社会各方面监督

配合市政协对司法责任制改革落实情况开展专项民主监督；邀请律师旁听庭审、参与交流活动，在区司法局、区律协的支持下，推动律师调解、刑事案件律师辩护全覆盖、律师调查令线上申请等工作，加强法律职业共同体内部监督；就重要改革举措、案件审理等召开新闻发布会 7 场。

四、检察工作

2018 年，朝阳区检察院共办理刑事、公益诉讼等各类案件 9711 件。其中，审查逮捕 3514 件 5151 人，审查起诉 3566 件 4868 人，审查逮捕、审查起诉案件数居全市首位。

（一）法律监督工作

1. 深化刑事立案、侦查、审判监督

以派驻中心检察室为依托，将监督向执法一线延伸。全年主动排查案件60 280 件，针对侦查活动制发各类纠正违法通知书、检察建议 14 份，成功监督立案 27 人，监督撤案 31 件。针对没有继续羁押必要的犯罪嫌疑人、被告人，提出释放或变更强制措施建议 177 件，累计解除强制措施 170 人，采纳率 96%。全年提出刑事案件抗诉 16 件，针对刑事案件审判活动制发各类纠正违法、检察建议 12 份。

2. 加强民事、行政诉讼监督

注重对民事、行政审判活动的精准监督、智慧监督，综合运用再审检察建议和提请抗诉等监督手段，帮助改进审判工作。全年提请民事、行政案件抗诉 2件，发出再审检察建议 5 份，监督法院改判民事案件 4 件。

3. 强化刑事执行监督

全年办理刑事执行监督案件 550 件，纠正刑罚执行违法 28 件，纠正暂予监外执行不当 2 件，核查出 5 名判处实刑未执行刑罚罪犯，均已及时监督整改。

（二）刑事检察及公益诉讼工作

1. 严厉打击危害公共安全和破坏社会管理秩序犯罪

全年办理危害公共安全案件 439 件 452 人，审查起诉外籍"法轮功"人员孙某某利用邪教组织破坏法律实施案在内的 22 件暴恐、邪教类案件。妥善办理涉外案件 116 件 131 人，依法办理了"红黄蓝"虐童案在内的 3 件幼教虐童案、宋喆职务侵占案、"双井打人案"等一批社会热点案件，切实提升人民群众安全感。

2. 有效惩治涉众金融犯罪

全年受理非法集资、集资诈骗等涉众型经济案件 888 件 2000 人，同比上升 97%。涉案金额累计 297 亿元，挽回经济损失 7724.36 万元。其中，以"P2P"平台为代表的非法集资类案件激增，全年受理该类案件 72 件 374 人，同比上升 80%。助力防范化解重大风险攻坚战，连续三年发布《金融检察白皮书》，积极构建区域金融风险防控网，营造良好营商环境。

3. 重拳惩处侵害民生犯罪

全年办理"两抢一盗"等多发性犯罪 1526 件 1787 人，"套路贷"类诈骗、敲诈勒索犯罪 12 件 37 人，打击生产、销售有毒有害食品、假药类犯罪案件 221 件 266 人，切实维护人民群众生命财产安全。

4. 严厉打击职务犯罪

全年受理职务犯罪案件 30 件 36 人，提起公诉 23 件 25 人，收到判决 27 件 30 人。其中，白某某受贿、滥用职权案获评服务保障北京四个中心建设和城市总规实施优秀案件。

5. 全力推进公益诉讼检察工作

全年发现公益诉讼线索 29 件，立案 23 件，同比上升 600%，发出诉前检察建议 19 件，同比上升 500%，监督行政机关作出行政处罚 14 件。开展生活垃圾治理专项监督，依法对相关行政机关发出检察建议，推动清理露天堆放垃圾 19 844 吨；通过监督促成长期被侵占的朝阳区儿童主题公园向社会公众开放，恢复城市绿地 30 000 平方米；助力精准脱贫攻坚战，联合有关单位就农民工讨薪难开展专项监督。

6. 纵深推进扫黑除恶专项斗争

严格依法依规办理涉黑恶案件，并及时移送相关案件涉及的"保护伞"线索，确保"扫黑"与"打伞"同步进行，工作经验和成绩获得中央政法委、全国扫黑除恶领导小组和市委巡视组的肯定。

五、公安工作

2018 年，朝阳区公安分局刑事拘留 7542 人，同比上升 18.01%；行政拘留 14 348 人，同比上升 3.90%；逮捕 2867 人，同比上升 5.44%；起诉 4421 人，同比上升 16.93%；保持刑拘、逮捕、起诉"三上升"的势头。

（一）侦审一体化工作

2018 年，区公安分局贯彻"三审三指"，加强指导协调，巩固侦审一体化改革取得成果。分局以法制支队机构改革为契机,高标准设置收案、案审、审核专业队伍,强化建章立制,进一步明确三部门职责分工、工作流程:"三审"侧重于强化审核监督、严把案件进出口关,确保诉讼顺利进行;"三指"侧重于发挥专业审查优势,强化大案要案攻坚,实现法律效果和社会效果的统一。同时,推行法制支队对口包所指导机制,通过"送教到基层"方式进行针对性现场培训,进一步提高全局整体办案能力。

(二)刑事案件涉案财物管理工作

2018 年,区公安分局与财政局协同配合,推进刑事案件涉案财物管理改革。两部门成立专项工作小组,联合签署《关于开展积压刑事诉讼涉案财物集中清理处置工作实施方案》,对刑事诉讼案件中公检法三机关做出没收上缴决定的涉案财物明确由区财政局审核、北方产权交易中心执行的处置途径,同时与区财政局、北方产权交易中心共同签署《北京市朝阳区刑事诉讼涉案财物上缴、处置三方协议》作为配套文件,为朝阳区建设涉案财物管理中心提供制度基础。已完成三批拟上交财物共 112 案 2636 件涉案物品(含涉案车辆 5 辆)的材料审核工作。

(三)认罪认罚从宽试点工作

自认罪认罚从宽试点工作开展以来,区公安分局共办理认罪认罚速裁案件 2400 余人,约占同期刑拘人数的 16%,平均羁押天数相比普通案件下降 69%,加快简单案件流转速度,办案效率明显提升。此外,利用看守所内刑事速裁法庭,分局与区法院刑庭密切合作,顺利审理近百起犯罪嫌疑人在押但对抗情绪较强、不适宜押解出所开庭的案件,既保证诉讼程序顺利进行,又确保在押人员绝对安全。

(四)科技助警工作

2018 年,区公安分局以小红门派出所为试点,在全市率先完成办案区智能化改造,实现智能手环、远程指挥、情报信息及时推送等信息化技术在基层所队的全覆盖应用,构建"执法办案管理中心+基层所队"两级办案区智能化管理体系,在全市起到标杆引领作用。区公安分局扎实推进智能语音识别系统、电子卷宗、智能证据审核等信息化系统的试点应用,健全完善执法全流程记录和网上执法巡查机制。依托移动警务终端,研发智能办案 APP,方便民警随时查询应用。

六、司法行政工作

2018 年,朝阳区司法局共实施行政执法检查 1339 件,A 类执法人员人均执法检查 95.6 件。共实施行政处罚 11 件,做出不予处罚决定 6 件,撤销立案 9 件。

(一)人民调解工作

人民调解队伍建设有新提升。区司法局首次以政府购买服务的方式,依托培训机构、高校，有针对性地开展"千人次"人民调解员培训工作，取得良好效果。发展"枫桥经验"，实现矛盾不上交试点工作有新成效。成立区信访诉求人民调解委员会，选派三名经验丰富的专职调解员参与信访矛盾问题现场调解，试点期间全区共排查信访纠纷 539 次，调解信访纠纷 120 件，调解成功 102 件。实现"诉调对接"工作有新成效。积极推进朝阳区诉前调解中心建设，构建朝阳特色的"三方调解 两员进驻 一站式诉调对接纠纷解决机制"，实现调解、诉讼"无缝转换"。

（二）律师工作

2018 年，区司法局促进律师行业党委切实发挥有效作用，继续坚持严管厚爱的律师管理工作标准，以"146"党建工作路径持续提高律师行业党建科学化水平。因成绩突出，朝阳区律师行业党委荣获"2017—2018 年度北京市律师行业先进党组织"。

（三）公证工作

2018 年，区司法局强化公证机构提供高质便民服务。正阳公证处积极参与旧城区房屋改造、征收等活动，全年累计接待咨询 2700 余人次，办理公证事项 2584 件。

（四）公共法律服务工作

2018 年，朝阳区司法局着力打造区级、街道（地区）、社区（村）三级贯通、协调联动、一站式办理、运行高效的公共法律服务实体平台。区公共法律服务中心整合了司法行政法律服务、非诉讼方式解决争议、法官速裁审判等诉前调解服务资源，实现公共法律服务集中进驻。为市民提供法律援助、法治宣传、人民调解、司法鉴定、社区矫正、安置帮教、律师、公证等服务。在 43 个街乡建成公共法律服务工作站，由法律顾问、司法助理员、专职人民调解员提供法律咨询等公共法律服务。社区（村）层面，共建成 569 个公共法律服务室，最大限度保障便民服务。

（五）特殊人群管理工作

2018 年，区司法局做好中央专案社区矫正重点人教育管控工作，采取超常规措施，严格落实电话报到、当面报到、日常走访等工作要求，随时关注重点人员动态，确保重点人员不脱管失控。社区矫正督察队采取日常督察、案件督察、网上督察等多种形式，对全区各司法所社区矫正工作开展不间断督察活动。全年对全区司法所开展实地督察 45 次，发现各类问题并要求整改 119 件；通过市社区矫正综合管理平台，对 27 个司法所开展网络平台督察 132 次，提出整改意见 126 次。

七、2018 年法治建设特色和亮点

（一）法治建设有了明确的"路线图"和考核"指挥棒"

为全面推进朝阳区法治建设，根据 2017 年底制定的《关于全面推进朝阳区法治建设的实施意见》，朝阳区委、区政府 2018 年 9 月出台了《全面推进朝阳区法治建设三年行动计划（2018—2020 年）》，对《实施意见》进行了任务分解和细化，全面指导全区法治建设。

在全面推进法治建设进程中，朝阳区委、区政府高度重视党政主要负责人履行推进法治建设第一责任人职责工作，2018 年 6 月出台了《朝阳区党政主要负责人履行推进法治建设第一责任人职责的实施细则》，为落实党政主要负责人履行推进法治建设第一责任人职责提供了重要依据和指引。同时，成立朝阳区党政主要负责人履行推进法治建设第一责任人职责工作小组，着力破解推进工作中的重点难点问题。

朝阳区还强化考核评价，将全区法治建设工作情况及党政主要负责人履行推进法治建设第一责任人职责工作情况纳入了全区干部考核体系，作为考察使用干部的重要依据。在 2018 年度处级班子综合考核中，将开展法治建设情况设置为考核项，并制定了具体考核内容、标准和程序，对全区党政主要负责人履行推进法治建设第一责任人职责情况进行了考核评价。

（二）"朝阳群众"示范全国，探索打造"朝阳律师"

近年来，"朝阳群众"积极参与社会治安防控、重大活动安保、社会治理创新、基层平安创建，成为维护社会治安的"千里眼""顺风耳""守护神"。特别是多名网络大 V、明星艺人嫖娼、吸毒因朝阳群众举报而被警方抓获，让朝阳群众一度成为"网红"，被网友戏称之为"世界第五大王牌情报组织"。实际上，"朝阳群众"是服务于朝阳区社区治理、社会治安、环境建设、民生服务等领域社会志愿者的总称，集合了民生服务队、文化服务队、治安志愿者、专职巡逻队、义务巡逻员、治保积极分子等各方力量。当前，朝阳区共有各类注册社会志愿者 43 万余人，其中治安志愿者 13 万余人。同时，朝阳区创新工作载体，及时推出朝阳群众 APP，当前注册用户已达 6.4 万余人。朝阳群众利用 APP 共向公安机关提供各类线索 8100 余条，有效打击了各类违法犯罪行为，消除了重大安全隐患。

朝阳律师行业体量大、大所多、知名度高、社会影响广，在全国具有极高知名度和影响力。2018 年以来，朝阳区司法局紧抓律师行业党建工作这个重点，积极探索打造"朝阳律师"品牌，实现以党建带动律师行业组织建设、阵地建设、品牌建设。按照方案，"朝阳律师"品牌创建计划以"法治先锋、行业典范、中国形象"为主要目标，利用两年时间（2018—2019 年）逐步实现品牌认同，并通过长期不懈努力，逐渐丰富"朝阳律师"品牌内涵，不断强化"朝阳律师"社会认同，持续增强"朝阳律师"行业影响，并借助承办 IPBA 区域会议的契机，进行国际化推广。目前，朝阳区律师行业党建工作已初步形成了"146"党建工作路径。"1"，即瞄准一个目标，即打造思想先进、行动先行、工作融合、服务为民的"法治先锋集群"；"4"，即紧扣"法治先锋集群"目标，搭建组织、工作、服务和保障四位一体党建体系；"6"，即依托总的目标和工作体系，抓好政治思想引导工程、基层党组织规范化建设工程、党员意识提升工程、法律人才培育工程、智慧党建工程和法制清风工程。通过狠抓党建工作，朝阳律师队伍实现了三个"进一步"：一是各级党组织的引领力、凝聚力进一步增强；二是律师党员的党员意识、宗旨意识进一步提升；三是广大律师的价值取向、职业操守进一步端正。

（三）"五有"居民议事厅+社区创享计划，打造共建共治共享新格局

2018 年以来，朝阳区持续深化基层民主协商，坚持党建引领，城乡统筹，努力构建全域覆盖、立体联动、全员参与的共商共治工作网络，全区实现城乡 464 个社区居民议事厅全覆盖。为进一步提高居民议事厅规范化水平，朝阳区持续把居民议事厅向楼院、小区延伸，按照有议事空间、有议事队伍、有议事机制、有议事主题、有共治机制的"五有"标准，在城市地区完成了 40 个居民议事厅规范化建设任务，在高碑店等 10 个地区办事处完成了 95 个居民议事厅规范化建设，逐步推进居民议事厅规范化建设实现全覆盖，在"区—街乡—社区—居民楼院"四个层面建立起党政群共商共治平台。

其中，酒仙桥街道创新社区管理模式，开创社区议事厅"135N"议事工作法。"1"即一厅，即街道内各社区的一个社区议事厅；"3"即三法，采用三步走工作方法，即能力提升—议事跟进—规范指导，请专业人员对辖区内社区议事能手进行能力提升培训，对社区议事进行现场跟进，并做出规范指导，进一步规范优化社区议事厅；"5"即议事五步走，"集、议、决、督、评"；"N"即居民议事的议题，目前议题内容主要涉及社会福利、综合治理、人民调解、公共卫生、人口计生、文化共建、老龄工作等七大类，具体与社区七大委员会职能对接。

朝阳区还聘请专家授课，引入专业社会组织，帮助议事代表掌握议事规则，提高议事能力，真正实现"想自治、能自治、会自治"。2018 年，全区推动完成 1168 件街道、社区级为民办实事项目，居民们在共建共享共治中感受到实实在在的获得感和幸福感。

在推动居民议事厅全面升级的同时，2018 年朝阳区还启动了以"多彩精致和谐"为主题的社区创享计划，通过居民提案项目引导居民参与建设美丽宜居幸

福新楼院，努力提升居民社区认同感和生活幸福指数。所谓"创享"，就是众创和共享，由居民自己发现问题、撰写提案，入围的提案将获得政府资金支持并投入运行。2018 年创享计划共有 32 个街乡总计 318 个社区参与，形成 2369 个社区金点子，并有效转化 1265 个居民提案。此外，还搭建企业参与平台，引导社会单位主动对接社区和居民需求，参与社区事务，共同破解基层治理难题。该计划启动以来，"由居民自主提出社区服务管理问题、自行组建团队、自我研究解决"的自治模式已逐步完善，成为朝阳区居民自治和共商共治的特色治理经验。

丰台区法治建设报告

2018年，丰台区坚持以习近平新时代中国特色社会主义思想为指导，深入学习贯彻党的十九大精神，在市委市政府、区委区政府的坚强领导下，以推进法治丰台建设为主线，着力推进法治政府建设、司法公信力建设、法治社会建设，有力推动和保障了丰台经济社会的持续健康发展。

一、人大法治保障和监督工作

2018年，丰台区共组织召开人民代表大会2次；召开常委会会议8次，听取和审议专项报告40项；作出决议、决定13项；任免国家机关工作人员124人次；召开主任会议11次，研究议题45项，听取专项工作报告5项；配合立法调研8项；开展执法检查2项、专题询问2项、实地视察检查、座谈研讨70余次；规范性文件备案审查工作有序开展。

（一）组织机构建设工作

1. 充分发挥党组作用

大力加强党组自身建设，充分发挥把方向、管大局、促落实的重要作用，认真贯彻落实新时代全面从严治党的新要求，着力把党的建设贯穿人大工作始终。严格执行请示报告制度，主动将人大工作中的重大问题、重大事项、重大活动向区委请示报告，认真落实区委决策部署，确保人大工作始终在区委领导下推进。加强党建工作，创新了"理论、网络、实践、廉政"四个课堂机制，推进了党组的政治、思想、组织、作风、纪律建设，把全面从严治党不断引向深入，在加强党的建设中提高人大工作的质量和成效。

2. 注重基层人大建设

继续贯彻落实中央、市委关于加强县乡人大工作和建设的意见，着力加强对人大街工委的领导和乡镇人大工作的指导，整体推进街道、乡镇人大工作规范务实、高效有序运行。人大各街工委、代表联组、乡镇人大积极探索闭会期间代表履职有效方式，开展一系列富有成效的特色活动。各街工委、各乡镇人大邀请区检察院走进选区与代表进行座谈，人大新村街工委建立代表为民办实事项目认领机制，人大东高地街工委、航一院代表联组建立代表集体接待选民机制，花乡人大创建三级代表"双层联动"工作模式，长辛店镇人大建立聘用常委会组成人员为特约监督员制度等等，进一步激发了基层人大工作活力。

（二）人大代表工作

1. 坚持不懈提升代表能力

常委会注重市、区、乡镇三级人大代表上下联动，了解民情，听取民声，反映民意。保障代表知情知政，将学习党的十九大精神、宪法法律、党的大政方针列为每次常委会第一议题，举办代表履职培训班及专题讲座，组织三级代表听取区政府 2018 年上半年经济社会发展情况的报告，引导代表积极参与丰台改革发展。通过以会代训、专题座谈、就落实北京城市总体规划及编制分区规划到丽泽金融商务区、中关村科技园区丰台园、南中轴及南苑—大红门、南中轴地区概念性规划国际方案征集成果展参观考察等形式，为区域发展建言献策，有效提高了代表履职能力和水平。

2. 创新实践促进代表履职

注重以落实代表联系群众制度为基础，以评选优秀代表、优秀议案建议为措施，构建了常委会统一负责、代表联络部门综合协调、各专委会与代表密切联系、人大街工委和乡镇人大主席团发挥基础作用的新格局。着力强化代表履职管理，制定《市人大丰台团代表报告履职工作方案》，组织代表报告履职情况；开展区代表届中履职报告工作，提高了代表接受选民监督的自觉性和主动性。不断丰富代表履职方式，充分发挥代表专业优势，搭建代表与政府沟通的平台，制定《丰台区人大代表对口监督小组工作制度》，建立了 23 个对口监督小组，104 名代表成为小组监督员，同时对区政府相关部门确立了 38 项监督事项，创新了代表监督实践内容，有效实施了集体监督和科学监督。一年来，代表共收集意见建议 2000 余件，已经解决 1600 余件，33 名代表被评为优秀代表，20 件议案建议被评为优秀议案建议，有效激发了代表履职热情。

3. 从严从实督办代表建议

对重提建议突出集体领导督办，听取专题汇报，从办理资金、时限、方式上打开突破口，推进建议办理力度。对一些涉及全局、影响较大的重点建议，常委会领导牵头督办，五个专门委员会协同参与，采取视察调研、一对一、面对面交流、现场督办、执法检查、专题询问相结合等方式，确保建议领衔代表与承办单位有效沟通，使一些重提多年的建议得到解决。对拟提建议及时与财政部门和建议承办单位有效对接，提前谋划，合理安排。区十六届人大四次会议上及闭会期间提出的 186 件建议全部办结，实现了解决率和满意率双提升。

（三）法治保障工作

1. 聚焦重大事项决定

制定出台《丰台区人民代表大会常务委员会讨论、决定重大事项的规定》，提高决策科学化、民主化、法治化水平。听取和审议区政府关于2018年民生实事项目、地方政府债务限额及区级预算调整方案报告、区政府关于"十三五"规划纲要实施情况中期评估报告，并依法作出决议，确保区委意图、法治目标、人民期盼有机统一。

2. 聚焦区域重点发展

聚焦区域发展规划，合并设立"科学合理编制分区规划，切实推动新版总规落地"议案，开展督办活动8次，参加代表145人次，广泛征求意见建议103条。听取和审议区政府关于议案办理情况的报告及《丰台区分区规划（2017—2035）（草案）》，听取区政府关于城市南部地区三年行动计划分时段落实情况报告，提出意见建议。聚焦城乡统筹发展，围绕落实城市总体规划"以城带乡、城乡一体、协调发展"的要求，听取和审议区政府关于丰台区城乡一体化建设情况的报告，听取区政府关于美丽乡村建设情况报告，督促有关部门推动"绿化隔离"地区、美丽乡村、新型农村社区建设、重点村和棚户区改造等工作落实。加强防范金融风险监督，对全区64个行政村债务情况进行全面摸排，提出防控债务风险的意见建议。

（四）监督工作

1. 围绕经济运行细化监督

听取和审议国民经济和社会发展计划执行情况及计划草案、预算执行情况及预算草案等报告，审查和批准决算，听取和审议审计工作和审计整改情况报告。优化调整预算联网平台，开通"丰台财政管理系统"人大监督模块，对财政政策制度、预算支出进度、重点支出和重大投资项目预算执行以及政府债务情况开展实时监督。严格落实《北京市丰台区预算审查监督办法》，坚持区域经济形势季度分析机制，深入财政、审计、金融等有关部门，开展金融风险防范专题调研，强化债务风险监督，提高预算监督实效。研究制定《丰台区委关于建立区政府向区人大常委会报告国有资产管理情况制度的意见》，使人大监督工作进一步拓展和延伸。

2. 围绕服务民生深化监督

始终关注重视民生，开展市容卫生、生态环境和安全稳定督导检查，听取区政府2018年"疏解整治促提升"专项行动实施计划落实情况报告。围绕学前教育开展专项视察，就区政府扩大优质教育资源提升区域教育水平、落实市安全生产第三督察组反馈意见的整改情况开展专题询问，针对需要解决的问题列出清单，以函件的形式交区政府研究解决。听取区政府关于医药分开综合改革情况报告，督促相关部门加快实施，确保公共服务更多惠及人民群众。

3. 围绕法治建设强化监督

听取区政府关于"七五"普法年度工作推进情况报告，督促政府落实普法责任制，形成全社会共同参与普法宣传的良好氛围。听取和审议区法院关于"多元调解+速裁"工作情况报告、区检察院关于开展公益诉讼工作情况报告，提出意见建议。对《中华人民共和国基本医疗卫生与健康促进法》《北京市非物质文化遗产条例》等6部法律法规草案和北京市24部涉农地方性法规征求意见建议百余条，使立法更富实效。对《北京市消防条例》和《北京市控制吸烟条例》开展执法检查，推动有关法律法规在本区域深入贯彻实施。对区政府《关于深入推进商标法品牌战略的实施意见》等5件规范性文件进行备案审查。修订完善《丰台区国家工作人员宪法宣誓实施办法》，组织新任命国家机关工作人员宪法宣誓63人次，指导法检两院新任命的43名国家工作人员进行宪法宣誓。健全信访工作制度，制定《丰台区人大常委会聘用律师参与信访工作规则》，为来访群众提供法律咨询。一年来，共受理接待群众来信来访126件次，促使群众反映的问题得到依法处理和妥善解决。

二、法治政府建设

2018年，丰台区政府坚持稳中求进工作总基调，紧紧围绕首都"四个中心"功能建设、提高"四个服务"水平，认真贯彻落实北京城市总体规划，落实城市南部地区加快发展行动计划，统筹改革发展稳定各项工作，法治政府建设深入推进。

（一）深入落实北京城市总体规划

高标准编制分区规划草案，提出区域发展新目标和"一轴、两带、四区、多点"空间格局。开展海绵城市建设等22个专项规划研究，为控制性详细规划编制提供依据。发布实施《丰台区城乡街巷设计导则》，为进一步加强精细化管理奠定基础。开展南中轴及南苑-大红门地区规划设计国际方案征集和综合工作，确定以文化、国际交往和国际商务为主的功能定位，提出"北城南苑"的空间布局。对标国际新兴金融功能区，优化提升丽泽金融商务区规划。启动卢沟桥国家文化公园规划研究。编制完成西山-永定河文化带丰台区五年行动计划。

（二）深化"放管服"改革

大力推进"放管服"改革，出台优化营商环境二十条措施，促进营商环境明显改善。率先在全市实施微信办照和新设企业免费刻章。施工许可审批时限由15个自然日压缩至5个工作日。行政审批事项全部实现"一网通办"，62个高频事项办理"最多跑一次"。企业不动产登记"一窗办理"做法获得国务院通报表扬。建立重点企业"服务包"制度和定期沟通走访机制，帮助企业解决办公空间、人才引进、证照办理等方面的难题。成立总规模40亿元的丰台产业发展基金。全年新引进注册资本金5000万以上企业399家，增长24%。

（三）保障安全工作

严格落实安全生产责任制，扎实开展城市安全隐患治理三年行动。新建小型消防站11座。完成4584家单位"阳光餐饮"建设，加大重点食品、药品抽检工作。积极推进互联网金融风险专项整治。加强应急值守，防汛工作。畅通信访渠道，初信初访办结率达到100%。深入推进平安丰台建设，开展扫黑除恶专项斗争，大力推进"雪亮工程"，刑事、治安警情实现双下降，群众安全感明显提升。

（四）推进政务公开

全面推进政务公开，自觉接受人大、政协和社会监督，办理市区两级人大代表和政协委员的建议、提案400件，办结率100%。加强审计监督，深入推进农村专项审计整改。

三、审判工作

丰台区人民法院全年收案57 314件、结案57 916件，结案率91.8%，分别同比上升13%、11.9%和1.8%。

（一）刑事审判工作

审结各类刑事案件1470件，判处罪犯1788人。严惩危害群众生命财产安全类犯罪，审结抢劫、聚众斗殴、敲诈勒索等暴力犯罪73件。严惩污染环境犯罪，审结涉污染环境犯罪3件，坚决守护"绿水青山"。严惩腐败犯罪，依法审理职务犯罪，推动反腐败斗争深入开展。

（二）民事审判工作

审结民商事案件41 861件，同比上升14.7%。审结析产、继承类案件1946件，坚持实地勘察、部门联动、教育引导多管齐下，严格证据审查，严密防范套取拆迁利益行为。审结劳动争议和劳务合同类案件2021件，快速审结一批恶意欠薪案，帮助农民工追回"血汗钱"。审结婚姻家庭类案件2772件，注重对尚未破裂婚姻和问题家庭的调解。

（三）行政审判工作

审结行政案件693件，同比上升33%。监督促进政府依法履职，推进行政机关负责人出庭应诉工作。加大协调力度，依法保护行政相对人合法权益，依法促进房屋登记、征收补偿、社会保障等涉民生案件实质性化解130件，同比增长20.4%。审理的大昌三昶（上海）商贸公司行政处罚案入选最高法院首批九个"行政诉讼附带审查规范性文件"典型案例。

（四）知识产权审判工作

审结知识产权案件1171件，依法严惩恶意侵权、重复侵权行为，平均赔偿金额同比提高 25%。审结全市首例涉 VR 技术著作权纠纷及涉"华为""卡地亚"等一批有影响的知识产权案件，充分保护社会创新。两个案例入选中国外商投资企业协会知识产权保护十佳案例，是全国唯一一家同时入选两个案例的基层法院。

（五）案件执行工作

执结案件 13 840 件，执行到位 27.3 亿元，分别同比上升 6.9% 和 150.4%。在全市法院率先开展"决胜执行难"全媒体网络直播，1200 万网友在线观看执行搜查行动。执结的全国首例万吨粮食异地执行案，入选改革开放四十周年重大司法案例。区委、区政府下发《关于支持人民法院解决执行难增强司法公信力的意见》，全面加大执行力度，增强执行强制性。联合公安机关对长期下落不明的被执行人集中开展夜间执行、假期执行等专项行动，严惩拒执犯罪，形成打击抗拒执行、规避执行的强大声势。全年公开失信被执行人信息 2135 人次，限制消费 9913 人次，1600 余人主动履行了义务；拘留、罚款 116 人次，同比上升 56%。执行法官人均执结案件 768 件，同比增长 7.8%。司法拍卖量、成交量分别同比增长 96% 和 140%。

（六）接受监督工作

全面接受人大监督。向区人大常委会报告"多元调解+速裁"工作，配合全国人大法工委开展相关立法调研，邀请全国、市、区人大代表开展"服务优化营商环境"等主题联络活动 128 人次，及时吸纳代表意见改进工作。依法接受检察监督。处理检察建议 11 件，审结抗诉案件 12 件，维护司法公正。认真接受社会监督。以公开为原则、不公开为例外，全面推开审判流程信息公开和庭审直播活动，直播数量居全市法院前列。

四、检察工作

2018 年，丰台区人民检察院受理审查逮捕案件 1384 件 1767 人，审结 1380 件 1761 人；受理审查起诉案件 1809 件 2352 人，审结 1793 件 2279 人。

（一）法律监督工作

1. 加强侦查活动监督

监督公安机关立案 27 件 27 人，监督撤案 32 件 32 人。加强对其他违法侦查活动的监督，依法发出书面纠正违法通知书。落实《北京市行政执法机关移送涉嫌犯罪案件工作办法》，开展"破坏环境资源犯罪与危害食品药品安全犯罪专项立案监督活动"，建议行政执法机关向公安机关移送线索 19 件 36 人，在全市基层检察院名列前茅。

2. 加强刑事审判监督

加大对刑事裁判监督，同步审查法院一审判决 1469 件 1723 人；建立刑事判决裁定同步审查台账，加强对同案不同判、量刑不均衡案件的审查力度，通过审判监督程序提请抗诉。加强对法院审判活动的监督，制发检察建议 1 份，受理刑事申诉案件 4 件，认真做好申诉案件的答复、接待等工作，实现案结事了。

3. 加强行政审判监督

加强对区法院生效行政裁判的监督，对认为确有错误的生效裁判依法向北京市人民检察院第二分院提请抗诉；加强行政执行检察监督，坚持把行政非诉执行作为行政诉讼监督线索排查重点和突破口，就行政非诉执行案件向区法院发出检察建议，行政诉讼监督成效初显。

4. 认真开展刑事执行监督

办理羁押必要性审查案件 240 件 240 人，依法发出变更强制措施建议。推进财产刑执行检察监督，办理了全市检察系统首例财产刑执行检察监督案。开展对审前未羁押被告人判处实刑未交付的监督，促使 2 名罪犯被及时收监执行。加强对看守所日常执法活动的检察，维护了监管场所稳定。

（二）刑事检察及公益诉讼工作

1. 严厉打击各类严重刑事犯罪

依法起诉危害公共安全犯罪案件 204 件 205 人，聚众斗殴、寻衅滋事犯罪 128 件 204 人。加大对暴力犯罪、侵财犯罪以及"黄赌毒"犯罪打击力度，起诉故意伤害、强奸、绑架等暴力犯罪 197 件 220 人，"两抢一盗"犯罪 353 件 417 人，"黄赌毒"犯罪 85 件 113 人；追捕犯罪嫌疑人 10 人，追诉 24 人，追加认定犯罪事实案件 39 件，有力维护了社会安全稳定。

2. 加强金融犯罪打击力度

受理金融犯罪案件 277 件 384 人，其中非法集资、P2P 等涉众型经济犯罪 53 件 83 人。针对企业融资过程中容易触碰非法集资红线问题，两次到中小企业集中的时代风帆大厦、渡业大厦开展"依法经营、远离红线、不越雷区"企业非法集资预防讲座。

3. 严厉打击职务犯罪

充分发挥检察机关在反腐败斗争中的职能作用，受理丰台区监察委员会移送审查起诉案件 31 件 31 人，提起公诉 17 件 17 人。加强职务犯罪预防宣传，为相关单位集中讲授职务犯罪预防法治公开课。

4. 积极履行公益诉讼职能

率先在全市以区委名义下发了《中共北京市丰台区委关于全面开展公益诉讼工作的意见》。打好蓝天保卫战，起诉破坏环境资源犯罪案件 3 件 5 人，发现公益诉讼线索 28 件，立案 19 件，发出检察建议 15 份。开展公益诉讼普法宣传 20 余次。通过公益诉讼，促使行政机关作出行政处罚 190 万余元，取缔违法商户

2156 家。

五、公安工作

2018 年，丰台公安分局以坚持以人民为中心的发展思想，持续开展"守护·2018 平安行动"，确保了全区社会稳定。

（一）社会治安工作

强化治安乱点整治，累计检查出租房屋、中小旅店、娱乐场所 21.6 万家次，查获违法犯罪人员 2551 人。强化涉黄涉赌专项打击，处理黄赌违法人员 2329 人，同比上升 10.9%，黄赌警情同比下降 5.8%。开展安全大检查、大宣传，对全区加油站、物流寄递、文娱场所等企业检查 6700 余次，发现整改火灾隐患 8840 处，火灾数同比下降 25.6%。

（二）服务民生工作

依托"网上北京市公安局"，全面落实"只跑一次"制度，推进网上预约办理身份证、护照、港澳台居住证、通行证等业务，先后办理网上预约身份证业务 323 件、出入境证件 14.4 万件。11 月 16 日，启动出入境自助服务厅，延长办理时间，实现"让数据多跑路，群众少跑腿"。结合实际，压减行政审批事项 17 件，最大限度服务群众。

（三）科技助警工作

开展"强化执法理念，提升执法水平"专项行动，引入内场 GPS 定位、DNA 检测、人脸识别、身份识别和定位手牌等 10 余项大数据分析技术，推广智能语音识别、网上案管及考评系统，开创一站式执法办案新格局。积极推动"雪亮工程"建设。新建、改建高清点位 1600 个，新增人脸识别点位 550 个、车辆卡口点位 258 个，整合、备案全区 4200 家单位 7.6 万余路视频资源，基本实现重点地区视频全覆盖。

六、司法行政工作

（一）人民调解工作

完善诉调对接工作，建设丰台法院巡回司法确认点，由诉前调委会选派金牌调解员进驻，选派法官对接。调委会与立案庭畅通渠道，对在社区申请司法确认的案件，法院将优先审查，优先排期审理。街乡镇人民调解委员会定期组织开展联合回访，加强释法说理。与信访办联合建立"丰台区信访诉求人民调解委员会"。全年共调解纠纷 10 474 件，调解成功 7871 件，化解复杂疑难纠纷 286 件。

（二）法律援助工作

举办妇女、残疾人、军人军属、老年人、农民工等群体法律援助维权活动 500 余场次，接待咨询 1100 余人次，发放宣传材料 6 万余份。畅通与法院的沟通协调机制，确保符合条件的案件及时通知指派；加大与看守所的协调力度，试点的法律援助案件优先安排会见；建立和完善专业的刑事辩护律师团队。全年共办理法律援助案件1193件，来访咨询2600余人次，来电咨询5000余人次。

（三）律师工作

与全区376个社区村、17家律师事务所54名律师完成了三方协议的签约工作，全区村居法律顾问签约率达到100%。签约村居法律顾问为丰台区村居民提供法律咨询18 925人次、举办讲座786次、参与矛盾纠纷调解444次、培训村居调解员2243人次、为村居提供法律意见和建议296条、免费代写法律文书289份。

（四）公证工作

开通网上服务平台，开通邮寄服务方便取证，开设涉外办证室，提供预约上门办证。共办理公证业务13 647件，其中国内业务7324件、涉外业务6302件、涉港澳21件。组织开展系列专题培训学习，加强监督管理和执法检查，公证质量不断提升。

七、2018年法治建设特色和亮点

（一）疏解整治促提升工作

专项行动任务全面完成。疏解提升区域性市场26家，退出一般制造业企业33家，拆除违法建设221万平方米，整治群租房1662处、"开墙打洞"1213处，治理地下空间162处。南苑-大红门地区疏解整治促提升取得新突破。拆除区域内违法建设76万平方米，清理"住改商"650处，整治仓储、物流点位87处。与河北沧州等地对接协作，成立北京丰台-沧州大红门市场服务中心，帮助1.6万商户"二次创业"，推动大红门品牌京外发展。南苑森林湿地公园累计实现绿化9700亩。全区实现留白增绿50.4公顷，完成新一轮百万亩造林目标任务。建成嘉囿城市休闲公园等群众家门口公园30个。党群活动中心、智能微仓储等地下空间利用形式得到居民认可。新建规范便民商业网点133个，"五分钟便民蔬菜零售网络体系"覆盖率达到80%，镇国寺北街成为中心城区首个生活性服务业示范街区。在33个住宅小区推进"智慧社区"建设工程，实现了人脸识别、信息采集、出租房屋和人员动态管理的目的。

（二）"街乡吹哨、部门报到"工作

坚持以党建为引领、区级统筹牵头、属地吹哨主责、部门报到尽责，治理重心向基层下移、事权人权财权相统一，不断提升城市精细化管理水平。街乡镇全部建立实体化综合执法平台，将街道乡镇综治中心和综合执法中心建设有机结合，推动了"赋权、下沉、增效"的工作目标的落实。高标准开展"街道乡镇综治中心专职公安副主任"选派工作，保证了公安部门下沉力量全部到位。建立区政府每周调度、明察暗访、现场拉练、微信曝光、实时督办等机制，打通抓落实的"最后一公里"。创建精品示范大街 30 条，整治提升背街小巷 66 条，拆除违规牌匾 1503 块，改造升级公厕 60 座，城市街巷面貌明显改善。

（三）提升群众安全感满意度工作

加强顶层设计，制定《关于进一步提升丰台区群众安全感的工作措施》。深入开展一封信、一张社区（村）联系卡、一份安全感宣传品、一次真题问卷调查"四个一"宣传活动，发放量近 20 万份。发挥好政府网站及各类政务微博、微信等新媒体作用，充分运用好社区村微信群等宣传阵地，扩大融媒体宣传影响力。着力提高群众见警率、管事率，为 190 个社区村配置视频监控设备，13 个两级"双挂账"重点地区可防性案件同比分别下降 34%、79%，群众安全感满意度稳步提升。

（四）推进群防群治建设

先后出台《丰台区关于深入推进群防群治建设的工作意见》和《丰台区关于进一步加强群防群治力量常态化组织发动的工作意见》，规范了治安志愿者协会采用各级综治和公安领导"双牵头负责"的做法，明确了治安志愿者职责任务、教育培训、星级评定、表彰奖励、组织保障等具体任务，规定了重点场所、重点社区、重点单位等常态化投入区域、投入力量和勤务等级。在全区组织开展"最美治安志愿者"评选活动，被首都综治系统评选命名学雷锋志愿服务站 8 个、服务岗 10 个、示范站 2 个、示范岗 3 个。

（五）矛盾纠纷多元化解工作

区法院在全市法院率先对接基层调委会，联合区司法局在卢沟桥、西罗园、东高地等街道设立 4 个"巡回司法确认点"和"7 日工作站"，努力将矛盾吸附在基层。充分发挥律师调解优势，持续对接 11 家行业性专业性调解组织，建成集 30 个调解组织 233 名调解员的"一轴多翼"纠纷化解大平台。全年化解 22.4% 的民商事纠纷，82% 的案件当日调解、当日履行，切实减轻当事人诉累。筑牢简易纠纷化解新阵地，速裁法官人均结案 1599 件，47% 的案件 7 日内审结，服判息诉率 99.9%。

（六）打造普法阵地集群

区检察院开展法治宣传教育"十进百家、千人普法"主题活动，举办普法和法治宣传教育活动 20 余场次，先后到丰台区第二小学、时代风帆等商务楼宇、南站管委会开展法治讲座，在全市 700 余条公交线路、万余辆公交移动电视上持续一个月滚动播放《非法集资现形记》等宣传片，受众群众 1.8 亿人次。创立法治品牌，在中国人民抗日战争纪念馆，建立了全市首家以宪法为主题的法治宣传教育基地；在京辰瑞达商务楼宇，建立法治文化孵化站；在郭庄公园的北京绿道主干道附近，建设普法文化大道；在和义公园和丰台街道建设法治文化长廊。法律援助机器人"丰宝"已投入使用，为百姓打造家门口的"法律事务咨询、困难群众维权、法律服务指引"的智慧法律服务平台。

石景山区法治建设报告

　　2018 年，石景山区坚持以习近平新时代中国特色社会主义思想为指导，深入贯彻党的十九大和十九届二中、三中全会精神，紧紧围绕"三区"定位目标，牢牢把握"两大机遇"，以创建全国文明城区为总牵引，以服务保障"六个先行区"建设为抓手，扎实推进司法体制改革，全力做好法治建设、法律服务、法治宣传和法治保障各项工作，推进法治建设再上新台阶。

一、人大法治保障和监督工作

　　2018 年，区人大常委会共召开常委会会议 9 次，审议议题 49 项，其中听取和审议"一府两院"工作报告 13 项，作出决议、决定和审议意见书 20 项。法制委协助常委会听取和审议专项工作报告 2 项，专题询问 1 次，组织代表视察调研、执法检查、法庭旁听等各类活动共计 34 次，召开全体会议 4 次，参加委员、代表 202 人次；督办代表建议 22 件，跟踪督办区第十六届人大一次会议代表建议 1 件。

　　（一）组织机构建设工作

　　1. 加强党组领导班子建设

　　以"全面从严治党提升年"为主题，认真落实全面从严治党主体责任，推动人大机关全面从严治党向纵深发展。坚持和完善重大事项向区委请示报告制度，坚决执行区委决策部署，保证人大工作始终与区委中心工作同心同向同行。

　　2. 完善常委会工作制度

　　落实中央、市委、区委决策部署，根据相关法律法规和区情实际，制定了《石景山区预算审查监督办法》《石景山区人民代表大会常务委员会规范性文件备案审查暂行规定》《石景山区人民代表大会专门委员会工作规则》，修订了《石景山区人民代表大会常务委员会讨论、决定重大事项办法》《石景山区人民代表大会常务委员会专题询问暂行办法》《石景山区人民代表大会常务委员会街道工作委员会通则》，形成了常委会职责清晰、规范有序、运行有效的工作制度体系。

3. 深化专委会建设

进一步加强对专委会工作的领导，支持和鼓励专委会依法履行职责，充分发挥作用。各专委会通过协助常委会听取和审议专项工作报告，开展执法检查和专题询问，督办代表议案和建议，实施专项视察和调研，充分展现履职活力，有效拓展了人大监督工作的广度和深度。深化与"一府一委两院"对口联系机制，邀请对口部门负责人列席专委会会议、参加专委会督办建议、调查研究等工作，把脉监督重点，寓支持于监督之中。发挥法律顾问作用，探索与高校之间的外部合作机制，为常委会工作提供法律支持和理论支撑。2018 年，各专委会共召开专委会全体会议 21 次，协助常委会组织代表 800 余人次开展各类监督活动 113 项次，提出意见建议 430 条，为提升人大工作整体水平发挥了重要作用。

（二）人大代表工作

1. 切实加强服务保障，激发代表履职活力

组织人大代表系列学习活动，着力提升代表政治素质和依法履职能力；完善代表履职服务信息系统，激发代表履职积极性；邀请代表列席常委会会议，参加常委会组织的执法检查、专题询问、视察调研，旁听法院公开审理案件，300 余人次代表参与了常委会相关工作，200 余人次代表列席了区委全会、政府常务会和"一府两院"牵头组织的座谈会，拓宽了代表知情知政渠道，提升了代表履职服务水平。

2. 推进人大街工委建设

完善制度，修订区人大常委会街道工作委员会通则；加强培训，以会代训部署指导工作；强化管理，首次通过项目清单方式，梳理规范工作内容，人大各街工委首次集中向常委会全面报告工作；夯实阵地，创新"家站"工作，在社区"代表联络站"开展首批示范点建设，积极将联络站与"老街坊"社区议事厅相结合，探索"一站一特色"、联络站与社区党校融合、代表约见会等模式，开展现场教学、精准扶贫等活动，"家站"建设走在全市前列。

（三）依法履职情况

1. 围绕中心工作履行监督职责

一是促进全国文明城区创建，二是促进区域经济社会发展质量提升，三是促进区域综合服务能力提升，四是促进区域生态宜居水平提升。

2. 强化预算审查监督职能

贯彻中央和市委工作部署，落实新修订的预算法和北京市预算审查监督条例，重新修订区预算审查监督办法，增强了预算审查监督的针对性、有效性和制度保障；改进预算审查监督工作，推动预算审查监督重点向支出预算和政策拓展，首次对重点支出和重大投资项目进行绩效评价。

3. 依法讨论决定重大事项

修订区人大常委会讨论、决定重大事项办法，进一步完善行使重大事项决定权的议事制度、报告制度、反馈制度和跟踪监督制度，不断提高决策的科学化、民主化和法治化水平。

4. 依法做好任免选举工作

坚持党管干部原则，进一步规范人事任免程序，全年依法任免国家工作人员36人次。严格落实新任命人员向宪法宣誓制度，彰显宪法权威。

（四）监督工作

督办"开展全民健身工作暨打造冬季体育运动特色先行区"议案、"未来三年（2018—2020年）全面提升我区园林绿化工作水平"议案、"推进政策性长期护理保险试点工作"议案、"推进老旧小区提升"和"整体布局、科学配置、统筹推进我区公共厕所建设"等重点议案不断完善公共服务，提高为民服务水平。

二、法治政府建设

2018年，石景山区法治政府建设以创建全国文明城区为牵引，锐意进取，埋头苦干，为实现高端绿色崛起提供坚强有力的法治保障。

（一）持续深化行政体制改革

1. 统筹推进各类机构改革

及时完成了区监委成立、区监察局（区预防腐败局）撤销等相关改革调整工作以及纪检监察全覆盖中涉及的机构设置、编制划转等相关机构编制调整工作，进一步完善了纪检监察和巡察体系建设。

2. 按照大部门制、扁平化管理要求稳步推进街道大部制改革试点工作

将街道内设机构设置为"一室五部"；梳理形成《石景山区街道党工委和办事处职责清单》共109条，明确了街道党工委和办事处职能定位。

3. 聚焦街道党工委抓党建、抓治理、抓服务的主责主业，整合设置所属事业单位

结合建设文化先行区的工作实际，将街道所属事业单位进行更名并重新调整职责。

4. 进一步完善街道综合执法平台实体化运行机制

街道城管、安监、环保、公安、工商、食药、交通、消防等部门抽调执法人员组成街道综合执法队伍，统筹协调、调度指挥，实现综合执法平台实体化运行。

（二）深入推进政府职能转变

1. 全面深化"放管服"改革及商事制度等领域改革

颁发了北京市首张区级"多证合一"营业执照及全市首例"证照分离"营

业执照和经营许可证，实现了区域优化营商环境，企业开办和经营"双便利化"目标；全面推行"双随机、一公开"监管，进一步营造公平竞争环境；推进政务服务"一网、一门、一次"改革，实现"一窗通办"，政务服务事项进厅率90%以上，实现"一窗"分类受理1481项，综合率90%以上；推进"一网通办"，将全区1300余个事项网上可办率达到100%；精简公共服务事项311项，精简比例超过市级规定精简事项50%的目标；梳理公布"四办"目录清单670项。

2. 做好市场准入负面清单管理工作

严格落实北京市《禁限目录》，并建立了《禁限目录》实施的监督监测机制和定期维护机制，做到产业准入和工商登记准入的有效衔接，根据《禁限目录》内容，各部门梳理核实了我区存量低质低效企业，加快制定了调整疏解工作方案。

3. 继续推进公共资源交易平台建设工作

我区公共资源交易平台已完成物理场所整合，初步实现信息数据上报。平台信息系统开发以"网下无交易、网上全公开"为目标，建设本区的交易门户，作为本区分平台对外呈现公共资源交易整合工作的直接成果展示。

（三）推进行政决策科学化、民主化、法治化

1. 落实重大行政决策程序

修订《北京市石景山区人民政府工作规则》，对重大决策程序进一步完善，明确把公众参与、专家论证、风险评估、合法性审查和集体讨论决定作为重大决策的必经程序，以确保区政府重大行政决策的科学化、民主化、法治化。

2. 加强行政规范性文件合法性审查备案和清理工作

共审核以区政府或政府办制发的文件54件、审核有关部门战略合作协议等17件；完成有关法律法规征求意见工作7件；对我区现行规范性文件逐渐逐项进行全面清理，清理工作涉及规范性文件共计105件，各专项领域规范性文件清理工作均按要求完成了相关工作任务。

3. 推进政府法律顾问制度建设

完成区政府第六届法律顾问团、第五届行政复议委员会换届工作。出台《石景山区政府法律顾问考核办法》，进一步规范政府法律顾问的管理和服务工作。

（四）积极推进行政执法的规范和效能建设

1. 强化执法效能监测评价

先后组织召开石景山区依法行政工作领导小组会议和石景山区行政执法监督工作会议，制定了《2018年度石景山区提升行政执法效能实施方案》，对区属行政执法部门逐月进行监测和评价；编辑形成《石景山区依法行政工作简报》，向

政府主要领导及相关主管领导报送；执法绩效水平显著提升，区属行政执法部门人均检查量排名城六区首位、全市第五位，同比增长 119.45%；人均处罚量排名城六区第三位、全市第三位，同比增长 81.52%；处罚职权履行率排名城六区第四位、全市第四位，同比增长 45.77%。

2. 推进执法公示制度，严格执法人员资格核验

对全区执法人员资格进行确认，不符合执法资格条件的执法人员取消执法资格并注销执法证件。此项工作是强化我区执法人员资格管理、推行行政执法公示制度的重要举措。

3. 完善行政执法和监督体系

抽取 27 个行政执法部门 79 本一般程序行政处罚案卷，抽验质量合格率为 94.4%，针对问题归纳汇总，提出了整改建议；同时，结合《2018 年度石景山区提升行政执法效能实施方案》，加大对行政执法部门的业务指导，多个行政执法部门实现行政处罚的"零突破"；持续深入推进两法衔接工作，区法制办与区检察院联合对触发"涉刑职权"的案卷进行监督抽查，实现对重点案件的全程跟踪监督。

4. 精准发力，为全区重点工作提供法律支持

认真学习市政府法制办下发的《"疏解整治促提升"专项行动所涉法律问题处理的指导意见》，同时对各有关部门 2017 年以来"疏整促"专项行动涉法涉诉问题进行梳理、分析、研判，降低法律风险；区编办、区法制办配合，组织区城管委、区园林局、区城管执法局开展城市管理领域部分行政处罚权划转工作。

（五）依法有效化解矛盾纠纷

1. 加强行政复议、应诉工作

2018 年共办理行政复议案件 101 件，办理行政诉讼案件共 140 件；建立与法院的常态化联系机制，邀请各级人民法院行政庭法官就复杂疑难问题进行研讨，并为全区执法人员提供有针对性的指导及培训；推动行政机关负责人出庭应诉，带动全区各级行政机关负责人依法行政意识，强化依法应诉工作水平，取得了良好效果。

2. 积极推进多元化调解网上、网下平台建设

将行政调解纳入在线矛盾纠纷多元调解平台，全年共受理行政调解案件 9511 件，涉案人数 12 910 人，调解成功涉及金额 2483.47 万元。调解成功 7284 件，成功率 77%；有效开展人民调解，组织 500 余名人民调解员和党员调解志愿者全面参与到 150 个"老街坊议事会"中，全年成功排查矛盾纠纷 1691 件，化解矛盾纠纷 726 件；社区法律顾问全面参与到人民调解委员会中，诉前调解组织成功调解纠纷 1400 余件。

3. 加强法律援助工作

强化法律援助机构规范化建设，实行普通案件抽查、特殊案件必查制度；推进法律援助工作站点向重点场所及困难群众集中场所延伸，重点开展特殊群体法律援助专项服务；抓好法援律师队伍建设，完善选任机制、咨询接待等管理制度，建立退出机制；加强社区法律援助示范联系点建设，全年继续创建 10 家社会法律援助示范联系点；大力推进公共法律服务体系建设，街道公共法律服务站已建成 3 家，社区公共法律服务室已建成 13 家，依托新媒体平台，为群众提供咨询、普法等多项法律服务，优化 12 348 法律服务热线平台建设，为百姓提供便捷、高效的线上咨询服务。全年区法律援助中心共接待群众法律咨询 9792 人次，办理援助案件 445 件。

（六）加强统筹协调和考核培训宣传

1. 加强统筹协调、考核评价和督促指导

区政府常务会议 3 次听取了 2017—2018 年度法治政府建设工作开展情况及重点工作完成情况进行的汇报；邀请市四中院行政庭庭长进行专题讲座；区政府主要领导就依法行政工作多次进行重要批示，有力推进了体制机制、执法方式、宣传理念的变革。

2. 加大法治宣传教育力度

制定了《石景山区国家机关"谁执法谁普法"普法责任制实施细则》《石景山区落实普法责任制联席会议制度》，各单位对照责任清单，深入开展本部门本系统内的普法工作；举办了"携手联动强法治 护航国企疏整促"系列讲座和"法治文化惠民行"系列宣传活动、"同心共筑中国梦 法治文艺京西行"石景山区 2018 年法治文艺大赛活动、举办第八届石景山区司法行政开放日活动；投建44 个法治宣传栏，实现了社区法治宣传专用橱窗全覆盖；深入推进法治政府示范项目创建工作，全年 23 家单位共申报法治政府建设示范项目 28 个，其中老山街道社区城管工作站项目在 2017 年被法制日报进行了专题报道。

三、审判工作

2018 年，石景山法院以党建为统领、以人民为中心、以公正为根本，全面推进司法体制改革，加快提升队伍综合素质，着力增强审判质效，充分发挥审判职能作用，为人民群众提供更加优质高效的司法服务，为石景山创建全国文明城区、为首都经济社会发展创造"四个环境"提供更加坚强有力的司法保障。

（一）狠抓审执工作主责，维护社会公平正义

1. 依法惩治刑事犯罪，维护社会和谐稳定

严惩侵犯财产型犯罪和涉食品药品安全犯罪，稳妥审理涉众型非法集资案件；多方推动、持续推进网格化工作格局，深化"一站一室一基地"工作机制，

探索 18 岁～25 岁青年人轻刑案件审理机制，合作成立我市首家"传统文化与青少年犯罪预防研究中心"，探索院校纵深共建，推动石景山法院少年审判工作实现新跨越。

2. 妥善审理民商事案件，服务民生保障和谐

稳妥办理涉民生案件，依法适用人身安全保护令制度，维护妇女、儿童、老年人合法权益；妥善审结互联网新类型案件；及时向银保监会、中国银行业协会发送司法建议，推动完善银行卡管理及防盗刷机制；建立涉军停偿案件立审执绿色通道，保障部队全面停止有偿服务顺利推进，维护军地双方合法权益。

3. 加大知识产权司法保护，推动区域科技文化创新

妥善审理涉外知名品牌不正当竞争纠纷及知名商标的商标权被侵权案件等重大疑难案件；依法审理知名影视作品信息网络传播权案件；知产庭法官多次受邀参加最高人民法院及高校主办的知识产权保护专题研讨会，推动审判成果的共学共享。

4. 依法审理行政案件，助推法治政府建设

加大非诉行政案件审查力度，妥善审理房屋征收、棚户区改造项目相关案件，保障区域重点工程项目顺利推进；通过向行政机关发出司法建议，召开行政案件通报会、座谈会，为行政机关讲授法制课，坚持发布《行政案件司法审判年度报告》等形式，深化司法与行政良性互动；创建"法治1+N"党建共建工作机制，邀请行政执法人员旁听案件审理，参加行政法律实务问题研讨，监督促进行政机关依法履职。

（二）加大执行工作力度，决战破解执行难攻坚战

1. 依托党委领导，形成综合治理执行难工作模式

在区委政法委协调支持下，建立"基本解决执行难"工作联席会议制度，签署《关于加强合作和协助执行工作的意见》，提高查控处置效率；开通涉民生案件执行绿色通道，快速执结人身损害赔偿、劳动争议等涉民生案件，有效维护弱势群体合法权益，打通实现公平正义"最后一米"。

2. 深化执行改革，加强执行团队化建设

强化执行指挥中心协调、管理、监督、服务、保障职能，集约办理房产、车辆、银行账户查控、财产保全等事项，有效缓解执行团队工作压力；设立"1+4"小额速执团队，专司办理批量类案，加强速裁案件审执衔接。

3. 增强执行威慑力，提升执结效率

严厉打击拒执行为，加强联动，强化拘留、罚款等强制执行手段的应用；建立7×24小时执行线索搜集与反馈机制，执行效率得到极大提升；完善网络司法拍卖机制，保障胜诉当事人合法权益。

4. 强化执行管理，推进执行规范化建设

健全立审执衔接机制，从源头上预防和减少执行难案件形成；出台《执行人员岗位职责规范》《执行事项审批管理办法》《评估拍卖工作实施细则》等规范文件 13 份，提高团队运行效率、规范案件流转程序。

（三）积极延伸职能，服务区域发展

1. 保障治乱拆违，促进区域转型发展

依法妥善审理涉"疏解整治促提升"专项行动案件，强化立审执案件衔接，实行分阶段案件风险预警和研判会商机制，与相关部门联动，保障整治工作顺利开展，为"疏解整治促提升"专项行动提供有力司法保障。

2. 坚持首善标准，保障冬奥会司法需求

出台《关于为冬奥会筹办提供司法保障的实施意见》，先后五次带队前往冬奥组委与其法律事务部对接；与市区两级知识产权局建立涉冬奥会知识产权保护联动机制，加强涉冬奥会知识产权保护突出及疑难问题研究。设立涉冬奥案件台账，建立专案专办机制和快立快审快执"绿色通道"。

四、检察工作

2018 年，检察院将区委、全市检察长会议精神和《新时代首都检察机关创新发展总体纲要》贯彻落实到全年各项工作部署中，统筹谋划，精心组织，较好地完成各项工作任务。

（一）法律监督工作

1. 深化侦查活动监督和立案监督

深化提请批捕案件电子卷宗同步审查工作，深入开展重点领域监督，进一步推进对办案中心侦查活动监督和立案监督工作。

2. 深化刑事审判监督

采用两组检察官双审制，避免出现遗漏线索情况发生。强化对诉讼程序的监督，深挖案件线索。

3. 深化刑罚执行和监管活动监督

推动刑事执行检察办案模式规范化、精细化。探索刑事执行检察意见函改革工作机制，实现"三个先行一步"。

4. 深化民事诉讼监督

成功办理了我市首例刑事附带民事公益诉讼案件，受到全国人大代表、市人大代表、社会各界的点赞。

5. 深化行政诉讼监督

制定《行政非诉执行监督专项活动实施方案》，积极参与全市专项监督活动，通过诉前检察建议，有效解决一批顽疾问题。

（二）刑事检察及公益诉讼工作

1. 审查证据工作

牢固树立证据裁判意识，强化证据合法性审查，推行以客观性证据为主导的证据审查模式，加强对社会危险性证据的审查。

2. 起诉工作

拟定《构建"四位一体"的提前介入引导侦查模式实施方案》，更新《案件移送审查起诉时应重点审查的证明材料明细表》，建立重大疑难复杂案件提前介入机制，推动案件繁简分流和刑事速裁体系建设，起草《关于公诉案件不起诉决定书制作的规范意见（试行）》，并在全市得到推广。

3. 未成年人案件检察工作

落实特殊检察制度，加大对未成年人的保护力度，积极筹建石景山区未成年人互动式法治教育实践基地，启动"向阳花"儿童保护计划。"青春护航"法治宣传团队荣获区"文明创建优秀团队"称号。

4. 职务犯罪检察工作

注重与监察委衔接配合，完善纪检监察和刑事司法办案程序和证据标准衔接机制；注重开展认罪认罚从宽制度，积极开展教育转化和诉讼协商工作；注重加强提前介入审查和犯罪嫌疑人强制措施审查工作。

五、司法行政工作

（一）法治宣传工作

1. "七五"普法

制定《2018年石景山区法治宣传教育和依法治区工作要点》及任务分解；圆满完成"七五普法中期验收"；开展"法律'十进'七五行"法治文化活动；联合区法院、国资委共同创建法治宣传教育基地；组织开展"同心共筑中国梦法治文艺京西行"石景山区2018年法治文艺大赛，共举办法治文艺活动300余场，惠及群众20.8万人次，法治文艺作品103部。

2. 青少年法治宣传教育

举办第十六届"物美杯"青少年维权知识竞赛，形成区级青少年法治教育特色品牌；建立法治副校长队伍与普法讲师团，向区教委提供"青春船长"普法宣讲主题目录。

3. 基层法治阵地建设

投建普法专项宣传栏44个，全区社区专用法治宣传栏覆盖率达到100%；主动对接北京公交集团建设法治宣传教育基地，开辟移动宣传阵地，在五条公交线路共计42辆公交车上打造"法治文化车厢"，张贴300余张法治文化宣传画。

（二）法律服务行业管理

1. 公证律师行业服务与管理工作

进一步推进公证参与人民法院司法辅助事务试点；搭建政府购买平台，组织12家律师事务所结对37幢商务楼宇，满足企业多元法律服务需求；建立健全律师参与社区公益法律服务机制，全面推广"村居法律顾问APP"；积极扩充法律服务资源，首家外省市律师事务所北京分所入驻中关村石景山高新技术产业园；指导律师协会顺利完成换届，党的建设首次写入协会章程。

2. 法律援助体制机制进一步完善

强化法律援助机构、法律援助站点规范化建设；推进法律援助工作站点向法院、看守所、部队军营等重点场所及困难群众集中场所延伸；抓好法援律师队伍建设，完善选任机制，建立退出机制；充分发挥法律援助职能作用，全程参与重大敏感案件处置，保障当事人合法权益，有效提升群众获得感、安全感。

（三）社区矫正与安置帮教工作

社区服刑人员电子监管应戴尽戴，实现全时域掌控运动轨迹；积极发挥视频会见系统平台作用，开展监所视频延伸帮教。

（四）人民调解工作

实践规范区、街、居三级调解组织构架，完善社会矛盾排查调处机制；创新人民调解方式方法，在五里坨地区组建"暖情"调解队，开展心理、法律、调解技巧培训；规范人民调解卷宗格式；有效健全街道矛盾纠纷基础台帐。

六、治安工作

（一）聚焦重大维稳安保任务，全力维护地区持续和谐稳定

圆满完成"中非合作论坛北京峰会"等各项维稳安保工作，实现了"五个坚决防止""三个确保"的工作目标；"零差错、零失误"完成全年专项警卫任务；精准消除涉邪教隐患；强力推动政府部门、社会企业落实反恐防恐责任，进一步加强对反恐重点目标和危爆物品、物流寄递、"低慢小"等行业"对抗式"检查力度；不断深化社会矛盾纠纷排查化解工作，健全完善工作台帐，组成工作专班，强化应对处置；严打各类违法犯罪活动，成功侦破两起恶性命案积案；严整重点治安问题和突出隐患，全年共检查社会单位34 000余家，督促整改火灾隐患47 000余处，查封248家，"三停"279家，打通消防通道191条，未发生伤、亡人火灾，全区火灾形势保持平稳；现场处罚各类交通违法7.9万起，在全区形成强力酒驾违法震慑。

（二）聚焦"平安石景山"建设，不断加强和创新社会治理

强力推进扫黑除恶专项斗争，实现办公室实体化运行；搭建综治中心组织架构，提升了综治中心规范化水平。全区9个街道综治中心已全部完成规范化建

设，150 个社区中已经有 121 个社区综治中心完成规范化建设；街道综治视联网连通率 100%，顺利通过验收；积极推进社会治安重点地区挂牌、挂账整治和城乡接合部地区安全隐患、违法群租房等专项整治工作；扎实开展社会稳定风险评估工作，先后对 20 余个重大项目和重大决策开展风险评估，保障工作顺利开展。

（三）聚焦"疏整促"专项工作，有力保障区域经济持续发展

妥善处置重点工程项目善后工作；主动对接冬奥组委，积极构建石景山区服务保障冬奥筹办大安保大维稳工作体系。按照"创建全国文明城区"的总体部署要求，坚持专项治理与系统治理、依法治理、综合治理相结合，促进了社会治安环境和城市建设环境双提升。

七、2018 年法治建设特色和亮点

石景山区矛盾纠纷多元化解平台的创新实践——新时代枫桥经验的城市样本

在总结枫桥精髓和枫桥经验在新时代的应用与发展的基础上，结合城市工作实际，石景山区建立了矛盾纠纷多元化解平台，积极探索实践新时代枫桥经验的城市样本。

（一）石景山区矛盾纠纷多元化解平台的建立理念

新时代的到来，要求信访工作进行创新。秉承"和"文化与"枫桥经验"，石景山区在 2014 年制定了《关于深入开展信访代理制工作的意见》、2015 年底实施了《石景山区社区信访代理工作规范》，使得整个区域的信访工作得以进一步落实。2018 年，为进一步解决好信访工作中资源分散、缺少合力的问题，我们探索推进信访工作改革，建立了在线矛盾纠纷多元化解服务平台，初步形成了以"法治"扬正道、"德治"树新风、"自治"凝人心、"慧治"创条件、"共治"聚合力为主要内容的社会治理新路径，全力打造首都的"新枫桥"样本。

石景山区矛盾纠纷多元化解平台的建立理念，是"双赢"理论，摒弃"零和游戏"。匈牙利大数学家冯·诺伊曼于 20 世纪 20 年代提出了"零和博弈"（zero-sum game），又称"零和游戏"，是指参与博弈的各方，在激烈的对抗竞争下，一方的收益必然意味着另一方的损失，博弈各方的收益和损失相加总和永远为"零"，双方不存在合作的可能。

与"零和"相对的是"双赢"理论，就是"利己"不"损人"，通过谈判、合作达到皆大欢喜的结果。中国自古就有"以和为贵""和而不同""睦邻友邦""天下太平"的优秀文化传统，其中的"人和"即是指人与人之间团结和睦，人际关系和清，能起到良好的社会示范功效。

"枫桥经验"就是巧妙地运用了"双赢"与"人和"的社会思维原理，寻找双方达到彼此能接受的共同点，这不仅符合中华传统"和"文化，也符合西方的"契约精神"，实现了纠纷的妥善解决。

石景山区在考察总结枫桥经验的基础上，研究讨论出情、理、法高度融合的"现代绿色节能司法"理念。"现代"，突出科技智慧，依托互联网+，搭建解决纠纷"最后一公里"道路上的"高速巴士"；"绿色"，视觉上让人赏心悦目，感受到"人和"与便捷带来的愉悦心境；"节能"，即节约当事人的人力、财力与物力，更为国家节约宝贵的司法资源；"司法"，即矛盾纠纷化解平台，这是结合本区自身特点的司法模式的创新。

石景山区建立的以聚集多元的矛盾纠纷调解力量为核心的平台，是在党建引领下，由区委政法委统筹协调，信访办牵头抓总，通过信访联席会议整合，由法院、司法、信访以及社会第三方调解组织等二十多家单位共同联合进行建设、开发、宣传和推广的多元矛盾化解体系，使多方的纠纷调解力量得到聚集，在"人民调解""行政调解""司法调解"的格局中实现"多元共治"。这也是该平台和浙江省建立的 ODR 平台之间最大的区别，通过对各种不同类型的纠纷调解资源的搜集、统计，实现线上整合，让线下运用的矛盾纠纷调解制度真正得以落实，取得更好的效果，进而切实维护广大人民群众的切身利益，保证社会的稳定。

全区推行在线矛盾纠纷多元化解平台以来，平台的访问量和咨询数量、调解数量都大大提高，这说明普通民众开始从认知在线多元化解纠纷模式，到主动去进行线上法律咨询，网上申请调解，"用不同的钥匙开不同的锁"，寻求矛盾纠纷的化解，不但节省了司法部门的人力、物力等资源，又可使双方当事人握手言"和"，不至于因矛盾而撕破脸皮，以至于对簿公堂为敌，还存有以后再次相处、合作共赢的可能性，可谓是"绿色"与"节能"二者兼有之。

（二）石景山矛盾纠纷多元化解平台的建设概况

2018 年 11 月 13 日，石景山矛盾纠纷多元化解平台正式上线。平台集信息咨询、案件评定、纠纷调解及法律诉讼等功能于一体，提供解决基层群众各类矛盾与纠纷为宗旨的服务。平台运用了当下最为先进的云计算、大数据及人工智能技术，聚集了多方调解力量，强大的数据库功能囊括了北京近三年的判决案例，实现了多元纠纷化解资源的整合与共享，真正实现了跨地区与时间的一条龙服务效果。

（三）石景山矛盾纠纷多元化解平台的主要功能

石景山矛盾纠纷多元化解平台通过对于资源的高度整合，为群众提供"服务一条龙、运行一体化、解决一揽子"的优质服务。

目前平台的主要功能有："在线咨询""纠纷案例学习""在线评估""在线调解""在线司法确认""在线诉讼"等。平台简单易用、操作方便，突出科技智慧，依托互联网+，破解"最后一公里"难题。其中，平台的亮点功能为：

1. 整合资源，分流化解

平台负责调度，将平台搜集的矛盾进行判断、分析、分配和落实解决。其中，判断矛盾的类别和属性，并以此分配，通过线下强大的支撑体系对于矛盾进行分层分流，再有针对性的对接相关调解资源进行化解，是平台功能的一大特色。

2. 在线咨询，快捷便利

人工咨询和智能咨询功能实现实时为群众提供更加全面、详细、专业的法律咨询服务。尤其是智能机器人，会根据用户提问自动推荐相关法律法规、案例、解纷流程和法律文书范本。

3. 数据分析，宏观视野

平台数据不仅能为用户提供强大的咨询数据库，同时平台通过对于访问量、咨询量的掌控，还可以形成对矛盾集中点、群众关心点的信息把握，从而形成宏观视野，对源头治理，预防管控具有重大功效。

（四）石景山矛盾纠纷多元化解平台的特点与优势

石景山矛盾纠纷多元化解平台，依托互联网+，让纠纷解决插上科技的翅膀，打通条块制约环节，通过整合人民调解、行政调解和司法调解等各类调解队伍，使调解资源由"单治"走向"联治"，最终落实于恪守初心，以人民利益作为为社会治理的中心，实现法治惠民，公益与民生贴近，提升群众的获得感、幸福感和安全感。

作为城市版"枫桥经验"的样本，石景山矛盾纠纷多元化解平台充分结合新时代要求，积极利用石景山区积累的社会治理经验，进行了改革和创造，其特点和优势如下：

1. 人民调解为先，发挥"老街坊"品牌力量，实现共建、共治、共享

充分发挥石景山区积累的信访工作优势，如依托区人民调解协会，石景山区成立了区、街道、社区三级人民调解委员会，建立了老街坊"暖情"调解队等特色品牌调解室，这些制度和经验都被纳入矛盾纠纷多元化解平台，让人民群众协调解决内部矛盾，使矛盾化解在基层，集点成片、连片成面、结面成网，共同织密社会治安防控网络，构建共建共治共享的治安格局。

2. 行政调解多家参与，主体责任强化落实，规模不断加大

平台进一步强化了政府各职能部门在矛盾化解工作中的职责担当，依托"信访代理制"，明确矛盾化解主管领导和主责干部，组建体制内的专业化解队伍。按照"谁主管，谁负责"的原则，把行政调解作为相关行政部门的重要职责，纳入政府依法行政绩效考核体系。各相关行政部门设置专人负责行政调解的协调、沟通和实施，建立行政调解联系人制度，实现各部门、各机关的联动联调。加强行政调解工作体系建设，细化行政调解程序，推动行政调解工作规范运行。实行受理矛盾纠纷首问责任制，及时发现和解决行业领域内存在的政策不合理、

监管不到位、执法不规范等突出问题。主动化解法定职权范围内的矛盾纠纷，从源头上预防行业领域内的风险隐患。

3. 推进完善石景山区多元化解平台与法官速裁审判的诉调对接工作机制

满足当事人对专业性调解和便捷诉讼的客观需求，积极参与我区社会共建共治共享。进一步完善以诉调对接为基础的"多元调解+速裁"审判团队建设，强化团队管理，健全诉调对接机制，提高办案效率，以平台调解与法官速裁为对接模式的方式有效开展专业调解、司法确认工作，为打开诉调对接工作新局面奠定有力基础，打造具有我区特色诉调对接工作，发挥多元化解平台的优势，促进矛盾纠纷实质化解，保障区域和谐稳定，完善社会综合治理，有效服务区域经济发展。

4. 在科技的支持下为广大群众提供便捷高效科学的使用通道

该平台有效利用电脑网站、微信小程序及手机 APP 软件。遇到纠纷时，用户可先通过 24 小时智能机器人查询，将自身案例与北京市案例库对照；如遇到复杂情况，可求助在线律师团队进行答疑解惑。需要调解时，用户只需描述事件，选择相应机构（居委会、工商、道交、医疗、司法、旅游）的调解委员会，在线提交调解申请。调解机构收到申请后，根据案件所涉及的专业领域将案件分配到对应的调解员。调解员将根据实际情况开展调解工作，调解双方通过在线视频的方式远程沟通。如调解成功，可在线生成具有法律效力的调解协议书并且申请司法确认，平台对接法院系统，居民就可以申请执行。如调解失败，居民可直接在平台点击申请诉讼，相关案件材料也可以一并传输到法院的立案系统。由石景山区人民法院、信访办、司法局、金顶街司法所及五里坨街道等五个单位共同设置了单独的网络调解室，采用远程接入有关调解资源的方式，达到全程跟踪线上线下的效果，真正实现一键式案件的申请调解。通过在线远程调解，实现了足不出户解决问题，既减少了群众跑路的环节，也避免了因为双方当事人时间冲突无法同时到场的尴尬，有效提升了调解效率。

5. 在广度及深度层整合资源，形成强大的数据库和专业的矛盾化解服务

石景山区矛盾纠纷多元化解平台已经先期导入了几百余件北京市司法终结案例，作为示范案例库，为用户提供比对分析服务。例如，居民甲因婚姻纠纷进行咨询，可直接登录用户系统，用户端智能机器人会通过检索技术，将案例库中类似案例调出，提供给居民甲作为参考，居民甲可大致了解法律依据和判决结果。遇到复杂情况，还可以求助在线律师团进行答疑解惑。

6. 实现了矛盾预测与管控的未雨绸缪

着眼从源头防范化解矛盾风险，完善预测预警预防工作机制，实现矛盾全程跟踪处理。下一步，石景山区还将继续完善案例库资源，积累丰富的数据用于分析比对，为补齐社会治理短板提供依据。

门头沟区法治建设报告

2018 年，门头沟区深入学习贯彻习近平新时代中国特色社会主义思想，认真落实北京市第十二次党代会和历次全会决策部署，按照"绿色发展、生态富民、弘扬文化、文明首善、团结稳定"的区域发展总原则，深入落实区域功能定位，扎实促进民生改善，有序推进城区法治建设。

一、人大法治保障和监督工作

全年共组织召开常委会会议 7 次，主任会议 10 次；听取、审议专项工作报告 20 项，提出审议意见 2 件，开展专项视察和代表集中视察 4 次，撰写专题调研报告 5 篇；履行重大事项决定权，依法对推进全国文明城区创建、批准分区规划和"十三五"规划纲要指标调整方案等事项作出决议、决定 8 项；履行人事任免权，依法任免国家机关工作人员 29 人次。

（一）监督工作

1. 坚持服务大局，推进全国文明城区创建

作出了《关于推进全国文明城区创建工作的决定》，组织调研组赴重庆、厦门学习创城成功经验并形成专题报告，动员全体区人大代表、组织常委会机关全体同志投身创城工作。

2. 坚持稳中求进总基调，促进经济社会健康发展

抓住疏解非首都功能这个"牛鼻子"，聚焦转型发展，聚焦预决算审查监督，聚焦农业农村改革，持续推动疏解整治促提升专项行动的落实和深化，加强产业结构调整工作监督，推进"十三五"规划纲要有效落实，促进产业转型升级和城乡一体化协调健康发展。

3. 坚持民有所呼、我有所应，推动民生福祉改善

密切关注棚改工程建设、教育医疗事业发展、市政道路建设等人民群众最关心最直接最现实的利益问题，持续监督问效，让人民群众在共建共享发展中有更多的获得感、幸福感。

4. 践行绿色发展理念，推动环境质量持续改善

坚持生态保护优先，着力促进绿色发展，推动区政府加大生态保护和环境治理力度，打造"海绵城市"，促进生态环境质量持续改善。

5. 坚持全面贯彻实施宪法，推进地区法治建设

严格执行《区人大常委会规范性文件备案审查办法》，全年共对《紧急工程管理办法》等4项区政府规范性文件进行了备案审查，受理来信来访30件次、21人次，推动问题依法公正解决；按照监察法和监察体制改革的要求，探索人大监督的方式和路径；抓住落实"司法责任制"这个关键点，推进司法体制改革。

（二）代表工作

1. 强化代表履职服务保障

代表接待513人次、走访选民和群众3736人次，召开座谈会83次，收集群众意见建议285条，形成闭会期间代表意见建议31件；邀请300余人次代表列席常委会会议，参加常委会、专委会视察、调研等活动；组织130余名代表开展集中视察；安排133人次代表参加区委及"一府一委两院"的会议、座谈，拓宽代表知情知政渠道。

2. 提高代表建议办理质量

坚持代表建议重点督办制度，对建立农村煤改电后续管理队伍、加快九龙路施工等5件代表建议进行重点督办；代表在区十六届人大四次会议期间提出的67件意见建议，已经解决、正在解决的38件，做好解释说明的11件，原则参考的18件；代表在闭会期间提出的31件意见建议，已经解决、正在解决的17件，做好解释说明的12件，原则参考的2件。

3. 抓好代表履职培训

制定代表培训计划，开展形式多样的学习培训活动；组织区代表集中学习全国人大和市人大贯彻习近平总书记关于坚持和完善人民代表大会制度重要思想交流会精神，举办"贯彻全国两会精神，学习宪法和监察法，提高代表依法履职能力"主题培训，共有240余人次区代表及相关人员参加了集中培训。

（三）自身建设工作

1. 坚持党的领导

以习近平新时代中国特色社会主义思想为指引，自觉强化"四个意识"，始终在政治立场、政治方向、政治原则、政治道路上同以习近平同志为核心的党中央保持高度一致；全面贯彻区委对人大工作的要求，自觉在区委领导下开展工作，坚持重大事项向区委请示报告制度；严格落实全面从严治党主体责任，坚持民主集中制，常委会议事质量和工作水平不断提高。

2. 强化政治建设

坚持把政治建设摆在重要位置，以党的十九大和十九届二中、三中全会精神为统领推动各项工作；组织学习了栗战书委员长、李伟主任关于学习贯彻习近平总书记关于坚持和完善人民代表大会制度重要思想的讲话精神，强化责任担当；围绕新形势下"两个机关"建设的新要求，落实"两学一做"学习教育常态化、制度化，深入开展"不忘初心，牢记使命"主题教育，把学习党章党规党纪和人大法律法规知识融入日常工作学习中，全年共组织论坛 22 次，讲党课 8 次，交流各类文章 65 篇；严格执行中央八项规定和市、区委有关规定，正确运用监督执纪"四种形态"，强化党风廉政建设，持之以恒推进正风肃纪。

3. 强化职能建设

起草了《关于建立区政府向区人大常委会报告国有资产管理情况制度的意见》，加强人大和全社会对国有资产的监督管理，提升国有资产管理公信力；健全和完善讨论、决定重大事项工作机制，研究制定《区人大常委会关于讨论决定重大事项的规定》，明确了常委会行使重大事项决定权的范围和程序；修订常委会议事规则和专委会工作规则，进一步明确了常委会、专委会的监督职责；落实《镇人大工作指导意见》和《人大街道工委工作通则》，开展坚持和完善人民代表大会制度专题培训，指导镇人大依法履职，共同推进全国文明城区创建和全区经济社会健康发展。

二、法治政府建设

（一）持续深化行政体制改革

加强机构改革的统筹推进和街道管理体制改革。改革街道设置为"六室一队三中心"，制定《街道党工委和办事处职责清单》《公共服务事项清单》《吹哨报到专项清单》等文件，明确了街道职责和相关部门报到职责。

（二）深入推进政府职能转变

全面深化"放管服"改革，精简权力事项，减轻企业负担；建立健全实行负面清单制度的协调机制；完成了公共资源交易分平台建设；加强信用体系建设，实现行政许可和行政处罚等信息 7 个工作日内通过政府网站全量公示；健全完善社会治理体制和体系，全面开展社区减负，增强服务功能，完善党建工作机制，进一步完善参与式治理模式，实施精细化管理。

（三）推进行政决策科学化、民主化、法治化

健全依法决策机制，加强会议公开、民意征集工作，落实重大决策出台前向区人大常委会报告制度；推进政府法律顾问制度，实现了各镇街及区政府部门外聘政府法律顾问全覆盖。

（四）积极推进行政执法的规范和效能建设

推行"街乡吹哨、部门报到"工作，集中了执法力量；规范执法活动，严

格落实执法资格管理、案卷评查等制度；提高执法效能，在职权履行率、人均检查量等方面较去年有较大提升。

（五）强化对行政权力运行的制约和监督

全年办理市区人大代表建议 66 件、政协委员提案 115 件，区领导带头出庭应诉，认真履行司法判决和建议；大力推进预决算公开工作，加强政府债务风险防范，严格依法履行财政监督检查职责；完善审计监督制度和审计结果运用机制；全面推进政务公开，做好政策解读和舆情回应。

（六）依法有效化解社会矛盾纠纷

完善复议案件审理机制，积极履行行政应诉职责，加强行政调解工作；推进人民调解参与信访问题化解试点工作，加强诉前调解，成功调解纠纷 1044 件，涉及金额 1321.02 万元；扩大法律援助事项范围，深化刑事案件全覆盖，全年受理法律援助案件 1137 件；推进信访工作制度改革，各镇街矛盾调处中心化解矛盾 152 件，村居"连民心恳谈室"化解矛盾 1657 件。

（七）加强统筹协调和考核培训宣传

培育法治政府示范项目，加强依法行政考评；强化学习培训工作，区政府会前学法 5 次，举办依法行政专题研讨班 2 期，组织法制培训类区级培训项目 13 期；开展系列法治主题宣传教育活动，举办镇街级法治文艺演出 13 场，村居法治文艺演出 150 余场。

三、审判工作

共受理各类案件 11 240 件，同比上升 9.1%，办结 11 287 件，同比上升 9.3%，收结案数均创历史新高。

（一）落实宽严相济刑事政策，保障平安门头沟建设

全年审结刑事案件 232 件，判处罪犯 250 人，同比增长 33%。重点打击"两抢一盗"、故意伤害等危害公共安全、侵害群众生命财产安全犯罪，审结相关案件 166 件。纵深推进"扫黑除恶"专项斗争，依托联席会议机制，对 2013 年以来受理的两万余件案件进行线索摸排，移交案件线索 16 件。对 52 名被告人宣告缓刑，设立驻看守所速审法庭，建立法律援助工作站，新收案件律师辩护率达到 100%。

（二）妥善调处民商事纠纷，助力地区发展转型升级

受理民商事案件 6783 件，审结 6659 件，同比分别增长 5.2% 和 1.3%。依法保障涉诉民生权益，审结婚姻家庭、遗产继承案件 735 件。主动适应经济发展新常态，优化区域营商环境，审结金融借款、民间借贷案件 855 件，同比上升 69%，依法制裁高利贷等不法行为，维护金融安全。建立涉及中关村门头沟园等高精尖企业涉诉通报机制，开展民营企业大走访，助力全区实现以产业创新驱动

高端发展。集中管辖生态环境保护类案件，设立旅游案件巡回审判点，推进道路交通事故损害赔偿纠纷在线解决，为全区守护好绿水青山和特色山地经济发展提供司法保障。

（三）创新执行工作机制，兑现当事人胜诉权益

创造性打造"1+N+X"信息化执行团队工作模式，严厉打击拒不执行判决、裁定行为，在全市首先建立了由区委政法委牵头，全区 31 家单位、乡镇街道参与的执行联动机制，对 25 人实施拘留、罚款等强制措施，将 67 人列入失信名单启动限高措施，让失信"老赖"寸步难行。加大涉民生案件的执行力度，执结相关案件 520 余件，发放案款 3000 余万元。首次执行案件结案率为 92.68%，在全市基层法院排名第一，有财产可供执行法定审限内结案率为 98.19%，终本合格率达 100%，最高人民法院督办信访案件数为 0。作为唯一一家基层法院，被最高人民法院确定为全国五家"解决执行难样板法院"之一，得到最高人民法院周强院长的点名表扬，全国 230 余家高、中、基层法院来院学习交流。

（四）实质性化解行政纠纷，服务法治政府建设

建立"诉前协调—审查指导—司法建议"三位一体工作机制，强化与行政机关的程序衔接，对涉诉案件较多的行政机关，定期梳理类案法律风险点，从重点关注"事后怎么判"变为主动指导"事前怎么办"，助力"放管服"改革，非诉执行案件裁定准予执行率达到 100%。配合推进行政机关负责人出庭应诉等工作，坚持依法裁判和协调化解并重，四分之一以上的涉区行政机关案件通过协调方式解决，行政纠纷实质性化解取得阶段性实效和良好社会效果。

四、检察工作

（一）服务大局，担当作为，为地区经济社会发展作出新贡献

1. 启动行政公益诉讼"新引擎"，做好国家利益和社会公共利益的守护人

以"生态涵养区"的区域功能定位和创建"全国文明城区""国家森林城市""基本无违建区"地区发展目标为着力点，主动与党委政府中心工作同步，实现"三效"有机统一。开展"永定河流域生态环境和资源保护专项监督行动"，扎实推进"疏解整治促提升"专项行动，督促恢复国家生态公益林 6600 余平方米、补种生态林木 1130 棵，督促规范近 20 家网络餐饮服务提供者的经营行为，守护民众舌尖上的安全。在全市率先探索集中宣告送达诉前检察建议模式，采用宣告式，邀请行政机关主要负责人来院签收检察建议，充分听取被监督单位意见，保障行政机关的参与权、知情权。

2. 积极参与社会治理创新，以法治思维营造安定有序的社会环境

坚持以人民为中心的理念，强化释法说理，妥善化解了"小伙刚蹭奥迪遭索赔后自杀案"等一批敏感案件以及 70 多岁上访"老户"韩某某家庭纠纷案等多

起缠访案件。持续开展"点线面"未成年被害人救助工作法，救助特困未成年被害人3人4次，共计11 000元。依托办案向发案单位制发综合治理类检察建议16份，收到整改回函11份，督促其完善棚改项目工地管理、公房拆迁监督管理、社区门诊药品监管等制度。

3. 积极开展法治宣传教育工作，切实落实普法责任制

制定综治预防工作考核管理办法，与团区委、区教委会签《"法治进校园"信息共享工作办法》，推出"法治副校长暑期社区课堂""家长课堂"等品牌巡讲项目。举办"创建全国文明社区检察官在行动""向校园暴力说不"等主题宣传活动70余次，发放宣传材料7000余册，受众逾2000人。制作预防信用卡诈骗、揭秘非法集资、远离校园贷等原创普法微信17条，多篇被检察日报、首都文明办、市检察院转发。

（二）聚焦主业，强化监督，切实维护公平正义和法治权威

1. 严格司法办案，维护社会公平正义

对一起涉案金额达3000余万元、被害人数逾百人的非法吸收公共存款案，依法批准逮捕6人、不批准逮捕1人。通过上门调查、委托鉴定骨龄、补充出生证明等材料，证实了2名犯罪嫌疑人发案时未达刑事责任年龄，并立即变更强制措施。针对全市百强民营企业自主知识产权受到侵害一案，立足本职，为企业提供用法律维权建议，列明取证提纲27项引导侦查取证，促使案件及时立案、犯罪嫌疑人落入法网。

2. 深化诉讼监督，确保法律正确统一实施

督促侦查机关补正案件瑕疵证据72项，监督侦查机关立撤案6件6人，引导区食药监局全面取证，将一起涉案1人、涉案金额7万元的销售假药案侦办成为涉案4人、涉案金额70万元的非法经营案，该案获评全市立案监督"优秀案件"。对17起案件发出变更强制措施建议、均获采纳，其中，赵某羁押期限审查案获评全市精品案，邢某某羁押必要性审查案获评全市优秀案。着力开展对生效民事和行政裁判的同级监督工作，开展"农民工讨薪专项监督"工作，与区法院建立信息交流共享机制与案件介入制度，与区劳动监察大队建立了线索移送机制，切实维护农民工的合法权益。

（三）深化改革，守正创新，为首都检察工作贡献基层经验

1. 深化以审判为中心的诉讼制度改革，推进刑事司法公正

就重大疑难复杂案件与侦查机关建立完善"及时通知、提前派员"机制，共引导办案7件17人、较去年同期增长3倍。适用认罪认罚从宽程序案件，占公诉案件的51.33%，高于全国、全市平均比例。

2. 建立全市首个检察工作管理信息化平台，探索创新检察管理新模式

立足司法办案、科学管理、科学考核组织研发了全市首个检察工作管理信息

化平台——"慧数慧检"云平台。

3. 率先在全市完成"两个中心"建设，以配套基础设施建设推动改革落地生根

率先完成检察服务中心和案件管理中心建设，将"两个中心"对接"慧数慧检"管理云平台，实现来访人员身份信息的快速识别、实时采集及统计分类。

五、公安工作

（一）深入推进扫黑除恶专项行动

坚持"打早打小、露头就打"的方针和"零容忍"的态度，将扫黑除恶专项斗争作为建设平安门头沟的一项政治工程、民心工程来抓，建立完善线索核查"四长"制、扫黑除恶"一把手"责任制，围绕"十类打击重点"和"八黑现象"，集中一切力量和手段，组建扫黑除恶专业队伍开展持续打击整治行动，对各类影响治安稳定、群众反映强烈的涉黑涉恶犯罪活动展开了强大攻势。

（二）严厉打击各类违法犯罪活动

以影响群众安全感的多发性侵财犯罪为打击重点，突出打团伙、打系列，在保持对重大敏感案件快侦快破的同时，打破常规、合成作战，瞄准涉车盗窃、入室盗窃等突出违法犯罪，深入开展多个波次的专项打击行动，不断挤压违法犯罪分子生存空间，确保打出声势、打出成效，有效遏制了刑事犯罪多发、高发势头。

（三）持续强化社会治安综合整治

紧紧围绕群众反映强烈的突出治安问题，统筹整合"忠诚·2018 平安行动""疏解整治促提升""三清""三个一批""创城"等专项平台资源，以永定冯西园、侯庄子、万佛堂、城子职高、龙泉坡头、潭柘寺等挂账重点地区为牵动，联合区综治、城管、卫生、工商、交通、环保等部门，组建成立 2 支区级层面的执法小分队、14 支镇街级执法小分队，部门联勤、多警联动、专项打整、波次推进，持续开展集中打击和联合整治行动，社会环境秩序明显好转，实现了出租房屋、行业场所重大刑事案件"零发生"。

（四）不断严密社会治安防控网络

以提高社会面见警率、管事率、处置率为抓手，不断深化三道防线联勤联动以及区域警务合作等机制，进一步提高协作防控效能，实现最大警力屯兵街头、沉入社区、摆上卡口，有效提升了动态化条件下立体防控水平。在外围，联合河北警方，进一步固化完善重要敏感节点外围防线查控协作机制，采取全线设卡、交通引导分流、临时封堵等措施，确保将各类安全隐患封堵在京外；在街面，坚持点面结合、人机结合、专群结合，根据辖区地域特点及治安防控实际，动态调整街面警力投向投量，形成严防严控的强大态势。

（五）切实强化重点领域管理查处

以打击整治枪爆违法犯罪活动为牵动，在全区范围内大力开展缉枪治爆专项行动，并适时启动重大活动安保期间危险物品"四停一封"、"两个一律"等超常规措施。持续强化辖区物流寄递、"低慢小"航空器等管控力度，推动企业树立安全责任意识。特别是对全区危爆物品存储使用单位，持续开展安全大检查，逐一签订安全责任书，督促落实管控措施和责任，确保了危爆物品绝对安全。

六、司法行政工作

（一）顺大势，聚合力，齐抓共管显作为

1. 大力推进"七五"普法

以"七五"普法中期检查为契机，协调建立普法责任制联席会议制度，制定《2018年法治宣传教育工作要点》《"七五"普法中期检查工作意见》《门头沟区"七五"普法考核指标》。召开区法宣领导小组工作会，开展全区"七五"普法中期检查工作，并在区政府常务会上汇报"七五"普法以来法治宣传教育工作情况。和区属相关部门有效对接，积极开展"12·4国家宪法日"、"4·15国家安全教育日"等主题宣传活动，在妙峰山镇斜河涧村打造宪法文化亭，举办"12·4专场文艺演出"等，不断深化法治宣传服务中心工作职能。

2. 主动对接"疏解整治促提升"专项行动

积极协调公证、律师等优秀业务骨干服务全区房屋征收腾退、违法建设拆除等重点工程项目，开展法律咨询，参与矛盾纠纷调解，截至12月底，共开展主题宣传239次，以案释法宣传228次，发放宣传资料5.6万余份，提供相关法律咨询1565次，成功化解矛盾纠纷47件，办理公证案件456件。

3. 切实推动扫黑除恶专项斗争开展

建立健全律师事务所代理涉黑涉恶案件的请示报告、收结案登记、集体讨论等制度，发动全区调解员力量开展扫黑除恶线索摸排，充分运用"一网两微"、户外LED屏等投放扫黑除恶宣传片、宣传标语等，共计张贴标语40余条，发放宣传资料1万余份，录制"扫黑除恶法治护航"《法治一刻》专题片并制成光盘发放到全区各单位、各村居。

（二）重服务，惠民生，满足需求谋发展

1. 聚焦大局需求，推进全国文明城区创建法治宣传工作

启动"法治宣传伴您行 全民创城齐行动"主题法治宣传月活动，举办主题法治宣传活动近400场。依托入户法治宣传活动，与市民面对面沟通，重点结合创城法治宣传一封信，做好法治宣传教育活动概念、形式等宣传解释工作。利用门头沟普法微信公众号及镇街村居微信公众号、微信群等加大宣传力度，引导市民以积极态度作答创城问卷。

2. 适应形势需求，优化多元调解专业服务

做好人民调解与行政调解、司法调解和其他调解方式之间的衔接联动，积极联合区人民法院，在扩大诉前调解案件范围、搭建多元调解平台、将调解延伸至诉讼阶段等方面进行探索。落实人民调解参与信访化解试点工作，制定人民调解参与信访问题化解工作实施方案，成立门头沟区信访诉求人民调解委员会。

3. 聚焦群众需求，全力提升法律服务水平

推进"区级—镇街级—村居级"三级实体平台建设，完成区级公共法律服务中心选址，完成 13 个镇街、298 个社区村公共法律服务体系识别标识牌安装。积极服务全区中心工作、重点工程项目，为回迁房选房、农转非名额分配等主动提供综合性、全方位的公证法律服务，全年办理公证案件 2427 件。扎实推进农民工、未成年人、妇女、老年人等特殊人群专项维权，开展送法进军营活动，全年解答法律咨询 12 065 人次，受理法律援助案件 1137 件，受理农民工讨薪援助案件 49 批次涉及 521 人次。办结法律援助案件 812 件，挽回经济损失 1269 万余元。固化"法律服务村居行"可持续模式，确保律师服务质量不断提升，共提供法律服务 3202 次、法律咨询 2656 人次。加大对律师办案的监督指导，实行律师跟案制度，尤其在律师代理一起重大敏感案件中，成立专门工作组，通过有效的约谈、指导监督及部门沟通，确保庭审顺利进行，得到了中央政法委、当地政法委以及司法厅等部门高度认可。联合区工商联制定服务民营企业专项工作方案，成立区律师服务民营企业团队，开展服务民营企业座谈会 3 次，法治讲座 5 次，法律咨询 7 次，提供法律意见 10 条。

（三）探实情，抓关键，分类指导显成效

1. 坚持目标导向，集中抓好"两类人员"教育管控

加强执法督察力度，引入第三方力量参与社会调查、社区评议工作，提高执法准确性和有效性。坚持基础课和专业课相结合，探索集中教育新模式，开设基础课程、专业课程。积极打造社区矫正线上教育新模式，与新浪司法频道"法培在线"教育平台合作，将"互联网+"思维应用于实践，实现社区服刑人员在线学习、在线考试等。

2. 坚持实战导向，多维打造专业化干警队伍

积极搭建平台，策划开展青年论坛、岗位练兵、实操观摩、主题宣讲等系列活动，并在全局范围内开展"我最闪耀"大比武活动。开展"人人都是螺丝钉"主题教育活动，以"讲奉献，争第一"的门头沟精神为指引，先后培育出"全国新时代最美法律服务人"、北京市三八红旗奖章、首都司法行政系统"法治好青年"等一批先进典型。

3. 坚持效果导向，积极优化精准普法路径

举办 2018 年法治思维养成与法治政府建设专题培训班，在全区安保维稳例会上开展"谁执法谁普法"普法责任制会前讲法活动。强化青少年普法工作，加强校园法治教员、法治副校长等青少年普法队伍建设。联合区教委、区法院等单位开展苗苗普法夏令营活动。2018年，推选少儿京剧《上任》参加北京市法治文艺大赛并荣获一等奖。

七、2018年法治建设亮点和特色

（一）"拆、控、创"三位一体创新打违模式

通过"拆存量、控新生、创建'无违建区'"三位一体打违模式，达到存量违建"负增长"、新生违建"零增长"要求，推进基本无违建区建设工作。

1. 启动百日攻坚行动，坚决拆除存量违建

区领导率先垂范，四套班子"一把手"齐上阵、负总责；拆违过程中积极运用法治思维和法治方式，遵守法定程序，赢得了人民群众对拆违工作的认同；公布举报电话，接受社会监督；及时推出典型做法，完成"嬉水湾农家乐"等重点违法建设的拆除工作；"百日攻坚"期间摸排违建面积139.37万平方米，已经全部按时完成拆除任务。

2. 坚持严控新生违建，持续保持"零增长"

利用卫星图片重点筛查可疑点位，完善违建高发地区监控网络；构建区级、镇街、村居三级网格化监管体系，实现"区级监管、属地落实"的共治机制；构建"党委领导、政府主责"的组织保障机制，形成村居、镇街、区打违办、区政府逐级定期汇报制度。

3. 注重拆后管理，腾退空间提质增效

东辛房街道拆除葡萄园社区违建后，将新建居民健身广场、停车场等基础设施；潭柘寺镇对拆违后土地进行综合治理，昔日"垃圾山"变身生态公园。妙峰山镇将违建厂房改造成五人制足球场和篮球场，面向社会开放。

（二）"三个融入"打造全区首家苗苗法治文化示范校

1. 法治元素融入校园建设

区法宣办联合区司法局、区教委、斋堂镇，在军响中心小学打造苗苗法治文化示范校。在校内开辟宪法文化墙、苗苗普法学习园地、普法微公园、普法小道、普法漫画角等区域，大力营造校园法治文化氛围。

2. 法治教学融入实践活动

策划法治画征集、普法嘉年华主题活动，另依托青春船长、模拟法庭等精品法治实践活动，以"走出去"与"请进来"相结合的模式，助力全校师生培树尊法、守法、学法、用法意识。

3. 法治需求融入制度建设

与学校建立青少年普法长效机制，在苗苗普法宣讲员队伍建设、以案释法长

期合作制度、宪法系列宣传活动等方面加强沟通协作，将示范校打造成全区青少年法治文化示范阵地，引领带动全区青少年普法工作向纵深拓展。

（三）三项举措并进，服务"街乡吹哨、部门报到"

1. 强化组织引领，不断提升各级党组织的组织力

将实现"街乡吹哨、部门报到"列为全区重点改革项目，成立专项工作领导小组，制定《门头沟区落实"街乡吹哨、部门报到"实施方案的工作安排》等相关工作机制；在全市率先建立 120 人的农村党建助理员队伍，加强党支部规范化建设；成立三级党建工作协调委员会，实现全区 13 个镇街、292 个村居（除涉拆、撤并社区）全覆盖；建立资源、需求、项目三个清单，吸纳各领域基层党组织 260 个，实现街乡与驻街单位齐抓共管有力度、互联互动有载体、服务群众有合力。

2. 强化资源整合，推动基层管理体制机制创新

创新建立次区域平台、移动执法平台、综合执法工作站，有效提升了基层治理的科学化水平；建立"3+1+N"网络治理模式，实现实时收集信息、统一筛选派单、跟踪督查考核；按照大部门制、扁平化的工作要求，将街道各类机构综合设置为"六室一队三中心"，精简内设机构 24 个，精简科级领导职数 37%，并为 4 个街道增加事业编制 52 名。

3. 强化基层导向，不断提升党组织服务水平

积极开展党组织和在职党员"双报到"工作，积极推进团员回社区（村）报到工作；制定全区《进一步推进在职党员回社区（村）报到工作的实施意见》，深入开展"我是党员我承诺""我为我家献一策""扶贫助困我带头"等活动；建立三级街巷长管理体系，研发街巷长巡查工作模块，建立"发现问题—上报处理—反馈结果"的快速反应机制。

（四）系统谋划，全力推进疏解整治促提升专项行动

1. 高频调度，合力保障任务推进

完善调度推进形式，通过工作会、专题会、"四不两直"实地调研、暗访等多种形式集中督导；完善工作机制，分管区领导强化统筹力度，"纵向沟通、横向协调"机制进一步完善；形成工作合力，人大、政协通过提案、座谈等形式助推疏整促工作。

2. 建章立制，全面落实工作新要求

按照"量化、细化、具体化、项目化"要求，制定出台 2018 年工作计划、月度作战计划和作战图；全面梳理风险点，制定社会稳定风险分析报告。

3. 厘清家底，全面梳理兜底性台账

围绕三区创建目标，聚焦重点区域、聚焦"绿水青山"、聚焦功能提升，通

过"两上两下"形成了全区"疏解整治促提升"专项行动任务兜底性台账。

4. 对标创建"基本无违建区"，高标准推动治违工作

建立拆违兜底性台账，制定《门头沟区 2018 年打击违法建设违法用地百日攻坚工作方案》，确保明年实现"基本无违建区"创建目标。在拆违治违过程中，注重与生态建设、美丽乡村建设紧密结合，集中开展永定河沿岸、传统古村落违法建设专项整治行动，促进地区环境进一步改善优化。

5. 坚持问题导向，精准发力破解"痛点"

针对普遍存在的建筑垃圾消纳问题，建立 4 座临时建筑垃圾处理设施；针对便民服务网点落地难问题，积极推进安置房社区配套商业设施办理相关证照工作；针对"留白"空间，加快研究新形势下产业发展方向，为地区实现高质量发展留足战略空间。

6. 聚焦民生热点，着眼长效，把集中整治抓出特色

高标准推进背街小巷环境整治及示范街道示范社区创建工作，加强精细化管理，建立街巷长、理事长制，落实环境清洁日制度，深入开展构建美丽和谐社区行动。

（五）建立"诉前协调—审查指导—司法建议"三位一体工作机制

强化与行政机关的程序衔接，对涉诉案件较多的行政机关，定期梳理类案法律风险点，从重点关注"事后怎么判"变为主动指导"事前怎么办"，支持、监督行政机关依法履职，助力"放管服"改革，非诉执行案件裁定准予执行率达到100%。配合推进行政机关负责人出庭应诉等工作，坚持依法裁判和协调化解并重，四分之一以上的涉区行政机关案件通过协调方式解决，行政纠纷实质性化解取得阶段性实效和良好社会效果。

 # 房山区法治建设报告

2018年，房山区在市委市政府和区委的正确领导下，坚持以习近平新时代中国特色社会主义思想为指导，围绕"三区一节点"功能定位，全力攻坚克难，狠抓工作落实，持续推进法治建设工作取得新成绩。

一、人大法治保障和监督工作

2018年，区人大法治建设工作坚持以习近平新时代中国特色社会主义思想为统领，认真学习贯彻落实习近平总书记关于坚持和完善人民代表大会制度重要思想，按照全区法治建设工作的总体部署和要求，紧紧围绕全区中心任务，充分发挥人大职能作用，服务发展大局，推进全区法治建设工作。

（一）监督工作

1. 对法律法规实施情况进行监督

通过实地检查、听取汇报、调研座谈等形式，对我区贯彻实施《安全生产法》《动物防疫法》《北京市消防条例》等法律法规情况进行了执法检查，深入了解法律法规执行情况，针对潜在风险提出了意见建议。

2. 对司法工作开展监督

视察区法院"人民调解+速裁"相关工作。实地视察了区法院诉调对接中心、速裁法官在线调解情况，观看了《小乐说法之三点连环+工作机制介绍》和《法治力量》宣传片，要求人民法院要对"人民调解+速裁"工作机制进行理论提升和实践深化，进一步为创立模范法院提供支撑。视察"两法衔接"工作。观看了信息平台操作规范，听取了区检察院和相关单位关于"两法衔接"工作汇报，对进一步推进"两法衔接"向纵深发展提出意见和建议。视察我区扫黑除恶专项斗争工作。参观了房山公安分局合作作战指挥中心、"好警文化品牌展"，听取了公安局专项工作汇报，就进一步建立长效机制、加强宣传力度营造扫黑除恶高压态势提出了意见建议。对区法院司法综合配套改革情况开展调研。先后组织部分人大代表、区人大法制委委员现场观摩"远程案款发还"1次、旁

听"拒不执行判决罪"审理 1 次、参与"房屋腾退案件的司法执行"工作的法律监督 1 次，并提出调查报告。

（二）法治保障工作

积极为市人大五年立法规划研提意见建议。将 2018 年至 2022 年地方立法规划 83 个项目按照所属政府职责分别向 35 家单位发出征求意见函，征集 23 条有效建议，对《北京市 2018 年至 2022 年地方立法规划项目（征求意见稿）》进行认真研究和初步分析评估，建议将《北京市农村集体资产管理条例》等六项条例、实施办法列入立法规划项目，为市人大立法规划提供了房山区的意见建议。

（三）规范性文件审查工作

1. 严格研提地方管理规定的法律意见建议

针对行政区划六环内交通拥堵问题，交通支队拟制定《房山区六环路以内区域采取交通管理措施》，对载货汽车、三轮汽车、拖拉机、畜力车进行规范管理。区人大常委会副主任牵头组织人员，逐项比对法律法规和北京市地方规定，认真研究，就机动车限行、交通限制措施的具体法律依据逐一说明，在有关措施适用的时间节点、提起程序提出了严谨的意见建议。

2. 进一步规范细化规范性文件备案审查工作流程

《房山区人民代表大会常务委员会规范性文件备案审查工作实施办法（试行）》于 2018 年 1 月 1 日正式实施，为保障规范性文件备案审查工作有序开展，拟定了《备案审查工作规程》《备案审查工作流程图》《备案审查工作表格》等制度和图集，对《实施办法（试行）》进一步完善，确保工作严谨、规范、具有可操作性。规范性文件备案审查制度的实施，从规范性文件制发的源头上入手，保障人民群众合法权益，在我区实现以良法促进法治、保障善治。

二、法治政府建设

2018 年，在市委市政府和区委的正确领导下，全区上下坚持以习近平新时代中国特色社会主义思想为指导，按照高质量发展要求，围绕"三区一节点"功能定位，坚持"六为"工作思路，聚焦抓好"三件大事"、打好"三大攻坚战"，狠抓工作落实、全力攻坚克难，较好完成了区八届人大四次会议确定的任务目标。

（一）疏整促工作

坚持"拆（违）字当先、治（污）字当头、退（低）上下手、除（隐）为目标"，设立 10 亿元专项资金，开展 12 次拉练检查，拆除违法建设 180 万平方米，腾退土地 286 公顷，疏解一般制造业 63 家，商品交易市场疏解 3 家、提升 11 家，建设提升便民商业网点 114 个，"留白增绿" 4513.7 亩，开墙打洞等 14 项市级任务全面完成。坚决整治违建"大棚房"问题，1088 宗 18 994 栋农业设施全部通过市级验收，拆除浅山区一般性违法建设 26 宗 70.4 亩。高效落实 4 平方公里减量任务，圆满完成 121.6 万市级人口调控目标。

（二）"放管服"改革工作

调整 62 项行政职权和 8 项行政审批中介服务事项。全面落实"9+N"系列政策，制定 22 项举措和 72 条扶持政策。编制三年行动计划，初步建立区、乡镇（街道）、村（社区）三级政务服务体系，政务服务"一窗办理、一网通办"达到 100%。建立重点企业"服务包"制度，区四大部门领导定期联系 122 家重点企业和 30 家成长性企业。召开民营企业座谈会，全力支持民营企业发展。

（三）政务公开工作

2018 年，房山区主动公开政府信息约 23 500 条，同比增长率达 14.28%。三个查阅场所共接收全区政府信息和政务公开成员单位移送的主动公开文件 1000 余件。

（四）保障安全工作

开展安全隐患大排查大清理大整治专项行动，1862 项上账隐患全部消除。启动城市安全隐患治理三年行动，开展危化、建筑施工等重点行业领域专项整治，安全生产形势总体稳定。食品安全示范区创建工作初见成效，粮食安全区长责任制落实到位。防灾减灾和应急能力不断提升，成功避险大安山乡军红路山体崩塌灾害，以高度的政治责任感全力抗击非洲猪瘟疫情。做好各类信访矛盾排查化解，严格落实意识形态工作责任制，深入开展扫黑除恶专项斗争，圆满完成全国"两会""中非合作论坛北京峰会"等重大活动服务保障任务。

三、审判工作

2018 年，区法院受理案件 40 013 件，审结 38 147 件，结案率 95.34%，收案数同比上升 7.2%，结案数上升 4.9%，结案率上升 0.4 个百分点，法官人均结案数上升 15.9%；"两即未结案数同比下降 4.7%，改判发回重审率由 0.7% 下降至 0.18%。

（一）刑事审判工作

完善刑事案件繁简分流机制和认罪认罚从宽制度，适用简易、速裁程序结案 734 件。依法审理郭某等泄露国家秘密案、蔡某等生产销售有毒有害食品案及中跃华创公司涉案金额 1.6 亿元的非法吸收公众存款案等，审理套路贷等涉众金融案件 300 余件，向公安机关移送金融犯罪线索 42 条。

（二）民商事案件

建立人民法庭多元化解、巡回审判、诉讼服务、基层治理、普法宣传"五位一体"工作机制，服务保障乡村振兴战略，河北法庭荣获"北京市十佳人民法庭"。构建人民法庭诉调对接网络，联动化解矛盾纠纷 2800 余起。拓展人民法庭

"环十五公里诉讼服务圈"，方便群众就近诉讼。依法保护民营企业和劳动者合法权益，审结群体性劳动争议纠纷 5 批 110 件。深化"多元化解+速裁"工作，立案阶段成功调解和速裁案件 19 747 件，诉讼前端矛盾化解率 70%，排名全市第一。

（三）行政审判和监督依法行政工作

审理涉山区人口迁移、青龙湖环境整治、棚户区改造、煤改电等重点工程项目案件 265 件，向区委政法委汇报相关案件 16 件。与区法制办联合召开涉"疏整促"专项行动行政审判座谈会，到各委办局、乡镇走访调研 80 余次，强化行政审判引导监督作用。

（四）案件执行工作

审结拒执罪刑事自诉案件 21 件；罚款、拘留 86 人次，纳入失信名单 1872 人次，限制高消费 5489 人次；发布涉嫌拒执罪"通缉令"，成立"执行 110"特别行动组，出警 91 次，执结 53 件。首创小额财产拍卖新模式，成功处置涉案财产 78 次，成交金额 2.35 亿元。畅通涉民生案件绿色通道，执结涉民生案件 478 件，执行金额 4454 万元；首次通过远程视频向 15 名外地农民工发还执行案款；对确有困难的执行申请人进行司法救助 97 件，发放救助金 364 万元。

（五）深化以审判为中心的诉讼制度改革

制定《落实以审判为中心的刑事诉讼制度改革 推进庭审实质化的实施意见》，出台《刑事案件证据收集指引》，落实刑事案件律师辩护全覆盖。

（六）接受人大、政协等各方面监督工作

加强广泛联络、定向联络、协同联络"三联络"，开展"四送一通"，"代表直通车"定期走近代表倾听意见，全年共开展市区两级代表联络活动 34 场。完善代表关注案件和议案建议办理工作督办机制，及时向代表反馈办理进展及结果；推进人民陪审员选任和参审模式改革，成立人民陪审员党支部。人民陪审员全年参加庭审 4568 人次，陪审率 99.8%，排名全市第一。主动畅通社会监督渠道，公开裁判文书 19587 例，上网率 100%，排名全市第一。

四、检察工作

2018 年，区检察院讲政治、顾大局、谋发展、重自强，落实"三首"标准定位，积极开展"双一流"创建活动，充分发挥检察职能服务"一区一城"新房山建设，努力让人民群众在每一个司法案件中感受到公平正义。

（一）法律监督工作

1. 强化侦查活动监督

履行立案监督职能。监督行政执法机关向公安机关移送立案线索 17 件，公安机关立案 15 件；将"两法衔接"工作成效向区人大作专题汇报，获得高度肯定；在破坏环境和危害食药安全两个专项中建议移送的案件有 6 人已被判处刑罚；办理的某铝业公司污染环境案被评为市检察机关十大"精品案件"；开展经济犯罪领域专项监督撤案活动，经监督，公安机关撤案 2 件 3 人。严格侦查活动监督。受理侦查活动监督案件 33 件，以监督促规范，与区公安分局建立联席会制度并开展季度通报，多措并举提升执法公信力；依托派驻中心检察室发挥监督实效，口头纠正公安机关执法不规范问题 7 次，提供案件取证、法律适用等方面的咨询意见 6 次。适度延伸监督触角，对市工商局房山分局向我院咨询的案件积极会商并提出建议，为行政执法工作提供司法支持。

2. 强化刑事审判监督

对诉讼监督活动中发现的涉案财物处理不规范、涉案人员信息审核不严等违法或不规范情形，发出纠正违法通知书 4 份，检察建议 5 份，提出抗诉 4 件，切实维护司法公正。扎实开展移送线索案件办理工作，在对上级院移送监督线索进行审查中发现存在被告人冒用他人身份被定罪的情况，向区法院发出检察建议促该案件获得改判。高度重视检察长列席法院审判委员会工作，对区法院诉讼活动实施法律监督的情况进行通报，探索将法律监督工作情况通报制度化、常态化。

3. 强化刑事执行活动监督

以在第五届规范化检察室评定中获评全国一级规范化检察室为契机，推进派驻检察的规范化建设。依法办理羁押必要性审查案件，对 65 人进行审查并变更逮捕强制措施，开展社区矫正检察和剥夺政治权利检察活动，强化刑事被执行人人权保障，向有关单位发出检察建议、纠正违法通知书 9 份，问题得到有效整改。办理的米某收监执行监督案被评为北京市刑事执行监督优秀案件。

4. 强化民事和行政诉讼监督

受理民事同级监督案件 11 件，向区法院发出要求说明理由通知书 3 份、程序违法检察建议书 1 份，开展协助解决农民工讨薪问题专项活动，接待讨薪农民工，处理案件线索 130 余起，支持起诉 93 件。扩大行政检察办案规模。立案办理数同比增长 400%。办理行政诉讼监督案件 1 件。

（二）刑事检察及公益诉讼工作

1. 严厉打击各类刑事犯罪

全年共受理审查逮捕案件 793 件 1046 人，审结 786 件 1031 人；受理审查起诉案件 1122 件 1368 人，审结 1074 件 1313 人。受理涉恶案件 15 件 44 人，其中区级督办 3 件 16 人。审查起诉"两抢一盗"案件 169 件 208 人、故意伤迁补偿故意伤害案、李某某放火案等一批社会关注度高的案害等暴力犯罪 172 件 194人。持续打造未成年人检察工作房山品牌。办理的某幼儿园教师针扎幼童案被评为北京市检察机关精品案件，支持起诉的一起校园欺凌案入选《北京市依法维护妇女儿童合法权益典型案例集》；履行涉未监督职责，就旅馆业违规接纳未成年人入住问题发出检察建议书，房山公安分局对 2 所旅馆做出行政处罚；向区文委移送网吧违规接纳未成年人上网的违法线索 2 件，为未成年人的健康成长创造良好的社会环境。为经济社会发展提供法治保障。依法办理樊某某挪用公司资金 5000 余万元案，保障非公有制企业合法权益；对某国企存在安全隐患风险问题发出检察建议并收到整改回复，助力企业安全生产水平提升。突出打击涉众型经济犯罪，办理非法吸收公众存款案 14 件 31 人，提前介入引导侦查涉案金额特别巨大的窦某诈骗案；办理的郭某某等 14 人非法吸收公众存款案，已挽回 400 余万元经济损失，有效缓解追赃挽损难度大的问题。

2. 积极开展公益诉讼工作

共审查处理公益诉讼案件线索 31 件，立案 16 件，发出诉前检察建议 7 份。依法办理网络外卖商家违法经营案，规范全区 2700 余家网络外卖商家的经营活动，维护人民群众"舌尖上的安全"；办理大石河兴礼桥河道内堆放垃圾案，清理垃圾 19 000 余吨，消除大石河国家考核断面上游一处污染源，助力全区"清河行动"。

（三）提高司法公信力

1. 接受外部监督

不断深化与代表、委员的联络。每周以短信方式推送检察工作，为代表履职提供便利。认真回应代表对普法工作的关切，"检察官法治文化宣讲团"在 27 位代表所在地开展宣讲。举办"关爱祖国未来，擦亮未检品牌"公众开放日，邀请代表、委员参加我院党建述职考核会、疑难案件听证会等活动，进一步畅通外部监督渠道。促进案件信息公开常态化。严格审批程序，有效防止文书公开不规范问题，法律文书公开比例达到 100%。落实检察长担任法治副校长制度。与北京师范大学良乡附中合作，检察长担任法治副校长并讲授法治课。

2. 开展法治宣传

成立"检察官法治文化宣讲团"，结合"保健品诈骗""非法集资""扫黑除恶""校园安全"等主题开展普法宣讲 109 场，受众一万余人，该项目获评房山区优秀志愿服务项目。结合市检察院"十进百家千人普法"主题活动要求，开展法律"进军营""进楼宇""进景区""进学校"等宣讲 25 次。丰富普法形式，在房山检察公众号推出以案释法等普法专题，发布的原创类普法文章多次被最高人民检察院、法律读库等有影响力的公众号推广。房山检察微信公众号关注人数、阅读数、点赞数在全市各区检察院中均位列前三。我院连续 2 年被最高人民检察院评为检察宣传先进单位，涌现出"全国检察宣传先进个人""房山区优秀志愿者"等普法先进典型。

五、公安工作

2018年，房山区公安分局在区委、区政府和市局党委的正确领导下，以习近平新时代中国特色社会主义思想为引领，全面增强"四个意识"，着眼"一区一城新房山"建设和"三区一节点"功能定位，全警动员、全力以赴，推动反恐维稳、打防管控、党建队建等工作落实，圆满完成全年法治建设工作任务。

（一）重大安保工作

立足工作主动，做强情报预警、做深情报研判、做实情报核查，狠抓源头稳控，圆满完成了"两节""两会""六四"、上合组织青岛峰会、中非合作论坛北京峰会、中秋国庆等安保维稳任务，有力维护了全区社会大局安全稳定。

（二）社会稳定工作

紧紧依靠党委政府，依托"共治警务"，整合各方资源，协调各方力量，掌握工作主动，严守底线红线，强化风险评估、妥善化解重点矛盾、积极排除各类隐患，始终保持全区大局稳定。

（三）队伍建设工作

进一步强化党建带动引领，以"忠诚、廉洁、智慧、法治"警务建设为抓手，坚持党建队建同轨、严管厚爱同步，力度温度同轴，思路措施同频，全力锻造忠诚干净担当的过硬队伍，全年共计7人获战时嘉奖，25个集体、94名个人获通报表扬，队伍核心战斗力、工作向心力和凝聚力进一步增强。

（四）社会治安工作

深化主责主业，保障社会民生，全力营造安全稳定法治环境。全年破案率同比上升11.6%，破现案同比上升18.2%，刑拘同比上升3.3%，治拘同比上升4.8%。连续8年保持命案侦破率100%。全面开展大排查大清理大整治专项行动，严格监管消防、交通、危险物品以及大型活动安全，群众安全感持续提升，三季度群众安全感全市排名第四。

（五）扫黑除恶专项工作

提升政治站位，坚持"有黑扫黑，无黑除恶，无恶治乱，无乱整序"的思路，围绕"十类"打击对象，扎实推进扫黑除恶专项斗争，积极配合党委政府，做好基层"两委"换届选举工作，深入排除矛盾隐患，坚决铲除黑恶势力滋生土壤。

（六）依法行政工作

积极落实减证便民措施，对户政19项大项133项小项业务开通网上预约和预申请服务；开通高龄老人、婴幼儿童、残疾人等办证绿色通道，协调相关部门排查化解户政矛盾8件，解决疑难户口7件。认真落实"只跑一次"制度，积极完善出入境管理，提升办理效率和水平，发放出入境证件5.3万件。

六、司法行政工作

2018年，在区委、区政府和市司法局的正确领导下，房山区司法局充分发扬"厚德崇法、务实创新"的房山司法行政精神，紧紧围绕"一区一城"新房山建设的工作大局，主动作为、凝聚人心、锐意进取，法治建设工作取得了显著成效。

（一）人民调解工作

大力加强基层调解组织和多元调解体系建设，全区已建各类调委会675个，共有专、兼职人民调解员2951人，其中专职调解员66人。全年，各级人民调解组织调解各类矛盾纠纷8480件，调解成功8342件，调解成功率达到98.4%。依托良乡镇第二法律服务所，成立了"众合人民调解委员会"，是全区成立的首个以法律服务人员为工作人员的专业人民调解委员会，成立仅半年就成功调解矛盾纠纷150余件。加快个人品牌调解工作室建设进度。

（二）律师工作

强化律师服务意识，积极承担社会责任。我区参与村居公益法律服务律师事务所10家，律师55人，为我区604个社区、村，开展法律服务7056次。成立了由48名律师组成的法律援助专业志愿团和法律援助案件领导小组，共参与区领导信访接待53次，接待来访群众41批次、110人次。按照市局部署，我们组织参与村居公益法律服务工作的57名律师和广大群众，下载安装使用了市局研发的"APP"，并开展了APP的专题培训工作；目前，使用率91.23%，居全市第一名。加强对律师行业监管，成立了律师重点人舆情班、教育管控专班及管控工作小组，在重要节点和敏感时期，与重点律师进行约谈，要求其在敏感期不得私下串联，不得借敏感话题炒作滋事，并签订承诺书。

（三）公证工作

先后参与了强制拆迁、处理违章建筑、强制拆除协调会14场次，现场监督指导4次，提供法律咨询200余人次。为65户村民，办理保全公证43件。全年共办理各类公证6584件，代写法律文书638件，解答法律咨询13 613人次。强化对公证工作的监督指导，全年共开展两次公证质量检查，要求每名公证员对2017年度本人办理完结的遗嘱、委托、继承和强执类的公证案件卷宗进行自查，组织恒信、嘉诚公证处进行互查检查，每次检查不低于70本卷宗，检查中发现的卷宗的问题，及时反馈公证处，针对此问题及时改正并加强学习，在以后的工作过程中严加防范，不断提升公证质量。

（四）法律援助工作

在公安局、检察院、法院和看守所建立了"法律援助工作站"，精心挑选出38名具有三年以上丰富执业经验的律师，建立了"刑事案件律师辩护全覆盖专业团队"，免费为 284 名犯罪嫌疑人提供了刑事辩护。并与良乡监狱、潮白监狱开展"结对共建"，组织律师开展入监教育 2 次，免费为服刑人员提供法律咨询 36 人次。全年，共受理各类法律援助案件 865 件，解答来电来访咨询 4021 人次，配合相关部门为 361 名农民工提供法律援助，追讨工资欠款 449 万元。

（五）社区矫正和安置帮教工作

积极采取就业政策指导、生活困难帮扶救助等措施，为 5 人推荐解决了就业问题，实施临时救助 23 人次，发放临时救助款 29 200 元。初始教育培训 5 批次 178 名社区服刑人员，举办了解矫前教育和分类教育培训共 19 批次 551 人。及时收监 3 名违反《社区矫正管理规定》的社区服刑人员。

七、2018 年法治建设特色亮点

房山区矛盾纠纷多元调解中心是全市首家区级层面"矛盾纠纷多元调解中心"。该中心成立一年的时间，已受理调解各类矛盾纠纷案件 2869 件，涉及金额达 6 亿多元，为全区群体访、越级访的下降做出了贡献，使房山区的信访工作排名从之前全市倒数升至全市第三，为推动房山转型发展提供了支撑，被司法部评为"全国人民调解工作先进集体"，被誉为"枫桥经验"北京升级版。

（一）"管用"的体系支撑高效运行

1. 搭建综合调解平台，有效化解矛盾纠纷

中心依托区人民调解协会优势资源，坚持人民调解与司法调解、行政调解相结合，用多元手段化解社会矛盾纠纷。该中心先后与区法院诉调对接中心、区信访办、区法制办、区综治办、房山工商分局、区妇联等部门建立了工作联动机制，确定了专职联络员负责工作对接。同时与全区 64 个行业性、专业性调委会和 27 个乡镇街道调委会建立了协作关系，并建立了"周口店和谐龙乡""平安青龙湖""和谐东风"等 3 个镇级多元调解中心试点，真正形成组织机构健全、人员配备合理、机制衔接到位、程序合法规范的综合工作平台。

2. 组建专业调解团队，"专业的人干专业的事"

组建 26 人"专职多元调解队伍"，并纳入部分调解组织中的专职调解员；同时聘请了律师、公证员、心理咨询师、司法鉴定人员、品牌调解员等多领域 30 余名专家，组成人民调解专家库。注意加强对调解员的业务培训与指导，安排其进行脱产学习。在日常工作中，每天安排专人在接待处轮流值班，随时接待、解答、受理群众的咨询，截至目前，已受理各类咨询 1500 余人次。

3. 全市首创"一站式"司法确认机制，极大提高调解成功率

该机制由中心与区法院于 2017 年 7 月合作创立。根据该机制，双方当事人达成调解协议后，调解员当即制作司法确认申请书，指导法官当场检查并确认符合法律规定后，立即制作予以司法确认的法律文书。通过该机制调解纠纷，不收

取任何费用、不需要书写起诉状、不需要到法院办理立案手续、不需要开庭、辩论等诉讼程序。从时效看，一般情况下，上午调解成功的纠纷，当事人当天下午即可领取法律文书；下午调解成功的纠纷则第二天上午即可领取法律文书；特别紧急的，法官则当即办理相关手续，极大地便利了群众和企业。

（二）中心运行取得初步成果

中心成立以来，成功调解了大量一般民商事纠纷和信访纠纷，成功化解了多起农民工讨薪纠纷、持续多年的霞云岭煤矿工伤补偿纠纷、十渡东湖港景区游客伤亡纠纷、区工业总公司与单位员工房屋纠纷等多起重大案件。这种多元调解与信访调解联动的工作模式得到市信访办的充分肯定，并在全市推广，朝阳、丰台、大兴等兄弟区的当事人也慕名前来进行咨询和调解。由于运行成效突出，该中心被市司法局和市人力社保局评为"先进单位"，1名专职调解员被评为"全国人民调解工作先进个人"，1名专职调解员被评为"市级先进个人"，中央人民广播电台、法制日报等多家媒体进行了专题报道。

此外，中心积极参与西潞街道"北三村新型城镇化建设项目"腾退工作，抽调专人为长沟基金小镇开发项目、河北镇棚户区改造项目、"良乡镇统筹城乡新型城镇化示范区建设"提供了法律服务。一年来，在服务我区重点工程建设中，成功调解各类矛盾568件，化解重大疑难案件6件。

（三）巩固成果，拓展中心运行新模式

1. 增"元"

继续推进乡镇（街道）级中心建设，加强与各相关部门单位、各行业协会、"两新"组织的对接，完善社会矛盾纠纷多元化解机制。

2. 扩"容"

加强调解员队伍建设，进一步完善调解员结构，吸纳相关行业领域的专家作为调解员，协助中心开展工作。同时以中心为业务培训基地，组织各镇级调委会和镇级多元调解中心工作人员轮流进行业务培训，再由参训人员对村居级调委会进行培训，发挥以点带面的效果。

3. 延伸

着力跟踪全区重点矛盾，动态掌握相关信息，努力做到"哪里有民间矛盾纠纷，哪里就有基层人民调解组织；哪里有民间矛盾纠纷，基层调解工作就延伸到哪里"，实现人民调解"第一道防线"作用，切实维护我区社会和谐稳定，为"一区一城"新房山建设做出新的更大贡献。

# 通州区法治建设报告

2018 年，在市委、市政府和区委、区政府的正确领导下，通州区始终坚持以习近平新时代中国特色社会主义思想为指导，全面贯彻落实党的十九大和十九届二中、三中全会精神，立足"一核两翼"和京津冀协同发展大局，紧紧围绕北京城市副中心建设，鼓足干劲、奋发进取，重点做好法治政府建设、依法行政和公共法律服务等主要工作，法治建设取得新进展、新成绩，为全面推进北京城市副中心建设提供了强有力的法治保障。

一、人大法治保障和监督工作

2018 年，通州区共召开两次人民代表大会会议，召开 9 次常委会会议，14 次主任会议，听取和审议"一府两院"工作报告 16 项，作出决议、决定 26 项，依法任免国家机关工作人员 50 人次，督办代表议案 1 件，建议、批评和意见 115 件，开展专题调研 7 项。

（一）组织机构建设工作

1. 党组领导核心作用更加凸显

坚持重大事项向区委报告制度，严格落实全面从严治党政治责任，健全完善学习、议事、决策各项工作制度。全面加强政治建设，推动作风建设常态化，切实担负起党风廉政建设主体责任。

2. 机关运行更加顺畅高效

梳理完善各项制度，着力构建规范、高效、有序的运行机制。大力推动信息化建设，人大微信公众号上线运营，开发建设代表议案建议办理系统。充分发挥人大网站、《通州人大》期刊、人大信息，服务决策、服务代表、服务履职、交流宣传的作用。

3. 干部队伍更具活力

着力构建"学习型、创新型、和谐型、服务型"机关，营造和谐共进、活力彰显、用心成事的良好氛围。发挥工青妇群团组织作用，增强凝聚力、向心

力。完善干部选拔任用和轮岗交流机制，激发干事创业的热情干劲。

4. 基层人大工作更具特色

强力推动机构建设，批准建立区人大常委会潞源、通运街工委。加强对人大街工委和乡镇人大的联系和指导，不断总结经验、探索创新、完善制度、发挥作用。各街工委、各乡镇人大积极履行职责，参与本地区建设发展，取得了显著的履职成效。

（二）人大代表工作

1. 强化创新，打造更加完备的服务保障体系

制定人大代表履职办法，制作代表履职手册，代表履职取得新突破。拓宽代表履职渠道，组织代表担任义务监督员，参与政府绩效管理年终考评。建立市区代表联系组，加强三级人大代表联动，广泛征求对法律法规文稿的意见建议。

2. 强化规范，扎实推进代表履职深入开展

坚持"三级联系"制度，完善代表联系网络机制，健全代表固定联系选民、代表接待选民日、代表联动月活动等制度。组织代表听取"一府两院"工作报告、集中视察、会前代表活动、同区长座谈、代表询问，为代表履职创造条件。

3. 强化督办，推动建议办理更富成效

坚持主任、副主任重点督办，代表联络部门统筹督办，各专委会对口督办，市区代表联动督办，代表共提出建议 115 件（闭会期间 1 件），全部办复。

（三）法治保障工作

1. 着力推进公共法律服务体系建设

督促政府着力打造综合性、便捷性、多层次公共法律服务平台，推进人民调解、法律援助、远程调解等公共法律民生工程建设。全面打造多媒体、立体化的宣传平台，打造公共法律服务体系新格局。

2. 不断推进司法体制改革

督促法院严格落实主体责任，深入探索人员分类管理模式，完善案件繁简分流机制，打造稳定高效审判团队，加快智慧法院建设。督促检察院提高站位、主动作为，切实维护公共利益和公共权力。

3. 严格程序，扎实推进人事任免制度化、规范化

召开区六届人大四次会议，高质量选举区人民政府区长，依法任命 5 名区政府副区长，1 名区人大常委会工作机构人员，任免法检"两院"工作人员 44 人次，从组织上保证国家机关的正常运行。

（四）监督工作

1. 全力推动各项发展目标实现

把脉经济社会发展情况，专题调研国税地税体制改革，提出对策措施。对国

民经济和社会发展计划执行情况、下年度计划草案提出初审意见，为人代会审议批准年度计划提供参考依据。

2. 着力推进重点领域建设发展

加强对国有资产管理、商业资产运营的监督，推动完善国资管理体制、构建现代商业体系、打造自主特色品牌。连续跟踪行政办公区、运河商务区、文化旅游区建设情况，推进重要功能节点建设。统筹新老城区衔接、加快城市双修。

3. 不断强化财政资金使用效益

加强对财政决算、预算调整、预算草案进行初审。组织代表全过程参加政府项目财政绩效评价、预算事前绩效评估、部门预算编制。听取和审议审计查出问题整改落实情况报告。开展对政府债务管理、新增债券使用、市区新体制增加转移支付、"疏整促"专项资金分配的监督，推动政府强化资金管理。

4. 持续推进城乡融合发展

加强对美丽乡村建设、农村集体"三资"监管、气象为农服务的监督，督促政府统筹乡村振兴和"三农"发展。着力解决农村医疗、教育、环境、交通、产业、就业等突出问题。

5. 主动融入"疏整促"

将"散乱污"企业清理整治及产业退出列为议案，常委会全程督办、全员督办、全方位督办，圆满完成2000万平方米拆违任务。

6. 持续推动城市精细化管理

连续督办，重点推动城市管理体制改革、执法力量下沉、"街乡吹哨、部门报到"有效落实。推进市容环境卫生、环卫一体化、垃圾分类处理、背街小巷整治提升取得成效。促进网格化管理、市场化运作、科技化支撑、智慧城市建设加快进程。围绕交通疏导、治堵治乱及静态交通管理，主动出招破解，使交通环境有效改善。

（五）民生工作

1. 强化科技创新助推城市副中心建设

着力打造体系、形成整体合力，加快智慧城市建设，提升企业创新能力。加强创新平台建设，加快建立人才高地，充分发挥科技创新在副中心建设中的引领作用。大力实施创新驱动发展战略，科技创新环境不断优化、自主创新能力持续增强、科普宣传日益深入、科技与经济结合更加紧密。

2. 激发文化体育发展活力

开展大运河文化遗址规划建设专题调研，推动非物质文化遗产的传承保护。深入挖掘大运河文化，促进公共文化、文化与科技、教育、旅游业融合发展。围绕公共体育基础设施建设，完善乡村基础设施、加大场所开放力度、提高群众健身水平。

3. 补足学前教育短板

督促政府统筹资源、加强规划、扩充学位、优先布局、优化发展。制定政策，创新体制机制，明确师资准入标准、拓宽渠道充实师资，打造与城市副中心相匹配的学前教育。

4. 持续聚焦医疗卫生事业健康发展

对公共医疗卫生发展提出统筹规划，提供更加有效、便捷的公共卫生和基本医疗服务。加强政策资金保障，强化重点学科建设，做优做强现有医院。根据功能定位和百姓需求，做好市级优质医疗资源的引入工作。加紧开工，建设更高水平、更高质量的妇幼保健新院。

5. 紧扣社会保障促进和谐建设

视察调研食药监管工作，督促政府加强源头管控，保障食药安全，推进全国食品安全示范区创建。对居家养老健康服务建设，提出完善政策保障，加大财政投入，健全三级养老服务体系，加快推进国家级居家和社区改革试点进程。视察雪亮工程，推动资源整合、深度融合，推进平安通州建设。加强执法检查，大力推动残疾人保护、消防安全。

（六）探索创新

1. 集智汇力，促进城市副中心控规高标准编制、高质量实施

全程关注、主动参与，广泛征求意见，听取和审议区政府关于"高水平实施好城市副中心控规，推动通州区实现高质量发展"报告，深刻领会规划蕴含新理念、新思想、新战略，把握目标任务，推动转变方式，实现跨越式发展。

2. 广征深研，促进"十三五"规划纲要深入实施

参与纲要实施中期评估，对评估报告进行审议、作出决议，并批准调整部分指标。充分认识转型换挡期的艰难困苦、严峻挑战，凝聚全社会共识、集聚各方面资源、实现高质量发展。增强典型示范意识，勇于自我革命、广泛吸收借鉴、深入改革创新，发挥聪明才智、统筹协调发展。

3. 坚定不移，打赢蓝天保卫战、碧水攻坚战

扎实推进大气污染治理，聚焦秋冬季空气重污染防治、禁限放烟花爆竹等重点，多措并举持续推动源头治理，大气污染主要治理指标都好于预期。持续关注水污染防治进程，推动"河长制"有效实施，督促抓好水污染防治、污水处理厂建设、黑臭水体治理，辖区内水环境不断改善、水生态不断修复。

4. 持之以恒，推进城市副中心"绿色一翼"建设

加快推进新一轮百万亩绿化造林任务，推进土地腾退、土地整理、留白增绿进度。推动国家森林城市创建，创新园林公共服务配套设施建设，提升镇域园林

绿化养护标准，打造更高水平、更高效益的绿色发展新格局。

二、法治政府建设

2018 年，通州区政府紧紧围绕北京城市副中心建设大局，主动靠前，认真梳理、深刻剖析并着力解决法治政府建设过程中发展不平衡、不充分问题，进一步加强对推进法治政府建设统筹协调和督促指导。

（一）推进行政决策科学化、民主化、法制化

1. 完善政府重大行政决策程序和规范性文件制发程序

修订印发《通州区人民政府工作规则》，规范重大决策事项程序。下发《关于进一步加强行政规范性文件制定和监督管理的通知》，进一步明确规范性文件的发文主体、发文程序和备案管理等。将"通州区农村地区生活污水处理设施全覆盖实施模式决策"作为区政府重大行政决策创新示范项目上报市司法局。

2. 做好规范性文件合法性审查和清理工作

共对区政府重大行政决策和规范性文件出具合法性审查意见 153 件次；为区属各单位出具征求意见回函 137 件；区属各单位报备规范性文件 17 件；向市政府报备规范性文件 6 件；完成市政府法规规章征求意见 9 件。审核区委、区政府重大合同、协议 42 件。完成全区涉及产权保护规范性文件和涉及生态环境保护规范性文件的清理工作，共清理区政府文件 10 件，保留 7 件，废止 3 件，区政府工作部门废止 1 件，确保法制统一。

3. 推进政府法律顾问制度建设

印发《通州区人民政府关于加强法制机构建设落实法律顾问工作的实施方案》《关于规范基层法制机构职责和外聘法律顾问管理的通知》《通州区外聘政府法律顾问工作管理规定》，着力构建符合通州区实际的政府法律顾问体系。下发《关于在优化营商环境中更好发挥法律顾问作用的通知》和《关于在疏解整治促提升"治理违法建设"专项任务中更好发挥律师作用的通知》，发挥法律顾问专业优势，服务保障中心工作作用明显。

4. 开展副中心法治建设前瞻性研究

形成《以发现和制止为重点建立健全新增违法建设治理机制》报告，完成《优化营商环境改革与创新研究——以营造更加公平的法治环境为研究重点》《街乡行政执法机制研究》等 9 个政府法治课题研究，课题成果转化效果良好。"北京城市副中心城市管理条例"作为 2018 年市人大立法调研项目，市区两级积极开展立法调研和交流研讨，共同起草完成立法调研报告。

（二）推进行政执法的规范和效能建设

1. 加大行政执法监督力度

推进完善执法力量下沉背景下的城管执法工作机制，开展以行政执法为重点

的依法行政检查工作，充分利用执法信息服务平台实时、动态统计执法数据，加大对"零处罚"单位督促力度，基本消除"零检查"现象。实施环境保护、安全生产等领域依法从严管理，最大限度减少违法现象发生。

2. 组织开展行政处罚案卷评查

重在发现问题，旨在提高全区行政执法单位执法水平，规范案卷制作水平，共抽取23个行政执法部门自评的行政处罚案卷46卷，评查结果均为合格。

3. 开展行政执法绩效评估。组织对区商务委、区卫计委开展执法绩效评估，形成包括7个一级指标、33个二级指标、100个三级指标的行政执法评估体系，为今后客观公正评估全区执法单位执法状况奠定良好基础，对全区和全市行政执法规范化工作起到很好指导引领作用。

（三）强化对行政权力运行的制约和监督

1. 自觉接受人大、政协监督

区政府认真执行区人大及其常委会决议和决定，自觉接受人大工作监督和法律监督。主动向区政协通报工作，自觉接受政协民主监督。做好接待人大、政协组织的执法检查、视察和专项调研活动，邀请人大代表、政协委员监督依法行政工作。积极办理人大代表建议和政协委员提案331件，办理区人大议案2件、区政协主席建议案3件。

2. 加强财政管理与监督

深入推进预算执行动态监控体系建设，18项预警规则全部纳入监控。加强政府购买服务项目管理和监督，完成对全区70个预算单位政府购买服务工作执行情况跟踪，全年共完成政府采购项目532个，政府采购资金306 501.59万元。积极开展财政监督执法检查，确保财政资金专款专用、合法合规，对在执法检查中发现问题的3个单位给予行政处罚。

3. 强化审计监督工作

对全区涉及违法建设拆除、核心区街巷环境整治、基本便民商业网点建设提升、各类公共厕所改造升级及政府债务管理等资金使用单位进行跟踪审计。加大对财政资金管理、分配、使用各关键环节的审计力度，共开展17个区级部门预算执行和决算草案审计。针对违规发放国有企业领导人员薪酬、违规转包工程项目等问题，向相关单位移送问题及案件线索6件；针对领导干部经济责任审计中发现的购买资产及服务未履行政府采购程序的问题，向区财政部门进行通报，向被审计单位进行警示。继续对本年度部门预算执行和决算草案审计结果进行公告，切实增强行政执法工作的透明度，更好地接受社会和群众监督。

4. 全面推进政务公开

深化全区政务公开标准化清单体系建设，完成全区政务公开全清单编制工作。区政府主动公开政府信息近 200 条，受理的 224 件政府依申请公开事项全部按期答复。出台《北京市通州区行政机关政策性文件公开发布和解读工作办法（试行）》，进一步规范全区行政机关政策性文件公开发布和解读工作。

三、审判工作

2018 年，通州区法院新收案件 60 834 件，同比上升 4.58%，排名全市法院第 4 位、全国基层法院第 15 位；已结案件 61 387 件，同比上升 3.73%；案件总量 67 302 件，同比上升 2.52%；结案率 91.21%，同比上升 1.06%；法官人均结案 596 件，同比上升 1.71%；未结案件 5915 件，同比下降 8.55%，实现"五升一降"，审判综合质效指数连续三年排名全市第一。

（一）刑事审判工作

受理刑事案件 1181 件，审结 1208 件。依法严惩危害公共安全、食品药品安全、人身安全等犯罪。从重判处殴打"通 12 路"公交司机的梁某某 3 年有期徒刑，妥善审结金色摇篮幼儿园虐童案，顺利办结新中国成立以来盗版少儿图书册数最多的侵犯著作权案等重大敏感案件。重拳出击，深入开展扫黑除恶专项斗争，摸排核查案件 3000 余件。从严治乱，判处一起"黑中介"寻衅滋事案件，两起"黑物流"敲诈勒索案件。紧盯"小官巨腐"，从严判处受贿数额巨大的两名村两委班子成员 5 年以上有期徒刑，依法判处贪污后潜逃 20 余年的陶某 6 年半有期徒刑。发挥庭审警示教育作用，公开开庭审理通州房地产开发公司原经理刘某某受贿、挪用公款案。

（二）民商事审判工作

受理民商事案件 47 745 件，办结 48 517 件，经调解促使当事人和解的案件占民商事结案总数的 27.27%。审结婚姻家庭继承案件 4408 件，维护和谐有序的家庭关系。迅速审结 29 件涉军停偿民事案件，提前 1 个月全面完成涉军停偿审判工作任务。打造"运河商事"品牌，审结买卖合同、金融借款等涉企业商事案件 3500 余件，结案标的 15 亿元。召开首届企业家法治论坛，发布《企业法律风险防控白皮书》、保护企业家权益十大典型案例。参与世界银行评估北京营商环境座谈，并就执行合同与办理破产指标等向世行专家汇报。走访 30 余家民营企业，制定《服务民营经济发展司法保障意见》，不断完善服务工作。

（三）行政审判工作和监督依法行政工作

受理行政案件 438 件，办结 478 件。审理重心由"拆迁单中心"向"拆迁+拆违双中心"转变，构建"三环递进式疏导体系"，实质性化解行政案件占结案总数的 25%。有序推进全市首例国有资产保护行政公益诉讼案件审理，加强涉市级机关行政诉讼研判与应对，调研预判涉市级机关行政诉讼案件数量及类型。加强类案研究，就国土住建、交通消防等案件指定专门办案团队负责，确保平稳过渡。助推法治政府建设，发布《2016—2017 年度涉城市副中心行政案件司法审判白皮书》，就推进依法行政、共建法治政府提出建议。举办讲座 21 次，发送司法建议 4 份，提升行政机关依法行政水平。

（四）案件执行工作

受理案件 11 130 件，结案 10 848 件，恢复执行 1873 件，线下查控冻结 3500 余起，发出司法专邮 1.8 万余份，整理完善卷宗近 3 万本，制作各类文书 5 万余份。促成属地驻军与国企合作，顺利执结涉及 1200 余头奶牛和 300 亩土地的腾退案件，实现军民、军地双赢。探索建立以执行指挥中心为核心的"大集约、小团队、精细化管理"工作机制，向雷霆执行、规范执行、智慧执行迈出新步伐。

（五）服务保障副中心建设

构建系统完备的预判预防、发现甄别、诉前化解、立审执访协调机制，共审执涉副中心案件 6500 余件。以优秀等级顺利结项市法学会重点课题《北京城市副中心建设法治保障问题研究》，服务保障路径愈加明晰。运用初查、摸排、评估、联动、化解"立案五步法"，诉前调处纠纷 3000 余起，确保重大敏感案（事）件得到妥善处置。及时化解李某诉运乔建材城第一案，有效避免上千起潜在纠纷。启动"雷霆 2 号"行动，共执结案件 4700 余件，执结标的额 13 亿元，其中"骨头案"19 件。全力奋战"大棚房"拆违案件，统一裁判尺度，妥善处理 600 余件。运用先予执行，成功扫除阻碍京秦高速建设半年之久的最后障碍。释法析理，促使当事人诉中主动腾退土地，保障七环路建设。敢于碰硬，成功执结司空小区 6 件拒腾案，为北关大道建设和三教庙南扩扫清障碍。

（六）主动接受人大、政协各方面监督

1. 主动接受人大依法监督、政协民主监督

建立完善联络工作、结对联络和关注案件"三本台账"，加强联络沟通。坚持重大工作向区人大报告、向区政协通报，积极配合区人大、区政协开展专题调研，向区人大汇报司法改革、基本解决执行难等情况。走访、联络代表委员 180 余人次，主动邀请代表委员参与论坛、发布会等活动 8 次，现场监督和见证集中执行工作 16 人次，调研指导、旁听庭审 11 人次。

2. 主动接受社会各界监督

依法接受法律监督，检察长、副检察长列席审委会。保障律师执业权利，接受律师监督，邀请律师参与调解、参加企业家法治论坛等活动，认真听取律师意见建议。保障人民陪审员权利，陪审率达 91.3%，充分发挥人民陪审员的参审监督作用。接受媒体监督，邀请媒体参加重大活动 20 余次，实现重大活动媒体全程监督。

四、检察工作

2018 年，通州区检察院服从服务大局发展，依法履行检察职能，扎实推进

法治建设，以"主动服务、争创一流"的积极风貌全力迎接副中心时代。

（一）法律监督工作

1. 立案监督效果得到加强

筛查不立案信息 300 余件，筛查经济犯罪立案信息 600 余件，受理各类立案、撤案监督案件 36 件，监督公安机关立案 10 件、撤案 2 件、维持不立案决定 21 件，立案监督案件同比上升 233%。深入推进"两法衔接"工作机制，调取筛查各类行政处罚信息 1300 余件，书面回复行政执法机关案件咨询 34 件，开展案件会商 30 余次，受理两法衔接案件 22 件，监督行政执法机关移送公安机关立案 36 人，案件数量同比上升 200%。重点审查破坏环境资源和危害食品药品安全"两个专项"案件线索 17 件 27 人，案件量位居全市前列。

2. 侦查活动监督平稳推进

对公安机关侦查活动是否合法实行专门法律监督，提前介入侦查 81 件 250 人，书面指导侦查 737 件 1206 人。审查侦查活动监督线索 25 件，纠正违法行为 16 次，回复整改率 100%。依法决定不批准逮捕刑事犯罪案件 368 件 560 人，不起诉 133 件 190 人。追加逮捕、追加起诉犯罪嫌疑人 27 人，同比增长 31.25%；追加犯罪事实 41 起，同比增长 106.25%；改变侦查机关移送罪名 74 件 141 人，同比增长 31.9%。

3. 审判活动监督有序开展

综合运用抗诉、检察建议、再审检察建议等方式强化对审判活动和裁判的监督，出台《刑事上诉案件同步审查规定》《监督线索办理规定》等规定。同步审查一审尚未生效判决 1137 件，同步审查刑事上诉案件 95 件，重点审查法院改变法定量刑情节等诉判不一案件 20 件，纠正审判活动错误或不当 10 次、提请抗诉案件 3 件。受理刑事申诉案件、办理申请国家司法救助案件、指定再审案件数均获得突破。

4. 刑事执行监督继续强化

积极开展"监督维护在押人员合法权益""推进财产刑执行""推进判处实刑罪犯未执行刑罚""戒具使用情况"等专项检察监督工作，制发各类监督文书 34 份，同比增长 100%，整改回复率达 87.5%，办理羁押必要性审查案件 69 件。参与区"两委"换届选举工作，对 4000 余名候选人进行筛查，筛查出 60 余人不具备参选资格，保证选举规范性和严肃性。

（二）刑事检察及公益诉讼工作

1. 助力"平安通州"建设成效显著

全年审查逮捕刑事犯罪案件 1088 件 1512 人，同比上升 9.13% 和 17.57%，依法批准逮捕 723 件 955 人，批捕率为 63.16%。审查移送起诉案件 1228 件 1560

人，同比上升 23.7% 和 30.98%，提起公诉 1073 件 1341 人，依法打击了一批放火、涉爆涉枪、重大责任事故等危害公共安全犯罪。审慎办理了社会影响较大的"308"案、金色摇篮幼儿园教师虐童案等一批社会广泛关注的案件，避免负面舆情发酵，切实维护三效统一。

2. 扫黑除恶专项斗争有序推进

组建专业化办案团队，建立侦查介入、检监协作等办案机制，共排查出涉黑涉恶案件线索 16 件，审查涉"恶势力"犯罪 22 人，批准逮捕 21 人，追捕 3 人。起草《关于依法办理黑恶势力犯罪案件性质认定及证据审查问题指引》，与通州分局会签《落实以审判为中心诉讼制度改革要求进一步构建完善通州检警合作机制》《关于黑恶势力犯罪案件介入侦查合作机制》等，实现公安侦查与检察审查、监督有效衔接。与区监委会签《在扫黑除恶专项斗争中加强协作、衔接的意见》，为严厉打击党员干部和其他行使公权力的人员涉黑涉恶腐败行为提供保障。

3. 公益诉讼水平显著提高

全面履行公益诉讼职责，妥善办理全市首例食品安全领域行政公益诉讼案件，对北京市首例国有资产保护领域行政公益诉讼案件提起公诉。综合运用大数据、人工智能等手段，开展公益侵害舆情监测等新业务，筛查出舆情信息 3000 余条，并对其中 60 余条进行重点分析研判。全年发现公益诉讼线索 32 件，立案审查 20 件，履行诉前程序 20 件，受理同级监督案件 2 件。督促行政机关查处行政违法行为 39 件 39 人，催缴、追缴排污费和环境违法行为罚款数百万元，整顿外卖商家 1500 余家，督促清理河道垃圾 2500 吨，基本农田堆放垃圾 1100 立方米，注销动物防疫许可证 30 余家，督促拆除破坏生态环境的违法建设约 54.5 万平方米。

五、公安工作

2018 年，通州区公安分局刑拘、治拘、破案同比分别上升 4%、18.8%、26.5%，社区可防性案件、街头刑事发案、火警同比分别下降 36%、11.9%、37.4%，网情舆情持续平稳，实现了"三升三降一平稳"的良好态势。

（一）重大安保工作

圆满完成中非合作论坛北京峰会等重大活动安保任务。全力助推"疏整促"、蓝天保卫战、基层"两委"换届、非洲猪瘟疑似疫情防控等全区大事。重点做好市级机关搬迁入驻保障工作，健全完善行政办公区"一总十四分"的方案体系，组建前沿指挥部实体化运转，部署 1056 名专职力量全马力运转，确保"六有"智能化安保体系更加完善。紧盯"两点八线"重点区域，会同全区 7 个部门 11 个街乡镇，开展为期百日的联合清整专项行动，累计拘留 685 人、交通罚款 2.2 万起，实现办公区周边"六无"目标。

（二）社会稳定工作

严格落实"六住""八控"措施，固化完善重点人员全面摸、逐一谈、提前打、人力看、技术控，确保敏感时期不出通州区。健全完善"一校一专班"的高校维稳机制，加强意识形态领域管控，实现"不出事、不炒作"目标。依托"三同步"和"7+X"机制，坚决果断、快速稳妥处置敏感舆情359起，查处网上有害信息37万余条，实现网上空间平稳可控。

（三）社会治安工作

纵深推进扫黑除恶专项斗争，抓获违法犯罪人员414名，破获"八黑"案件81起。自主推出"金盾2号""四严"等专项，迅速侦破"卢某系列砸车""张某破坏密码锁入室盗"等大案重案，缴获毒品291.1克，破获"信诚时代"非法吸收公众存款等经济类案件290起。传统"盗抢骗"破案同比上升41.6%，涉黄、黑车扰序、盗销自行车拘留人数同比分别上升261%、210%和330%。深化"6+N"常态化机制，扎实推进"1+4+8"打整控专项，5个市、区级挂账重点地区全部摘牌。

（四）清隐患、压发案工作

建立完善消防每周夜查、窝住集中检查、隐患每日排查、重点部位时时清查"四查机制"，累计检查出租房屋13.3万户，清理传销窝点78处，打击"三非"外国人76人，整改火灾隐患2.3万处，火警和火灾事故同比分别下降37.4%和38%。依托校园高峰、地上地下一体化等机制加强核录，核录数同比上升22.8%，街头刑事发案和社区可防性案件同比分别下降11.9%和36%。新建徐尹路、港北两个检查站，重大安保时期"11+6+23+4"同标准查控，外围盘查检查车辆共计1395.9万辆次，查获违法犯罪人员863名、违禁品382件。

（五）智慧警务建设工作

"雪亮工程"新建视频探头1.6万个，联网整合2万路，采集数据155亿余条，在线率达到98.1%。27个公安、综治、委办局应用系统全方位运转，智能化解决了渣土车、小商小贩等城市乱象，辅助抓获违法犯罪嫌疑人1232名。制定分局警务云数据中心"一个中心"、数据合成作战和指挥合成作战"两大平台"、十大应用系统（S）以及若干任务模块（M）的"1+2+S+M"副中心智慧警务体系。在全市率先建成打击犯罪合成作战中心，协助抓获136人；DNA实验室硬件设施、专业设备、人才培训全部到位；新建摩卡空间、紫运南里2个科技创安示范小区，居民基础信息采集率达到100%；新建3个检查站智慧管控系统，查控效率提升28.6%。

（六）法治监督保障工作

健全完善执法质量考评、网上办案监督管理、案管组每日通报等机制，形成

"执法办案管理中心+案管组"两级监督管理体系，刑事案件批准逮捕、移送起诉同比分别上升 32.1% 和 1.6%，261 件受立案问题全部整改，警情续办率 100%，全年涉法信访低位运行。推动电子卷宗、智能语音笔录等执法信息化建设，始终处于全市前列。构建完善涉案财物"一站式"网上管理模式，累计接收各类涉案物品 463 案 23 661 件，实现了"实物静止、手续流转"。推动 999 急救中心进驻看守所，"五型"监所建设经验被市局推广，并连续八年获评"全国一级看守所"。

六、司法行政工作

2018 年，通州区司法局推进重点业务和民生领域改革创新，加快司法行政系统转型升级，开展法治讲座 500 余场次，提供法律咨询 22 000 余人次，调处矛盾纠纷 3000 余件，办理司法确认案件 480 余件，办理法律援助案件 1400 余件，办理公证 10 000 余件。

（一）人民调解工作

稳步推进司法行政信息化建设，人民调解指导中心于 8 月底正式建成并运行。圆满完成全国"两会"、中非合作论坛北京峰会等重要敏感时期安保工作，累计开展矛盾纠纷排查 9000 余次，成功调处纠纷 500 余件。选派 10 名专职人民调解员、10 名资深律师和 5 名心理咨询师到区信访诉求人民调解委员会坐班，共受理排查、转交信访案件 32 件，调解成功 9 件。举办"京津冀（通武廊地区）人民调解专题研修班"，有效提升三地调解员化解疑难复杂矛盾纠纷能力。

（二）法律服务工作

全系统远程视频会见系统、远程法律咨询+人民调解视频系统、公证城市服务微信客户端、法律援助网上受理系统正式运行，公共法律服务智能终端在梨园镇全功能公共法律服务站投入使用。为每个村（居）配备调解专员、律师专员、公证专员，让群众足不出户就能享受优质法律服务。区级公共法律服务中心、15 个镇（街）公共法律服务站和 535 个村（居）公共法律服务室全部建成并运行。建成全市首家全功能公共法律服务站，群众在家门口即可享受"菜单式"供给和"订单式"配送公共法律服务新体验。建成全区首个园区公共法律服务室，进一步织牢织密公共法律服务网。

（三）普法工作

新增 2 个法治文化精品村和 38 个法治宣传站点，玉桥东里南社区被评为全国民主法治示范村（社区）。以"七五"普法中期验收为牵引，大力加强阵地建设，法治宣传进地铁工作取得新进展。成功举办通州区法治文艺大赛，征集参赛作品 505 件。

（四）特殊人群管理工作

对"两类人员"实施风险评估、心理矫治、差异谈话等科学化精细化管教模式，共开展"两类人员"谈话 2050 人次，走访 1930 人次。建立了以"集中教育为主导、分类教育为补充、心理矫治为特色"的教育矫正模式。

七、2018 年法治建设特色和亮点

（一）从严治党，全面落实党规党纪，有力推动党风廉政建设和反腐败工作

1. 坚持党建引领

建立"经纬互联"党建工作协调委员会，研究制定《通州区 2019—2021 年基层党建工作规划》，对基层党组织班子建设、队伍建设、机制建设、基础保障等方面进行科学谋划，推动全区基层党组织共同进步。健全完善《通州区基层党建工作考核评价指标体系》、结合换届选优配强"两委"班子，不断强化全区基层党组织的组织力。

2. 层层落实从严治党主体责任

制定《区委常委会带头落实全面从严治党的实施细则》，细化"六个带头从严"要求，为区委发挥以上率下作用提供保障。全区各级党组织逐级签订个性化党风廉政建设主体责任书 6689 份，5 万余名党员签订廉洁自律承诺书，2000 余个基层党组织完善设立纪检委员，区、处、科（村、居）、党员四级责任网络体系进一步健全。完善考核体系，优化考核方式，变年底集中考核为季度工作评估，并纳入区委党建绩效考核内容。

3. 推动监察体制改革向纵深发展

强化监察作用，核定监察对象，设立监察专职工作者，构建集中统一、权威高效的监察体系。发挥派驻作用，15 个派驻纪检监察组共开展监督检查 1247 次，专项检查 11 次，进一步推动被监督单位主体责任落实。彰显巡查作用，共完成 8 轮 33 家单位党组织政治巡察，发现问题，提出整改意见，向有关部门移交问题线索，多名违规干部受到党纪处分和组织处理。

4. 整治群众身边腐败和作风问题

强化问责力度，共查处"为官不为""为官乱为"问题 113 件。强化正风肃纪，立案查处违反中央八项规定问题 25 起。强化扶贫领域腐败和作风问题专项治理，对全区 840 个低收入户全部进行入户访。稳步推进扫黑除恶专项斗争工作，对有前科村干部名单信息全部认真梳理，密切跟进市纪委挂牌督办两个专案。全力抓好"两委"换届选举，先后查处 6 起 9 人涉嫌违反换届纪律案件。

（二）依法治区，统筹推进法治政府建设，为城市副中心提供强有力法治保障

1. 稳步推进行政体制改革

制定《通州区机构改革工作实施安排》，拟定《北京市通州区人民政府机构改革方案》，在全市率先完成纪检监察派驻机构全覆盖改革。全面开展城市管理

体制执法重心下移改革，分别设立区级城市管理指挥中心和街镇分中心，挂牌成立城市管理委员会，统一行使城市管理职权。推进街道管理体制改革，制定完善街道党工委办事处职责清单，以潞源街道为试点，推进全区街道管理体制改革工作。

2. 加快推进政府职能转变

全面深化"放管服"改革，取消行政职权事项19项，承接市级下放行政职权5项，变更行政职权事项基本要素26项，精简政务服务事项386项，首都之窗公示1485个政务服务事项在全市率先实现网上可办。做好市场准入负面清单管理工作，促成存量企业实现产业优化调整和转型升级。加强信用体系建设，发布通州区诚信"红黑名单"，公示"双公示"数量9504条，其中行政许可信息5069条，行政处罚信息4435条。健全完善社会治理体系，在全市率先启动社会组织"政社分开、管办分离"，各街镇和社区村全部成立党建工作协调委员会。探索开展社区书记红帆工作坊、社工南风驿站、社工心理服务健康档案试点，开发8个专业社工岗位和1个社会工作示范岗，完成网格平台"多网"融合的网格化体系建设，研发"街乡吹哨、部门报到"系统模块。打造5个市级社区规范化建设示范点，建成"一刻钟社区服务圈"示范点53个，覆盖社区112个，覆盖率达到91%。购买公共服务项目23个，社会工作创新项目11个，开展社会组织公益活动3000余场次，组织引导全区7家非公企业和社会组织开展京蒙精准帮扶工作，创建4个"社区之家"示范点。

3. 加强法治政府建设培训与宣传

强化领导干部依法行政学习培训，落实会前学法制度，举办依法行政、政府信息公开、规范性文件清理等专题培训班，将依法治国、依法行政相关课程作为中青班、处级进修班等区委主体班次的必修课。加大依法行政宣传力度，充分利用"12.4"宪法宣传周、行政复议开放日、"三下乡"活动、行政负责人出庭应诉、法院旁听等形式开展法治宣传教育。加强法治文化阵地建设，建立三级普法阵地，开展主题宣传800余场次，举办"以案释法"法治讲座1000余场，编写"以案释法"案例1000件。做好宪法宣传，制作宣传片，开展宣传活动500余场，发放宣传册和宣传海报6万余份。

（三）党建引领，大力推动"街巷吹哨、部门报到"，积极探索创新街乡管理体制

1. 坚持区级统筹，科学部署抓落实

成立由区委书记任组长的工作组，建立区属多家单位共同参与推进的工作机制，将"街乡吹哨、部门报到"和街道社区管理体制改革两项任务统筹推进。综合设计39项具体改革任务，系统设计职能定位、机构编制、"条块"关系、人

才队伍、资金保障、运行模式、绩效考评等改革内容,实现各项任务统筹协调、有序推进。

2. 科学减负瘦身,优化社区工作职能

建立社区工作准入联席会议制度,编制社区依法履行职责事项和依法协助政府工作事项清单,只保留社区党组织、社区居民委员会和社区工作站3块牌子,将社区承担的28项各类检查评比达标活动减为2项。清理规范社区表格,由19个部门的66项精简为4个部门的4项,精简幅度达93.93%。

3. 搭平台强调度,伸触角进基层

制定《关于加强街道(乡镇)实体化综合执法中心建设的实施方案(试行)》,下沉专业执法力量,建立街乡吹哨部门报到信息系统,统筹协调区属36家行政执法部门(9家常驻部门,27家非常驻部门),采取"网上吹哨、线下执法、闭环管理、全程监督"的运行管理机制,通过设置吹哨派单、事件处置、评价考核3个工作环节,实现统一信息采集、统一执法流程、统一信息反馈、统一评价考核,推动"吹哨报到"实体化、精细化、综合化、法治化、智能化。在此基础上,持续建强街巷长和小巷管家队伍,制定《关于进一步加强街巷长制的工作意见》《关于进一步深化"小巷管家"队伍建设的工作意见》,建立"日巡、周查、月评"机制,开展环境整治提升和日常精细化管理等工作。

4. 坚持"组织化"驱动,实施党建引领"双报到、双积分"常态化长效化机制,搭建常态化服务平台

科学设立"报到、服务、积分、反馈"的四位一体闭环流程,通过"党组织+""党员+""双向清单""积分管理""反馈服务",打造"组织发动、党员带动、积分促动、反馈互动"的运行模式,实现由"要我服务"到"我要服务"的转变。开展"党旗飘扬副中心"系列活动,以党员带动群众推动社会治理水平整体提升,助力基层治理。

5. 建立健全"街乡吹哨、部门报到"考评体系,以群众满意为落脚点提升服务实效

制定《"吹哨报到"绩效考评制度》,设立"吹哨报到满意度"考核指标,与"吹哨报到落实"共同作为考评体系两个基本模块,将人民群众的满意度和获得感作为衡量"吹哨报到"工作成果重要标尺。在"吹哨报到落实"模块中,专门设立"主动服务基层报到任务"子项目,相关部门主动树立服务意识,主动为群众提供服务,确保"哨声为民而响,服务为民而至"。

(四)加强统筹,优化提升"疏整促"专项行动,切实提高城市管理水平

1. 强化统筹调度,实施过程管理

在区级层面成立专项办,组建工作专班,召开调度会,统筹推进各专项工

作。全面摸排底数，上线全市首个区级"疏整促"信息化综合管理平台，进行过程管理，实现"带图作战"。平台运用遥感、地理信息等技术，实现对进度数据和空间数据的挖掘应用，及时发现问题、解决问题。

2. 注重优化提升，突出服务群众

统筹疏解"减法"和优化"加法"，注重服务改善民生，注重改善环境秩序，突出服务人民群众。着力减量发展，全区拆除违法建筑 2000 万平方米以上，违法建设销账 1356.5 万平方米，腾退土地面积 1777.8 公顷，拆除量、销账量、腾退占地均排全市第一。着力精细化治理，开展老旧小区整治提升，建设一批小微绿地和口袋公园，完成绿化面积 6000 亩以上，完成量位于全市前列。布局便民服务 119 处，实现封堵和美化、封堵和街巷生态修复、封堵和便民设施建设"三同步"，增强人民群众获得感和幸福感。

3. 注重改革创新，破解难点问题

率先在全市区级层面出台《通州区 2018 年建筑垃圾综合管理工作方案》《关于进一步加强我区建筑废弃物资源化综合利用的工作方案》《关于规范全区建筑垃圾资源化处置堆放场所和处置场所的意见》等配套文件，以张家湾、马驹桥、台湖镇为试点，设置固定和临时建筑垃圾生产线，推进建筑垃圾资源化处置和再生产品使用，将经验在全市推广。针对小区内违法建设拆除治理工作难度大问题，创新建立"梳理依据、规范流程、强化监管、杜绝新增、强化宣传、加强共治"整体推进的方式。针对央企国企的违法建设，建立联合约谈机制，形成齐抓共管的高压态势，完善联动督导机制，促使企业及时整改。

4. 突出社会共治，形成良好局面

加强正面舆论引导，向群众宣传有关政策法规，引导群众参与"疏整促"工作。及时公布"疏整促"工作效果，在市级以上媒体上稿 126 篇，在"通州时讯""北京通州发布"等区属媒体上，选取"留白增绿""背街小巷"治理等与人民群众获得感关联度高的专项形成专题系列报道。动员街区群众共治，创办"背街小巷·城市家具"创意设计大赛，通过"胡同主事""小巷管家"等机制，切实增强人民群众认同感和获得感，形成共治共管、共建共享的良好局面。

（五）主动服务，依法有效开展信访调处，最大限度化解基层社会矛盾纠纷

1. 做好行政复议、应诉、调解工作

办理行政复议案件 168 件，行政诉讼案件 96 件。妥善办理涉及征地拆迁、违建拆除、低端产业退出、生态环境保护等事关中心工作行政复议案件，实现办案政治效果、法律效果和社会效果"三统一"。全面推行行政复议"三公开"制度，自觉接受社会监督，提高办案质量，倒逼依法行政。进一步健全府院沟通交流机制，完善重大案件会商、办案数据共享等机制。通过专题培训、座谈会、公

开日等方式，加大行政复议法、行政诉讼法宣传力度，提高行政复议应诉能力和水平。加强行政调解工作，把行政调解贯穿于立案、审理、执行全过程，努力实现案结事了，维护社会稳定。

2. 加强人民调解和法律援助工作

建成区人民调解指导中心一期信息化项目，实现 15 个镇（街）公共法律服务站的远程视频调解、远程咨询、远程培训功能。完成镇（街）级实体平台和全区 541 个村（居）级实体平台建设任务，实现了三级实体平台全覆盖。建立"人民调解+司法确认"机制，400 余份人民调解协议获司法确认。成立人民调解流动服务团，共排查调处各类矛盾纠纷 11 575 件，调解成功 11 566 件。持续推进区刑事案件律师辩护全覆盖试点工作，招募刑辩法援律师 51 名，在 15 个镇（街道）、597 个村（居）全部建立具有规范性的公共法律援助服务站（点），打通村居法律服务"最后一米"，全年提供法律援助 175 件。

3. 推进信访工作法治化建设

坚持依法化解社会矛盾，构建矛盾多元化解机制，实现信访工作上下联动、整体推动的良好局面。一年来，信访及时受理率、按期办结率、群众满意率分别为 100%、100% 和 83.58%，及时受理率、按期办结率在全市排名第一。着力解决历史遗留问题，狠抓积案化解工作，25 件区级信访积案全部实行领导包案制，案件处理有较大进展。

（六）突出特色，全力打造公共法律服务体系新格局，努力营造和谐法治软环境

1. 创新工作模式，突出精准覆盖

2018 年，全区公共法律服务体系建设再次实现"三个率先"，即：率先建成全市首家镇（街）全功能公共法律服务站（梨园镇公共法律服务站）；率先在全市实现区、镇（街）、村（居）三级公共法律服务实体平台全覆盖；率先在全市实现"一网通"（线上一网通办）、"一站通"（线下"一站式"服务）、"一线通"（12348 法律咨询热线）。制定《关于推进通州区公共法律服务体系建设的实施意见（试行）》，创新"菜单式"供给、"订单式"配送、"回单式"管理模式，强化公共法律服务的公益性和普惠性，专业性和规范性，实用性和便民性。

2. 明确目标任务，强化"三级"实体平台建设

制定《关于推进通州区公共法律服务体系建设的实施意见（试行）》，明确公共法律服务体系建设目标、任务和路径，将区级实体平台做"强"，镇（街）实体平台做"实"，村（居）实体平台做"活"。自"三级"平台运行以来，法律援助业务量同比增长 75.1%，公证业务量同比增长 11.6%，法律咨询业务量同比增长 79.8%，各项业务的群众满意率均为 100%。"人民调解+司法确认"、人

民调解"专职+专业""预约+合约"、法律援助"绿色通道"等多项工作机制，在全区街镇层面充分落实到位。全区535个村（居）公共法律服务室全部建成，建立半小时法律服务响应机制，实现"网上调解""网上咨询"等，真正打通服务群众"最后一米"。

3. 完善工作机制，发挥法律服务作用

创新推进"专职调解员""驻镇律所"和"社区法律服务专员"等制度，38名专职人民调解员长期派驻各街镇，14家律师事务所，137名公益律师在公共法律服务站为群众提供免费法律服务。依托村居法律顾问，"社区法律服务专员"当好"律师专员""调解专员"和"公证专员"角色，为群众提供最基础法律服务。

（七）科技强安，高标准打造"雪亮工程"，用大数据服务"平安通州"建设

1. 突出统筹谋划，下好副中心一盘棋

坚持高点站位，召开区级办公会研究，组织专家论证实地踏勘，召开协调会保证项目建设顺利推进。坚持齐抓共管，构建了党政领导、政法委牵头、公安负责、部门配合、社会参与的工作格局。坚持规范管理，将"雪亮工程"纳入政府绩效和平安建设考核体系，统一建设规模与标准。"雪亮工程"运行以来，人民群众获得感、幸福感、安全感稳步提升。2018年12月，通州区承办全国"雪亮工程"重点支持城市（区）项目建设现场培训班，得到了全国政法系统各级领导高度认可。

2. 深化融合共享，织就副中心安全网

突出顶层布局，将"雪亮工程"列入副中心控规和智慧城市总体规划，实现与智慧城市的深度融合。突出互联共享，整合共享教委、住建等全区近50个政府职能部门和百余家社会单位，共2万余路视频资源，搭建"横向到边、纵向到底"的联网共享格局。突出运维管理，组建"雪亮工程"指挥调度中心，建设一体化智能运维管理平台，统筹牵动运行管理和深化应用。

3. 聚焦深度应用，惠及副中心千家万户

构建"一域、三圈、百线、千点"的副中心安全防控模式，出色完成重大安保警卫工作，协助做好警情处置和打击破案工作。研发人群时空监测、社区生活指数、车辆管控等多个系统，在城市规划、道路通行、应急指挥等方面，为领导决策提供数据支撑。先后建立"雪亮+防汛""雪亮+环保"功能，分别打造"雪亮社区""雪亮身边"模式，提供最智能城市服务，营造最宜居城市氛围。

 # 顺义区法治建设报告

2018 年，在市委市政府和区委区政府的正确领导下，顺义区各职能部门主动融入全区发展大局，结合自身工作实际，开展了丰富多彩的法治建设特色工作，为推动区域经济社会发展和民主法治建设做出了新的贡献。

一、人大法治保障和监督工作

全年共召开常委会会议 9 次，主任会议 22 次；听取和审议"一府两院"专项工作报告 18 个，提出审议意见近 40 条；开展工作视察、执法检查、专题调研 16 次；任免国家机关工作人员 53 人次。

（一）加强立法调研工作

组织法制委委员、法律顾问、各有关单位调研《北京市非机动车管理条例》，共征集意见建议 26 条。

组织法制委委员、有关部门和市、区、镇三级人大代表召开北京市 2018 年至 2022 年地方立法规划项目征求意见座谈会，协助开展征求代表和群众意见工作。

（二）监督工作效力不断增强

1. 围绕中心工作开展监督，有力助推新城战略定位落实

聚焦全区长远发展，主动对接分区规划编制工作，为明确顺义城市未来发展功能定位建言献策；听取审议优化营商环境、创新型产业发展、服务业扩大开放等工作报告，积极推进产业转型升级。聚焦重点项目，对全区五年以上未竣工重点工程开展专项视察，专题听取区政府 2018 年度前十项重点支出和重大投资项目完成情况报告，对市政重点工程建设情况进行视察，摸清症结所在，提出工作建议，推动项目进展。聚焦乡村振兴战略实施和生态环境提升，对美丽乡村建设进行视察，助推农村产业转型升级发展，改善农村人居环境；多次对《顺义区2013—2017 年清洁空气行动计划》完成情况报告提出修改意见，持续跟踪公园建设、河道及水环境治理工作，分析存在问题，指出工作着力点，为推动生态环

境质量改善贡献人大力量。聚焦预算管理，加强全口径预算监督，积极推进预算联网，对政府一般预算项目绩效评价和部门预算支出执行情况进行专题询问，推动预算由专审向联审、集中审拓展，促进财政资金使用效益提升。

2. 围绕群众关注开展监督，有力助推民生福祉改善

听取区政府文化建设情况报告，对区域医疗中心建设进行专题询问，对学前教育、文化中心建设等进行调研视察，促进公共服务水平提升。持续监督煤改清洁能源工作，为把民生实事办好提供人大智慧。开展物业管理专题调研，为推进物业管理矛盾解决提供有针对性的建议。对垃圾处理厂运行情况进行视察，帮助协调解决困难，促进工程按期投入运营。对区内敬老院和养老驿站建设提出意见建议，推进区域养老服务工作水平提升。

3. 围绕法律实施开展监督，确保全区法制统一

对《中华人民共和国促进科技成果转化法》《北京市消防条例》《北京市轨道交通运营安全条例》实施情况进行执法检查，推动法律法规在我区的贯彻实施。加强对"一府一委两院"的监督，听取审议区政府关于法治政府建设情况报告、区法院和区检察院关于司法体制改革工作报告，明确了与区监委对口联系的专委会，全面加强沟通联络，推动依法行政、公正司法。全年共受理群众来信来访91件111人次，通过与有关部门协调沟通、加大转办督办力度，促进相关问题解决，有效发挥了信访维护群众合法权益、促进社会和谐的作用。

4. 围绕宪法实施开展监督，有力助推依法治区进程

研究制定了法治环境评估指标体系、人大法律监督工作三年行动计划；组织开展"宪法连着我和你"主题展览，与区法学会、区司法局一同组织开展"我与宪法同行"宪法宣讲活动、"最美宪法"法治书画展等国家宪法日系列宣传活动，不断增强人民群众宪法意识和法治意识，引领全社会形成"尊崇宪法、学习宪法、遵守宪法、维护宪法、运用宪法"的新风尚。

5. 围绕规范性文件备案审查开展监督，加强事后监督

为进一步加强备案审查工作，区人大常委会法制办公室加挂备案审查办公室牌子，具体负责规范性文件备案审查工作，进一步规范了审查流程。全年共对《北京市顺义区人民政府关于进一步加强烟花爆竹安全管理工作的通告》《北京市顺义区声环境功能区划实施细则》《顺义区宅基地房屋租赁管理办法》等规范性文件进行备案审查。

（三）发挥代表主体作用

1. 着力提高代表履职能力

将加强代表履职能力建设作为基础性工作，制定本届代表履职培训方案，不断丰富代表培训方式。邀请全国人大、浙江人大专家为人大工作者授课，全年共

组织代表培训 6 次。

2. 着力发挥代表桥梁纽带作用

全年共邀请代表 400 余人次参加常委会、各专委会组织的初审、视察、检查、调研等活动，代表履职平台进一步拓展，专委会联系代表机制得到有效落实。全区已建成"代表之家"68 个，实现了所有镇、街全覆盖，"代表之家"成为代表履职、联系选民的重要平台。

3. 着力加强议案建议督办

全年共办理《关于加快全区协调发展，重点推进河东地区建设的议案》《关于加强顺义区烟花爆竹燃放管理的议案》《关于强化基层社会治理，规范农村房屋租赁管理，消除安全隐患的议案》等代表建议 145 件，同比增长近 40%，办结率为 100%，部分建议转化为政策措施，有力推动和改进了政府工作，有效增强了代表履职责任感。

（四）加强常委会自身建设

1. 推动重大事项决定权落实

制定《顺义区人民代表大会常务委员会讨论、决定重大事项的规定》，区人大常委会讨论、决定重大事项实现了规范化、制度化。

2. 常委会、专委会作用发挥更加充分

各专委会全面加强听取审议报告、执法检查、工作视察、专题调研等工作，听取审议报告数量同比增长 64%。

3. 对镇街人大工作的指导更加有力

坚持镇人大主席联席会制度，积极探索镇级人大发挥作用的有效途径。探索建立人大街工委工作制度，开展交流研讨。探索建立人大代表联络站、代表意见收集箱，实现"代表之家"的进一步下沉。

4. 强化区人大常委会法治建设

继续实行人大任命干部考试制度，全年对 21 人次由区人大常委会任命的领导干部进行了任前考试。完成规范性文件备案审查、合同审核等法律服务事项 81 余件次，提出意见、建议 209 条。继续实行常委会会前学法制度，先后 5 次安排区人大常委会会前学法活动。

二、法治政府建设

（一）坚决防范化解重大风险

坚决防范金融风险，持续开展专项整治行动，非法集资行为有效控制，地方债务规模总体可控。坚持不懈狠抓安全生产，紧盯首都机场周边等重点区域和电动车充电、有限空间、建筑施工、人员密集场所等重点领域安全隐患，重拳整治、高压执法，火灾起数、生产安全死亡事故和人数分别同比下降 17.7%、50%

和 72.7%，北京市安全社区达到 18 家。

（二）纵深推进"疏整促"专项行动

市级 8 大项任务全部完成，拆除违法建设 247 万平方米，完成市级任务的 116%。全力办好群众家门口的事，"留白增绿"66.2 公顷，积极引入便利蜂、全家、苏宁小店等新零售品牌，建设提升 103 家便民商业网点，中粮祥云小镇成为全市首个生活性服务业示范街区。印发实施宅基地房屋租赁管理办法，科学预警人口变动趋势，常住人口控制在 118.8 万人以内。友谊医院顺义院区、北京城市学院建设有序推进，北医三院顺义院区签约落地，连接城市副中心的通怀路一期、宋梁路北延等路网加快建设，协同发展迈出新步伐。

（三）优化区域营商环境

制定出台落实本市营商环境改革任务实施方案，"9+N"政策按要求时限落地实施，"导办分离"办税模式全市推广，全市首个"水气热"一站式综合服务窗口启用。"一网通办"率达到 100%，全市排名第一，1447 个事项实现"一门"办理，832 个事项实现"最多跑一次"，1132 个事项实现"一窗"受理。着力提高跨境贸易便利水平，空港口岸进出口整体通关时间分别压缩 43% 和 46%。取消行政职权事项 23 项。新设内外资企业同比分别增长 33% 和 42%，新设外资注册资本同比增加 114%。

（四）精细开展城市治理

认真落实"街乡吹哨、部门报到"改革任务，街镇综合执法平台建设全面完成，城市管理指挥中心组建成立，取消 300 余项社区事务减负增效。持续推动智慧顺义建设，无线网络全覆盖项目一期初步验收。积极开展交通综合治理，行政中心、顺平路沿线等重点路段拥堵有效缓解，区级智能交通指挥平台建成，新增 4595 个停车位、100 座公共候车亭。城市运行平稳有序，圆满完成全国"两会"、中非合作论坛北京峰会等重大活动服务保障任务，日夜值守实现平安度汛，全力开展扫黑除恶专项斗争。食品安全示范区创建成果日益巩固。

（五）自觉接受人大、政协监督

自觉接受区人大及其常委会的法律监督、工作监督，依法依规向区人大常委会提请审议和报告重大事项，认真执行各项决定、决议。自觉接受区政协的民主监督，全力支持配合区政协开展民主协商，认真倾听政协委员的意见建议。加强与区人大、区政协对接工作，按时办结人大代表建议 145 件、政协提案 148 件，满意率均达到 100%。

（六）加强法治政府建设

积极推进法治宣传教育，严格落实学法计划，开展领导干部法治讲座 11 次，举办依法行政专题研讨班 2 期。坚持运用法治思维解决实际问题，针对违法建设拆除、大棚房治理等重点工作，加强法律分析和指导，提出对策和建议。全面加强合法性审查，依法审核政府文件和重大决策事项 205 个、政府合同 4700 件。深入开展"七五"普法，全年举办各类普法活动 2861 场、法治讲座 2525 场，提供法律咨询 3.1 万人次。

三、审判工作

（一）依法履行审判职责，维护社会公平正义

全年新收各类案件 46 910 件，办结 46 923 件，同比分别增长 30.5% 和 29.5%，收、结案均创历史新高，收案增幅位于全市第四位。依法打击刑事犯罪，全力维护社会安全稳定，社会治安形势持续向好。深入开展扫黑除恶专项斗争，对黑恶势力犯罪出重拳、下重手、零容忍，审结相关案件 7 件 33 人。扎实推进以审判为中心的刑事诉讼制度改革，充分利用线上法律援助平台和线下法律援助工作站，为 356 名被告人申请援助律师辩护，为 1149 名被告人指派驻站值班律师提供法律帮助，律师辩护、帮助率达 100%。妥善化解民商事纠纷，有力保障经济社会健康发展。聚焦重大发展战略落实，妥善审理合同纠纷，强化市场主体的契约意识、规则意识。加大产权保护力度，依法保护和激发企业家精神，积极改善营商环境。全面如期完成涉军停偿案件审判工作，依法审结 12 件，确保部队资产不流失、群众合法利益不受损，区涉军停偿领导小组办公室给予充分肯定。监督支持依法行政，着力推动法治政府建设，针对拆违类案件急剧增长的情况，全面了解全区拆违进展，及时分析纠纷产生原因，既维护当事人的合法权益，又支持行政机关依法行政，保障"疏整促"专项行动顺利开展。充分发挥行政争议化解中心职能，与政府相关部门建立协调联络机制，促使 19 起行政纠纷在诉前得到实质性化解。

（二）发扬改革创新精神，促进基层社会依法治理

持续推进多元化解工作创新，建成全市首家拥有独立办公场地的诉调对接中心，打造具有顺义特色的"枫桥经验"升级版。与工会、妇联、司法行政等单位合作共建，各级各类组织全面参与，加快形成共建共治共享的基层社会治理新格局。院机关 71.8% 的民商事案件在诉调对接中心化解，80% 的纠纷在一个月内解决。全面打响基本解决执行难攻坚战，积极争取区委区政府的大力支持，推动形成"党委领导、政法委协调、人大监督、政府支持、法院主办、部门配合、社会参与"综合治理格局，为基本解决执行难奠定坚实基础。全面完善监督机制，实现执行管理规范化，坚决根除消极执行、选择性执行、乱执行及作风不正等问题。综合运用多种宣传手段，引导群众理性区分"执行难"与"执行不能"，凝聚全社会理解执行、尊重执行、协助执行的强大正能量。执行的 7 岁伤残儿童获得百万赔偿款案，40 余家媒体全程直播，1200 万网友在线观看，好评如潮。以

成立诉调对接中心为契机，全面升级诉讼服务软硬件，在全市率先将访客系统和人脸识别跟踪系统对接，被评为"北京市诉讼服务先进法院"。推行集约送达、电子送达，减轻当事人诉累。推进卷宗信息化建设、审判流程公开和庭审视频公开，全部案件实现随案同步生成电子文档，方便当事人网上查阅电子卷宗、网上了解案件进展、网上观看庭审直播。

（三）坚持从严从实管理，推进正规化专业化职业化建设

狠抓法院党的建设、队伍建设和审判管理，确保队伍忠诚干净担当，确保审判权依法公正高效行使，审判质效位于全市第三位。深入开展习近平新时代中国特色社会主义思想大学习、大研讨，确保党对法院工作的绝对领导。推行"1+6"党建红皮书，上线"党建云"APP，实现在法院里党的建设与信息化建设有机结合，开辟智慧党建新阵地。落实全面从严治党主体责任，党组确立"四个决不允许"政治规矩，对中层干部提出"四个必须"履职要求，推动全面从严治党向基层党组织延伸。全面落实司法责任制，强化院、庭长办案职责，80%的重大敏感案件全部由院、庭长办理，院、庭长结案数占全院32.4%。科学组建以员额法官为核心的多样化、特色化审判团队，激发团队整体效能，实现审判提质增效。法官人均结案451.2件，位于全市第六位。创新审判监督方式，健全监督制约机制，院、庭长监管职能实现从微观个案审批、文书签发向宏观审判指导、质效监控转变。继续推行结案目标化管理，实现高效结案常态化、均衡化，长期未结案件同比下降45%。优化整合考核激励机制，建立全覆盖考评体系，充分运用评优评先、晋职晋级、绩效奖金等杠杆，发挥奖优罚劣的作用。

（四）推进阳光司法，主动接受人大及社会各界的监督

创新司法宣传形式，开设"顺法一分钟·学法真轻松"微视频普法栏目，累计推送188期，点击量超过800万次，收到网友留言2000余条，回答网友提问1500余次，被市委政法委评为年度优秀新媒体作品。主动接受人大及其常委会监督，向人大常委会专题汇报工作，根据所提意见建议，积极采取措施予以改进。积极邀请人大代表、政协委员旁听案件、调研座谈，邀请代表委员见证执行行动、参与执行和解、监督执行工作，推动了执行难问题的解决。依法接受检察机关监督，召开法检联席会议，邀请检察长列席审判委员会会议，办理检察建议5件。

四、检察工作

全年共受理审查逮捕案件676件926人，审查起诉案件1382件1714人，其中批准逮捕506件625人，提起公诉1182件1434人。

（一）法律监督工作

1. 加强刑事立案监督和侦查活动监督

全年受理立案监督案件82件113人，其中监督公安机关立案44件47人，

监督撤案 38 件 66 人。建议行政机关向公安机关移送涉嫌犯罪案件后，公安机关立案 15 件 21 人。扎实开展破坏环境资源犯罪和危害食品药品安全犯罪立案监督活动，监督公安机关立案并依法提起公诉的雷某某等 13 人非法采矿案，被市检察院评为"精品案件"。受理侦查活动监督案件 31 件。对 29 件侦查活动涉嫌违法案件开展调查核实，发出《纠正违法通知书》3 份、检察建议 2 份，相关问题均得到整改。

2. 加强刑事审判监督

全年审查一审裁判文书 1148 份，按照第二审程序提出抗诉案件 6 件 7 人，其中 2 件 2 人已被改判；按照审判监督程序提请上级院抗诉案件 2 件 2 人，其中上级院已提出抗诉 1 件 1 人。受理当事人不服法院生效裁判的刑事申诉案件 3 件。

3. 加强刑事执行监督

全年开展社区矫正监督检察 41 次，与社区矫正对象谈话教育 44 人次。办理羁押必要性审查案件 96 件，对不需要继续羁押的犯罪嫌疑人建议变更强制措施 30 人。开展剥夺政治权利专项检察、财产刑执行专项检察等 6 个专项检察活动，发现监管活动不规范等问题并提出纠正意见，督促相关单位整改到位。

4. 加强民事、行政诉讼监督

全年受理民事诉讼监督案件 14 件，依法发出再审检察建议，法院采纳再审检察建议并裁定再审 4 件。办理行政诉讼监督案件 6 件。

(二) 刑事检察及公益诉讼工作

1. 依法惩治危害公共安全和人民群众的人身、财产权利的犯罪

批准逮捕放火、爆炸、重大责任事故等危害公共安全的犯罪 12 人。批准逮捕故意杀人、故意伤害、强奸等严重侵害人身权的犯罪 85 人；批准逮捕抢劫、抢夺、盗窃、诈骗等多发性侵财犯罪 331 人。全年追捕漏犯 17 人，追诉漏犯 45 人，其中 38 人已获法院有罪判决。严格把握证据标准，坚决防范冤错案件。对经审查认为不构成犯罪的依法不起诉 26 人。针对证据方面的问题要求侦查机关补充侦查 400 余件，对证据不足的依法不批准逮捕 194 人、不起诉 109 人。深入开展扫黑除恶专项斗争。发现涉恶案件线索 18 件 63 人，办理市检察院扫黑除恶专项斗争督办案件 6 件 24 人。依法办理了一批在区内有较大社会影响的恶势力团伙寻衅滋事、非法拘禁案等强揽工程、欺行霸市、非法高利放贷等涉恶案件。

2. 坚决打击破坏金融管理秩序、金融诈骗等刑事犯罪

全年批准逮捕 21 人，提起公诉 23 人。针对非法集资案件中反映出的社会管理问题，与区金融办共同召开"防范金融风险、维护区域金融安全"主题座谈会，全区 30 家银行行长、主管风险防控的副行长参加会议，就加强多方合作、

防范金融风险等方面深入交流并达成共识。

3. 坚决打击扰乱市场秩序、侵犯知识产权等犯罪

全年批准逮捕 22 人，提起公诉 18 人。深入企业就优化营商环境工作开展专题调研，完善检企沟通机制，立足检察职能，积极帮助协调解决企业发展过程中的问题。

4. 加强公益诉讼工作

主动将公益诉讼工作放在全区发展大局中谋划和推进，就"开展公益诉讼工作情况"向区人大常委会作了专项报告。聚焦生态环境和资源保护、食品药品安全、国有财产保护等重点领域开展工作，用好用足诉前程序，促进行政机关、社会组织等相关主体主动保护公益，推动行政机关主动履职，助力法治政府建设。全年发现并审查公益诉讼案件线索 31 件，立案 11 件，发出诉前检察建议 8 份，均已收到回函。

五、公安工作

（一）坚持严打开路，全面营造高压震慑态势，驾驭复杂社会治安局势的能力显著提升

全年破当年案件 2449 起，同比上升 2.6%；刑事拘留人数和行政拘留人数同比分别上升 11.7% 和 22.4%；查处治安案件 2.98 万起，同比上升 2.9%。

1. 全力开展"扫黑除恶"专项行动

共破九类涉黑涉恶案件 145 起，破案率 90.6%，位居全市第一；接转线索 44 件，办结率 100%。

2. 集中开展专项打击工作

严打八类恶性犯罪，八类案件破案率 89.2%，超过全市平均水平 4.1 个百分点。严打涉枪、涉爆犯罪，涉枪线索 100% 查证办结；严打涉毒犯罪，成功破获涉毒案件 26 起。严打经济类犯罪，立经济案件 156 起。严打"环食药"领域违法犯罪，成功侦破污染环境、私设暗管排放污染物案 4 起。

（二）坚持主动监管，最大限度消除安全隐患，全力筑牢公共安全基础

1. 持续提升消防安全监管水平

全区上下抓消防力度明显增强。2018 年，区委常委会、区政府常务会多次研究部署消防工作，并审议通过《顺义区 2018 年消防工作要点》；区政府常务会坚持每月通报消防工作情况，区委、区政府领导共带队检查 180 余次；各属地、部门主动履职，主要领导共带队检查 1.04 万次，检查点位 14.5 万个，查封 621 家，拆除 233 家，累计拆除腾退面积 40 万平方米。全区高压执法态势不断巩固。围绕人员密集场所、商品市场、文物古建、高层建筑、消防车道、仓储物流、"三合一""多合一"、出租房屋等始终保持高压整治态势，共检查单位 2.3 万

家，同比上升 12.2%；临时查封 497 家，同比上升 36.47%；"三停" 165 家，同比上升 11.6%；罚款 1062.7 万元，同比上升 28.16%。区级、机场周边消防安全隐患共上账 1918 处，整改率 99%。

2. 持续提升交通安全监管水平

狠抓专项整治，交通秩序不断改善。依托交通秩序"百日攻坚""蓝天保卫战""路面执法会战"等专项整治行动，全年依法纠正各类交通违法 18.8 万起，同比上升 47.6%；暂扣各类严重违法车辆 5009 辆；录入非现场监控数据 88.9 万笔，同比上升 63.9%；查获危险驾驶案件 383 起，同比下降 11.5%。践行全警交通理念，执法能力显著增强。依托分局缓堵办，牵动派出所，加强违章停车执法，形成了分局主管局长上路执法、交通支队和各派出所联合行动的"全警治堵"模式，粘贴违法停车告知单 14 万笔，同比上升 47.3%，其中，派出所民警执法 2.4 万笔，同比上升 32.3%，位居全市第一。

（三）坚持完善机制，深入推进执法规范化建设，提升执法质量和水平

1. 全面强化执法办案规范化建设

进一步细化执法办案管理中心使用规范，实现 8 类案件在办案中心集中办理，最大限度为基层办案单位提供保障，接待入区办案单位 303 个，提供人身检查、信息采集、候问看管等办案服务 1.3 万余次，未发生安全事故和民警被投诉事件。

2. 全面强化执法管理规范化建设

坚持问题导向，强化问题排查，依托"执法办案管理中心+案管组"两层监督管理体系，严抓如实立案，发现执法问题 3349 件，逐件建立问题清单底账，逐项督办、限期整改。坚持以追责促履责、以倒查促规范，严格落实执法过错责任追究机制，对各办案单位监督整改 2121 条，有效提升了办案质量。

3. 全面强化执法培训规范化建设

对于重大、敏感、疑难案件，深化提前介入和"点对点"指导，围绕"警情、案件、财物、场所、卷宗"等重点，强化专项培训，参训人员 710 人次。通过每月开展集中培训及法制员例会、每季度组织旁听庭审和抽考抽测工作，持续推进常态化执法培训，累计参训人数 1240 人次，提升民警执法办案能力。

六、司法行政工作

（一）党建引领凝聚干部队伍初心

全年共组织理论中心组学习 30 次，学习研讨 4 次，党员干部学习 1000 余人次。新设 2 家律所党支部，认真落实"三会一课"、党建工作述职等制度，组织开展科长、司法所长述职述廉汇报会。认真落实党风廉政建设和反腐败责任制，全年无违法违纪案件发生。研究制定《2018—2020 年干部教育培训规划》和

《2018 年干部教育培训计划》，有效抓好各级各类人员的培训工作。

（二）公共法律服务三级实体平台稳步推进

将公共法律服务体系建设纳入 2018 年区政府折子工程项目，召开公共法律服务实体平台建设推进会。2018 年 12 月 29 日，区公共法律服务中心投入运行，25 个镇（街）公共法律服务站、551 个社区（村）公共法律服务室建设工作全部完成。

（三）服务保障"疏整促"专项行动成效凸显

立足本职，强化"三个主动"，成立由 93 名专业人员组成的 5 个法律服务团队，深入西丰乐棚改等疏解整治地区开展工作，全年累计排查矛盾纠纷 1125 次，调处矛盾纠纷 584 件，接待法律咨询 3578 人次，发放普法宣传材料 35 600 余份，刊发"疏整促"专刊 8 期，获得属地政府的一致认可。

（四）"扫黑除恶"专项斗争有效落实

成立专项工作领导小组，制定工作方案，先后三次组织召开专项动员部署会议，传达上级指示精神、部署工作任务。对所管"两类"人员的犯罪类型和现实表现开展拉网式排查，持续深挖涉黑涉恶、涉枪涉爆、涉恐等人员及犯罪线索，建立重点人员台账，形成常态化的工作机制，确保"扫黑除恶"专项斗争扎实推进。

（五）司法行政阶段性任务指标圆满完成

全年共调处纠纷 3981 件，调解成功 3872 件，调解成功率 97.2%；共受理法律援助案件 2341 件，提供法律咨询 11 000 余人次；共办理公证业务 4069 件，办理劳动力转非自谋职业协议书公证 1393 人次；村居法律顾问共开展法治讲座 3226 场，现场普法活动 3513 场，提供法律咨询 33 419 人次，代写法律文书 585 件，提供法律援助 625 件，参与纠纷调解 2130 件，参加解决信访突发事件 178 件，提供法律意见和建议 1295 件。

1. 法治宣传工作有声有色

深入开展"七五"普法考核验收工作，就"七五"中期普法规划落实情况向北京市法治宣传教育领导小组做专题汇报。突出宪法宣传，通过法治文艺巡演、拍摄宪法主题 FLASH 动漫宣传片、宪法有奖问答等方式，做到线上线下齐宣传。

2. 法律服务工作优质高效

选拔 20 名优秀律师参加专题培训，引导律师主动参与、正面宣传优化营商环境。新建 2 家未成年人法律援助联系点，进一步提高法律援助服务可及性和高效性。推进温馨家园公益服务、安排律师参加区政府信访接待、落实图书馆律师值班制度，成立"潮白律韵"沙龙，完成了律师协会第三届律师代表大会换届选举工作。落实司法鉴定分级管理工作，办理司法鉴定行政许可初审 13 件、投诉 18 件。

3. 法治保障工作扎实到位

全力以赴做好重点时期维护稳定工作，加大矛盾纠纷排查化解力度，圆满完成全国"两会""中非合作论坛北京峰会"等重点时期维稳安保工作。规范社区矫正执法，刑满释放人员帮教率、一次性安置均达到了 100%。坚持发展"枫桥经验"，搭建区—镇街—村居三级涉访人民调解平台，建立"访调对接"联动机制，全年共开展信访矛盾纠纷排查 589 次，调解信访案件 214 件，化解信访积案 25 件，导入法治轨道 65 件。

七、2018 年法治建设特色和亮点

（一）以全面落实司法责任制为根本抓手，促进司法质效大提升

顺义区人民法院以全面落实司法责任制为牛鼻子，努力构建权责统一的审判权运行体系，取得了明显成效，2018 年在收结案均创历史新高的情况下，审判质效位居全市基层法院第三位，被评为北京市模范法院。

1. 突出法官办案主体地位

完善审判权运行机制，还权于法官与合议庭，实现"让审理者裁判、由裁判者负责"。制定院、庭长审判管理监督权责清单，确保院、庭长不越权，也不失职。

2. 强化院、庭长办案示范引领作用

院、庭长带头办理重大、疑难、复杂、新类型及涉及统一法律适用的案件。在基本解决执行难攻坚阶段，该院党组书记、院长李旭辉承办的"7 岁伤残儿童依法获得百万赔偿款案"，获评 2018 年推动法治进程十大案件。

3. 运用科技手段提升审判质效

加快信息化建设步伐，推广"智慧云""睿法官"等审判辅助系统，积极运用在线调解系统、在线庭审系统，推进电子卷宗随案同步生成，切实为干警减负，为当事人提供便利。

4. 健全法官绩效考核制度

依托法官办案业绩评价系统，实现考核结果全量化，并将绩效考评结果应用于法官遴选、晋升、绩效奖金分配等方面，激励法官多办案、办好案。

5. 构建完备审判监督机制

严格落实违法审判责任追究制度，成立案件评查委员会，加大内部监督力度，构建全院全员全过程的监督管理机制。广开办案监督渠道，主动接受人大及其常委会监督，健全代表委员联络机制，依法接受检察机关的监督，完善外部监督机制。

（二）立足区域功能定位，紧紧围绕区域经济社会发展大局履职尽责，努力推动检察工作再上新台阶

1. 服务疏解整治促提升专项行动

将拆迁整治、棚户改造、拆除违法建筑、"散乱污"企业治理等领域可能发生的职务犯罪作为研究重点，有针对性地总结疏解整治环节中可能出现的职务犯罪风险点，形成专项调研报告。履行行政公益诉讼职责，实地调查南郎中关帝庙、方氏渠、砖窑等不可移动文物，就未设立文物保护标志、周边堆放大量建筑废物等问题发出诉前检察建议，依法督促相关行政机关履行职责，促进区域文物保护。

2. 着力保障民生

开展网络订餐专项监督活动，共排查"美团""百度外卖""饿了么"等第三方平台的入网餐饮服务提供者363家，现场调查20余家，就其中存在的无实体经营门店、超范围经营、一证多用等违法行为向区食品药品监管局发出诉前检察建议。区食品药品监管局收到检察建议后，迅速开展网络订餐专项整治活动，在全区范围内开展排查，立案查处违规违法案件66件，并对第三方平台负责人进行了约谈，净化网络订餐市场环境，保障食品安全。

3. 充分发挥检察机关专业优势

采取多种形式积极参加普法宣传教育。进一步打造"蒲公英"青少年法制宣讲团普法品牌，受邀为区内中小学2300余名在校学生讲授法制课。通过网络直播、进社区授课等形式开展"拒绝高利诱惑远离非法集资"以案释法活动，在线观看人数8万余人，并被北青社区报、人民网等新闻媒体报道。在市检察院的统一部署与领导下，积极开展"十进百家、千人普法"主题活动。共开展"法律进单位""法律进军营""法律进景区""法律进乡村、进社区""法律进校园""法律进商务楼宇"等法治宣传活动10余次，发挥专业优势，加强普法宣传，服务全区法治建设。

（三）全面加强法治建设领域改革工作，推进公安法治化建设

1. 以执法办案管理中心为突破口，推进执法管理改革工作

顺义公安分局依托过渡性执法办案管理中心，加强执法办案管理工作，自运行以来，共查获违禁品4次，及时阻止自残2次，看押、审查过程中始终保持良好秩序，未发生一起安全事故和民警被投诉事件。

2. 以侦审一体化改革为重点，推进执法体制改革工作

为适应深化公安改革的总体要求，加强侦审一体化框架下刑事办案质量和监督管理工作，顺义公安分局党委高度重视，结合分局工作实际有序推动侦审一体化改革工作，有效提高了刑事案件的执法办案质量。

3. 以基层所队案管组建设为基础，推进执法监督管理改革工作

顺义公安分局全面推行案管组工作，逐步形成派出所的"小法制"，在硬件设施配备、人员责任分工、运行模式方面逐步优化，全面有序推进。在此基础上，分局建设形成了"执法办案管理中心+案管组"两级监督管理体系，强化执法源头管理，围绕"警情、案件、财物、场所、卷宗"等案管组核心职能，坚持每日检查、当日整改、每周汇总、每月总结，实现对基层所队执法办案的全方位监督管理。

（四）聚焦需求，加快推进公共法律服务体系建设

1. 体系构建有深度

着眼区域功能定位，多次调研兄弟区经验做法，坚持在顶层设计上狠下功夫，研究制定《顺义公共法律服务实体平台建设方案》，高标准谋划部署我区公共法律服务体系建设，其中，区级层面，选址交通便捷、布局宽敞地点搭建法律服务平台，充分彰显司法行政职能作用；镇（街）层面，建立镇（街）公共法律服务站，由律师、司法助理员等轮流值班，引流法律咨询、法律援助、公证指引、人民调解等基础服务；村（居）层面，建立公共法律服务工作室，设置村居法律服务公示栏，公示法律服务人员信息、法律服务产品目录等，方便群众就近接受法律服务。截至 2018 年 12 月 29 日，区公共法律服务中心投入运行，25个镇（街）公共法律服务站、551 个社区（村）公共法律服务室建设工作全部完成。

2. 政策保障有力度

将公共法律服务体系建设主动纳入 2018 年区政府折子工程项目，在全区范围内稳步推进，年中召开市、区领导参加的阶段性推进部署会，确保三级平台建设顺利推进、时时跟进。

3. 运行规范有准度

区级大厅运行后，持续推出优化营商环境措施，实现服务事项、工作人员、纪律要求等统一公示上墙，建立《窗口设置应急管理预案》《窗口工作规范》等规范化管理制度，实现"前台引导、首问负责、一次性告知、办结反馈"窗口服务标准，设置施行执厅员制度，重点检查窗口工作人员仪容仪表、语言行为、履职尽责及大厅设施运行等问题，以切实的措施提升法律服务质量水平，增进人民群众的获得感。

大兴区法治建设报告

2018 年，是贯彻落实党的十九大精神的开局之年，是决胜全面建成小康社会、实施"十三五"规划及"七五"普法规划承上启下的关键一年。大兴区法学会在市委市政府、区委区政府的正确领导下，团结引领广大法学法律工作者，围绕全区经济社会发展的新形势、新任务和新要求，找准服务的切入点和着力点，拓宽服务的范围和方式，增强服务的质量和效果，充分发挥法学会组织引领、法律智库、法律服务作用，为区域经济健康发展、社会和谐稳定提供了有力的服务保障。

一、人大法治保障和监督工作

2018 年，共召开人大常委会会议 6 次，主任会议 15 次，主任专题会议和代表专题会议 5 次，组织代表开展执法检查、视察 20 次，开展专题调研 6 项。听取审议"一府两院"工作报告 16 项，提出审议意见 80 余条，依法作出决定 15 项，任免国家机关工作人员 174 人次。

（一）坚持推进"两个机关"建设，着力提高履职能力

围绕打造"全面担负起宪法法律赋予各项职责分工工作机关""同人民群众保持密切联系的代表机关"，不断加强常委会及其机关自身建设，履职水平进一步提高。

1. 强化思想政治建设，提高机关凝聚力战斗力

始终把党的政治建设摆在首位，坚持重大问题党组先行研究，把好政治关、方向关和责任关。

2. 强化学习培训，改进工作作风，提高工作效能

加强学习型机关建设，坚持改进作风，完成了整治拆墙打洞后便民需求、老旧小区物业管理服务和综合治理工作等多项调研报告。

3. 强基固本，整体提升，切实加强基层人大建设

研究制定了《关于进一步加强和改进镇人大工作的意见》和《关于进一步

加强和改进街道人大工作的意见》，进一步推进了镇街人大法制化、规范化、制度化建设。

4. 明确思路，找准定位，加强专委会建设

各专委会精选监督议题，围绕全区改革发展和民生领域的热点、难点、痛点问题，开展检查、视察、专题调研，推动专委会动起来。

（二）人大代表工作

常委会以强化服务保障，发挥代表主体作用为着力点，健全完善工作机制，代表工作取得新进展。

1. 完善代表工作机制，提高为代表服务保障能力

一年来，共有60名代表列席了常委会会议，200多人次市、区、镇人大代表参加了常委会组织的检查视察、专题调研活动，代表作用得到更好发挥。

2. 畅通民主渠道，加强代表联系选民网络建设

进一步规范"大兴人大"微信公众平台运行管理，平台访问量超过9.2万人次，收到群众反映的各类问题200余件，均严格按照网络工作程序交由各镇、街道及政府相关部门办理，对维护群众利益，改进"一府两院"工作，发挥了重要作用。

3. 加大督办力度，代表建议办理实效不断增强

在各有关部门的共同努力下，区五届人大四次会议期间，代表提出的75件意见建议，已按法定时限全部办复，推动了政府相关工作。

（三）法治保障工作

一年来，区人大常委会以民主法治建设为根本任务，积极推进法治大兴建设，为全区发展提供有力法治保障。

1. 深化司法体制改革，促进公正司法

听取审议了区人民法院推进司法体制改革情况的报告和人民检察院刑事执行监督工作的报告。推动人民法院构建人员分类管理、司法职业保障制度，健全完善"谁审理、谁裁判、谁负责"的审判权力运行机制。要求检察机关完善监督机制，提高刑罚执行监督水平；加大检务公开力度，努力提高刑罚执行监督工作透明度和公信力。

2. 认真开展执法检查，促进法律法规在全区贯彻执行

以落实道路交通安全责任制、完善交通保障机制、强化农村路网建设为重点，要求区政府强化部门统筹联动，形成车辆管理和道路通行保障执法合力；强化交通安全主体责任，加强客运货运监管，不断提升道路安全水平；加大交通安全法普法宣传力度，充分运用多种媒体，努力提高全社会道路交通安全意识。

3. 加强信访工作，促进社会和谐稳定

全年共接待群众来信来访75件，全部妥善办复，为促进社会和谐稳定，发

挥了积极作用。

（四）经济监督工作

2018 年是实施"十三五"规划承上启下的关键年，常委会在促进全区经济社会发展中发挥了积极作用。

1. 强化经济运行情况监督，推动经济平稳健康发展

听取审议区政府 2018 年上半年国民经济和社会发展计划执行情况的报告和"十三五"规划纲要中期评估专项工作报告，对 2018 年年度计划执行和 2019 年计划安排情况进行了初审。作出肯定的同时，针对经济运行中存在的问题对区政府提出了要求。

2. 强化财政预算监督，推进预算管理规范化科学化

听取审议了区政府 2017 年财政决算报告和审计工作报告及 2018 年预算执行情况的报告，审查批准了区政府 2017 年财政决算，对 2019 年财政预算报告进行了初审。作出肯定的同时，对区政府进一步提出要求。

3. 强化政府投资项目监督，提高财政资金使用效益

常委会对政府投资的 68 个重点项目进行认真审议，确保投资项目稳步推进，保证投资的经济效益和社会效益。

4. 立足防范重大风险，加强政府性债务风险防控监管

听取和审议区政府债务风险防控专题汇报，作出肯定的同时，对区政府进一步提出要求。

5. 强化分区规划编制监督，贯彻北京城市总规要求

常委会高度重视分区规划编制的监督工作，组织专委会委员、区人大代表多次开展座谈调研，并专门听取审议了区政府关于大兴分区规划的报告，针对规划编制需要完善的一些问题，对区政府提出意见建议。

（五）环境监督和民生工作

常委会牢固树立以人民为中心的发展思想，加大监督力度，努力提升群众的获得感、幸福感和安全感。

1. 加强乡村振兴战略工作监督，推进美丽乡村建设

常委会坚持监督支持并重，就村庄建设规划、农村环境整治、基础设施建设等 10 个方面 34 项任务向区政府提出了重点办理意见。

2. 打好污染防治攻坚战，推进生态文明建设

常委会听取审议了区政府《关于全区环境状况和环境保护目标完成情况的报告》，作出肯定的同时，对区政府提出进一步的要求。常委会还就河道治理、水岸生态廊道建设等工作进行检查视察、座谈调研并提出对策建议。

3. 加强农产品质量安全工作监督，确保餐桌上的安全

针对农产品生产、流通、监管等方面存在的问题，推动区政府进一步完善农

产品质量安全管理机制，加快农产品执法监管信息化平台建设。

4. 加强教育工作监督，促进教育事业发展

为深入推进教育管、办、评分离工作，听取审议了区政府教育督导工作专项工作报告，作出肯定的同时，对区政府进一步提出要求。

二、法治政府建设

（一）全面深化"放管服"改革

规范公布 2018 版权力清单，清理基层开具的各类证明，解决审批事项公示"标准不统一、要素不齐全、内容不规范"等问题，切实提高审批效率。研究制定《大兴区审批事项公示办法》，明确公示范围、方式、途径、内容和标准。

（二）推进行政决策科学化、民主化、法治化

1. 加强规范性文件审查、备案和清理工作

共审核《北京市大兴区殡葬改革工作方案》等区政府及其工作部门制定的规范性文件 37 件，审核重大合同 23 件，完成市政府规章草案征求意见 12 件。结合"放管服"改革、生态文明环境保护、产权保护等文件清理要求组织开展行政规范性文件清理 2 次，清理涉及区政府、区政府办文件 66 件，其中 54 件保留，12 件废止；组织开展我区 2000 年—2017 年文件清理工作，涉及区级文件854 件，其中 353 件保留，501 件废止。创新审查工作方式，采取专家评审的方式审查区内重要文件合同，共组织专家评审会 3 次，各类专家律师参与文件合同审核 11 次。

2. 强化法律顾问工作

制定《大兴区人民政府法律顾问团考核办法》，对任期内法律顾问的日常工作实行考核制。推进全区各行政机关建立健全法律顾问制度，对聘用法律顾问情况进行摸底，并对法律服务合同进行备案。

（三）积极推进行政执法的规范和效能建设

1. 规范行政执法行为

对全区 28 家行政执法单位的案卷评查工作检查核实，对存在的问题进行通报，进一步规范评查工作和执法行为。坚持行政处罚数据"月统计、季分析、定期通报"机制，为执法部门推动工作提供建议。

2. 加强对行政执法的监测和考评

依托北京市行政执法信息服务平台，研究开发大兴区行政执法数据分析平台，运用大数据思维和方法，加强对执法权力运行状态、执法效能效果的监测评价，不断强化行政执法监督工作力度。

3. 加强财政管理与监督

将全区 366 家预算单位全部纳入动态监控系统，单位覆盖率达到 100%。先

后出台《北京市大兴区人民政府办公室关于政府向社会力量购买服务的实施意见》《大兴区区级政府向社会力量购买服务预算管理办法》，进一步完善政府购买服务制度体系建设。同时将政府购买服务目录导入预算系统，不断规范管理。规范政府举债行为，妥善处置存量债务，构建债务控制及风险预警机制，拟定《大兴区经济技术开发区政府性债务风险应急处置预案》，建立风险监测预警机制和责任追究机制，有效防控财政金融风险。依法开展对会计基础工作、部门预算、部门决算、资产管理、专项资金、非税收入、政府采购、内控制度等执法检查，规范财政资金依法依规使用。

4. 做好行政复议应诉工作

不断完善复议案件审理机制，严格按照办案程序进行审理，坚持2人办案。制定《关于进一步加强行政应诉工作的实施意见》，指导全区行政应诉工作。贯彻落实行政机关负责人出庭应诉制度，7月和10月，王有国区长和李强副区长分别在北京市第四中级人民法院和大兴区法院出庭应诉，这起到了良好示范作用。其中，王有国区长出庭案件原被告双方已经达成调解协议，原告撤诉，做到案结事了。

5. 加强行政调解工作

以法律顾问讲座、依法行政培训为契机，不断加强行政调解人员的法律知识和调解技能的培训。充分利用行政复议接待窗口对行政调解工作进行广泛宣传，通过以案促调，加强对各单位行政调解工作的指导交流。

三、审判工作

2018年，大兴区法院全年新收各类案件45 222件，办结45 353件，同比分别上升18.8%、17.0%；结案率92.7%，同比上升1.4个百分点；法官人均结案453.5件，同比上升42.7%。

（一）刑事审判工作

大兴区法院全年新收刑事案件1772件，办结1774件，同比分别上升5.2%、5.3%。坚决贯彻党中央决策部署，扎实开展扫黑除恶专项斗争，对发布虚假招工信息且持械殴打工人的张起文等3人判处有期徒刑并处财产刑，从审理的案件中排查移送黑恶线索11条。注重维护人民群众人身财产安全，办结危险驾驶、侵害食品药品安全等危害公共安全犯罪案件806件，办结故意杀人、故意伤害、绑架等暴力犯罪案件293件，办结盗窃、抢劫、诈骗等常见侵财犯罪案件355件，办结非法集资、电信诈骗等涉众型经济犯罪案件97件。注重贯彻宽严相济刑事政策，对27人判处十年以上有期徒刑，对431人适用缓刑。注重加强人权司法保障，积极开展法律援助值班律师工作，一审刑事案件律师辩护率提高至95.4%。

（二）民事审判工作

大兴区法院全年新收民商事案件 27 627 件，办结 27 724 件，同比分别上升 12.4%、9.7%。依法保障民生，办结婚姻家庭、析产继承案件 3652 件，办结劳动争议、人事争议案件 2199 件。依法服务发展，办结银行卡、票据、保险等金融案件 714 件，办结建设工程、房屋买卖租赁、民间借贷等合同案件 17 118 件。切实保障乡村振兴战略实施，办结房屋拆迁安置补偿合同纠纷、承包经营权纠纷等涉农案件 110 件。全面落实改革优化营商环境要求，出台具体保障意见，办结涉公司类商事案件和各类商事合同案件 728 件。

（三）行政审判和监督依法行政工作

大兴区法院全年新收行政案件 427 件，办结 421 件，同比分别上升 49.3%、53.1%。依法保护行政相对人合法权益，强化对行政行为合法性的审查，行政机关败诉率 19.0%；严格非诉执行审查标准，8 起案件裁定不准予强制执行。依法支持行政机关合法行政，以协调等方式化解行政争议 15 起。坚持推进司法与行政良性互动，组织庭审观摩 27 次，参与联席座谈会 22 场，发送司法建议 4 份；大力推动行政机关负责人出庭应诉工作，负责人全年出庭应诉 55 人次。

（四）案件执行工作

大兴区法院全年新收执行案件 15 396 件，办结 15 434 件，同比分别上升 33.9%、33.8%。发起"基本解决执行难"总攻战，相关指标达到第三方考核要求，亮剑解决执行难的举措和成效得到上级法院充分肯定。注重显现执行工作强制性的特点，运用执行联动机制圆满解决多起骨头难案；严厉打击拒执行为，对拒不履行生效裁判文书的被执行人依法采取强制措施，其中对 1 人判处拘役刑罚，对 48 人采取司法拘留，对 5206 人纳入失信被执行人名单，对 15 422 人限制高消费及有关消费。注重落实执行工作规范化的要求，完善流程管理和制度建设，不断提升终结本次执行及案款发放等工作的规范化水平。注重发挥执行工作信息化的优势，建设"智慧执行"辅助拍卖系统，与开发区房管局合作建立不动产网上查控机制，不断提升财产处置工作质效，全年网络司法拍卖案件 257 件，成交额 4.72 亿元。

（五）对接疏解工作

大兴区法院全年新涉疏解整治各类案件 2124 件，办结 2042 件。加强相关房屋征收、解除租赁等案件的审判工作，坚持依法裁判和协调化解并重，确保纠纷切实解决。妥善执结 7 起涉及滞留户的房屋腾退拆除案件，助力全区重点改造工程，得到区主要领导批示肯定。

（六）接受人大、政协等各方面监督工作

大兴区法院不断强化接受监督意识、拓宽接受监督渠道，向区人大常委会专题汇报司法体制改革工作情况，并认真落实审议意见；主动邀请人大代表、政协委员旁听庭审、见证执行，全年召开 5 次座谈会；支持检察机关依法履行诉讼监督职责，办理检察建议 4 件，邀请检察长列席审判委员会 4 次。打造阳光司法，全年通过互联网开展庭审视频直播、图文直播 598 场，公布裁判文书 20 214 份，应上网文书上网率达到 100%；开展"蔷薇课堂""法律在身边"等送法进校园、送法进社区活动 15 次；就群众关注的房屋租赁、教育培训、劳务派遣等纠纷召开主题新闻通报会 8 场；官方微信公众号发布案件普法信息和工作动态 90 条。

四、检察工作

2018 年，大兴区人民检察院始终坚持依法履行司法办案职能，服务区域经济社会发展，深入贯彻宽严相济的刑事政策，提升规范司法水平，维护区域安全稳定。

（一）法律监督及公益诉讼工作

1. 切实加强诉讼活动监督

深入开展刑事立案监督，共受理立案监督案件 32 件 34 人。监督公安机关立案 2 件 2 人，监督公安机关撤案 9 件 10 人。受理侦查活动监督线索 10 件，针对侦查违法行为提出书面纠正违法意见 4 份。深化行政执法与刑事司法衔接机制，办理"两法衔接"案件 11 件。受理申诉案件 5 件 5 人，审结申诉案件 6 件 6 人，提出二审抗诉 2 件 3 人，提请审判监督抗诉 1 件 1 人，发出纠正审理违法意见书 2 份，口头纠正审判不规范 12 次。向侦查机关发出检察建议 3 份，向审判机关发出检察建议 4 份，促进了依法审理和公正司法。

2. 深入强化刑事执行监督

始终把查办社区矫正人员脱管漏管作为监外执行检察的重中之重，全年共核查出漏管 8 人，纠正 8 人。对监外执行违法行为共制发纠正违法通知书 21 件，均获回函并被采纳。办理建议撤销缓刑收监执行案件 2 件。集中开展了对剥夺政治权利及对社区矫正人员变更执行和终止执行专项检察活动。受理羁押必要性审查案件 79 件，其中立案 61 件，提出建议 44 件，被采纳 38 件。

（二）刑事检察及公益诉讼工作

1. 依法严厉打击各类犯罪

全年共受理审查逮捕案件 1118 件 1589 人，批准逮捕 695 件 917 人。受理审查起诉案件 1893 件 2297 人，提起公诉 1768 件 2045 人。受理提请批准延长羁押期限案件 10 件 60 人。组建捕诉协同办案组提前介入"11.18"重大火灾案，依法批准逮捕犯罪嫌疑人 15 人，截至 12 月份已依法提起公诉 12 人。提前介入"7.20"团伙系列诈骗案，依法批准逮捕 23 名主要犯罪嫌疑人。

2. 认真贯彻落实全国扫黑除恶专项部署

坚持有黑必扫、有恶必除、有伞必打、有腐必反、有乱必治、除恶务尽，制定扫黑除恶专项斗争工作方案，成立专项斗争领导小组。全年共办理涉黑涉恶案件 7 件 33 人，其中经审查，认定涉恶案件 1 件 3 人，已提起公诉并获判决。通过办案，发现并移送 5 件涉嫌恶势力犯罪案件线索。

3. 加强市场经济秩序刑事保护

严惩金融、科技、知识产权、网络电信领域的犯罪案件。办理非法集资类案件 13 件 42 人，提前介入"3·29"涉税专案及易商通非法吸收公众存款案，其中易商通案涉案金额 230 亿余元。深入开展"打击侵犯知识产权和制售假冒伪劣商品"专项行动，审查起诉侵犯著作权、商标、专利、商业秘密的犯罪案件 8 件 10 人，提起公诉 7 件 8 人。积极参与食品药品安全专项整治，审查起诉制售假药、不符合安全标准食品犯罪和假冒伪劣产品犯罪 34 件 50 人。

4. 推进公益诉讼工作多点突破

牢牢把握"公益"这一核心，在食品药品安全、生态环境和资源保护等领域共立案行政公益诉讼案件 13 件，制发行政公益诉讼诉前检察建议 11 份。经协调，魏善庄镇陈各庄村环境污染类土壤污染案，被污染土壤已恢复原状。经调查并移送市检察院四分院提起诉讼的北京首例大气污染民事公益诉讼案件已获判决，并经二审开庭审理维持原判。针对新凤河部分河段水体被污染、大棚类设施农业项目违法违规用地等，分别向责任单位发送行政公益诉讼诉前检察建议，督促履职。截至 12 月份新凤河流域综合治理工程正在积极实施，相关大棚类设施农业项目涉及的违法建设已经拆除。

5. 参与社会治理创新亮点突出

结合执法办案中发现的问题向有关企业制发检察建议，督促堵塞漏洞、完善制度，督促解决社会管理问题和公益难题。办理了北京市新能源充电桩被盗电进入司法程序第一案，通过制发检察建议，有效堵住了充电桩管理漏洞，保障了公共充电设备的使用秩序，切实维护国家利益和社会公共利益。办理了全市首例拒不支付劳动报酬案，通过判决确认农民工被拖欠的劳动报酬 95 万余元，化解了社会矛盾。

五、司法行政工作

（一）深入落实"七五"普法规划

2018 年，大兴区注重发挥领导干部"关键少数"作用，对公职人员强化宪法教育；坚持法治宣传教育从青少年抓起，不断丰富教育内容，推动榆垡镇未成年人"零犯罪镇"创建、安定镇"健康青春 法治引航"大兴区青少年校园联动法治教育试点等工作，宣传典型工作经验。

据不完全统计，2018 年全区共开展"法律十进"活动 1400 余场，"以案释法"活动近 600 场，内容涉及宪法、宪法修正案、党内法规、国家安全、扫黑除恶专项行动、疏解整治促提升专项行动、禁毒等，全力为全区经济社会发展营造良好法治环境，为打造首都南部发展新高地，建设国际一流和谐宜居之都贡献力量。

（二）为疏解整治促提升专项治理活动提供高效法律保障

1. 积极引导律师为北京大兴国际机场建设提供优质法律服务

北京大兴国际机场噪声区治理及周边综合治理项目搬迁腾退工作，共涉及礼贤、榆垡两镇20个村庄、4387个院落、18 000余人。为确保搬迁腾退工作平稳有序开展，区司法局指派16名专业能力强、经验丰富的律师与司法所工作人员、民调员组成法律服务组，为镇党委政府、搬迁村及村民提供专业法律服务。得到了当事人的理解与配合，受到一致好评，为北京大兴国际机场建设营造了良好法治氛围。

2. 积极引导公证处服务疏解整治工作

组织公证处为违法建设拆除、城乡接合部整治改造、疏解区域性市场等专项行动提供证据保全类公证法律服务100余件，为庞各庄、采育、瀛海、榆垡、礼贤等多个镇，现场办理农转非自谋职业协议书12 500余份。

（三）为村居委员和基层群众提供公益法律服务

充分发挥"一村一居一法律顾问"的基层法律服务网络，通过公开招标的方式遴选出19家律所144名律师为全区683个村居委会和基层群众提供法律咨询、法治讲座、培训、纠纷化解等公益法律服务，为承担重大工程、重点项目的镇党委、政府提供法律指导。

（四）不断创新矫正帮教模式，切实提升教育挽救质量

2018年全年累计接收社区服刑人员236人，累计解除214人，累计开展居住地核实238件，社会调查128件，全年衔接监所刑满释放人员139人，衔接解除矫正人员130人。在册刑满释放安置帮教人员共计1476人，"两类人员"教育管理安全平稳无事故，社区矫正法治化、专业化、科学化、精细化水平不断提升。增设法治教育、扫黑除恶专题教育课程，全年组织开展社区服刑人员集中初始教育7期，189人次，实地参训率80%，网络教育参训率100%。中途之家组织开展集中分类教育16期，319人次，集中解矫前教育10期，185人次，集中社区服务公益劳动206期，621人次；研发"阳光矫正在线学习"微信小程序，依托新媒体开展社区矫正教育宣传，社区服刑人员平均在线学习人数达200人以上；面向社会公开招录18名司法社工参与矫正帮教工作，社区矫正队伍不断发展壮大；建立了覆盖各司法所、连通司法部的社区矫正远程视频督察系统建设，提升了社区矫正智能化水平。

（五）健全完善人民调解体系，切实提升矛盾化解效能

2018年全区初步形成了一支专兼结合、优势互补的人民调解员队伍，各项调

解的数据和质量明显提升。全年各级调解组织共受理案件2107件，调解成功2080件，调解成功率为98.7%。共进行矛盾排查10 161次，预防纠纷400件，化解疑难复杂纠纷47件。

（六）有效依托法律援助平台，全力构建民生服务网络

第一，深入开展刑事案件认罪认罚从宽制度试点工作。全年，区检察院工作站开展法律援助工作522人次，区人民法院法律援助工作站开展刑事法律帮助1151人次。

第二，深入法律援助便民服务举措。继续加强法援示范点建设工作，在各镇街按"四有一公开"标准完成了20家社区（村）法律援助示范联系点建设。不断优化"12348"法律咨询综合服务平台运行机制，创建"疏解整治促提升"快速通道，使90%的案件做到当天受理、当天指派。全年，区法援中心共接待咨询8286件，其中电话咨询4917件，来访咨询3369次。

第三，开展各类培训及法治讲座6场，提供法律咨询9266人次，代写法律文书21份，提供法律援助902件（其中：民事案件538件，刑事案件364件），开展专项维权宣传及讲座200余场发放法律宣传资料20 000余份。

六、治安工作

2018年，大兴公安分局在区委区政府领导下，围绕保障地区经济建设发展和服务全区人民群众的目标，积极组织局外相关行政执法力量和局内各职能部门，围绕黑车、克隆出租、散发小广告、自行车被盗、养犬管理等治安和秩序类问题，坚持落实责任，创新举措，打防管控建并举，维护了全区良好治安环境。

（一）回应群众期待，整治突出治安秩序问题

1. 清整黑车及其他秩序类工作

巩固完善"9+1"规模清整机制，围绕领导关心和群众关注的黑车、克隆出租、散发小广告等街面秩序类问题，持续开展清整行动。共拘留扰序类人员220人。

2. 打击盗销自行车工作

加强人、物、技防措施，协调相关单位在警情高发的居民小区、商场市场、交通枢纽等重点部位增设自行车存车处，并设专人看管；对自行车存放集中的公共场所，协调相关部门及经营单位安装摄像探头并规范存车管理；对分析确定警情高发的小区，指导物业保安加强夜间巡逻，注意进出小区的可疑人员，同时派出所打击小分队加强高发点位的蹲守打击力度；主动会同商务、工商、城管等部门依法取缔自行车非法交易市场和存在收赃销赃问题的自行车修理摊点，共抓获盗销自行车人员979人，接报盗销自行车警情同比下降27%。

3. 养犬管理工作

2018年，按照市养犬办集中年检工作方案的统一部署和要求，结合我区实

际，共办理登记年检犬 102 390 只，收容、救治犬只 4410 只。

（二）强化管理服务，提高公安行政管理效能

1. 从严从细从实做好各项活动监管

2018 年以来，组织警力 3390 人次，对第四届世界机器人大会、鸿坤杯"花绘北京、悦跑大兴"半程马拉松赛、第 30 届大兴西瓜节等 35 项（64 场次）大型活动和无须许可活动实施安全监管，确保了活动的顺利进行。

2. 加大危险物品管理工作力度

2018 年以来，通过设卡盘查、线索侦查、宣传查缴等方式加大危险物品收缴工作，严厉打击各类违法犯罪行为。检查涉危单位 1382 家次，发放宣传材料 15 万余份，收缴管制器具 1200 余件，查获非法储存、运输、销售烟花爆竹案 46 起，行政拘留 36 人，收缴非法烟花爆竹 1472 箱。

3. 持续强化物流寄递、旅店等阵地管控

牢记"以反恐防恐为第一要务"，从阵地控制入手，进一步严格物流寄递、旅店等行业场所管控工作。在物流寄递管理工作中，以"三个 100%"为刚性目标，共发现并整改各类问题隐患 57 处，函告处罚物流企业 41 件，寄递企业 26 件。在全市范围内首次运用《中华人民共和国反恐怖主义法》对 1 家未落实实名登记制度的旅店，处以 10 万元罚款，提升了全区行业场所规范化水平，最大限度减少了安全隐患。

（三）保持高压态势，提升治安打击实战水平

2018 年以来，始终保持对涉黄、涉赌等违法犯罪行为的高压打击态势，定期召开打击工作研讨会，分析警情、研究制定警情压减和打击整治方案，持续加大对涉黄、涉赌等违法犯罪行为的打击查处力度，抓获黄赌违法犯罪人员 1422 人，黄赌警情同比分别下降 18.7%。

七、2018 年法治建设特色和亮点

（一）突出法治建设工作重点，做好"三个紧扣"

1. 紧扣重大项目，全程对接服务

以京雄高铁、新机场高速、永兴河北路等国家级、市级、区级重大工程项目作为区法学会年度工作重点，提前制定专项调研和法律服务工作计划。在项目实施之前，针对项目涉及的征占地、房屋拆迁、环境影响等群众关心关注、易引发社会矛盾的事项，联合区维稳办、信访办等部门和永泰风险评估服务中心等社会机构开展社会调查、研究分析和风险评估工作，形成专项调研报告和风险评估报告，从源头上预防和化解矛盾。在项目实施过程中，协调区法院、区司法局等部门和属地镇街道，设立现场法律服务站和矛盾调解工作室，积极畅通群众诉求表达、协商、吸收和反馈渠道，将矛盾化解在萌芽状态，确保了重大项目依法顺利

实施。

2. 紧扣村庄安全治理，积极建言献策

为了推进疏解整治促提升专项行动，消减村庄重大安全隐患，区委、区政府决定 2018 年 5 月开始在全区开展深化村庄安全治理工作。在治理工作开始之前，区法学会与区村庄安全治理工作专班沟通配合，深入黄村、西红门、青云店、北臧村等镇涉及的治理重点村开展实地走访和调研，了解村庄安全现状，听取各方面意见，并以西红门镇为重点，召开座谈会 12 次，形成了全区村庄安全状况专题调研报告。在此基础上，与区法制办等部门组织相关领域专家和政协委员对该决策依据、实施主体和程序等内容进行分析论证和合法性审查，有针对性地提出了法律和社会风险防范对策和建议，为区委区政府决策提供参考依据。

3. 紧扣新机场顺利通航，主动延伸服务

针对北京新机场拆迁村民回迁入住、噪音区搬迁腾退和转非安置等重点工作，区法学会主动与新航城控股公司、礼贤镇和榆垡镇政府进行沟通对接，了解实际需求，找准服务方向，依法顺利推进了回迁、搬迁和转非各项工作，为 2019 年 9 月底新机场顺利通航提供法律保障。一方面，在工作实施之前，依托社会稳定风险评估载体，组织永泰风险评估服务中心深入 12 个已搬迁村和 19 个即将搬迁村开展走访调研，共举办座谈会 30 余次、走访村民 300 余人次、发放调查问卷 475 份，广泛征求村"两委"干部、村民代表和普通村民的意见和建议，全面梳理、分析和评估可能存在的社会矛盾和风险，提出风险防范措施和应急处置预案，分别形成了民意调查分析报告和社会稳定风险评估报告，供有关单位决策参考。另一方面，在工作实施过程中，依托村居法律顾问载体，协调区司法局和辖区律师事务所分别与已搬迁村、拟搬迁村建立法律服务对接机制，安排专业律师驻村开展政策宣传、法律咨询、矛盾调解、律师见证等工作，将法律服务延伸到基层一线，取得了良好效果。

（二）针对重点难点问题，做好"三个提前"

1. 提前开展风险评估

首先，落实主体责任。按照北京市和大兴区重大决策社会稳定风险评估文件要求，区法学会提前与区维稳办、信访办等相关部门进行沟通对接，及时将重点难点问题纳入全区年度风险评估工作计划，并建议有关责任单位委托第三方专业机构开展风险评估工作。其次，落实评估责任。通过走访调查、村民（居民）代表座谈、专题会商研判等形式，提前查找、梳理和评估可能出现的各类风险隐患，并有针对性地制定风险防范和化解措施，形成风险评估报告，为后续工作顺利实施提供了参考依据。最后，落实防控责任。结合风险评估报告中列举的风险因素和对策建议，及时指导有关部门开展重点人员排查摸底和突出矛盾预防化解工作，尤其是针对遗留矛盾和问题，逐案、逐件、逐人深入了解基本情况，详细掌握背景、原因和底数，分门别类建立重点区域、重点矛盾和重点人三本基础台账，做到了底数清、情况明。

2. 提前研究防范措施

首先，针对可能出现的政策法律咨询激增问题，区法学会提前与区住建委等相关部门进行专题研究，拟定统一的政策解答口径，并指导属地镇街道对机关党员干部、村（居）委会人员等具体工作人员开展专题培训，使其掌握政策，熟悉流程。同时，协调区司法局组织公益律师提前介入，参与政策制定、补偿协议起草、征求民意等决策事项，提供相关矛盾纠纷咨询和法律服务，最大限度地预防和化解矛盾纠纷。其次，针对可能出现的矛盾纠纷和法律诉讼问题，主动与区委政法委、区司法局、区法制办等单位进行沟通协商，在上述单位与属地之间建立情况通报、矛盾调解、案件会商等工作机制，为依法妥善解决有关矛盾和诉讼问题奠定了基础。最后，针对可能出现的煽动炒作、串联上访等问题，提前进行分析研判，研究制定应急处置预案，细化处置工作流程图，建立分级响应、约谈训诫、依法打击、联勤联动、应急保障等机制，为依法维护社会秩序提供了有力保障。

3. 提前严防严管严控

首先，加强社会面防控。立足构建"大维稳、大综治"格局，指导属地政府在重点村庄和社区实施保安员、流管员、治安志愿者等基层社会力量职责和队伍整合，形成"一岗多责、一人多能、一队多用"的工作局面。同时，完善群众动员培训、举报奖励等制度，充分发动基层干部群众参与社会面防控，减少抢栽抢建行为和治安案件发生率。其次，加强拆违控违。以征地拆迁和拆除腾退区域为重点，指导属地政府加大人防、物防、技防力度，提前通过招聘辅警保安、设立固定查控岗、新增巡逻车等方式，加强对重点地区、重点路段、重点部位的日常巡查和执法检查，防止用于违法建设的建材和苗木流入，对发现的违建坚持"零容忍"态度。最后，加强外围管控。根据征地拆迁和拆除腾退工作安排，在做好各项基础工作的同时，提前指导属地政府充分发挥各村村民自治章程作用，加强日常巡逻检查，加大人、房、业限控力度，严防流动人口和低端产业向其他区域聚集，防止出现新的不稳定因素。

（三）围绕基层实际需求，做好"四个贯穿"

1. 把依法决策贯穿始终

一方面，在"开墙打洞"和无照经营治理、拆除违法建设、环境秩序整治等疏解整治促提升工作实施之前，指导属地镇街道通过发布《致广大村民和居民的一封信》、入户走访宣传等方式，积极引导有关利益主体不违法经营、不搞违法建设、不抢栽抢种，自觉抵制各类违法行为。同时，指导属地镇街道在出台整治工作方案之前面对面与各村（社区）党员干部、村民（居民）代表以及利益相关方进行沟通交流，征求意见、听取建议，最大限度地确保制定的政策符合绝大多数人的意愿。另一方面，在整治工作实施之中，合理制定奖励、帮扶等配套政策，积极争取群众的理解和支持，特别是在拆除违建过程中，强化信息公开，强化群众监督，严格做到一把尺子量到底，确保整治工作公开透明、客观公正，维护了政府公信力。

2. 把政策宣传贯穿始终

在镇街道层面，指导成立政策宣传解答工作组，通过召开村（社区）党员会、代表会进行"集中式"宣传，广播车入村入巷进行"全天候"宣传，以及发动机关党员干部、村（社区）干部走家串户进行"一对一"宣传，大力宣传疏解整治促提升专项行动等方面政策知识，及时公示政策和标准等群众关心的信息，形成强大声势，营造良好氛围。

3. 把法律服务贯穿始终

重点围绕重大项目征地拆迁、新机场回迁入住、老旧小区物业管理等工作，加强与区司法局、区律师协会的沟通合作，选派熟悉政策法律、擅长民事调解的律师，深入问题突出、矛盾集中的重点村、社区开展法治宣讲、法律咨询、民事调解、法律援助等"一对一"公益法律服务，满足基层组织和群众法律需求。重点围绕疏解整治促提升、村庄安全治理、停车秩序整治等工作，协调指导属地镇、街道充分发挥各村、社区人民调解组织优势和作用，对历史遗留矛盾和治理工作中新增的矛盾纠纷开展政策宣传引导和民事调解服务，多数矛盾得到了有效化解。重点围绕疏解整治促提升等工作期间可能引发的群体性上访、煽动炒作等风险，在区维稳办、公安分局的支持和配合下，指导属地镇、街道与公安派出所加强信息沟通和工作对接，对组织、串联、挑唆的重点人员及时开展约谈、教育、训诫等工作，防止形成事实危害。

4. 把矛盾排查化解贯穿始终

围绕重大项目建设、疏解整治促提升、工业大院拆除腾退等基层重点工作，协调区维稳办、信访办等部门建立矛盾纠纷"镇、村"动态排查和"拉网式、全覆盖"集中排查机制，跟进评估风险隐患，动态掌握新增矛盾，完善基础工作台账，对各类矛盾做到了早发现、早上账、早预防。

# 昌平区法治建设报告

2018 年，昌平区上下深入学习贯彻习近平新时代中国特色社会主义思想和党的十九大精神，牢牢把握北京城市总体规划赋予的功能定位，完成了区法治建设的各项工作。

一、人大法治保障和监督工作

2018 年，昌平区筹备召开了区五届人大四次、五次会议；举行了 9 次常委会会议，审议议题 33 项，听取审议"一府两院"专项工作报告 10 项，形成审议意见书 8 件，开展执法检查 1 项、跟踪监督 4 项，作出决议决定 9 项。

（一）组织机构建设

1. 深入学习领会习近平总书记重要思想

通过党组和常委会及专委会会前学习、举办学习班、开展专题交流等形式，围绕"十个坚持"的主要内容，深入领会、准确把握习近平总书记关于坚持和完善人民代表大会制度重要思想的深邃内涵和实践要求。

2. 坚持党对人大工作的全面领导

牢固树立"四个意识"、坚定"四个自信"，严守政治纪律和政治规矩。健全完善党组工作规则，严格落实重要工作向区委请示报告制度，全年向区委请示报告事项 26 项，确保人大与区委在政治上同向、思想上同心、工作上同步。

3. 夯实依法履行职权的思想基础

坚持把加强人大制度理论学习作为履行职权的必然要求，健全完善常态化长效化学习制度，增强做好人大工作的制度自信和行动自觉。紧扣贯彻落实中央精神、市委决策和区委部署，推进法治昌平建设。

（二）人大代表工作

1. 着力提升代表履职能力和水平

全年，常委会机关人员深入镇（街）就人大制度、代表履职、预算监督和法治建设等为区镇两级人大代表开展培训 10 余次；邀请基层代表列席常委会会

议，参加视察调研、执法检查、建议督办等活动 700 多人次。落实"街镇吹哨、部门报到"要求，组织代表视察回天地区公共服务和基础设施提升、全区疏解整治促提升等工作情况，引导代表发挥示范带动作用。

2. 全力做好代表建议办理和督办

加强与政府及承办部门的联系沟通，督促政府加强办案队伍建设。完善"六办"工作机制，强化常委会主任、副主任牵头重点督办的引领推动作用。开展"集中督办月"活动，细化人大专委会分工督办，下沉到镇（街）召开现场督办会 25 场、参加代表 180 多人次，对 142 件建议进行了集中督办。区五届人大四次会议上代表提出的 200 件建议，当年办结率达到 45.7%。

3. 努力强化代表履职服务和保障

扎实推进代表联络站和选民接待站建设，完善"两站"服务设施，搭建好代表履职活动平台，全区共建立代表联络站 16 个、选民接待站 43 个。做好市十五届人大昌平团代表履职服务保障工作，加强市区镇三级人大代表履职联动，积极通过市人大平台反映和表达全区人民群众的意愿，推动相关问题的解决。加强对代表的人文关怀，营造了热情服务保障代表履职、关心代表工作生活的氛围。

（三）法治保障工作

依据宪法和中央、市委文件精神，制定实施了《北京市昌平区人大常委会讨论、决定重大事项的办法》。起草了《关于建立区政府向区人大常委会报告国有资产管理情况制度的意见》，并以区委文件印发执行。听取了区政府关于昌平分区规划（2017 年—2035 年）（草案）编制情况的说明，审议作出了《关于同意区政府上报〈昌平分区规划（2017 年—2035 年）草案〉的决议》。构建多规合一的长效机制，健全完善规划实施评估体系和监督机制，全面提升城市建设与管理水平，确保规划目标的实现。

（四）监督工作

进一步加强执法检查这一监督形式的有效运用，提升监督工作的质量和效果。成立执法检查组对昌平区贯彻实施《中华人民共和国消防法》《北京市消防条例》情况进行了检查，听取审议了执法检查情况报告。听取审议了区政府关于昌平区法治宣传教育第七个五年规划实施情况的报告，积极推进"七五"普法工作的全面落实。重视加强对区法院、区检察院工作的常态化监督，督促"两院"稳步推进司法改革，加强司法能力和队伍建设。

依法对区政府《关于加强烟花爆竹安全管理工作的通告》进行了备案审查。依照监察法的规定，常委会安排主任会议听取了区监察委员会 2018 年工作情况专项报告。

（五）民生工作

听取审议了区政府关于美丽乡村建设情况的报告。要求区政府加强统筹协调力度，加快编制村庄规划，抓实环境整治工作，补齐基础设施建设短板，解决群众生产生活难题，全面改善农村人居环境。

听取审议了区政府关于全区垃圾处理工作情况的报告。要求区政府以无害化、资源化、减量化为目标，建立长效监管机制，提高建筑垃圾资源化处理能力，全面提升全区垃圾处理工作水平。

对区政府落实关于餐饮服务食品安全监管、推进低收入户增收及低收入村发展报告审议意见的情况进行了跟踪监督。

主任会议关注农村基础设施建设和大运河文化带建设情况，分别听取了区政府关于农村分散污水处理设施建设、推进大运河文化带建设情况的报告，结合常委会开展跟踪监督分别听取了区政府关于安全生产专项规划编制、落实回迁安置房建设与管理审议意见情况的报告，对相关工作提出了建议。

二、法治政府

深入学习贯彻习近平新时代中国特色社会主义思想和党的十九大精神，牢牢把握北京城市总体规划赋予的功能定位，科学编制昌平分区规划，专项研究推动未来科学城规划建设、回天地区优化提升等重大任务取得积极成效。

（一）疏解整治工作

全年拆除违法建设702万平方米、腾退土地803公顷，完成11个工业大院及13个扩拆地块清理整治，退出一般制造业企业124家，疏解提升区域性市场和物流中心21家，关停取缔非法办学机构67所，整治开墙打洞383处、无证无照经营4919户，占道经营、违法群租等挂账任务清零。集中开展城乡接合部20个隐患重点村专项整治，整改规范村民自建出租房屋17.3万间、消除安全隐患1353处、清理环境乱点1876处。拆除整改超标大棚6310栋，全部通过市级验收认定。狠抓浅山区违建治理，152宗一般违法用地项目全部拆除。建立建筑垃圾资源化利用工作机制，统筹布局建成处理设施19处，全年处理建筑垃圾355万吨、推广使用资源化产品365万吨。制定街巷环境整治设计导则和广告牌匾标识导则，整治提升街巷胡同259条，清理规范广告牌匾3200余块，改造升级公厕43座。利用腾退土地实现"留白增绿"418.7公顷；推出便民商业网点电子地图，新建网点112个，社区蔬菜零售网点实现全覆盖；新增停车位7289个、自行车充电桩1702个。

（二）行政复议、行政应诉工作

区政府法制办总计接待法律咨询等来访人员300余人次。共收到行政复议申请75件，申请人总数160人，已审结案件57件，发出行政复议文书160份。对复议案件情况进行全区通报，促进行政机关依法行政。

区政府法制办共代理区政府行政应诉案件79件，国土分局代理区政府应诉案件 1 件。同法院召开行政应诉联席工作会议，针对现有重点和突发问题进行研讨。

推动行政机关负责人应诉制度的落实。2018 年 10 月至 11 月，区长王合生、副区长刘长永先后作为区政府行政负责人出庭应诉。市人大代表、中国证监会及昌平区政府各有关部门负责人等 180 余人旁听了庭审。

（三）法治政府示范项目创建活动

第一，大力推行乡村治理规范化项目建设。选取十三陵镇作为试点单位。

第二，大力构建行政调解工作平台。在成立行政调解委员会和行政调解协会的基础上，积极推进行政调解工作，开展行政调解案件总数 2933 件，调解成功 2231 件，调解成功率为 76.1%。上报行政调解工作简报 12 次、行政调解统计表 12 张、行政调解案例 4 篇，发放行政调解宣传材料 1000 多份。自行政调解委员和行政调解协会成立以来，群体性事件大幅度减少。其中，区政府法制办成功调解一起 100 余人复议区市政市容管理委员会的重大案件，最后，申请人主动申请撤销了共计 100 件行政复议申请，双方当事人均表示满意。2018 年 1 月 4 日，市政府法制办组织召开行政调解新闻通气会。昌平区政府法制办作为率先成立行政调解委员会和首家成立行政调解协会的单位，介绍了先进经验。新华社、人民日报、法制晚报、北京电视台等 12 家媒体对昌平区行政调解工作进行了报道。北京电视台于 2018 年 1 月 5 日在《北京您早》的《新闻发言人》栏目中对昌平区行政调解工作进行了专题报道。

三、审判工作

2018 年，区法院新收各类案件 34 879 件，同比上升 8.4%；结案 34 951 件，同比上升 6%；法官年人均结案 326 件，同比上升 33.1%；收案数、结案数和法官年人均结案数均创历史新高，审判质效在全市法院位居前列。

（一）刑事审判工作

依法审理刑事案件，惩治各类犯罪。新收刑事案件 1136 件，审结 1128 件。全面贯彻总体国家安全观，依法严惩故意伤害、强奸、抢劫等暴力犯罪和盗窃、抢夺、诈骗等侵犯财产犯罪 554 件，有效维护辖区群众人身财产安全。依法审结十三陵文物盗窃案；对 68 名电信诈骗案件的被告人判处刑罚，为 300 余名被害人挽回经济损失 173 万元；依法审结华士中敲诈勒索、寻衅滋事案，将扫黑除恶专项斗争引向深入。深化以审判为中心的刑事诉讼制度改革，严格落实"三项规程"，证人、鉴定人、侦查人员出庭 45 人次，指定法律援助律师出庭 300 余人次，进一步强化庭审中心功能，切实保障人权，防范冤假错案。积极推进认罪认罚从宽制度试点工作，适用速裁和简易程序审理认罪认罚案件 685 件，占全部刑事案件的 60.7%。积极参与社会治安综合治理，依法惩治黄赌毒、校园欺凌等违法犯罪，开展法制副校长进校园等工作，落实普法责任制，扩大审判社会效果，促进平安昌平建设。

（二）民商事审判工作

依法审理民商事案件，化解社会矛盾。新收民商事案件 22 277 件，审结22 263 件。不断完善家事审判方式和工作机制，审结婚姻家庭、继承案件 1973 件。根据民法总则的规定，遵循未成年人利益最大化原则，依法审结 2 起撤销未成年人监护人资格案件。努力构建和谐就业关系，审结劳动争议案件 1358 件，在劳动争议案件审判庭成立两周年之际，发布典型案例，倡导规范用工、诚信劳动。开通涉农民工案件绿色通道，共审结 856 起案件，依法维护农民工合法权益。积极维护市场经济秩序，依法审结买卖、民间借贷、房屋租赁、物业服务等合同纠纷案件 7291 件，保障交易安全。妥善处理涉及上百人的小产权房租赁合同纠纷及 55 起因燃气泄漏导致的侵权责任纠纷案件，有效避免了群体性事件的发生。积极探索创新，组建破产审判团队，办结北京华都肉鸡公司破产重整案，在全市首创以公开竞争方式确定破产管理人、以网络竞价方式产生入围投资人，为优化营商环境提供司法保障，相关经验在全市推广。圆满完成涉军停偿案件审执任务，通过立案前沟通、审执部门联动和军地协办，审结案件 23 件，执结案件 14 件，涉军停偿案件全部审理执行完毕。1 名法官获评维护国防利益和军人军属合法权益工作先进个人。

（三）行政审判和监督依法行政工作

依法审理行政案件，促进依法行政。新收行政案件 539 件，审结 559 件。强化对行政行为合法性的审查，行政机关败诉的案件占 7.7%，对存在轻微程序违法但不实际影响相对人合法权益的行政行为，依法判决确认违法，但不撤销行政行为，保障行政管理有效进行。注重引导行政相对人正确认识权利和义务，完善审判工作流程，推动行政争议实质性化解，当事人撤诉案件 122 件，撤诉率达26.1%。以司法监督制约功能助推法治政府建设，行政机关负责人出庭应诉 203 次，出庭应诉率达 80.2%，在全市处于前列。注重延伸审判职能，发送司法建议 8 篇，举办专题培训及讲座 30 余次，发布行政审判白皮书，促进行政与司法的良性互动。

（四）案件执行工作

依法加大执行力度，破解执行难题。全面决战决胜"基本解决执行难"，新收执行案件 10 903 件，执结 10 977 件；执结标的总额 14 亿元，同比上升12.9%。紧紧依靠党的领导构建执行联动工作格局，向区委常委会专题汇报执行工作，认真落实昌平区支持人民法院解决执行难的实施意见，形成执行合力。强化执行措施，通过网络查控系统查询银行账户、房屋产权等信息 110 万余条，发布失信被执行人名单 3892 例，限制出境 10 人，限制高消费 8659 人，司法拘留 110 人，向公安机关移送拒执罪线索 5 条，让失信被执行人"一处失信、处处受限"。强化执行管理，设立终结本次执行程序案件监督小组，邀请人民陪审员参与执行团队，设立庭长信访接待日，推进执行转破产工作，加大司法救助力度，依法有序分流"执行不能"案件。强化执行信息化建设，组建财产处置"一体化"执行团队，网络司法拍卖 193 次，成交金额 3.9 亿元，标的物成交率 89.8%，溢价率 205.4%。

（五）对接疏解工作

依法审理涉"疏解整治促提升"专项行动及"大棚房"案件。全年新收涉"疏解整治促提升"专项行动案件 226 件，结案 248 件，2 篇案例入选北京法院司法保障优秀案例。依法审理北京六合成农业有限公司非法占用农用地案，坚决遏制农地非农化乱象，守住耕地红线，保障国家粮食安全。提前研判风险，预防纠纷产生。通过讲授法治课、召开座谈会、发送司法建议等方式，强化与各单位沟通联动，对涉征收拆迁、拆除违法建设等领域存在的法律适用问题交换意见，统一执法尺度，减少纠纷产生。健全工作机制，妥善化解矛盾。建立"快立、快审、快执"绿色通道，发挥人民调解、专家调解、行业调解等作用，汇聚矛盾化解合力，加强对专项行动案件诉前、诉中调解力度，促使纠纷实质性化解。积极争取地方党委、政府、政法委的支持，完善重大案件请示汇报协调制度和重大敏感腾退拆除案件执行联动机制。在区委政法委的领导下，高效执结水屯市场福运商店强制腾退案。

（六）接受人大、政府等各方面监督工作

依法接受人大及其常委会监督。积极与人大代表沟通联络，制定工作方案，院领导带头走访市区两级人大代表 91 人次，邀请 59 名人大代表及政协委员来院旁听庭审、参与座谈、出席宣讲会等，倾听代表委员对法院审判执行、法庭建设、党建队建等工作的意见和建议。2018 年 7 月，向区五届人大五次会议专题汇报法院工作，通过手机短信方式发送审判动态专报，方便代表委员了解法院。及时办结人大代表关注案件 8 件。健全人民陪审员工作机制，担任区法院人民陪审员的人大代表参与庭审 505 次。依法接受检察监督。认真办理检察机关的工作建议，收到检察建议 5 件，全部办结。检察长列席审判委员会会议 6 次，认真听取检察院对案件的处理意见，共同维护司法公正。自觉接受新闻媒体和社会监督。召开 5 场新闻通报会，录制 5 期网络公开课，积极回应社会关切，充分保障人民群众的知情权、参与权、表达权和监督权，通过良性互动增强社会公众对法院工作的理解。

四、检察工作

（一）法律监督工作

牢牢把握国家法律监督机关的宪法定位，大力提升诉讼监督实效，努力让人民群众在每一个司法案件中感受到公平正义。

不断深化刑事诉讼监督，维护司法权威。严防冤假错案，坚决防止出现错捕和"带病起诉"，对不构成犯罪或者证据不足的，依法决定不批捕447件697人、不起诉95件149人。聚焦执法司法突出问题，办结侦查监督案件277件，监督立案35件，监督撤案37件。加强对侦查活动的监督，对应当逮捕而未提请逮捕的，追加逮捕36人，对应当起诉而未移送起诉的，追加起诉43人，其中，被判处三年以上有期徒刑的17人，同时针对办案中发现的问题，发出纠正违法通知书6份。加强对刑事审判活动的监督，加大对定罪不当、量刑失衡、程序违法等问题监督力度，办理一审刑事裁判同步审案件1069件，发出纠正违法意见书2份、检察建议2份，检察长列席法院审判委员会6次。加强对刑罚执行和社区矫正的监督，坚决纠正交付执行违法、漏管、脱管等违法情形。办理羁押必要性审查案件89件，变更强制措施43人，两件被北京市人民检察院评为精品和优秀案件，驻所检察室连续第四次被评为全国检察机关一级规范化检察室。

（二）刑事检察及公益诉讼工作

以服务大局为主线，抓司法办案和检察监督，努力实现政治效果、社会效果和法律效果的有机统一。

1. 聚焦扫黑除恶，深化平安昌平建设

与公安、法院密切配合，严厉打击危害人民群众安全感、幸福感的各类犯罪活动，受理审查逮捕案件1325件1790人，批准逮捕870件1070人；受理审查起诉案件1296件1559人，提起公诉1149件1357人。以人民群众平安需求为导向，严惩故意杀人、抢劫、绑架等严重暴力犯罪304件327人，打击盗窃、诈骗、敲诈勒索等多发性侵犯财产犯罪479件643人，审查非法吸收公众存款、电信网络诈骗、倒卖公民身份信息等犯罪67件96人，努力维护良好社会秩序。积极开展扫黑除恶专项斗争，涉黑涉恶案件审查逮捕17件55人，审查起诉16件35人。办理了冬奥会必经之路、京张铁路黄土店火车站的华士中等人敲诈勒索、寻衅滋事案，追捕追诉两人，追加犯罪事实两起，该案件编入最高人民检察院扫黑除恶指导案例。办理了二手房租赁领域黑中介14人寻衅滋事案，批准逮捕12人，提出具体的补充侦查意见，严厉打击为非作恶，欺压群众，扰乱经济、社会秩序的恶势力犯罪团伙，该案件被列为昌平区和市检察院扫黑除恶重点案件。认真做好全国"两会"、中非合作论坛北京峰会等重要时间、敏感节点维稳工作，妥善处理各类信访229件，接待群众来访144批次194人。针对办案中发现的银行ATM

机巡检不严、互联网上网营业场所缺乏监管等突出问题，制发检察建议99份，促进社会治安防控体系的完善。

2. 立足区域发展，积极服务重点工作实施

服务保障"疏解整治促提升"专项行动顺利开展，针对工业大院清理整治中出现的破坏生态环境的问题进行专题调研，为党委政府治理建筑垃圾问题提出对策建议，确保重点疏解和整治项目的顺利推进。始终围绕大局履职尽责，深入贯彻落实市委市政府"回天地区三年行动计划"决策部署，按照《昌平区回天利剑百日打整攻坚行动工作方案》的要求，制定实施细则，确保专项行动取得预期效果。依法快捕快诉，审查专项行动查处的假冒贷款电信诈骗、组织卖淫、寻衅滋事等犯罪案件132件227人，案件数比上年同期上升53%，形成有力震慑。围绕昌平区建设国际一流科教新区的奋斗目标，实地走访未来科学城、食药监局、南口镇等31家单位，制定出台了《充分发挥检察职能、依法服务保障生态涵养区建设和科技创新建设的工作意见》，依法严厉打击非法占用农用地、非法采矿、假冒注册商标等环境资源和科技创新领域的刑事案件24件59人，更好地服务昌平经济社会发展。

3. 维护社会公共利益，着力服务和保障民生

用法治思维和法治方式谋民生之利、解民生之忧，持续开展破坏环境资源犯罪和危害食品药品安全犯罪专项立案监督活动，建议行政机关移送20件29人，公安机关立案18件27人，已提起公诉13件14人，依法办理遗洒废机油污染环境、网络餐饮外卖缺少经营许可等案件，加强生态环境保护，保障百姓舌尖上的安全。侦查监督部门办理了魏闯闯、李广胜无照电镀作业，直接排放有毒废液污染环境案，该案件被评为北京市检察机关"两个专项"立案监督优秀案件。认真履行检察机关维护公益的法律职责，重点对生态环境和资源保护、国有资产保护、国有土地使用权出让、食品药品安全等领域造成国家和社会公共利益受到侵害的案件，提起公益诉讼，民事检察部荣获"首都环境保护奖"。全年排查民事、行政公益诉讼案件线索34件，立案19件，发出诉前检察建议17份。针对六合成"大棚房"、春山奶牛场违法建设等问题向属地镇街政府发出检察建议，督促拆除违法建设5万平方米，清运建筑垃圾3万立方米，恢复林地195亩。针对有关单位少缴人防工程易地建设费的问题，制发检察建议，依法追回易地建设费人民币83万元。针对有关单位和个人少缴、不缴房屋交易税款、增值税款、国有土地出让金等问题，制发检察建议，依法追回各类税费合计人民币5038万元。公益诉讼联合办案组被北京市人民检察院评选为"十大优秀办案团队"。

（三）接受监督

不断强化监督者更要接受监督的意识，始终将检察工作置于广泛的监督之

下，有效保障检察权依法正确行使。

1. 自觉接受人大及社会各界监督

将接受人大监督内化为行动自觉，对人大负责并报告工作，认真落实加强法律监督、强化队伍建设等审议意见，接受人大法制委对公益诉讼工作进行专题调研。完善代表直通联络制度，主动依托镇街代表联络站和选民接待站、公众开放日、案件公开听证会等开展代表联络活动 22 场，联络代表 78 人次，积极服务代表履职。针对在代表联络中，南口镇人大代表反映的南口镇燕磨峪村受到污水直排污染的问题，启动行政公益诉讼诉前程序，经与区环保局、区水务局协调，督促推进了地下排污管道的铺设、将生活污水引接至市政管网，解决了困扰该村多年的老问题，得到当地镇村和群众的充分肯定。依法接受其他政法机关监督制约，着力构建良性互动新型检律关系，接待律师阅卷 1502 人次，听取律师意见 771 人次。

2. 主动健全完善内部监督制约机制

全面推开新型检察管理监督模式，加强检委会的监督制约，对不符合定罪标准的案件依法决定不起诉 19 人。坚持对检察官的放权和监督两手抓，1688 件案件纳入流程监控范围，围绕捕后不诉、诉判不一致、变更起诉等重点案件进行质量评查 450 次，每季度对检察官的办案数量、办案质量、办案效果进行公开通报，保障检察权依法规范行使。

3. 深化公开打造阳光检务

增强检察工作透明度，公开程序性信息 3053 条，终结性法律文书 1106 份，案件当事人足不出户就可以了解案件进程、监督案件办理。开展法治宣传"十进百家、千人普法"主题活动，先后到北汽福田、十三陵景区、海军汽车专工训练大队等单位开展法治宣传 15 次，采取漫画、情景剧等形式发布"昌平检察"微信 266 期 376 条，连续第六次被评为全国检察宣传先进单位。

五、公安工作

2018 年，昌平区圆满完成了"两节""两会"、中非合作论坛北京峰会等重大安保维稳任务，全力维护了昌平地区政治、社会和治安稳定。

（一）安保维稳

依托区两级反恐防恐指挥处突体系，全面加强全区涉恐因素清理整治，组织召开反恐例会，开展专项督导检查，组织反恐处突演练，全面提升反恐处突能力水平。全力防范涉稳风险，全力开展疏导化解和教育稳控，坚决守住了绝不发生规模聚集的底线。

（二）社会治安

深入推进"守护·2018 平安行动""扫黑除恶""回天利剑"千警百日打整

专项，一举打掉黄土店火车站华士中黑恶势力团伙，成功侦破瑞元国际非法经营、流村镇非法采砂案件。特别是，"回天利剑"专项行动期间，在市局专项办统筹牵动下，分局强化主场、主战、主责意识，一举铲除"亚市"黑销售黑物流团伙，形成强大威慑力。紧盯社会面突出治安秩序类警情，集中整治了东三旗站街招嫖、昌平城区门店招嫖等领导关注、群众反映强烈的突出治安问题。围绕挂账点位和扰乱社会秩序重点地区，持续开展常态化打整。围绕全区交通秩序乱点、堵点，大力开展交通秩序百日整顿专项。固化"大走访""两凡""三大""三清三个一批"机制措施，强力推进"回天守护"大走访大建设送温暖保平安专项行动。强化街面防控、外围查控和视频巡控，围绕"六纵八横十一联络"路网布局，全面整合武装处突、派出所巡逻、外围检查站以及武警等多种巡逻力量，突出视频巡控与街面巡逻相协同。

（三）公共安全

紧盯挂账火灾隐患、村民自建出租房、重点村隐患，全力推进"清隐患、整秩序、保安全"专项行动，全年火警火灾平稳可控。紧盯"两会""中非合作论坛北京峰会"等中心工作，全力开展黑开旅馆、歌舞娱乐场所、电子游艺以及危爆化学品、寄递物流专项整治工作。全面加强水、电、气、热、油、讯等内部单位安全监管，确保内部单位管理万无一失。强力推进大中型商超"十户联防"网格化管理，稳步推进全区银行网点安全评估。大力开展校园人物技防措施检查，成立分局维护高校内部安全专班，强化高校内部安全防范工作，全年未发生影响恶劣的涉校敏感案事件。

（四）警务基础

全力推进"执法办案中心+案管组"建设，建成全市规模最大、功能最全的执法办案管理中心，稳步推进基层办案场所智能化改造，全面提升执法办案智能化水平。大力开展"强化执法理念、提升执法水平"和"受而不查、立而不侦"执法突出问题专项整治。制定分局智慧警务建设三年规划，强化昌平公安大数据联合实验室、打击犯罪合成作战中心、反诈骗平台等科技项目实战应用。强力推进"雪亮工程"建设步伐，稳步推进监控摄像头布建安装。加快智慧社区建设，先后在沙河、回天地区引入"天盾工程""蚂蚁智防"等项目，实现家庭智能安防与公安机关互联互通。强化专业基础，优化全区派出所建设布局，恢复七里渠派出所，新建天通苑北派出所，深化"两队一室"建设。强化社会基础，充实建成实管员、人力情报社会信息员、"红袖标"力量的群防群治队伍。

（五）队伍建设

强化落实理论中心组学习、"三会一课"、民主生活会等党内制度落实，集中组织党的十九大和习近平新时代中国特色社会主义思想专题培训，全警开展

"学找促""不忘初心、牢记使命"等主题学习教育活动，坚定队伍理想信念。牢牢把握基层选拔、业绩说话的选人用人导向。抓实组织基础，组建战时临时党支部，创建在职党员先锋队、党员示范岗，充分发挥基层一线党组织战斗堡垒作用。深化监督执纪"四种形态"。制定出台《办理妨害公务、阻碍执行职务案件工作规定》，完善民警执法维权工作机制，切实解除民警执法后顾之忧。

六、司法行政工作

2018 年，昌平区以习近平新时代中国特色社会主义思想为指导，以贯彻党的十九大精神为主线，按照上级要求部署，以维护政治安全为头等大事，以推进公共法律服务体系建设为总抓手，服务保障"三件大事""三大攻坚战"，继续深入推进平安昌平、法治昌平进程。

（一）人民调解工作

以坚持发展"枫桥经验"为重点，与区综治办、区信访办联合制发了《昌平区关于开展人民调解参与信访问题化解试点工作的实施方案》，成立区镇两级信访诉求人民调解组织 22 家，现有信访调解员 560 名，共参与信访调解案件 502 件，调解成功 356 件。全面提升人民调解业务工作规范化水平，完成人民调解协会换届工作，严格执行人民调解案件补贴制度，基层司法所规范化建设得到进一步推进，基层纠纷化解水平得到不断提升。提高多元调解体系建设水平，加强对诉前调解员的培训、管理、考核力度。

（二）律师工作

以"两个从严"为根基，对律师管理做到把关从严，巡查检查到位；督查从严，将巡查检查与年度检查考核有效结合。充分发挥巡查检查及年度检查考核在监管律师队伍中的作用。以维护稳定作为重要政治任务，纳入全年整体工作统筹安排。特别是在"两会""中非合作论坛北京峰会"期间，成立了安保战时指挥部，深入落实各项稳控部署，强化对律师重点人盯防稳控。扎实助力扫黑除恶专项斗争。按照及时备案、及时约谈、及时跟进的工作原则，明确要求律师代理"涉黑"案件及时备案作说明，安排专人及时专项约谈律师、了解案件详情。抓部署严考评，发挥村居法律顾问作用。强化机制建设，动态调整结对情况，实现村居签约率100%。提供精准服务，实现精准普法，将村居法律服务融入村庄综合整治。年内，昌平区村居法律顾问工作共举办讲座 295 场次，提供法律咨询 2950 余人次，参与纠纷调解 130 余件，提供法律意见、建议 350 余条。

（三）公证工作

建立诚信体系，狠抓公证质量。扎实推进公证工作改革，落实属地责任，积极落实市局"最多跑一次"试点工作方案，努力提高群众获得感、幸福感。加强监管与执业教育，提升公证服务质量，开展"公证质量"检查，做好公证案卷评查工作，加强公证质量监管，提升公证公信力。截至 12 月底，国内民事 352 件，涉外民事 366 件，国内经济 3 件，共计 721 件，接待当事人 2100 余人次，电话咨询 4000 余人次。

（四）法律援助工作

夯实法律援助联系点建设，加强法律援助机构队伍管理，不断优化便民举措，法律援助案件审批提效增速，申请案件初审权下沉至村（居）联系点，审批期限由 5 个工作日缩短至 3 个工作日，一般案件当日受理、当日审批。继续积极落实"认罪认罚"和"刑事案件律师辩护"全覆盖试点工作。加强与区法院沟通协作，形成会商机制；建立刑事诉讼辩护律师资源库，截至 11 月底，受理刑事法律援助案件 392 件，其中属于试点要求的扩大刑事辩护范围案件 262 件，同比增长 122.7%。全区值班律师开展法律帮助 1771 件。

（五）以规范引领为指导，细化"两类"人员管理工作

以规范引领为指导，扎实推动矫正帮教基层队伍建设，健全完善三级矫正帮教队伍。整合配强基础资源，规章制度得到进一步细化，社区矫正指挥中心启动投入运转，实现了监管教育全程网络化、信息化。紧扣公正执法、安全监管、教育矫正、精准帮教、基础保障五个重点环节，加大督察检查频次，强化信息技术运用，提高监管稳控能力。深化走访排查帮扶，消除风险隐患因素。"两类"人员管控到位，未发生重大有影响事件。

（六）法治宣传

落实领导干部带头学法，强化"谁执法谁普法"普法责任制扎根。把法治教育纳入干部教育培训计划，年内依托各级法治宣传教育基地，分期开展现场教学、行政案件审理旁听等法治实践活动 4 场次，受教育处级领导干部人数达 800 余人次。坚持抓好分类普法教育，提高全民守法意识。以宪法为核心宣传重点，各项部门法宣传齐头并进，年内开展法律"十进"活动达 1000 余场次，受教育人数达 10 万余人次。提升新媒体新手段开展法治宣传教育的能力和水平，推进多层次多领域依法治理。因工作成绩突出，昌平区于今年 2 月份荣获全国"法治区县"先进单位称号。

（七）推进公共法律服实体平台建设

统筹推进全区公共法律服务体系建设工作。加强顶层设计、开展实地走访调研，落地砸实了 20 个镇街在推动公共法律服务实体平台建设中的责任。2018 年，已完成 80% 镇（街道）公共法律服务站建设，100% 社区（村）公共法律服务室建设。

七、2018 年法治建设特色和亮点

（一）司法改革

2018 年，着力推动行政处罚权划转，完善联合执法机制。推进司法体制综

合配套改革试点工作，深化司法责任制配套改革，修订《检察官司法办案权限清单（试行）》和《检察官职位说明书（试行）》。完善院庭长办案制度，院庭长累计办结案件11552件，占总数的41.79%。建立"三同步"协同工作机制，制定了《三同步工作实施细则》，稳妥处置了敏感案事件70余起。深化法官、检察官单独职务序列改革，加强司法人员职业保障，制定《2018年度检察人员选拔任用、职级晋升工作方案》，30名检察官完成等级晋升。制定《北京市昌平区人民法院2018年法官等级按期晋升工作实施方案》，49名法官完成等级晋升。制定《北京市昌平区人民法院保护司法人员依法履行法定职责实施细则》，不断提高干警的职业保障水平。深入推进以审判为中心的刑事诉讼制度改革，完善多元化纠纷解决机制。深化内设机构改革试点，推动建立新型办案团队和新型管理监督机制。深化司法行政改革的实施意见，建立完备的公共法律服务体系，完善司法行政保障制度机制。深化信访制度改革，加快信访信息系统建设，到区访381批次1795人次（含集体访92批次1369人次），同比批次、人次分别下降16.1%和48.2%。全区信访形势平稳可控。

（二）回天利剑

按照市委、市政府整体部署和"街乡吹哨，部门报到"机制要求，自10月27日起，在昌平区回龙观、天通苑地区集中开展为期100天的"回天利剑"千警百日打整专项行动。专项行动以来，"回天"地区110警情同比下降18.6%，其中刑事类、秩序类警情同比分别下降了57.9%、56.5%。作拘留以上处理1600余人，同比上升161%。先后清理整治治安、秩序及交通乱点1200余处、督促整改火灾隐患1万余处。

（三）开展应用法学研究

成立应用法学研究会，发展会员32人。召开"依法处理妨害公务行为"法律问题研讨会，收集论文12篇，辑成《"依法处理妨害公务行为"法律问题研讨会论文集》。召开"回天地区三年行动计划"司法保障问题研讨会，收集论文23篇，辑成《"回天地区三年行动计划"司法保障问题研讨会论文集》。两篇论文集均发各相关单位以供参考。

（四）法治文化建设

全面推进"七五"普法活动，利用"两台两网一刊一报"多种宣传载体，全方位、多角度宣传工作情况、干警风采。今年，筹备开办了《昌平报》政法专版。出版《昌平政法》杂志1期刊登文章百余篇，《法治昌平》电视栏目制作播出24期，"昌平政法"电台栏目播出节目52期，《昌平报》政法专版出版32期。谨慎做好互联网宣传，挑选优质稿件向首都政法综治网报送，采用135条。组织开展"4.15全民国家安全教育日"专题宣传，配合相关单位做好各类集中宣传。与中国廉政法制研究会清风书画院、区文化委、十三陵镇、区法学会联合举办"区政法系统 12·4 法治宣传进山村活动"。通过形式新颖、主题鲜明的法治宣传活动，让学法守法用法的观念更加深入地根植于村民心中，形成遵纪守法的良好风气，有力推动新农村建设。

平谷区法治建设报告

2018 年，在市委市政府和区委区政府的正确领导下，在区人大和区政协的监督支持下，在全区人民的共同努力下，平谷区各项工作在法治轨道稳步运行。

一、人大法治保障和监督工作

2018 年，平谷区人大共召开常委会会议 8 次，听取和审议区"一府两院"工作报告 31 项，依法作出决议决定 7 项；召开主任会议 20 次，听取和审议区"一府两院"落实常委会审议意见情况报告 11 项；组织代表视察 20 批次；任免国家机关工作人员 43 人次，圆满完成了区五届人大四次会议确定的各项任务，为我区经济社会发展提供了坚实的民主法治保障。

（一）组织机构建设工作

1. 加强机关党的建设

常委会党组认真落实全面从严治党主体责任，建立健全理论中心组学习制度，指导机关党总支、党支部建立完善"三会一课"等一系列党建工作制度。

2. 加强对专委的领导

常委会高度重视发挥区人大五个专门委员会的作用，一年来，各专门委员会积极组织开展代表视察，召开专委会会议认真预审"一府两院"工作报告并提出意见和建议。

3. 加强区镇人大联系

2018 年，及时修订《北京市平谷区人民代表大会常务委员会联系和指导乡镇人大工作办法》，进一步明确了联系内容、指导方式和调研次数；制定《关于完善市、区、乡镇三级人大代表联系机制的意见》，规定常委会组成人员每人联系 3~4 名基层区人大代表；坚持乡镇人大主席联席会议制度，定期部署工作，通报和交流人大工作情况。

（二）人大代表工作

1. 扎实做好代表培训工作

举办了《中华人民共和国宪法修正案》专题培训，开展了《中华人民共和国监察法》专题培训。向全区代表及时传达了区委五届六次全会精神，邀请区政府主要领导通报了上半年我区经济社会发展形势，进一步凝聚了全体代表助力发展的思想共识。

2. 积极搭建代表履职新平台

全区 18 个乡镇、街道全部建立了"人大代表联络站"，45 个村级"人大代表活动站"建成并投入使用，各乡镇、街道人大组织开展市、区、镇三级代表活动 68 次，"两站"建设成果得到了全面展现。

3. 切实做好代表建议督办工作

区五届人大四次会议以来，常委会共收到大会期间和闭会期间代表建议 140 件，全部向区政府进行了交办，并由区人大五个专门委员会进行对口督办，其中 10 件代表建议列为常委会主任和副主任重点督办件。2018 年，140 件代表建议在办理期限内解决了 71 件，占 50.7%，代表满意率 99%。

（三）法治保障工作

1. 做好依法行政工作

听取和审议了区政府《关于 2016—2018 年上半年行政执法工作情况的报告》，提出了强化行政执法人员队伍建设、完善执法考核体系、提升执法人员综合素质、健全内部监督机制和重视宣传教育等审议意见。听取和审议了区政府《关于查处违法用地、违法建设工作情况的报告》，提出了坚持党建引领、建立长效管控工作机制、巩固拆违工作成果等审议意见。听取和审议了区政府《关于贯彻实施〈农民专业合作社法〉情况的报告》，提出了提升政府服务质量、规范合作社组织行为、破解发展瓶颈等审议意见。

2. 做好公正司法工作

听取和审议了区法院《关于为"疏整促"专项行动提供司法保障工作情况的报告》，提出了进一步强化审判执行工作规范化建设、凝聚化解矛盾纠纷合力、重视宣传教育引导等审议意见。听取和审议了区检察院《关于开展公益诉讼工作情况的报告》，提出了加大宣传力度提升公众参与度，加强培训提高检察人员提起公益诉讼能力和水平等审议意见。听取和审议了区公安分局《关于对未成年人案件当事人保护工作情况的报告》，提出了以规范化建设为抓手，提升保护未成年人案件当事人的能力和水平等审议意见。

（四）监督工作

1. 加强经济社会发展监督

7 月份，常委会听取和审议了区政府《2018 年上半年国民经济和社会发展计划执行情况的报告》，提出了审议意见。听取和审议了区政府《关于平谷分区规划（2017 年—2035 年）成果的报告》，提出了审议意见。听取和审议了区政府《关于 2020 北京·平谷世界休闲大会筹办工作情况的报告》，提出了审议意见。

2. 深化预算审查监督

常委会听取和审议了区政府《关于平谷区 2018 年上半年预算执行情况的报告》《关于平谷区 2017 年预算执行和其他财政收支审计工作的报告》，重新修订了《北京市平谷区预算审查监督办法》，并在区人大历史上首次建立实施了预算联合初审机制。

3. 聚焦生态环境监督

听取和审议了区政府《关于创建国家森林城市工作情况的报告》，提出了审议意见。听取和审议了区政府《关于加快平谷区农村污水治理工作议案办理情况的报告》，提出了审议意见。

（五）民生工作

1. 高度关注低收入农户增收

2018 年，主任会议和区人大农村委先后深入全区 16 个乡镇进行广泛走访调研，召开不同层面座谈会 20 余次。11 月，常委会听取和审议了区政府《关于促进低收入农户增收工作情况的报告》，提出了审议意见。

2. 持续关注食品安全

听取和审议了区政府《关于创建北京市食品安全示范区工作情况的报告》，提出了加强宣传提高公众参与度、加强监管保证食品安全、加强资金统筹满足创建需求等审议意见。

3. 持续关注教育发展

听取了区政府《关于集团化、合作化办学情况的报告》，提出了加强引导、加强统筹、注重融合和完善机制等审议意见。

此外，常委会还听取和审议了区政府《关于平谷区居民小区物业管理情况的报告》《关于创建首都公共文化服务示范区工作情况的报告》和《关于老干部医疗保障方案落实情况的报告》等多项民生议题，助推了相关民生问题的解决。

（六）党建工作

1. 坚持旗帜鲜明讲政治

常委会党组牢固树立"四个意识"，自觉把深入学习贯彻习近平新时代中国特色社会主义思想、党的十九大精神和习近平总书记关于坚持和完善人民代表大会制度的重要思想作为首要政治任务，坚定"四个自信"，坚决做到"两个维护"。

2. 坚定落实党的决策部署

2018 年 5 月，常委会党组协助区委召开了"平谷区深入贯彻落实中央 2015

年18号文件精神进一步加强乡镇人大工作和建设推进会"。会上，区委转发了《中共北京市平谷区人大常委会党组关于进一步加强乡镇人大工作和建设的指导意见》；及时传达栗战书委员长在全国人大深入学习贯彻习近平总书记关于坚持和完善人民代表大会制度重要思想交流会上的讲话精神、蔡奇书记到我区调研时的重要讲话精神、区委五届六次全会精神和平谷区推动绿色创新发展工作会议精神，切实将全区人大代表和机关党员干部的思想，及时统一到了中央的重大决策部署上来。

3. 坚决服从区委统一领导

常委会党组先后向区委报送了2018年常委会工作要点、落实全面从严治党主体责任情况、落实党组工作条例情况、政治建设情况、党建工作情况、人代会筹备情况等一系列报告和请示。对分区规划编制工作进行全过程监督，助力区政府编制出了一份高质量2035规划；督察巡视2020北京·平谷世界休闲大会筹办工作，努力助推"办好一个会、搞活一座城"目标早日实现；听取和审议区政府关于促进低收入农户增收工作情况的报告，全力支持政府打赢"脱低攻坚战"；深入走访调研区内部分重点企业，及时反馈企业面临的困难和诉求，助力全区营商环境持续改善。

二、法治政府建设

2018年，平谷区政府深入学习贯彻习近平新时代中国特色社会主义思想，贯彻落实党的十九大精神，立足生态涵养区功能定位，将依法行政全面贯穿于生态立区、绿色发展，全面贯穿于深化改革、革故鼎新，全面贯穿于问题导向、系统治理。

（一）疏解整治工作

扎实推进"疏整促"专项行动三年计划，拆除违法建设147.2万平方米，治理开墙打洞69个、建设便民商业网点44家，占道经营、无证无照经营实现动态清零。

（二）保障安全工作

深入推进安全生产体制机制建设，严格落实安全生产责任制，在全市首创安全生产专责专章并推广到乡镇，深化安全生产领域改革，安全生产水平稳步提升。开展"三大"行动回头看，完成市安全生产督察组6大类、602项安全问题整改，得到上级部门高度认可。全面摸排辖区内安全生产、交通、消防等风险点，制定隐患清单、风险清单、责任清单，建立安全风险分级防控体。

（三）深化"放管服"改革

1. 行政体制改革稳步进行

改革街道管理体制，整合街道内设机构和工作职能，明确"2355"机构模式，形成最短指挥链。梳理街道职责清单 110 余项，专项责任清单 16 项。成立区城市管理委员会，整合城市管理行政执法职能，区城管执法监察局承接、增加行政职权 92 项。完成国土和规划、国税和地税机构改革，执法主体实现整合。深化环卫体制改革，提升城市道路清扫保洁、河湖管理、生活垃圾收集、运输和处置的专业化管控水平。继续实行党政绩效考核一体化，落实"六下""三在一听"，提升基层考核评价权重至 30%。

2. 营商环境稳步改善

制定《平谷区营商环境改革实施方案》，试点推行"证照分离"改革，提升市场准入效率；开展"四增一减"，23 个部门 207 项政务服务事项审批服务流程得到优化；投资审批及服务事项全部纳入在线监管平台，强化协调并联审批机制运行力度，提升行政审批效率；推动政务服务"一网、一门、一次"改革，建立"前台综合受理、后台分类审批、窗口统一出件"的政务服务模式，方便企业群众办事。

3. 权力清单、责任清单动态完善

持续落实完善大气污染防治、安全生产专责专章、"河长制"等专项责任清单；分五批次完成 128 项行政职权事项取消调整工作；清理规范 232 项行政审批服务事项；落实市级清理取消群众办事创业证明事项 53 项，区级设定证明事项全部清零；梳理区级、街乡、村（社区）三级政务服务事项共 15 656 项，实施动态管理；编制水、电、气、热等 6 家公用事业服务单位服务事项目录 9 项。

4. 监管方式不断创新

开展"减环节、减时限、减要件、减费用、增加企业群众办事""四减一增"改革；继续推行"双随机、一公开"，市场监管领域 100% 全覆盖，其他领域符合要求的各类行政检查事项 100% 全覆盖；"重批轻管"向"放管并重"转变；创新探索综合监管、诚信监管、智能监管、协同监管方式方法。

5. 社会治理创新再上新台阶

以"三张清单"和"四个双向"工作机制为抓手，建立区级组织、乡镇街道实施、社区和村落实的"街巷长"三级责任体系，组建 1063 名街巷长、小巷管家队伍；建设区、街乡、社区（村）三级党建工作协调委员会。制定《关于加强网格化综合服务管理体系建设的工作意见》等文件，重新划分网格 323 个，18 个乡镇街道建立网格化指挥分中心，开展"网格化+"行动，公共服务、安全管理、矛盾调处等工作纳入网格，部分街乡实现主要道路、重点地区 24 小时实时监控，消除安全隐患 520 余起；开展老旧小区自我服务管理市级试点工作；政府购买社会组织服务项目 5 个，服务群众 4200 人次；打造企业非公党建活动阵地。开展专业社会服务活动 56 场，受益群众 2200 人。开展志愿服务 23 场。

（四）推进政务公开

全年公开政务信息2.3万条，自觉接受社会监督。同时，邀请第三方全方面评估各部门申请公开的渠道畅通性、时效性、规范性及信息公开指南更新情况，对问题积极整改，提升了政府的透明度和群众的参与度。

三、审判工作

2018年，平谷区人民法院共受理案件20 786件，审结案件19 596件，收案数、结案数、法官人均结案数上升，未结案数下降。

（一）刑事审判工作

全年共受理刑事案件382件，结案358件。

1. 保障区域稳定和发展大局

深入开展扫黑除恶专项斗争，成立专项工作领导小组，制定专项工作方案，从严从快审理2件涉恶案件。结合"双安双打"专项行动，妥善审结全区首例污染环境罪、破坏燃气设备罪。

2. 高度重视群众切身利益

审结侵犯公民人身、财产权利的盗窃、诈骗、伤害类案件146件，办结妨害公务、寻衅滋事等妨害社会管理秩序类案件89件。妥善处理涉及600余名工人、欠付工资3000余万元的拒不支付劳动报酬等民生类案件。

3. 持续推进以审判为中心诉讼制度改革

深入推进刑事案件律师辩护全覆盖制度，为被告人指定律师参与辩护及法律帮助共343人。全年共有4名证人、2名鉴定人、2名专家辅助人、8名侦查人员出庭，使法庭审判真正成为解决罪责刑关键环节。

（二）民商事案件

全年共受理民商事案件13 561件，结案12 806件。

1. 落实各类民生保障政策

审结教育、医疗、侵权类案件947件，保障人民基本权利；审结商品房销售、二手房买卖等案件1186件，促进房地产市场健康发展；审结婚姻家庭、继承案件1054件，营造和谐友善家庭环境；审结群体性讨薪等劳动争议案件302件，维护劳动者合法权益。

2. 重视优化营商环境

审结各类金融、网络贷款等经济类案件1537件，保护金融债权同时促进实体经济发展；处理保险、买卖等合同纠纷771件，积极规范行业秩序；审结网络购物、职业打假等新型消费纠纷53件，依法保护消费者合法权益；审结破产案件16件，打造破产案件专业化审理格局，完善企业退出机制。

3. 加快案件流转速度

速裁庭办结案件3949件，占比民商事结案30.8%，速裁法官人均结案658

件，大幅提高审判效率。

（三）行政审判和监督依法行政工作

全年共受理行政案件 766 件，结案 676 件。

1. 加大协调化解力度

针对"疏整促"行动以来行政案件大幅增加态势，加大对征地拆迁、棚改、环境资源等民生案件协调力度，将 20% 纠纷化解在诉讼前端及诉讼过程中。在全市首次开庭审理并宣判行政公益诉讼案件，作为基层司法回应社会需求的有效尝试。

2. 组建民行交叉合议庭

针对民行交叉案件，由具有民事、行政审判经验的法官共同组建合议庭，适用该机制结案 63 件，有效提升了法律适用的专业性、统一性及矛盾化解的彻底性。

3. 加强司法与行政良性互动

针对行政机关不规范行为发送司法建议，连续 8 年发布《行政审判白皮书》，全年先后为各级行政机关授课 10 余次，完善与各级行政机关法制部门常态化的联席会议制度。

（四）案件执行工作

全年共受理执行案件 6077 件，结案 5756 件。

1. 铁面执法重拳出击

建立执行工作党组一周一议制度，全面摸排拒执、执转破案件。执行干警连续加班加点，开展 36 次集中执行活动。"秋枫行动"警笛响起，京津冀三地法院联动让失信被执行人无处遁形，集中执行期间共发布通知书 136 份，公布失信被执行人 98 名，执行到位金额 276 万元，专项活动让失信被执行人提心吊胆，群众拍手称快。

2. 不断创新工作方法

与区监察委、经信委等 28 个部门签署《失信联合惩戒协定》，形成 9 类 97 项联动机制。在被执行人居所地周边张贴公告 810 余次，通过"法治平谷""失信曝光台"公开失信被执行人 360 余人，通过部门联动机制执结了一大批涉民生、对抗性强案件。

3. 着眼长远机制建设

借力"攻坚解决执行难"契机，结合内部职能整合，执行工作向更加规范化、信息化、集约化的管理模式迈进。

（五）司法公开工作

1. 注重理念更新

完善司法公开四大平台建设，让公平正义看得见、摸得着。落实"谁执法谁普法"责任制，"法律六进"互动走访全区 30 个单位、173 个行政村、28 个社区，受益群众数万人。

2. 注重开放互动

加强与新闻媒体沟通交流，召开新闻通报会 7 次，刊发司法宣传稿件 300 余篇，加强法官以案释法，大力弘扬社会主义核心价值观。

3. 注重规范管理

高效运用新媒体沟通平台，自导自演普法微视频 85 期、微电影 4 部，制作反映执行法官工作纪实 6 部，自媒体公众号发布信息 170 条，阅读量万余人次，入驻今日头条、快手、抖音短视频平台，在新兴媒体发出法院声音。

（六）接受人大、政协等监督工作

1. 积极接受人大和政协监督

2018 年走访代表委员 152 次，邀请其旁听案件、参与执行活动 17 次，参与人员达到 120 余人次。2018 年 7 月向区人大常委会专题汇报区法院为疏解整治促提升提供司法保障相关情况，10 月在区政协常委会上向各位委员专题汇报我院重点工作，对代表委员提出的意见建议，采取有效措施加以整改，争取代表委员的理解认同。

2. 积极接受职业共同体监督

加强与检察院沟通交流。落实检察长列席审委会制度，与区检察院联合召开专项座谈会等工作会议 10 余次。注重陪审参审监督。保障律师职业权益。邀请律师参与打造"德法共治工作格局"。

3. 主动接受社会各界监督

全年组织 9 次媒体开放日活动，3 次邀请媒体全程参与集中执行全过程，全院 200 余人次接受新闻媒体采访。全年开展"法庭开放日"活动 13 次，召开大型示范观摩庭审 6 次，接待各界群众 3000 余人次。

四、检察工作

2018 年，区检察院紧紧围绕全区中心工作，聚焦检察主责主业，全面推进司法改革，各项检察工作取得新进展，为平谷区经济社会发展作出了积极贡献。

（一）法律监督工作

1. 自觉接受人大法定监督和政协民主监督

2018 年以来，常规汇报工作 4 次，专题汇报工作 2 次。不折不扣地落实人大审议意见，将接受人大监督内化为行动自觉。完善人大代表、政协委员联络机制，全年向代表委员推送"平检资讯"手机报 50 期，组织检察工作通报会、座谈会、走访代表委员、公开审查、公开宣告等 27 次。广泛征求代表委员及社会各界意见建议 20 余条，按照"事事有着落、件件有回音"的要求，及时回应代表委员关切，将办理代表、委员提案、议案转化为加强和改进检察工作的具体措施并融入服务保障大局之中。

2. 自觉接受社会监督

全面向社会发布案件信息 639 条，发布官方微博 350 条、官方微信 220 篇，全年共接待代表委员、各级机关、企业、群众代表 2000 余人次，全年共接待律师 223 人次，向律师提供阅卷 123 人次，全面听取律师意见建议 63 人次，及时回应人民群众对公平正义的新期待。

3. 强化内部监督

全年共开展日常督查 25 次，专项督查 13 次，评查案件 804 件，实现了对全院、全员、全过程的闭环式管理监督。

（二）刑事检察及公益诉讼工作

1. 严惩各类刑事犯罪

2018 年，共审查批准和决定逮捕 282 件 358 人，审查提起公诉 338 件 466 人。其中办理非法制造枪支案、非法携带枪支案等危害公共安全类案件 72 件 77 人。严厉打击故意杀人、抢劫、强奸等严重暴力犯罪 16 件 20 人，切实增强群众的安全感和满意度。

2. 加大公益诉讼办案力度

系统排查生态环境和资源保护类公益诉讼线索 17 件，发出诉前检察建议 6 件，提起刑事附带民事公益诉讼 1 件，提起的 3 件行政公益诉讼案件已获胜诉。责令相关部门和责任人抓紧开展补植复绿、土地复垦、污染治理、损失赔偿等生态修复工作，督促恢复被毁林地 2000 多平方米、清理垃圾 4000 余吨，为争创国家森林城市提供有力的检察保障。办理的陈某某非法采矿案被评为北京市检察机关 2018 年度"两个专项"立案监督优秀案件。撰写的《发挥检察职能保护生态环境》调研报告得到了区委区政府主要领导的重要批示。

五、公安工作

依托"守护 2018 平安行动"、双安双打、疏整促、治理大气"一微克"等专项行动，认真落实"吹哨"机制，严厉打击突出违法犯罪。今年以来，立案同比下降 7.9%；破案同比上升 10.5%；拘留违法犯罪人员同比上升 29.3%；特别是治安拘留同比大幅增长 49.7%，创近 10 年来新高。查处交通违法 24 万余起，同比上升 23%；查处大货车违法 5.5 万起，同比上升了 41%，同期死亡交通事故、死亡人员分别下降 16%、20%，未发生重大火灾事故。

六、司法行政工作

2018 年，区司法局紧紧围绕全区"谋布局、夯基础、优环境、促发展"的工作思路，大力开展法治宣传教育，努力破解社会突出矛盾，积极优化法律服务供给，为全区经济持续快速健康发展提供了全面的法律服务保障。

（一）人民调解工作

全年共开展矛盾排查 14 328 次，调解纠纷 4923 件，成功化解 4795 件。经初步统计，大概有 90% 的矛盾纠纷通过村居评理中心得到就地解决，60% 的疑难纠纷在乡镇评理中心进行调处和分流，切实实现了矛盾不上交。区级公共法律服务中心运行以来，共接待群众咨询 5668 人次，此外，全区 18 个街道（乡镇）公共法律服务站全部完成建设，社区（村）公共法律服务室建成率达 100%。

（二）律师工作

1. 公共法律服务工作有效开展

完成"村居公益法律服务三方协议"签订工作，为全区 306 个村居委会配齐顾问律师。全年顾问律师共进村服务 3600 余次，其中为村居委会提供意见建议 63 条，开展法制讲座 93 场，解答法律咨询 2000 余人次，调解矛盾纠纷 47 件。积极开展"疏整促"法律服务专项行动，组建区级法律服务团 1 个，乡镇、街道法律服务队 18 个，解答咨询 145 人次，协助化解纠纷 77 件。安排律师每月 2 次到区信访办与区领导一起接待信访。

2. 加强律师行业管理

指导成立平谷区律师协会，开展公职、公司律师备案核准工作。面向全区 130 余家处级以上单位及国有企业印发《平谷区司法局关于启动公职律师公司律师单位备案和人员核准工作的通知》，并为 5 家单位进行了公职律师核准备案。

（三）公证工作

2018 年 3 月，制定《平谷区公证体制机制改革工作实施方案》，确保改革工作总体有序进行。同步制定《公证处管理办法（试行）》及《公证处收入分配办法（试行）》，保障了改制后的公证处能够依法依规运行。全年公证处共办理公证 2042 件，社会效果良好。

（四）法律援助工作

全年，全区共办理法律援助案件 1240 件，接待群众法律咨询共计 6554 人次。

第一，开展社区、村法律援助联系点创建活动。现全区 19 个社区、村联系点建设已经全部完成。

第二，增加法援便民措施。积极落实"放管服"工作部署，规范窗口服务，减少审批环节、需提交的申请材料，并压缩办理时限。

第三，强化案件质量监管。综合运用案卷抽查、旁听庭审、受援人回访、征询公安和司法机关意见建议等措施，全面加强从咨询接待到案件受理、指派、补贴发放等全过程的质量监管。

第四，开展专项维权服务。先后开展宣传活动 100 余场次。同时，围绕棚户区改造、散乱污企业治理等疏解整治重点任务，提供法律援助咨询 76 人次。

（五）特殊人群管理工作

1. 建立社区服刑人员管控"平谷模式"

延伸电子监管。在电子监管基础上，在全市率先启用手机定位监管模式。该模块自上线以来总报告人数达 5410 人次，实现了对社区服刑人员行为轨迹的有效监督。引入社会专业力量。举办律师法治教育活动 2 场次，解答法律咨询 30 人次；由心理咨询机构进行专题讲座 4 场次 250 人次，进行一对一心理疏导 54 人次。编制学习教育"一本一册"。在全市创新编制《平谷区社区矫正学习教育读本》和《北京市平谷区社区矫正手册》，由司法所每月检查社区服刑人员的手册记录，促进社区服刑人员的学习教育效果有效提升。

2. 强化重点时期人员管理

重点时期严格落实矫正帮教措施在全区建立"区抓、镇管、村帮、组盯"四级管控机制，其间共开展普遍排查 6 次、重点筛查 170 人次。排查"两类"人员 8300 余人次，走访村（居）委会 530 余次，走访矫正帮教人员家属 3000 余人次。

3. 做好"两类人员"帮扶救助

积极开展困难救助。共向 54 名特困"两类人员"发放救助金及物品共计60 500 元。开展延伸帮教。入延庆及垦华监狱开展狱内帮教活动 3 次，共对 96 名平谷籍服刑人员进行了帮教。此外，积极开展视频会见帮教工作，与监狱开展视频会见 46 人次。开展就业帮扶。全年共组织 500 余名"两类"人员参加就业招聘推介和技能培训活动。

七、2018 年法治建设特色和亮点

（一）深入开展基层治理研究

我区首创的"街乡吹哨、部门报到"基层治理改革成为首都 2018 年 1 号改革课题；与中国政法大学联合举行基层执法改革论坛，司法部、清华大学、社科院、中央党校、市委党校专家给予了高度评价，认为平谷区将行政执法与基层治理相结合，协调了乡镇和部门的关系，实现了执法主体的权责统一；总结"街乡吹哨、部门报到"工作经验，撰写收集相关材料，形成《"街乡吹哨 部门报到"创新构建三协同综合执法链依法破解基层治理难题的实践报告》，7 册共计 12 万余字；与武汉大学、中国人民大学，就不同领域联合开展乡村治理课题研究形成《平谷区乡村治理问题研究初始报告》《平谷区基层法律治理问题研究初始调研报告》。

（二）信访维稳稳中向好

区委书记为组长、区长为副组长的信访工作领导小组高位推动信访工作进度，压实工作责任；区政府 2 次向区委常委会专题汇报信访工作；主要领导通过党政联席会议、政府常务会、专题会多次听取信访工作情况，研究突出问题。落实区领导信访接待日和包案工作机制；建立了"信访引导、法律服务、分类处理、依法解决"的诉访分离工作机制；依托区公共法律服务中心和说事评理中心两个平台，实现信访、司法、法院三个主体紧密配合，信访分流、法律服务与人民调解、行政调解、诉前调解和立案诉讼的无缝对接，解决了诉访难分和调解资源分散低效等问题，引导 359 人向区法院起诉，提升了信访工作法治化、规范化水平；全年上访批（件）次和上访人次同比分别下降 56% 和 14%，持续十余年的原盘峰宾馆和海子村信访顽疾基本得到有效解决。

（三）多元调解共同促进矛盾化解

严格落实《人民调解法》《北京市行政调解办法》《诉前人民调解员管理办法》等法律法规规定，发挥人民调解、行政调解、司法调解承接互动作用；人民调解员队伍建设水平持续提升，聘请村居法律顾问加入人民调解委员会，招聘930 名人民调解志愿者；推进人民调解参与信访工作，成立区信访诉求人民调解委员会，安置专人区信访接待场所开展工作。通过人民调解全年化解矛盾纠纷4040 件；建立区—街乡—社区（村）三级法律援助网络，法律援助工作覆盖区看守所、法院、检察院，实施农民工讨薪、婚姻赡养、劳动争议等法律援助案件1240 件，引导公众合理表达诉求；稳步推进，工商、住建等调解任务重的部门成立行政调解委员会，全区行政调解成功率 66.58%。针对"疏整促"行政案件大幅增加态势，在人民调解、行政调解的基础上，借助司法调解，将征地拆迁、棚改、环境资源保护等民生领域 20% 纠纷化解在诉前及诉中，节约了行政成本和司法成本。

怀柔区法治建设报告

2018 年，怀柔区坚持以习近平新时代中国特色社会主义思想为指导，全面贯彻落实党的会议精神，区人大积极发挥法治保障作用和落实监督工作，并在审判、检查、司法工作方面获得长足进步。怀柔区各职能部门在市委市政府、区委区政府的领导下认真履行职责，为区域经济健康发展、社会和谐稳定提供了有力的服务保障。

一、人大法治保障和监督工作

（一）全程督办、紧盯实效，议案建议办理成效显著

2018 年，区人大常委会以"解决实际问题、增强办理实效"为目标，理顺督办机制，紧盯关键环节，与区政府同向发力，全力以赴，持续提升代表议案、建议办理的质量。区五届人大四次会议闭幕后，常委会及时召开协调会，将议案、建议分门别类交区政府及有关部门办理。全年召开 6 次主任会，专题听取办理情况汇报，提出具体督办意见。对于难点问题，常委会领导亲自督办，与职能部门现场办公，共同研究办理措施；各专门委员会积极协调代表与承办单位面对面沟通，力促办理工作更具针对性。议案、建议办复后，紧盯落地见效，避免"重答复、轻落实"现象。

督办"加大对农村污水处理设施建设和改造力度"议案时，常委会领导、专委会委员和有关代表多次深入到镇乡、村以及污水处理厂站，对农村污水排放、设施运行维护、在建项目推进等情况进行全方位摸底调研，做到底数清、情况明、督办准。区政府将议案办理纳入重要议事日程，多次召开专题会、调度会研究部署。新建一批污水收集管网和处理设施，对已建项目加强运行维护、加快升级改造；大力推进农村节水工作，从源头减少污水产生；主动查找问题难点，逐项推动解决。我区农村污水处理率稳步提升，河湖水环境和水生态持续改善。督办"在 111 国道与沿线村庄交叉路口设置安全设施"的建议时，常委会主管副主任多次带领专委会、承办单位到实地勘察，现场会商研究，制定实施方案，相

关部门结合实际在沿途 15 处路口安装了减速带、警示标识等安全设施，群众安全出行得到更好保障。

（二）与时俱进、完善制度，确保人大工作科学规范

常委会与时俱进修订工作制度，为相关工作科学、规范、高效开展提供了制度保障。

1. 修订《怀柔区预算审查监督办法》

为贯彻落实新修订的《预算法》《北京市预算审查监督条例》，对《怀柔区预算审查监督办法》进行了重新修订。修订过程中，坚持合法性与可操作性有机结合，以上位法为依据，将我区行之有效的实践经验纳入修改内容。多次征求市人大常委会、政府相关部门、预算监督专家顾问、人大代表的意见和建议，反复修改完善。经常委会审议通过后，及时下发到 63 个一级预算单位、191 个二级预算单位，并跟踪检查落实。

2. 修订《北京市怀柔区人民代表大会常务委员会规范性文件备案审查工作办法》

根据市人大常委会相关要求，以及区人大设立专门委员会等实际情况，对《北京市怀柔区人民代表大会常务委员会规范性文件备案审查工作办法》进行了修订，并配套出台《工作规程》，进一步明确了专委会和常委会工作机构的审查职责、业务流程。2018 年，区人大常委会共依法审查区政府文件 11 份，规范性文件备案审查工作扎实有效开展。

二、法治政府建设

2018 年，是全面贯彻十九大精神的开局之年，是改革开放 40 周年，也是实施十三五规划承上启下的关键之年。2018 年，在市委市政府的正确领导下，怀柔区政府以十九大精神为指引，深入贯彻落实《法治政府建设实施纲要（2015—2020 年）》及市委《法治中国首善之区建设重要举措实施规划（2015—2020 年）》精神，紧扣全区各项中心工作，扎实推进依法行政，法治政府建设取得积极成效。现将怀柔区年度法治政府建设情况报告如下：

（一）统筹推进，重点突出，扎实推进法治政府建设

1. 法治政府建设全局性工作统筹实施

区委、区政府领导高度重视法治政府建设，定期召开会议研究部署法治政府建设相关工作。政府法制机构按照年初布置、年中检查、年底考核的工作模式，充分发挥区全面推进依法行政工作领导小组办公室的统筹协调作用，持续强化工作导向性，牵头制定《怀柔区 2018 年推进依法行政工作要点》。及时转发并全面贯彻落实《2018 年度区政府依法行政考核指标》（京依法行政发〔2018〕3 号）并进行任务分解，确保工作有效落实。出台区政府委办局、镇乡政府依法行政考

核实施细则，并将其纳入区政府绩效考核，进一步凸显依法行政在政府管理中的重要地位。

2. 推进政府法律顾问工作

完善并落实政府法律顾问和公职律师制度，形成"事前防范和事中控制法律风险为主，事后法律救济为辅"的工作机制。指导全区各相关单位认真落实《怀柔区加强政府法律顾问工作方案》和《怀柔区政府法律顾问工作规则》，将聘请政府法律顾问工作纳入怀柔区依法行政考核指标，《怀柔区推进公职律师公司律师制度的实施办法》已经区政府常务会议、区委全面深化改革领导小组会议讨论通过。截至 2018 年 12 月 24 日，全区共有 60 家单位聘请法律顾问并建立法律顾问工作制度，现有公职律师 26 名，公司律师 3 名。

3. 行政机关负责人出庭应诉制度有效落实

2018 年度全区共发生行政诉讼案件 681 件，已审结 612 件，行政机关负责人出庭应诉累计达 470 人次，全区行政机关负责人出庭率达 76.8%。2018 年 10 月 30 日，区委常委、副区长于海波代表区政府行政机关负责人至北京市第四中级人民法院出庭应诉，参与 3 件案件庭审，取得了良好效果。区政府行政机关负责人带头履行行政应诉职责，充分体现了怀柔区人民政府认真落实行政机关负责人出庭应诉制度，对全面推进我区依法行政、加快法治政府建设具有重要意义。

4. 推动学法考法工作示范创新

探索大数据应用，建成全市首个网络学法考法平台，全面实行"一个平台、三项制度、四个全覆盖"的"互联网+"领导干部学法考法新模式，推行"日常学法""年度测法""提职考法"。全区 9911 人在学法考法平台通过了年度测法，23 个单位共计 91 名拟提拔的处级、科级干部，在公示期内进行了提职考法并通过考试。

5. 大力助推全市中心工作

怀柔区以高度的政治责任感，积极贯彻中央和市委市政府要求，全面落实属地服务保障责任，将各类关口前移、措施前置，为"疏解整治促提升"专项行动、怀柔科学城建设等工作奠定坚实的法治基础。其中已审查涉及科学城与知名大学对接合作的协议及其他政策文件 9 件，提出修改意见 70 余条。为"开墙打洞"、浅山区违法建设治理、散乱污企业治理等工作提供专业意见 80 余条。

（二）强化培训，深化宣传，营造浓厚的学法用法氛围

1. 积极推进常务会议会前学法

严格贯彻《北京市行政机关领导干部学法办法》，制定并上报《怀柔区 2018 年领导干部学法计划》，部署全年常务会议学法内容。以区政府常务会议为依托，2018 年共学习《中华人民共和国宪法》《无照无证经营查处办法》等 4 部法律法

规，通过案例分析等多种方式对重点法条进行深入阐述，切实提高领导干部依法行政水平。

2. 依法行政培训成效显著

按照《北京市行政机关领导干部学法办法》要求，年内共举办法治讲座 2 期，依法行政研讨班 2 期，共计 8 天，邀请相关领域专家学者围绕行政规范性文件审查、行政执法、行政复议、行政应诉等内容进行专题培训，全年累计培训 550 余人次。领导干部、执法人员运用法治思维解决问题能力进一步提升。

3. 公务员法治教育定期开展

制定 2018 年科级及以下公务员依法行政培训工作计划，明确提出在公务员初任培训、任职培训和在职培训中安排依法行政课程并规定学习时数。2018 年科级及以下公务员依法行政培训课程实现全覆盖，其中初任培训、任职培训分别安排依法行政内容 12 学时、8 学时；名师名课培训安排"国家监察法"课程，共有 783 名机关干部选学；1702 名公务员参加普法培训总计 30 学时；288 名科级干部参加以法律知识为主题的轮训总计 16 学时。将相关法律课程作为在线学习必选课程。全年提供依法行政培训课程 76 学时，累计培训 4671 人。

4. 法治宣传教育深入开展

区政府常务会议研究部署法治宣传教育工作，区领导带头参加"12·4"国家宪法日等活动，有力推动全区"七五"普法工作深入开展。开展"谁执法谁普法"普法责任制专项督查等工作，目前"七五"普法规划任务分解表中涉及 56 家单位的 49 项任务，已完成或正在实施的达 90%。广泛开展专项法治宣传活动，将法治宣传教育贯穿于科学城建设、"疏解整治促提升"专项行动、扫黑除恶、创建全国文明城区等重点工作全过程。切实加大宪法宣传力度，制作并发放 25 万册宪法读本，制作宪法宣传片一部，累计开展宣传活动 1000 余场，利用区内 40 块户外 LED 显示屏播放宪法宣传片 7 个月。

（三）有序整合，强化治理，全面推进社会建设治理改革

1. 公共资源交易平台整合工作有序推进

一是物理平台整合完成。将公共资源交易平台物理场所设在科学城政务服务办内，实现承发包交易中心、政府采购集中办公。二是场地信息化建设完成。完成公共资源交易平台智能场所建设，可实现开标室电子开标，音视频全程监控，三维可视化业务监控。语音答疑除进行变声加密外，增加答疑一体机桌面交互功能，实现电子化文件共享、专家批注质疑等功能。安装远程集中管理的智能总控，包括查询一体机、智能电子门牌、监控设备等。三是实现信息平台实施对接。完成区级分平台研发并与市级对接调试，承发包交易中心数据由市级自动抓取，政府采购数据上报市级信息平台，实现交易资源共享。四是平台管理规

范运行，实现统一赋码。截至 2018 年 12 月 24 日，工程项目与政府采购共完成交易 467 件，交易分平台运行良好。

2. 全面落实年度社会建设、改革与治理

深入贯彻全面落实《北京市"十三五"时期社会治理规划》等市级文件精神，制定本区配套文件，明确分工，加强督导评估。推进城乡"多网"融合发展工作，实现"多网"融合综合信息系统建设标准化，整合各类力量进入网格队伍 32 853 人次，网格微信群体系覆盖 16 个分中心、319 个村社，相关工作在多个刊物刊发并获市区领导批示。加强社会工作专业人才队伍和创新项目建设，提升专业社工机构工作水平；加快推进社会领域志愿服务组织和工作覆盖，支持培育 9 个社会领域志愿服务规范项目工作；完成协管员队伍整合全部试点工作。在全市率先完成党建工作协调委员会相关工作。提升社区规范化水平，完成 16 个市级社区重点项目及 2 个区级自主创建项目。完善社会组织工作体系，成立怀柔区社会组织服务中心，在两街道成立社区社会组织联合会，全区 19 家社会组织开展公益行活动 21 项 160 余次，参与人数 16 000 人次，受益人数 48 000 人次，参与志愿者 350 余人。

（四）强化监督，推动履职，促进严格规范公正文明执法

1. 加强行政执法监督指导

①通报行政执法工作情况。怀柔区高度重视行政执法工作，2018 年先后在区政府常务会、区委常委会通报了 2017 年度区属行政执法部门行政执法工作情况，并将行政执法情况及时下发各执法部门，进一步巩固执法效果。②加强指导。区政府法制办先后对区交通局、区档案局、区统计局等部门行政执法工作和执法平台操作开展业务指导。③转发市级执法监督工作要点。要求各执法部门掌握行政执法考核指标内容，提前部署全年行政执法工作。④强化督查整改。区政府法制办联合区政府督查室，积极开展行政执法督查整改工作，要求执法部门查找不足，积极履职。

2. 进一步推进北京市行政执法服务平台工作

继续做好 2017 年集中换证工作。督促区属行政执法部门及时完善需换证人员信息，按期完成 1466 名执法人员的换证工作。督促各执法部门维护基础数据，落实岗位管理制度，填报行政处罚、行政检查数据等。截至 2018 年 12 月 24 日，共有 28 家执法部门全部实施了行政检查，累计录入 52 366 件执法检查信息，有 23 家执法部门累计录入 3856 件行政处罚信息，全区行政执法工作步入信息化管理阶段。

3. 落实行政执法责任制度

加大行政处罚案卷评查力度，开展 2018 年度行政处罚案卷评查及质量抽验

工作，各部门共自行评查 274 本案卷，参与质量抽验 38 本案卷，案卷合格率达 97.6%。通过举办行政执法业务实训、旁听行政诉讼案件审理等多种方式，提升执法人员法治思维和依法行政水平，共计 300 余名一线执法人员参加。组织执法资格考试报名工作，定期参加全市的联机考试，并按程序申领制证。

（五）严格审核，确保质量，依法科学民主决策水平不断提升

1. 不断提高规范性文件审查质量

严格执行《北京市行政规范性文件备案规定》（市政府第 268 号令），按照程序落实合法性审查、备案等工作。对于区政府规范性文件严格要求起草部门征求法律顾问意见，充分发挥法律顾问在依法决策中的专业化作用。坚持分别审查共同研究的工作模式，对拟以区政府、区政府办公室名义印发的全部文件进行筛查把关，属于规范性文件的全部予以认定并进行合法性审查，截至 2018 年 12 月 24 日，共审查行政规范性文件 25 件次，提出意见 347 条；审查区政府重大协议 25 件次，提出意见 357 条。所提意见基本被采纳，为区政府合法行政、合理行政奠定了基础。

2. 积极开展行政规范性文件清理工作

2018 年，按照市政府要求，怀柔区对涉及产权保护、生态环境保护、民营经济发展的行政规范性文件进行了系统清理，共涵盖 143 件区政府现行有效的规范性文件。经清理，共保留 129 件，废止 13 件，修改 1 件。其中涉及产权保护的规范性文件 2 件，涉及生态环境保护的规范性文件 14 件，涉及民营经济发展的规范性文件 10 件，均全部保留。现清理工作结果已通过政府信息网向社会予以公布。

（六）完善机制，强化落实，持续深化政务公开

1. 积极做好政务公开工作

①完善政务公开机制。建立公文公开属性源头管理机制，做到拟制公文前明确公开属性，公文发布后定期开展信息公开审查，确保公文属性准确。建立政策解读全链条管理机制，做到重要政策文件与政策解读"同步研究、同步部署、同步推进"。截至 2018 年，在区政府门户网站进行同步解读的政策文件 13 个。建立政府新闻发言人制度，回应群众关切。②推进"重大决策预公开"和"会议开放"等专项工作落实。针对《怀柔区国有土地上房屋征收若干标准的意见》，怀柔区在决策前通过区政府门户网站征集公众意见，公布意见征集采纳情况，决策制定后及时公开决策结果。针对会议开放，为取得群众在"开墙打洞"工作上的支持，区领导组织属地老、中、青 3 类居民代表，召开座谈会，听取意见建议，引导公众参与决策过程，取得群众对政府工作的支持。③稳妥办理依申请公开工作。畅通受理渠道，规范工作流程，做到依法按时答复，确保群众获取政府

信息的权利。2018 年，怀柔区共受理政府信息公开申请 154 件，均已按时答复。

2. 全面加强财政管理工作

认真落实市级文件要求，及时公开政府及部门预决算信息。进一步推进政府购买服务改革工作，将政府购买服务事项纳入预算管理及政府采购范围，实行资金国库集中支付，对政府购买服务事项的预算、执行、监督、绩效及公开等情况进行全过程管理；实行政府性债务的全口径管理和动态监控，实现"责、权、利"相对等，"借、用、还"相统一的债务管理机制，防范化解债务风险。强化债务使用监管，全方位监督债券资金项目的执行情况，对资金运转轨迹和使用情况进行跟踪监管，确保来源清楚、用途明白；不断加强政府采购管理系统建设，实现同市级系统互联互通。

（七）多措并举，扎实推动，依法有效化解社会矛盾纠纷

1. 认真做好行政复议工作

依法受理、审理行政复议案件，提升行政复议公信力。2018 年，共接待行政复议申请人 251 人次，接收行政复议申请 36 件，受理 24 件，其他处理 5 件，不予受理 5 件，告知 1 件，转送 1 件，2018 年受理的案件已全部审结。本期新收的案件中，通过调解、和解的方式解决行政争议 6 件，调解成功率达 25%，充分发挥了行政调解的积极作用，切实维护了申请人的合法权益，行政复议公信力得到进一步提升。

2. 全面做好行政应诉工作

①认真落实行政机关应诉的各项规定，积极配合复议机关和法院审理工作。2018 年，共组织承办区政府行政应诉案件 37 件，已结 16 件，在审 21 件。组织承办区政府为被申请人的行政复议案件 4 件，已结 3 件，在审 1 件。②组织全区行政机关领导干部和一线执法人员旁听案件审理，提高了行政机关工作人员行政应诉能力和水平。③充分发挥联席会议作用。与区法院联合组织召开联席会，同 10 余家行政机关领导直接沟通交流，通报行政复议与行政诉讼工作情况，取得了良好效果。

3. 依法开展信访工作

进一步发挥北京市网上信访系统作用，开展推进网上信访，依法规范信访系统的操作使用；扎实开展来信、来访、督办、复查复核等基础业务，维护怀柔区社会平稳有序；深入开展矛盾纠纷排查调处活动，防止发生影响社会稳定的重大信访问题和群体性事件；结合法治宣传日和信访宣传月活动，将"法治信访"推广到全区，形成良好的宣传氛围；举办为期 3 天的培训，加强信访工作指导，实现信访工作依法依规办理。

4. 强化人民调解工作

组织全区各级人民调解委员会围绕重点领域、重点地区、重点工作，开展全

面深入的社会矛盾与专项工作大排查。加强基础建设，实现各镇乡、两街道至少有2名专职调解员，村居法律顾问进入专家调解员队伍，年内组织人民调解员培训2次，对各调委会的数据统计、案卷制作等基础工作进行统一规范。积极推动访调对接和诉调对接工作，驻汤河口法庭建立诉前调委会，完善各级调解组织参与信访工作机制。2018年，全区各级各类调解组织共调解纠纷4422件，调解成功3218件，防止矛盾激化5件，涉及人数22人。

5. 积极开展法律援助工作

怀柔区已建成法律援助联系点50个，其中新建29个，在全区形成以法律援助中心为龙头的，覆盖镇乡、街道、公、检、法、监、律师事务所、村（居）的法律援助服务网络体系。赋予司法所、律师事务所和村（居）法律援助联系点服务律师的法律援助初审权，方便困难群众就近得到法律援助，打通法律援助服务最后一公里。畅通值班律师会见犯罪嫌疑人、刑事被告人"绿色通道"，无须网上预约、排队等候。提高经费保障能力建设，强化法律援助案件质量监管，完善律师值班制度，做好档案管理。2018年，共受理法律援助案件472件，累计办结308件，挽回农民工经济损失累计268.65万元。

（八）积极履职，强化制约，做好提案办理及审计监督工作

1. 积极办理人大代表建议、政协提案

2018年，怀柔区承办市代表建议、委员提案共3件，已按照市政府办理工作要求全部办复。区五届人大四次会议交由区政府系统承办的1件议案、97件代表建议和区政协五届二次会议交由区政府办理的129件提案，已全部办复，办复率100%。积极配合做好区人大常委会和区政协组织的视察、考察、检查及调研工作。

2. 全面履行审计监督职责

继续深化公共财政审计，2018年，完成区本级财政审计及13个部门预算执行审计；加大镇乡财政审计力度，实现镇乡预算执行及其他财政收支审计全覆盖；稳步推进领导干部经济责任审计，全年计划完成23项，已完成7项，其余16项已处于收尾阶段；积极开展领导干部自然资源资产离任审计，结合领导干部经济责任审计完成2项；持续做好重大政策措施落实情况跟踪审计，完成减税降费等3项政策措施贯彻落实情况审计；加强政府重点投资项目审计，全年共开展政府投资审计4项，出具阶段性审计报告1份，责成整改意见1条；按照深化国企改革相关要求，开展国有企业财务审计1项。2018年，查出违规违纪问题共收缴入库财政资金1009.7万元。依法出具审计决定书13份，审计移送书2份。年内开展的13个部门预算执行审计结果全部公开。

三、审判工作

区法院始终紧扣区委中心工作和重大决策部署，全面强化执法办案，充分彰

显审判职能作用。全年受理各类案件 15 617 件（含旧存 1080 件），审结 14 573 件，结案率 93.31%，同比分别上升 4.16%、4.74%、0.51%，未结 1044 件，同比下降 3.33%，呈现"三升一降"的良好态势。员额法官人均结案 235.04 件，同比上升 24.35%。

（一）依法惩治刑事犯罪，坚决维护社会稳定大局

受理刑事案件 304 件，审结 286 件，判处罪犯 335 人，其中判处五年以上有期徒刑 37 人。深入开展扫黑除恶专项斗争，坚持"有黑扫黑、无黑除恶、无恶治乱"的总原则，制定《扫黑除恶专项斗争工作方案》。加大职务犯罪惩治力度，全力配合国家监察体制改革，促进反腐败斗争深入开展，全年判处 4 件 4 人，挽回经济损失 1103 万元。继续深化刑事诉讼制度改革，适用认罪认罚制度审结案件 198 件，占刑事案件结案数的 66.08%，同比提高 42.99%。

（二）依法审理民商事案件，着力保障经济发展大局

受理民商事案件 10 011 件，审结 9321 件，解决标的金额 19.67 亿元，调撤率 60.58%。与科学城、示范区管委会全面对接，坚持先行介入、主动跟进；实行专案专办，妥善审结征地拆迁安置补偿、工程建设等涉重点工程的案件 571 件。审结农村土地承包、新农村建设施工合同等涉"三农"案件 776 件，助力怀柔美丽乡村建设。审结票据、保险、担保、民间借贷等金融纠纷案件 1228 件，建立"四立一破"破产案件审判新机制，妥善审结北京立业金鑫物资有限公司等企业破产清算案件 13 件，推进怀柔产业结构优化升级。

（三）依法加强行政审判，全力助推法治建设大局

受理行政诉讼案件 599 件，审结 539 件。妥善处理涉"疏解整治促提升"专项行动的行政案件，建立"四点四化"行政审判工作模式，审结拆除大棚房等各类违法建设案件 449 件，同比上升 130.26%。积极推进行政机关负责人出庭应诉取得新进展，行政机关负责人出庭应诉 333 人次，同比增长 150.38%。促进行政机关依法履职，通过召开联席会、讲授法治课、发送司法建议，对行政行为提出合理化意见和建议，促进依法行政。

（四）攻坚执行，在实现权益中彰显法律权威

坚持以改革思维、信息化手段破除执行瓶颈，为基本解决执行难注入动力。全年网络查控车辆、存款、不动产等信息 64 279 条，查封车辆 820 辆、房产 110 套；引入淘宝、京东网络司法拍卖平台，全年网络拍卖 67 件，成交 22 件，成交额 7622.99 万元，溢价率 86.69%，为当事人节约佣金 284.32 万元。坚持有的放矢、精准发力，强化执行工作举措，开展"执行破冰""百日执行风暴"等专项行动，集中强制执行、发放案款 21 次，执结涉民生案件 1407 件。坚持执行攻坚、宣传先行，召开执行新闻通报会 4 场，公布典型案例 12 个；圆满完成最高

法院"决胜执行难"全媒体直播活动，新华社、法制日报等 30 余家媒体同步报道区法院强制执行"秋苓美苑"农家院案，1200 万网友在线收看，起到良好的法治宣传教育作用。严格规范执行行为，开展规范执行"四合一"活动，加大对执行失范行为查处、整治力度，努力做到公正办案、廉洁执行。

（五）以多元调解+速裁为突破，释放改革效能

坚持深化案件繁简分流，科学调配审判资源，在更高层次实现公正与效率的统一。全年导出各类案件 5435 件，诉前调解成功 1533 件，为当事人减少诉讼费负担 25.23 万元。区法院被授予"全国法院案件繁简分流机制改革示范法院"称号。成立驻汤河口法庭人民调解委员会，全方位加大多元调解力度。2018 年速裁庭审结民商事案件 3809 件，44.76%的案件在 10 日内审结，不到 10%的员额法官审结了 40.86%的民商事案件，其中 3 名速裁法官年结案均超过 800 件。

（六）司法为民，在践行宗旨中满足群众需求

注册抖音、快手短视频官方号，入驻澎湃问政、今日头条，开通庭室微博、微信公众号 15 个，推送《法院强执推倒"恩怨墙"》等审执工作信息 1300 余条；互联网图文、视频直播庭审 438 次；生效裁判文书上网公开 6788 份，上网率 100%。打造"线上+线下"的教育培训模式。培训干警 704 人次，累计达25 860 个学时。加快高层次审判人才培养步伐，开展"法官大讲堂""司法技能大赛"专项培训，加强与清华大学等高校的合作，为培育专家型法官创造条件、搭建平台。全年 14 篇学术论文、调研、案例获市级以上奖励，并首次承接最高法院调研课题。

（七）笃守初心，致力于增强便民利民实效

推进家事审判改革，审结婚姻家庭案件 1968 件，促进家庭和睦和谐；快立快审交通事故、房屋买卖、拖欠农民工工资等案件 2569 件，为农民工追讨工资、劳务费 5050.96 万元，有效维护了群众切身利益；坚持"特殊、优先保护"司法理念，依法审理涉未成年人刑事、民事案件 285 件，全力促进未成年人健康成长。制定《关于完善群众来信办理工作的实施意见》，接待来访 1342 人次，办结群众来信 198 件，实现了件件有答复、事事有回音。

（八）围绕基础更牢，从严从实强党建

坚持党的绝对领导，把忠诚诠释在行动上。2018 年，以专项报告、《工作周报》《怀法信息》等形式，主动向区委报告司法改革、审判执行等工作 67 次。出台《怀柔法院党建工作考核管理办法》，实施支部规范化建设达标活动，切实增强党建工作实效。开展特色党建工作，把先进性锤炼在基层中。

（九）围绕发展更稳，不折不扣受监督

自觉接受人大及其常委会监督。制定《关于加强与人大代表联系、进一步深

化司法公开工作的意见》，院党组班子走访代表 40 余次，征求对法院工作的意见建议。主动接受民主监督与法律监督。聘请人大代表、政协委员担任特邀监督员，监督执行、观摩庭审 121 人次；邀请检察长列席审判委员会，认真对待检察建议，共同维护司法公正。贯彻落实《人民陪审员法》，依法保障其参加审判活动、独立发表意见的权利。人民陪审员参审案件 1721 件，陪审率 99.54%。

四、检察工作

（一）坚持服务大局理念，加强组织领导，积极推进首都法治建设迈上新台阶

怀柔检察院党组高度重视，立足检察职能，服务保障大局，积极推动法治怀柔建设。

第一，成立服务科学城建设领导小组，组建经济犯罪检察组，重点打击预防高科技犯罪、金融犯罪等新型犯罪，加大知识产权保护力度。围绕国际会都扩容提升重大项目开展专项调研，针对不同群体诉求搭建"建议、专业、咨询、宣讲"四个平台。

第二，深入推进"服务保障首都打好污染防治攻坚战，促进生态文明建设"专项检察工作，对每一条环境违法线索必调查、必办理、必问效。依法办理 2 件农村河流污染、垃圾堆放等环境违法案件，监督有关行政部门履行监管职责，有效消除环境污染。

第三，开展"疏解整治促提升"专项行动，推进各项服务保障措施精细化、持续化，为人民群众提供更加有针对性的法治保障、法律服务和法治宣传。

第四，加强与周边各地区的检察工作沟通协作，开展检察官联席会，纵深推进跨区域检察协作。

第五，将推进民众法治理念教育作为一项长期系统工程常抓不懈，通过多种形式、多个平台，线上与线下相结合的模式，以人民群众喜闻乐见的方式，让法律知识、法治理念深入人心。

（二）延伸检察业务触角，维护区域发展，不断提升检察机关的司法公信力

1. 依法惩治各类刑事犯罪，为平安怀柔建设贡献检察力量

依法惩治职务犯罪，2018 年全年共办理职务犯罪 4 件 4 人，积极与区监察委员会沟通配合，共同将反腐败斗争推向深入。严厉打击各类刑事犯罪，共受理审查逮捕案件 265 件 378 人，审查起诉案件 280 件 363 人。初步形成繁简分流刑事诉讼体系，进一步提高办案质效。

2. 开展专项监督活动，助推依法行政，维护民事合法权益

开展土壤、大气、水污染防治及涉农领域国有资产保护等四个专项监督活动，利用"两法衔接"信息平台查询行政处罚案件信息 100 余条，发现并办理公

益诉讼案件线索 6 件。通过建立三项工作机制，发现并纠正财产刑执行不规范案件，将相关做法在全市做经验介绍。开展行政非诉执行专项监督，针对民事执行活动中存在的问题，首次采取公开宣告方式向法院送达检察建议书，增强检察建议刚性。强化民生检察，通过支持起诉协助农民工讨薪，为农民工挽回损失。针对网络餐饮服务监管不力问题发出公益诉讼诉前检察建议，15 家服务提供商违法行为被叫停。

3. 深化改革，强化公开，树立良好检察形象

（1）以司法责任制为核心的四项改革工作平稳有序开展，运行捕诉一体的新型办案模式，搭建以检察官为核心的新型办案组织，坚持检察官领导干部办理案件制度，落实干预办案登记、通报和责任追究制度，完善检察官惩戒程序，确保谁办案谁负责、谁决定谁负责。

（2）强化检察权监督制约，全面提升检务公开水平。法律文书实现能公开的一律公开，案件程序性信息公开率达到 80%，位居全市前列。建立"动态管理+重点监控"模式，保障执法办案规范性。积极构建新型检察管理监督机制，推动管理监督向全院、全员、全过程的实时动态监管转变，确保放权不放任、监管不缺位。

（3）加强检察官队伍建设，立足专业化建设，多方位开展业务培训和岗位练兵，健全和完善符合司法职业特点的检察官管理制度与考核晋升机制，为检察队伍革命化、正规化、专业化、职业化建设夯实基础。

（三）强化青少年法治教育工作

充分发挥"法治副校长"的优势，深入学校开展法治教育课、模拟法庭等各类活动。针对附条件不起诉的未成年人，定期进行考察教育与谈心工作，主动了解未成年人心理状态，加强未成年人的法律知识与法律意识。借助微信、微博等网络平台，积极向广大青少年普及法律知识，并在重要节点向学校、家长及青少年推送法治安全教育提示。进一步完善学校、家庭、社会三位一体的青少年法治教育格局。

五、公安工作

2018 年，怀柔公安分局紧紧围绕创建怀柔文明城区工作，"两会"安保工作，"中非合作论坛北京峰会"安保工作，扫黑除恶专项斗争，针对当前的执法形势，采取切实有效措施，健全执法机制，落实执法责任，规范执法行为，解决执法问题，全面推进法治政府建设工作，为全面建设"国际化、现代化新怀柔"创造了良好的社会治安环境。

（一）加强组织领导，提升执法人员依法行政能力

1. 健全依法行政组织领导机制，促进业务、队伍同步协调发展

为提升依法行政水平，强化履职能力，分局建立了由分局长党委书记王赤为

组长，其他党委成员为副组长，各单位政工领导为成员的领导小组，领导小组办公室设在法制支队。同时，分局研究制定了依法行政的工作目标、考核标准，确保行政执法责任制层层分解，步步落实。领导小组定期召开工作例会，听取各单位工作情况，掌握动态，研究执法中遇到的具体问题，开展对相关法律法规和新文件的学习。通过上述制度，落实了依法行政具体措施，加强了依法行政意识，并进一步提高了对当前执法环境严峻性的认识，增强了依法行政意识，促进了队伍、业务工作的同步协调发展。

2. 积极探索创新，加强执法主体培训力度，努力提升执法水平

加强民警执法培训是提高民警法律素质和执法能力的最直接的手段。为了全面提高民警的执法素养和执法水平，分局结合实际，制定了扫黑除恶、"中非合作论坛北京峰会"安保期间的培训方案、侦审一体化大比武培训方案，全面规范执法主体的培训工作。

（1）做实"法制大讲堂"。分局依托市局每周举办全局法制教育大讲堂进行现场视频授课，共计举办48次授课，结合分局执法工作实际，按照"贯穿全年、覆盖全警"的原则，组织开展大培训。

（2）做好日常培训。通过每日分局晨会，对检查中发现的问题和典型事例进行通报和点评，以评督学，举一反三。通过建立侦审技能骨干轮训班，各执法单位争先选调优秀骨干参加轮训，跟班作业，提升侦审技能，推动侦审一体化警务改革步伐。

（3）做好专项培训。分局结合侦审一体化改革、"中非合作论坛北京峰会"安保、扫黑除恶等重点任务，举办执法"大讲堂"，在基础信息采集、执法办案平台操作、反恐工作基础知识、行业场所管理、扫黑除恶行动等方面开展专题讲座12期，进一步强化法规学习和政策解读，有效提升民警的法律知识水平。

（4）做好在线课堂培训。分局将30余部相关执法培训课件和法规刊载于政工网培训资源平台板块，制作下发了《怀柔分局中非论坛安保执法手册》《110警情常见19类案件规范处置知识手册》《扫黑除恶专刊一、二》口袋书等，及时推送教学资源，为基层所队开展三级培训和广大民警自学提供支撑。通过在执法民警配发的移动警务终端内建立教学空中课堂并上传培训教学片，让民警随时随地能够通过终端进行技能充电。

（二）落实行政决策制度，加强规范性文件管理

1. 建立和落实行政决策相关制度

2018年以来，为了及时、准确、全面地了解掌握分局工作情况，强化对各项警务工作进行研究、决策和领导，确保指挥体系规范、畅通。依照市局、分局相关规定，分局组织召开了25次局长办公会议，传达贯彻上级文件、指示和工

作部署。并根据分局党委会议决议，研究、提出具体落实方案，讨论、处理了上级机关及上级领导交办的重大事项，讨论了分局重要会议安排和会议文件，通报重大治安情况，分析社会治安形势，研究工作思路，研究分局中心工作和阶段性工作部署，审议分局的资金预算和使用，预算外重大开支、基本建设、装备等问题。

2. 全面清理警务规范文件

为落实"民意主导警务"执法理念，加强"执法规范化建设，争创一流警务"的工作要求，切实地保障警务规范的合法有效，充分发挥对全局警务工作的规范和保障作用，分局结合实际，对 2017 年以前以分局名义制定的执法规范性文件进行清理。目前清理工作已经全部完成，共清理文件 46 件，决定保留的内部执法规范 48 件，决定废止的内部执法规范 2 件，决定保留的行政规范性文件 14 件，决定废止的行政规范性文件 1 件，决定保留的涉密文件 6 件。

（三）多措并举，规范行政执法行为，提升执法公信力

1. 严格落实执法规范化的硬件建设

为深入开展执法规范化建设工作，进一步规范执法民警的执法行为，从硬件上规范民警的执法行为。2018 年怀柔公安分局根据市局法制总队信息化建设要求，投资 200 万元购置警用装备和办案信息化建设，包括语音笔录设备、移动警务终端、电子卷宗、扫描仪、高拍仪等信息化应用设备，大大提高了办案信息化建设，实现了由传统办案模式向信息化办案的转变。另外，为适应新形势下的执法环境建设，分局研发了新的现场执法视音频资料管理系统，规范出警过程，做到警情统一管理。根据市局办案区改造要求，分局投资 45 万元在庙城派出所设立办案区智能化改造试点，通过庙城派出所办案区与执法办案管理中心的互联，形成合成作战机制。下一步，此系统将实现与市局、分局、派出所的互联，真正达到合成作战要求，实现异地共同办案的信息化办案需要。

2. 完善行政执法评议考核制度

为推动分局行政执法评议考核制度建设，完善管理工作机制，全面推进分局业务工作和队伍建设的协调发展，分局结合实际，制定了《北京市公安局怀柔分局 2018 年度执法质量考评工作方案》。此项工作方案中将履职效率、执法效益、管理效能、服务效果作为考评内容，并将考评结果作为各单位领导班子职责绩效、立功嘉奖、职务晋升等工作的重要依据。

3. 开展联合检查，推进执法规范化建设

为确保办案单位的执法规范性，在主管局领导的带领下，分局成立了由法制支队、纪委、政治处、警务督察大队和分局职能部门组成的联合检查组，多次对分局执法办案单位的执法规范化建设落实情况进行专项检查，检查内容包括受案

与立案、涉案财物管理、执法培训、执法办案场所使用管理制度落实、执法公开情况等方面。分局对检查中发现的问题拉出账单，逐项制定解决问题的工作措施，督促落实整改。联合检查确保了执法规范化建设不断向纵深推进，真正达到以检促整改、以检促规范的目的，大幅提高了执法规范水平。

4. 完善两大制度，确保依法行政

为进一步构建完备的执法制度体系，分局结合实际，严格推进落实各项执法制度。①积极落实法律顾问制度。怀柔分局及时聘请专业的律师作为分局的法律顾问，围绕公安执法工作，为分局提供全方位的法律服务，维护公安机关及民警的合法权益，对重大法律事务提出合理的法律意见和建议，参与草拟、修改、审查规范性文件，以便正确决策，防止"法律漏洞"。加强维权案件、疑难问题研究，精细化管理，参与公安法制宣传及执法培训教育，切实防范执法风险。②强力推进行政管理制度改革。为进一步简化行政事项办理流程，分局成立区政务服务分中心，推进预约、一站式办理服务模式，努力实现便民、利民的工作目标。

（四）深入推进政务公开，提高依法行政效率

1. 推进案件公开，切实保障人民群众知情权

为确保人民群众的知情权，分局严格执行执法办案程序、工作流程等内容网上依法公开制度。并责成专人负责，对案件公开工作，进行网上巡检，对应该公开的案件信息，办案单位未公开的严格落实执法监督措施，并及时予以公开，维护人民群众的知情权和合法权益。

2. 采取多种便民措施，提高行政效率

为提高行政效率，更好地服务群众，分局治安支队的出入境人口等窗口单位采取各项措施，方便群众，让群众满意。如在大厅贴上指示地标、张贴温馨提示、划分工作区域、保障窗口警力，保证接待受理工作时间、提高办事效率，有效维护了广大人民群众的利益。

3. 加强涉案款物管理，严格依法行政管理

为完善涉案款物管理机制。分局结合实际，严格执行对涉案款物的审计工作。对涉案款、罚款、行政事业性收费、取保候审保证金等执法活动涉及的各类款项，分局警务保障处按规定设置了会计科目，分别对各类款项的扣押、移交、发还、没收及上缴情况进行核算，相关票据有专人负责，履行领、销手续；对涉案物品、涉案人员随身财物分局各相关执法办案单位按照规定建立了台账，及时、完整地进行登记，由专门人员对涉案物品单独集中保管，执法案卷按照有关规定进行保管；对群众送交的捡拾物品按照治安总队的要求进行管理。针对分局涉案财物管理较分散的实际情况，分局在看守所投资建设了新的涉案财物管理中心，下一步，分局将根据市局法制总队的总体部署要求，开展涉案财物信息化管

理工作，实现涉案物品的集中管理和有序流转。

（五）自觉接受行政行为的监督，落实行政执法责任制

1. 严格落实"警风监督员"制度，主动接受群众监督

为了进一步加强外部监督，推进全局党风廉政建设工作深入开展，自觉接受警风监督员对分局工作的监督和检查，分局制定《怀柔分局特邀警风监督员工作规定》，严格落实相关要求，还主动邀请警风监督员参加分局领导班子专题民主生活会。

2. 及时受理、处置群众投诉，执法行为接受监督

为规范执法行为，及时对群众的举报做出反馈，分局制定《受理处置"群众投诉"工作规范》，由分局督察大队负责组织专人对群众投诉开展调查，对存在问题及时查处，并对处理结果及时反馈投诉人。

（六）健全纠纷化解机制，加强信访、行政复议工作

1. 建立涉法信访工作机制，提高人民群众对公安工作的满意度

2018 年公安分局针对新形势下涉法涉诉信访出现的新问题、新特点，分局制定了《怀柔分局涉法信访工作规定》，进一步加强涉法、涉诉信访工作，加强公安机关同人民群众的密切联系，维护信访人的合法权益，从源头控制和减少涉法、涉诉问题的发生，提高人民群众对公安工作的满意度。

2. 依法办理复议诉讼案件，化解行政争议

在办理行政复议诉讼案件中，分局有效化解行政争议，不断规范行政执法行为。切实开展以下工作：

（1）在阅卷中坚持"严格把关、有错必纠"的原则，努力维护公安机关的执法办案形象。

（2）围绕执法规范化建设等中心工作，加强对疑难复杂案件、重点敏感案件、媒体关注的案件提前介入。

（3）加强内部执法监督，对工作中发现的典型执法问题，专门制作《执法意见书》或《执法建议书》发往办案单位，并采取执法监督措施，纠正执法问题。

（4）切实贯彻落实民警旁听庭审制度和主要领导出庭应诉制度，开辟执法练兵第二课堂，增强民警的程序意识、证据意识、诉讼意识。

（七）加强法制宣传，营造良好的执法环境

1. 扎实开展主题宣传活动，不断丰富宣传内容

以"12.4"全国法制宣传日、扫黑除恶专项斗争、国家安全日、"1.10"主题宣传日、"6.26"国际禁毒日、"1.19"消防宣传日为契机，创新宣传方式，开展了形式多样的法治宣传。在"1.10"主题宣传中，分局邀请群众开门评警，

展示分局110接处警工作在维护治安服务群众方面取得的突出成效，听取群众关于对110接处警工作的意见和建议；在"1.19"主题宣传活动中，为了突出消防宣传的实用性，活动现场设置了家庭自救互动区、攻坚技巧演示区、消防装备器材体验区、消防常识咨询台等区域，将宣传消防法律法规，普及防火灭火常识，提高疏散逃生技能与居民日常生活相结合，吸引了众多居民的积极参与，获得了参与群众的好评。在"12.4"全国法制宣传日中，分局会同工商分局、龙山街道等相关单位在青春万达广场组织开展主题为"学习贯彻党的十九大精神 维护宪法权威"暨冬季安全防范大宣传活动。宣传活动现场普及了宪法相关法律知识，通过与群众互动答题的形式，提高群众知法懂法参与热情，群众对日常生活中相关的户籍及身份证办理、出境旅游、养犬、煤气中毒、烟花爆竹禁限放等知识有了进一步了解，增强了盗窃自行车、入室盗窃、电信诈骗等可防性案件的安全防范意识。同时积极向群众征集扫黑除恶相关线索。

2. 开展法律宣传进社区活动，深化"平安怀柔"建设

2018年分局依托派出所的最小作战单元作用，深入居民社区，开展讲法学法。①根据怀柔区辖区情况，依托社区警务工作站开展法律阵地宣传。民警每天到社区接待群众，开展法律咨询和教育工作。同时，还利用社区的宣传栏和板报等形式对居民开展法制宣传，大大加强了社区居民的遵法、守法意识，取得了良好的效果；②积极运用法制宣传教育化解社会矛盾，服务民生大局。近年来，民警变教育规劝为释法说理，用生动典型的案例向有上访倾向的群众宣传有关政策和法律规定，让群众用理性的方式维护自己的权利，在一定程度上稳定了群众的情绪，化解了矛盾，消除了不稳定因素，此做法得到了区委、区政府的好评与肯定。

六、司法行政工作

2018年，怀柔区司法局深入贯彻学习党的十九大精神和习近平新时代中国特色社会主义思想，认真贯彻落实上级加强依法行政和依法决策部署，强化对行政权力的制约和监督，推进行政决策科学化、民主化、法治化。坚持严格规范公正文明执法，着力提升全系统工作人员法治思维和依法行政能力。

（一）严格履职，切实强化行政执法工作

1. 依法行政处罚

区司法局在开展法律援助案件回访时发现，区内1名律师在办理法律援助案件时收取当事人钱财。区司法局高度重视，在对违法线索进行初步甄别后，立即以行政处罚案件立案并启动调查处理程序，经行政处罚告知、听证告知、集体讨论决定后，对该名律师做出警告并处4500元的行政处罚，并按照规定，对处罚决定书进行了公开。

2. 强化法制监督

法制科对行政处罚案件全过程进行执法监督，保证行政处罚职权依法、正确履行。修改法制审查前置工作制度，规范法制审查流程，全年共审查各类文件、合同共计27份，提出法制意见72条。制发1件行政规范性文件并及时备案。继续聘请北京市星元律师事务所为法律顾问，积极参与市区两级案卷评查，将其他单位共性问题汇总，与我局执法科室进行研讨交流，防止出现类似问题。

3. 聚焦区域重点中心工作

围绕"疏解整治促提升"专项行动，充分发挥相关职能作用，摸清疏解整治地区的社区服刑人员、刑满释放人员底数，完善人员管控台账。组织人民调解员和村居公益法律服务律师参与重点项目攻坚，对疑难复杂纠纷进行调解，对涉及的困难群众实现"应援尽援"。

（二）夯实基石，增强依法行政保障

1. 提升依法行政意识与水平

局行政办公会全年会前学习《民法总则》等法律法规、党内法规4次，领导干部依法行政意识不断提升。积极鼓励工作人员参加国家统一法律职业资格考试。新招录9名具备法律职业资格的公务员。全局共有55名工作人员具备行政执法资格。建立公职律师代理法律援助案件工作机制，在实践中增强法律实务能力与水平。进一步开展"法治论坛"活动，开展"法律援助案件初审""人民调解技巧""规范开展社区矫正"等培训8次，听课人数630余人次。组织新入职法律硕士开展业务研讨5次，梳理新中国成立以来法律历程，编写《历史上的今天，新法实施》专栏，在怀柔电视台、怀柔报、怀柔普法微信公众号和怀柔普法微博等媒体进行宣传。

2. 强化监督工作

按照"应公开、尽公开"原则，主动及时公开各科室业务数据。在政府信息公开专栏，主动公开政府信息，自觉接受社会各界监督。邀请专业内控公司，认真梳理局内风险点及流程，出台《怀柔区司法局内部控制制度汇编》，内含《"三重一大"决策制度实施办法》《基层司法所业务经费管理暂行办法》《合同管理办法》等21项制度，配套表格16个，对预算调整、资金支出、固定资产管理、合同审查及印章使用等多个工作流程进行了规范，加强内部监督与风险防控。

3. 强化日常监管

抓好"三个结合"，即将日常执法与年度考核相结合，与巡查检查相结合，与处理投诉、举报相结合，全面加强基层法律服务行业和公证律师行业管理。同时，充分利用法制员这支队伍，以村居公益法律服务活动为抓手，各镇乡司法所法制员认真履行职责，通过日常监督、重点监督和半年、年终考核，对律师事务所、律师在公益法律活动中的表现情况进行及时反馈。2018年，怀柔区司法局继续推行"双随机、一公开"在市场监管领域100%全覆盖，符合要求的各类行政检查事项100%全覆盖。

（三）创新引领，助推法治怀柔建设

1. 推进两公律师制度建设

怀柔区将推进公职律师和公司律师制度建设列为2018年区委全面深化改革工作要点。制定了《怀柔区关于推进公职律师公司律师制度的实施办法》，先后两轮征求意见，副区长王赤主持召开专题会进行研讨。随后分别经过区政府第四十次常务会和五届区委全面深化改革领导小组第十八次会议审议通过并印发。出台《怀柔区公职律师管理办法》，得到市司法局高度认可，成为全市公职律师管理办法蓝本。

2. 法治宣传教育深入开展

区领导高度重视，依托区政府常务会专题研究法治宣传教育工作，带头参加"12·4"国家宪法日等活动，有力推动全区"七五"普法工作深入开展。开展"谁执法谁普法"普法责任制专项督查等工作，"七五"普法规划各项工作任务已全部得到有效实施。广泛开展专项法治宣传活动，将法治宣传教育贯穿于科学城建设、疏整促专项行动、棚户区改造、创建全国文明城区等重点工作全过程。切实加大宪法宣传力度，制作并发放25万册宪法读本，累计开展宣传活动1000余场，LED播放宪法宣传片7个月，放映电影前加播宪法宣传片2000余场次，宪法宣传教育深入人心。

3. 积极开展法律援助工作

已建成法律援助联系点50个，其中新建29个，在全区形成以法律援助中心为龙头的，覆盖镇乡、街道、公、检、法、监、律师事务所、村（居）的法律援助服务网络体系。赋予司法所、律师事务所和村（居）法律援助联系点服务律师的法律援助初审权，方便困难群众就近得到法律援助，打通法律援助服务最后一公里。畅通值班律师会见犯罪嫌疑人、刑事被告人"绿色通道"，无须网上预约、排队等候。提高经费保障能力建设，强化法律援助案件质量监管，完善律师值班制度，做好档案管理。全区受理法律援助案件501件，办结462件，挽回农民工经济损失累计393万元。

七、2018年法治建设特色和亮点

（一）审判工作特色和亮点

2018年怀柔法院牢固树立以人民为中心的司法导向，察民情、顺民意、谋民利、解民忧，努力让人民群众有更多司法获得感。成立驻汤河口法庭人民调解委员会，法庭和司法所共同配合做工作更适合国情社情，能够促进达到"法院判了"到"事情解决了"的效果，真正做到情理法的结合。将纠纷化解在基层和诉前，让山区百姓少跑腿，全年调解成功19件，为当事人节约诉讼成本，减轻诉累，缓解法院的收结案压力，节省审判资源。有利于促进社会和谐稳定，进一步落实司法为民、便民、利民措施，最大限度地满足群众诉讼服务需求，确实做到"努力让人民群众在每一个司法案件中感受到公平正义"，推动乡村社会治理能力的现代化。

（二）检察工作特色与亮点

1. 围绕中心工作服务大局，在检察工作与民众日常生活中不断培养人民群众的法治意识，营造社会良好的法治环境

积极服务怀柔科学城建设，大力宣传服务保障怀柔"十三五"发展规划实施的相关法律法规。扎实推进"以案释法"工作，切实落实"七五"普法规划，利用经典案例进行普法教育，针对本区范围内的典型案例进行提炼，把热点案件依法处理的过程变成普法学习的课程。结合本区"敛巧饭""满族风情节"等民俗节日，开展检察开放日等活动，通过请进来、走出去的方式，加强人民群众对于检察职能以及检察工作的认知度。结合植树节、消费者权益保护日、国际禁毒日等热点节点，开展形式多样的法治互动宣传模式，强化法治宣传的深度与广度，切实提高检察法治宣传的传播力、引导力、影响力、公信力。

2. 利用线上线下多种宣传模式相结合，打造怀柔检察宣传品牌，强化法治宣传教育的影响力与影响面

怀柔检察院始终坚持以弘扬法治精神为重点，以群众需求为导向，以互动参与、以案释法为主要方式，依托新媒体平台架站。在"互联网+"背景下，利用微信、微博、抖音平台的优势，推出检察答题互动、开创法治直播平台、录制普法小短剧，充分调动民众学法用法积极性，传递法治思维。积极开展"十进百家、千人普法"专项活动，深入机关、农村、学校、景区、军营等各领域，利用线上、线下多种形式多个平台，解决不同人群的法治诉求。印发宪法、检察职能及法律知识手册，免费向公众发放。推出"检察官说法""小朱工作日记"、法律知识"脱口秀"等系列化法治宣传教育微信推送。制作怀柔区人民检察院系列漫画进行普法宣传，利用图文、视频结合的方式便于基层民众了解、学习法律知识。

（三）司法工作特色和亮点

建成全市首个"互联网+领导干部"学法考法平台。探索大数据应用，建成全市首个领导干部和国家工作人员学法考法网络平台，推行"日常学法、年度测法、提职考法"三种制度，实现区属国家工作人员学法测法全覆盖，区属国有

（集体）企业中层以上干部学法测法全覆盖，村（居）委会组成人员学法测法全覆盖，区属科级、处级干部提职考法全覆盖。现全区9911人通过学法考法平台进行了年度测法，23个单位组织91名拟提拔的处级、科级干部，在公示期内进行了提职考法并通过考试。学法考法平台作为区法治政府建设示范项目参加全市评审，并入围最终评审。

（四）"疏整促""吹哨报到"

1. 市级任务完成情况

截至2018年12月底，市级下达我区的13项任务均已完成或超额完成。其中，拆除违法建设并销账46.7万平方米，完成全年任务的222.3%；腾退土地97.6公顷，完成全年任务的464.6%；在2017年拆违腾退土地中实现增绿16.5公顷，完成年度任务的111.3%；14镇乡、2街道以及科学城和雁栖湖示范区18个地区均已达到"动态清零"标准，20个重点点位已全部整治完毕并销账，完成年度任务均为100%；整治无证无照经营180户，完成年度任务的146.3%；整治"开墙打洞"治理和保持街巷数71条，完成年度任务的165.1%；整治"开墙打洞"60处，完成年度任务的120%；退出一般制造业企业41家，完成年度任务的132.3%；升级改造商品交易市场2家，完成年度任务的100%；建设提升基本便民商业网点34家，完成年度任务的113.3%；完成棚户区改造809户，完成年度任务的101.1%；完成背街小巷环境整治提升31条，完成年度任务的100%；腾退养殖场户415个，完成年度任务的105.1%。

2. 区级任务完成情况

在完成市级任务的基础上，怀柔区还增加了多项区级任务，其中，全面开展安全隐患大排查大清理大整治挂账隐患"回头看"核查工作，822项上账隐患全部完成"回头看"核查确认，并建立"一患一表"；完成1处建筑垃圾资源化利用项目建设，已正式运行，年处理建筑垃圾达70万吨；建成杨宋镇梦想家园小区、东亚华欣湾等4块小微绿地共计3.6万平方米；排查出"散乱污"企业35家，已全部完成整改，全区"散乱污"企业保持动态清零。

3. 落实"街乡吹哨，部门报到"工作

按照全市的统一部署，出台《怀柔区党建引领街乡管理体制机制创新实现"街乡吹哨、部门报到"的工作方案》（京怀办发〔2018〕23号）及《怀柔区综合行政执法工作规则（试行）》，梳理27项问题清单和权责清单，其中，权责清单共涉及26家行政执法部门，1423项行政处罚事项。通过"街乡吹哨，部门报到"机制，有效解决社会治理重点难点问题，促进行政执法部门积极履职。

（五）基层矛盾化解

1. 审判工作基层矛盾化解开展情况

（1）主动作为源头化解矛盾纠纷。开展"一村一法官"活动。开展"一村一法官"主题实践活动主要是基于服务保障大局、学习践行枫桥经验、加强队伍建设三个方面的考量。2018 年以来，为落实怀柔功能定位、推进"1+3"发展格局、建设幸福美丽现代化新怀柔，同时伴随着怀柔区经济社会发展、重点工程建设加快，由征地拆迁、疏解整治促提升、供给侧结构改革等引发的矛盾纠纷进一步增多，案件总量持续增长，案结事难了的情况依然存在。法官员额制改革后，50.7%的员额法官也不是怀柔本土人，40 以下的年轻人居多。这些员额法官有工作热情，有专业能力，但是与当事人打交道的多，与广大群众沟通较少，对怀柔风土人情了解的少，在执法办案中还存在就案办案、社会效果不佳的问题。怀柔法院审时度势，决定组织实施"一村一法官"主题实践活动，在努力将其打造为集预防、调解、审判一体化的社会矛盾纠纷防治化解网络的同时，让青年干警在人民群众中把握社情民意、提高司法能力、强化以人民为中心观点，从而实现解决基层矛盾纠纷、服务保障社会发展大局、增强干警实践能力的三赢，实现社会效果与法律效果的统一。活动开展分为两个层面，第一个层面就是院党组成员包片联系镇乡；第二个层面，矛盾纠纷比较突出的村，由员额法官定点联系；社会关系、邻里关系比较和谐的村则由未入额法官和法官助理巡回联系，为村民提供司法服务、答疑解惑、调解纠纷。

（2）深入推进多元化解纠纷机制建设。出台《关于推进多元化解纠纷机制对接实施办法》，建立起院内诉调对接、调裁对接两点机制，将调解、立案与速裁工作紧密衔接起来，形成构建多元化解纠纷机制的内部合力。与区司法局签署《关于共同推进多元化解纠纷机制建设意向书》，建立联席会议制度，构建矛盾纠纷多元化解的"外部全面联动"工作格局。

（3）充分发挥派出法庭桥头堡作用。三个派出法庭均分别与辖区内镇乡人大、司法所对接，邀请镇乡人大代表参与诉前调解，与司法所建立诉前调解、诉中委托调解机制；汤河口法庭成立驻法庭人民调解组织，辖区内的五个司法所进驻法庭，配合法庭做好诉前调解工作。为充分发挥不同级别主体在不同案件类型上的纠纷化解优势，汤河口法庭还构建了诉前调解"三元三级"分流机制，把区域多发纠纷分为家事邻里类、侵权合同类、区域群体类三类纠纷，按照纠纷类型特点逐级分流，由村级组织、驻镇单位、乡镇政府三级主体分项对接，充分发挥不同级别主体在不同案件类型上的纠纷化解优势，取得良好成效。

2. 检察工作基层矛盾化解开展情况

（1）完善涉检信访各项机制，及时化解基层不稳定因素。我院按照"三同步"要求，及时排查、研判不稳定因素，抓早抓小解决苗头性问题，连续三届被授予全国文明接待室称号。检察管理监督部创设"检察官轮值接访机制"与"来访人接访满意度调查机制"，有效化解矛盾风险。2018 年，区人民检察院共受理信访线索 77 件，无新增缠访闹访案件。在特殊敏感时期来临之前，认真排查涉检信访苗头和不稳定因素。特殊敏感时期由被动接访变主动下访，深入群众中，与镇政府、党委配合，共同做好辖区内老上访户稳控工作。

（2）充分发挥检察职能，排除几类社会隐性矛盾，打好防范和管控重大风险攻坚战。聚焦区委、区政府和基层干部、群众关心关注的热点问题，主动调研、参与规范村级"三资"合同问题，深入分析农村集体"三资"合同在签订程序、合同执行、管理方式上存在的不同程度的问题及解决对策，并向区政府进行专题汇报，得到领导一致肯定与关注，及时化解可能产生的此类合同纠纷与潜在信访隐患，取得较好成效。充分履行民事、行政、公益诉讼监督职能，深入开展协助解决农民工讨薪专项活动，追回农民工讨薪款累计 13 余万元，回应了群众对于"执行难"问题的关切；积极拓展线索来源渠道，根据群众、单位提供线索展开实地调查，针对环境污染、食品安全等不同领域的问题向食药局、卫计委等单位发出检察建议 4 件，均得到及时解决，让百姓生活环境中出现的问题、矛盾得到迅速解决。注重对未成年人的特殊保护，采用三步走，让未成年救助走向未成年人、走向未成年人的家庭、走向社会；建立菜单式救助选项，加大对未成年被害人保护救助力度，实现对未成年被害人救助的全程覆盖，积极做好相关案件的风险防范工作。

（3）纵深推进扫黑除恶专项斗争，维护社会和谐安定。成立扫黑除恶专项斗争领导小组与扫黑除恶专案组，办理涉恶案件 5 件 24 人，出台扫黑除恶专项斗争实施方案，进一步细化职责分工。严厉打击涉及黑恶势力犯罪，推进扫黑除恶重点行业、领域行刑衔接工作，实现扫黑除恶社会效果最大化，维护区域安全稳定发展。

3. 司法工作基层矛盾化解开展情况

（1）着力释放基层调解活力。组织 2 期全区骨干调解员培训班，聘任 32 名专职调解员，为全区 336 家调委会拨付调委会补助经费 58.3 万元，审核并发放 598 件人民调解卷宗补贴 22.66 万元，发放 52 件司法确认案件奖励性补贴 15 600 元；为全区 1193 名基层调解员缴纳人身意外险，全年共有 7 人出险、获得保险理赔 44.4 万元。

（2）加强人民调解文化建设。依托人民调解宣传月，组织开展文艺汇演、知识竞赛等调解宣传活动 43 次，通过"我的调解故事"征文活动征集到 30 篇调解故事，3 篇调解案例入选"12348"中国法网。开展《人民陪审员法》宣传工作，严格依法组织实施 114 名人民陪审员选任工作。

（3）深化发展"枫桥经验"。完善访调对接、诉调对接工作机制，各级各类调解组织共排查调处各类纠纷 5393 件，调解成功 3789 件，协议涉及金额 5092

万元。琉璃庙镇调解委员会被评为北京市探索坚持发展"枫桥经验"新途径特色人民调解组织，九渡河司法所李莹同志被评为北京市探索坚持发展"枫桥经验"新途径特色最美人民调解员。

密云区法治建设报告

2018 年，密云区全面贯彻党的十九大精神，以习近平新时代中国特色社会主义思想为指导，在区委区政府的正确领导下，全面贯彻落实法治建设各项工作，其中人大法治保障和监督工作、法治政府建设工作、审判工作、检察工作、司法工作和治安工作均取得了良好效果。

一、人大法治保障和监督工作

2018 年，密云区人大常委会全年共召开 8 次常委会会议，听取和审议"一府两院"专项工作报告 15 项，依法作出决议决定 6 项；开展视察检查 12 次、专题询问 3 次。圆满完成了各项工作任务，为建设生态富裕创新和谐美丽新密云提供了坚实的民主法治保障。

（一）推动和保障法律法规有效实施

坚持问题导向，紧扣人民群众关切、改善民生，着眼于解决群众普遍关心的身边安全隐患和城市治理、物业管理中比较突出的公共安全隐患问题，在广泛听取群众意见的基础上，对《中华人民共和国消防法》《北京市消防条例》实施情况开展执法检查。执法检查组通过集中视察、明察暗访、座谈讨论、查阅法规资料和行政处罚案卷等形式，对本区贯彻落实"一法一条例"情况进行了检查，发现有以下四个特点：

1. 加强组织协调，广泛宣传

成立了以常委会领导为组长，专委会组成人员和市、区人大代表为成员的执法检查组。根据专委会组成人员和代表的工作岗位特点，明确了职责分工。邀请市公安消防局专家解读了消防法律法规知识，提高执法检查组成员的法律意识。筹备召开了执法检查动员会，听取了区公安消防支队、住建委等 6 个部门关于贯彻实施"一法一条例"情况的汇报，顺利实现与区政府各部门全面对接。同时，加强宣传发动，进一步扩大执法检查的知晓度，发挥新闻媒体的舆论引导作用，为执法检查有序开展营造了良好氛围。

2. 紧抓重点，有的放矢

消防安全工作涉及范围广、内容多，各专门委员会按照分工，重点对城市人口密集地区、住宅小区地下空间设施、集贸市场等进行执法检查。执法检查过程中，邀请区公安消防支队专业人员全程参与，使执法检查工作更具有针对性。

3. 多措并举，扎实推进

在学习借鉴以往经验做法基础上，采取"两个联动""四个结合"的方式进行执法检查。依托鼓楼街道、穆家峪等七个镇街（地区）代表工作站召开座谈会，听取代表及群众的意见和建议，共有各级人大代表和群众220人次参加；实地检查了福成新天地住宅小区、华远市场、上河湾地下空间设施、建材市场等场所，听取了相关部门关于"一法一条例"贯彻实施情况的汇报。借助第三方力量，对全区消防安全情况进行抽样调查评估，形成了《2018年密云消防知识调查报告》，为推进执法检查和强化消防监管提供了参考。

4. 加强横向沟通协作，推进问题解决

加强同镇街（地区）联动，定期就执法检查情况交换意见，改进工作。对于实地检查中发现的问题，督促区政府督查室向相关部门发出整改通知书，切实做到边查边改，发挥了"法律巡视"监督利剑作用。并与消防部门共同梳理出4类70余处问题，提出8个方面建议，推动消防责任落实、消防基础设施建设和消防服务水平的不断提升。此外，连续两年对《北京市全民健身条例》和《北京市居家养老服务条例》开展检查，保证法律法规在我区的贯彻落实。有关专委会还协助市人大开展了《地方立法规划项目评估》《基本医疗卫生与健康促进法》《危险废物污染环境防治条例》《城乡规划条例》等多项立法调研，结合实际提出意见建议。按照有备必审的要求，对区政府规范性文件开展备案审查。

（二）维护和促进社会公平正义

坚持每年突出一个重点，围绕规范行使审判权和检察权，对推动司法体制改革开展监督。为保障人民群众在每个案件中都能体会到公平正义，保障判决生效案件得到有效执行，常委会组织代表走进法庭、亲临执法现场，听取区法院关于执行工作情况的报告。支持法院强化工作措施，树立执行权威，形成执行震慑，切实解决社会反映强烈的执行难问题。为推动立法、执法、司法、守法有效衔接，年初与检察院、区政府密切沟通，注重与本地区经济发展、环境保护及其他与百姓生活紧密相关的损害公共利益行为作为监督重点，深入实地调查走访，专题听取区检察院关于公益诉讼情况的报告。助推检察工作拓展新领域、作出新贡献。法检两院改革成效初步显现，阳光司法机制更加健全，队伍活力不断增强，办案水平全面提升，为推动全区生态保护、经济发展、社会和谐稳定提供了司法保障。

二、法治政府建设

2018 年，区政府全面贯彻党的十九大精神，以习近平新时代中国特色社会主义思想为指导，在市委市政府和区委的正确领导下，在区人大和区政协的监督支持下，围绕建设"生态富裕创新和谐美丽新密云"的总目标，凝心聚力、攻坚克难，圆满完成了区二届人大四次会议确定的各项目标任务。

（一）坚决保护绿水青山，生态建设全面推进

成立密云水库综合执法大队，集中行使涉及密云水库的 131 项执法权，在全国率先实现区域性综合执法。推进密云水库一级保护区及潮河、白河上游河道网格化管理，新组建 2150 人的保水网格员队伍，实现管护全覆盖。全面退出水库上游主要河道两侧的 72 家水产养殖场，持续巩固禁养成果，累计清退畜禽 139 万头（只）。全面落实"河长制"，创新实施镇域之间水环境跨界断面考核，压紧压实各级河长责任。密云水库蓄水量突破 25.7 亿立方米，一年增加 5 亿多立方米，水体质量始终保持国家地表水二类标准以上。高标准通过市政府节水型区创建验收。

（二）社会秩序安全稳定

法治密云、平安密云建设深入推进，防汛、防火、安全生产、卫生防疫、交通安全、禁毒、反恐等工作全面加强，应急和抢险处置能力进一步提高。在区委的统一领导下，科学应对 7 月 16 日至 25 日连续强降雨天气，打赢了防汛抢险救灾的攻坚战，确保了人民群众生命财产安全。累计完成"阳光餐饮"工程建设2993 户、"品质餐饮"200 家，顺利通过食品安全示范区创建验收。农产品安全水平进一步提升，畜禽疫病防控措施严格落实。深入落实信访代理制，稳妥化解社会矛盾，维护群众合法权益。全力防范和化解金融风险。"扫黑除恶"专项斗争扎实开展，成功侦破涉黑涉恶案件 70 起，打掉涉恶团伙 25 个，群众安全感满意度连续七年保持全市前列。

（三）政府自身建设不断加强

严格控制会议费等一般性支出，全年减少"三公经费"5%。加大审计监督力度，年内开展审计项目 84 个。严把政府投资评审关，全年评审项目 348 个，审减资金 2 亿元，审减率 8.5%。大力推行政务公开，邀请市民代表列席区政府常务会议，促进决策的科学化和民主化。建立区政府与区纪委区监委联系沟通机制，重大事项重点工程协调纪检监察机关提前介入，支持纪检监察机关严格执纪问责。自觉接受区人大及其常委会监督，密切与区政协的联系，认真办理人大代表建议 104 件、政协委员提案 118 件，办复率达到 100%。

三、审判工作

(一) 依法维护社会稳定，全力护航发展大局

1. 打击刑事犯罪，筑牢安全屏障

充分发挥刑事审判职能，审结刑事案件359件，判处犯罪分子442人。严厉惩处故意伤害、盗窃、抢劫等暴力犯罪和多发性侵财犯罪，维护群众生命财产安全。对破坏环境资源犯罪保持高压态势。对破坏社会管理秩序犯罪重点打击，有效惩治滋事闹访行为。加大对涉众型经济犯罪的打击力度，减轻投资人损失，维护国家经济安全。扎实开展扫黑除恶专项斗争工作，设置专门合议庭，启动快速处理机制，做到当日审查、当日受理、当日移送审判庭，审结密云区首例因赌场放贷、暴力追债引发的恶势力团伙犯罪案件。深挖涉黑涉恶线索，对开展专项斗争以来受理的刑事案件，矛盾纠纷多发的民间借贷、拆迁及房屋腾退等案件全面排查，并与区检察院建立涉黑涉恶案件通报会商机制，加强信息互通，形成打击合力，确保专项斗争工作落到实处。

2. 推动精细治理，实现共治共建

积极发挥行政审判在促进法治政府建设方面的职能作用，共审结行政案件213件。深入推进行政机关负责人出庭应诉工作，完善"一建议二预约三指导四反馈"工作流程，发挥行政机关负责人在依法履职方面的示范作用。全年行政机关负责人出庭应诉率达到100%。探索完善公益诉讼制度，审结密云区首例因区园林绿化局不作为导致被毁山场树木未得到补种引发的行政公益诉讼案件，督促行政机关依法及时履职。对于案件审理过程中发现的行政机关在行政执法方面存在的问题，及时提出司法建议，促进社会风险防控，实现共同治理。

(二) 全面贯彻新发展理念，服务保障经济建设

1. 注重产权保护，推动实体经济发展

在民商事审判工作中，积极落实产权保护政策，依法平等保护各类市场主体合法权益，共审结民商事案件13 676件。加强金融案件审理工作，依法保护合法金融债权，制裁发放高利贷等金融违法行为，有效防范和化解金融风险。加强涉房地产纠纷案件审理工作，依法保护合法的房地产交易行为，制裁违规销售、一房多卖等违法行为，规范房地产市场交易秩序。加强劳动争议案件审理，依法妥善处理因产能退出、产业结构调整等引发的劳动争议纠纷，在保障劳动者合法权益的同时，尊重企业的用工自主权，促进和谐劳资关系建设。

2. 加快人民法庭建设，助力乡村振兴战略

把法庭建设作为服务乡村振兴战略的重要举措，多措并举推动法庭建设，提升法庭司法服务功能。为辖区群众提供矛盾化解、普法宣传、法律指导等服务，促进和谐乡村建设，为乡村振兴战略的顺利实施提供法治保障。

（三）坚持以人民为中心，增强群众司法获得感

1. 决战基本解决执行难，保障胜诉当事人权益

将基本解决执行难作为"一把手"工程，从人财物等各方面加强保障。突出执行强制性，集中开展"夏日风暴""利剑行动"等执行攻坚活动，对被执行人及案外人谩骂殴打法官、纵火烧毁卷宗等暴力抗法行为，敢于"硬碰硬"，依法严厉打击，司法拘留53人，移送公安机关追究刑事责任2人。加大财产查控力度，推行网络司法拍卖，切实提高被执行财产处置效率。全年共执结案件7250件，执行到位金额19.5亿元。

2. 健全司法便民机制，提升诉讼服务水平

以加强诉讼服务中心建设为重点，依托互联网+、人工智能等信息技术，健全完善司法服务平台，让群众足不出户即可享受高效便捷的诉讼服务。开通网上直接立案平台，对于买卖合同、民间借贷纠纷等5类案件，当事人可通过北京法院网设置的"立案平台"提交立案申请，经专人审核后直接予以登记立案。加强财产保全提示工作，在立案窗口设置"保全通"平台，便于当事人及时联系保险公司提供保函担保，提升了财产保全办理效率，保障当事人合法权益尽快实现。

四、检察工作

（一）依法履行检察职能，维护社会公平正义

1. 开展刑事检察，维护区域安全稳定

全年共受理审查逮捕案件267件375人，受理审查起诉案件356件427人，经审查批准逮捕203件253人，提起公诉332件394人，认真履行好"站岗""放哨"职责。①纵深推进扫黑除恶专项斗争。加强与区公安分局、区法院等部门沟通协作，严密审查，依法打击，共批准逮捕涉恶性质案件5件8人，起诉5件10人；②切实维护政治安全和公共安全。完成全区村和社区"两委"换届资格审查1900余人次，把好换届的入口关、程序关；深入开展反邪教斗争，起诉邪教组织活动犯罪案件4件4人；突出加大对影响社会稳定、破坏群众安全感犯罪的打击力度，起诉"两抢一盗"犯罪案件65件75人，起诉故意伤害、强奸等严重暴力犯罪案件43件46人。③推进检察风险防控和矛盾化解。畅通群众表达诉求渠道，加强检察服务中心建设，打造接待群众咨询、报案、举报和控告"一站式"服务，办结各类信访146件次；妥善处置涉案金额近2亿元的"同创万利"非法吸收公众存款案引发的投资人群体访；坚持以人为本，从最大限度消除社会矛盾、修复社会关系出发，依法办理刑事和解案件12件，做到案结、事了、人和。

2. 践行司法为民，维护社会公共利益

①维护人民群众"舌尖上的安全"。加大惩治危害食品药品安全犯罪力度，

开展危害食品药品安全犯罪专项立案监督，依法起诉我区首例生产销售有毒有害食品和假药犯罪案，从源头上保障了群众的用餐安全。②保障未成年人健康成长。打击侵害未成年人犯罪不手软，依法从重从快起诉性侵未成年人刑事犯罪案件9件9人；认真落实社会调查、附条件不起诉、犯罪记录封存等特殊制度，加强对涉罪未成年人的教育挽救。③认真落实"谁执法谁普法"普法责任制。部署开展法治宣传教育"十进百家、千人普法"等主题活动40余场，促进提升全民法治意识、形成尊法用法氛围。

3. 强化检察监督，保障法律正确实施

①深入开展"五化"试点。进一步推进检察监督制度化、规范化、程序化、体系化、信息化建设，全面提升检察监督的质量和水平。②全面加强检察监督力度。认真履行刑事诉讼监督职能，追加逮捕7人，受理立案监督案件25件，要求公安机关说明不立案或立案理由12件，依法纠正侦查活动中的违法情形；开展执行剥夺政治权利期间犯新罪判决情况专项复查，对认为确有错误的刑事判决依法提出抗诉意见。加强刑事执行检察监督，纠正社区矫正漏管3次，纠正社区矫正违法行为3件，审查暂予监外执行案件7件，加大收监执行监督力度，保障刑罚依法正确执行；对逮捕后没有继续羁押必要的，建议变更强制措施9人。

（二）深化司法体制改革，建设公正高效权威的检察制度

1. 检察改革系统集成持续加强

①深入推进专业化建设。大兴"专业化、专门化"办案机制之利，加强以检察官办案组为核心的办案团队建设，陆续组建环境资源办案组等专业化办案组，实现专案专办。②深化司法责任制。入额院领导充分发挥引领示范作用，带头办理重大、疑难复杂、新类型案件42件；贯彻"谁办案谁负责、谁决定谁负责"的改革要求，完善职权清单，检察官自主决定的案件占办理案件总数的93.8%。③构建新型检察管理监督机制。运用现代科技手段，实现全过程、闭环式的实时动态监督，确保放权不放任、监管不缺位。④完善职务犯罪检察工作。建立健全与区监察委协调衔接机制，起诉滥用职权罪、受贿罪等职务犯罪4件4人；积极做好引导调查和退回补充调查工作，针对张某某滥用职权案造成的损失数额认定问题，通过退回补充调查，追加认定金额1000多万元。

2. 以审判为中心相适应的刑事检察工作机制持续完善

①积极推进"捕诉一体"机制。刑事办案部门按案件类型统一实行"捕诉一体"工作机制，从源头上确保案件质量，累计对敏感疑难复杂案件提前介入引导侦查12件，退回补充侦查29次，检察日报以《北京密云：发挥审前主导作用谋实招出实效》为题予以报道。②积极推进审查实质化。对事实不清、证据不足的不批准逮捕4件4人，不起诉4件4人；针对个别退回补充侦查效果欠佳或证

据合法性存疑等案件，开展自行补充侦查案件 10 件，补充证据 12 份。③积极推进庭审实质化。加大重大案件庭审多媒体示证力度，落实申请通知证人、侦查人员、被害人出庭制度，有力地支持庭审在查明事实、认定证据上的作用。④积极构建良性互动的新型检律关系。重视保障律师会见权、阅卷权、辩护权，听取律师意见 294 人次。

五、公安工作

（一）深入贯彻落实执法规范化建设，突出改革实效。严密受立案监督，强化监督职能

为积极推动落实受立案制度改革，切实规范受立案工作，2018 年，密云区公安分局总结形成了"三监督一培训"工作法：在网络监督、电话监督、现场监督及现场指导培训的基础上，又创新启动受立案工作"三级约谈"机制，即本单位自查发现的受立案问题，由单位主要领导约谈责任民警；分局发现、通报的受立案问题，由主管局领导约谈问题单位主要领导；市局发现、通报的受立案问题，由分局主要局领导约谈问题单位主要领导。

（二）充分发挥执法办案管理中心牵动作用

1. 加强沟通协作，强化行刑衔接机制，确保疑难复杂案件快速妥善处理

充分发挥公安机关执法办案管理中心和检察机关派驻检察室的职能作用，加强与驻检室及相关涉案单位沟通协作，共同交流研讨具体案情。2018 年，共接收行政执法机关移送的各类案件 21 件，其中建议追究刑事责任案件 14 件，建议行政拘留案件 7 件。接收提请协助提前介入调查函 5 张，会同区检察院、行政执法机关共同会商疑难、复杂案件 19 件次。针对"调查取证注意事项""行刑衔接案件移送证据标准"等问题进行培训 4 次，受到行政执法机关好评。

2. 积极开展法治宣传教育

分局执法办案管理中心利用多种方式积极开展法治宣传教育，在"12.4"宪法宣传日组织开展"警营开放日"活动，向社会公众开放，参观人员由执法办案管理中心工作人员带进执法办案管理中心进行参观，并对办案场所、受立案监督办公室、合成作战室的设置及功能进行讲解，为参观人员答疑解惑，向参观人员发放宪法宣传品。通过此次活动，进一步增加了社会公众对分局执法办案管理中心的了解和认知。

3. 注重检查培训，基层所对案管组工作全面推进

坚持"每日执法问题通报"，督促基层案管组自查工作。坚持每日梳理各单位报送执法问题情况，进行认真核对及研判分析。对于连续发生问题的单位，分局案管组直接对相关单位进行突击现场检查，并针对问题单位抽调警情、案件材料，开展案卷评查。

（三）紧紧围绕中非合作论坛北京峰会安保中心工作，发挥职能作用，加大打击力度，全面提升执法办案质量

2018 年，密云区公安分局通过行政复议、诉讼工作共发现并纠正执法问题 200 余件，行政复议接待室共接待群众 80 余人次，答复群众咨询电话 150 余人次。办理国家赔偿案件 2 件，受理行政复议案件 20 件，答复区政府、市公安局行政复议案件 18 件；办理行政诉讼案件 32 件，出庭应诉 20 次。信访窗口接待信访群众 582 人，受理信访问题 441 件，受理转办群众信访问题 477 件。

（四）扎实推进执法制度建设，全面提升执法标准化水平

1. 加强与检法的联席会议机制

进一步落实与检法的联席会议机制，对重大、疑难、敏感案件加强讨论、研究，对三方认识不统一的方面加强沟通、交流，会同检、法建立"实物静止，手续流转"等相关制度。今年以来，到检法进行案件研讨 30 余次，并先后 3 次邀请检察机关到城关、十里堡等派出所，就检法发现的在执法过程中存在的问题进行有针对性的指导。

2. 深化完善执法管理体系，提升执法监督管理效能

依托执法监督委员会，加强执法监督工作。2018 年，全局共积累执法问题 5043 件，采取执法监督措施 1982 件。编写《执法监督例会简报》12 期，在局长办公会、局务会及法制工作例会上通报了各类典型案例 20 余件。

3. 全面加强执法主体建设，提升执法素质能力

2018 年以来，共组织有针对性的专题培训 7 次，参训人员 600 余人次；组织诉讼旁听 6 次；到基层单位开展点对点培训 50 余次，主要对办理案件中存在的突出问题进行了现场指导、培训；开展法律讲座 32 次 1000 余人，案例讲评 22 次 600 余人；进行抽考、抽测 4 次。法制部门到检察院、法院交流培训 20 余次。

六、司法行政工作

（一）"谁执法谁普法"责任制有效落实

"抓好'七五'普法工作"是 2018 年密云区政府折子工程之一。2018 年区司法局认真履行区法治宣传教育领导小组办公室职责，围绕区委区政府中心工作，深入开展法治宣传教育工作，顺利通过了"七五"普法中期检查验收。组织开展法治宣传教育活动 501 场，受教育人数达 10 余万人次。

（二）公共法律服务实体平台建设基本完成

"建设区镇村三级公共法律服务实体平台"工作分别被列为"密云区 2018 年为人民群众拟办重要实事"和"区政府折子工程"。2018 年，区司法局在巩固区级法律服务中心建设和管理的基础上，先后于当年 5 月和 10 月，基本完成 20 个镇级法律服务站和 386 个村居法律服务室的建设工作。2018 年，区公共法律服

务中心接待群众来访来电 7000 余人次，指导办理各类法律服务 2194 件。

（三）防范化解社会风险，维护密云地区稳定

2018 年，全区共有各类调解组织 454 个，调解员 1603 人。镇村两级人民调解组织共调处纠纷 1291 件，调解成功 1237 件，成功率 95.8%。诉前调解委员会调解纠纷 12 968 件，调解成功 4409 件，调解纠纷数比去年同期增长 180%。指导各级调解组织深入开展矛盾纠纷排查化解工作，规范矛盾纠纷排查工作台账和工作记录，做到责任明确、措施翔实、记录完备，实现调解工作"全程留痕"。加强调解员业务培训，规范人民调解卷宗管理，提升调解工作水平。积极探索区、镇（街）矛盾纠纷多元化解体系建设，进一步完善访调、诉调对接工作机制，实现人民调解、司法调解、行政调解深度融合。建立起有机衔接、协调联动、高效便捷的矛盾纠纷多元化解平台，集中调处重大疑难纠纷，实现矛盾纠纷不激化、不上交。

（四）严格落实管控措施，确保"两类人员"安全稳定

截至 2018 年底，我区在册社区服刑人员 91 人、安置帮教人员 1188 人。全年共接受委托社会调查 83 件，接受居住地核实 20 件。做好社区服刑人员初始教育、分类教育和解矫前集中教育及各类法律法规教育培训工作，引入心理疏导、心理干预等技术手段，强化教育管控措施，提高工作效果，实现"治本安全"。结合春节、"两会""六四"等敏感时期工作要求，全面开展"两类人员"走访排查活动，做到人员底数清、重点人员清、教育稳控措施清。结合"警钟长鸣固防线 排查整治铸安全"专项活动，社区矫正管理支队采取不定时网上督察和实地督查相结合的方式，对全区 20 个司法所进行了四轮 80 余次实地督查、120 余次网上督查，下发督查建议 6 次，有力提升了社区矫正和安置帮教工作质量和水平。对 19 名因生活困难、无生活来源、无亲可投的"两类人员"开展临时救助，发放救助金 16 900 元。

（五）扩展援助范围，法律援助改革持续深入

2018 年，共受理法律援助案件 810 件，接待来访来电法律咨询 7000 余人次。其中请求支付劳动报酬、劳动争议、交通事故和赡养类案件占案件总数 82%。将社会救助对象纳入法律援助对象范围，不断降低法援门槛，以本市最低工资标准确定法律援助经济困难标准。刑事法律援助工作得到发展，建立区法律援助中心驻检察院工作站，指导法律援助律师开展审查起诉阶段犯罪嫌疑人认罪认罚的法律帮助工作。办理认罪认罚法律帮助案件 393 件，指定辩护的案件 67 件。全面推行法律援助申请初审权下放工作。将村居法律顾问增列为法律援助联系点联系人，赋予村居法律顾问法律援助申请初审权，方便困难群众寻求法律援助服务。促进法律援助工作专业化、规范化发展，细化工作措施，优化便民机制，推行服

务承诺制、首问负责制、限时办结制、援务公开制，实现申请快捷化、审查简便化、服务亲情化。开展法律援助案件同行评估和法律援助案件质量回访工作，不断提升法律援助工作水平，提高群众满意度。

（六）强化公证律师行业管理，法律服务工作稳步推进

全区律师共代理各类案件 1514 件，担任法律顾问 178 家；北京市渔阳公证处办理各类公证 1384 件；村居顾问律师深入结对村居 3440 余次，提供免费法律咨询 8470 人次，开展法制讲座 79 场，为弱势群体提供代书等免费法律服务 678 件。加强对公证、律师队伍的教育和监督，成立密云区律师协会，建立了律师行业党组织，完成公证律师年度考核工作，引导律师自觉践行中国特色社会主义法律工作者的神圣使命，促进公证律师行业健康有序发展。深入开展村居法律顾问工作，完成了 43 名村居顾问律师与 376 个村居的"法律顾问聘用合同"签约工作。推出了村居法律顾问 APP，实现律师法律服务信息与群众的无缝对接，线上数据和线下实体服务有序衔接。

七、2018 年法治建设特色和亮点

（一）"疏整促"工作

密云区坚持以习近平总书记视察北京重要讲话为根本遵循，按照市委十二届五次全会部署，贯彻落实区委二届五次、六次全会精神，立足区域实际，围绕"疏解""整治""提升"三大工作重点，确定了 31 项市、区两级专项行动任务。一年来，全区上下强化责任意识，积极主动担当，防控社会风险，细化工作标准，不畏艰辛，锐意进取，开拓创新，成效显著。7 项市级专项任务全部于 10 月底前完成，整体工作完成进度位列全市第一。其中，疏解一般制造业、违法建设拆除、"留白增绿"、无证无照经营和"开墙打洞"整治、棚户区改造 5 项工作超额完成。24 项区级自定任务基本完成年度目标任务。无实际经营企业规范管理、"六小门店"清理整治、园区企业转型升级及提升网格化服务管理精细化水平 4 项工作超额完成。

全区 2018 年常住人口规模最终控制在 49.5 万人以内，超额完成市级调控目标 5000 人，常住人口增速及增量除城六区外，处于其他十区的最低水平。并且，全区 PM2.5 年均浓度降至 46 微克/立方米，位列全市第二。在年末全市"疏解整治促提升"群众满意度调查中，我区群众满意度为 99.2%，高于全市平均水平 5.2 个百分点，位列全市第一。

（二）吹哨报到工作

2018 年，密云区研究制定了推动落实的框架设计，通过加强党的领导，建立"三级责任、二层指挥、多方参与共治"工作机制，努力实现"党建引领、赋权增效、数据共享、多方治理"的城乡社会治理实践目标，抓住理顺条块关系

这一核心，出台了"赋权、下沉、增效"的"1+5"制度文件，建立了常态化的工作机制。全市社会治安综合治理（平安建设）考核，密云区连续三年位居全市榜首。

（三）基层矛盾化解工作

全面做好新中国成立70周年庆祝活动等重大活动服务保障。巩固"扫黑除恶"专项斗争成果，深入摸排涉黑涉恶线索，精准打击黑恶势力。建设法治密云、平安密云、诚信密云，防范各类安全风险。建成消防指挥中心并投入使用，加快推进看守所迁址新建。推进社会治安综合治理，做好食品药品安全工作，加强疫病防控，严格落实安全生产责任制，扎实开展防汛和护林防火工作，全面落实人口调控目标任务。完成基层村（居）换届选举，发挥好村（居）务监督委员会、议事会等组织作用，优化城乡社区治理结构。深入推进信访代理制，切实维护群众合法权益。认真开展"七五"普法，实现区、镇街、村（社区）法律援助组织全覆盖，加快建立权责统一、权威高效的行政执法体制。完善国防动员组织指挥体系。加大隐患排查力度，强化突发事件应急保障，确保群众安全感满意度始终保持全市前列。

延庆区法治建设报告

　　2018 年，延庆区深入贯彻党的十九大、习近平新时代中国特色社会主义新思想和习近平系列重要讲话精神，在市委市政府、区委区政府的正确领导和市政法委的精心指导下，紧紧围绕服务保障冬奥会世园会的筹办举办工作，以提升法治服务发展能力，创新法治宣传法律服务，为区全力攻坚冬奥会筹办，决战决胜世园会举办，提供强有力的法治保障。

　　一、人大法治保障和监督工作

　　2018 年，延庆区召开常委会会议 8 次，审议了 31 项议题报告，作出了 14 项决议决定，任免 30 人次国家机关工作人员，开展执法检查、工作监督 45 项，区人大党组向区委请示、报告工作 10 次。

　　（一）聚焦赛会筹办，推动延庆全面发展

　　始终坚持把人大工作放在全区发展大局、区委中心任务中去思考、谋划和推进。高度聚焦服务保障冬奥世园筹办举办，统筹推进办大事促发展惠民生，努力推动延庆政治、经济、文化、社会、生态文明"五位一体"全面发展。大力推动区委各项决策落实。紧紧围绕市委十二届四次、五次全会精神，按照区委二届五次、六次全会确定的目标任务，研究确定常委会的监督议题，依法开展监督。全年共围绕美丽乡村建设、全国文明城区创建、赛会筹办举办、精准帮扶、营商环境改善等方面工作开展调研、视察 91 次。依据地方组织法有关规定，决定了区政府代理区长。保证了党的路线方针政策和决策部署在本地区得到全面贯彻和有效执行，使党的主张通过法定程序成为国家意志，使党组织推荐的人选通过法定程序成为国家政权机关的领导人员。

　　（二）监督工作

　　1. 加强对"一府两院"专项监督，有效推动"一府两院"依法行政、公正司法

　　始终坚持"依照法定原则、限于法定范围、遵守法定程序"，依法开展监

督，较好地发挥了人大监督对全区经济社会高质量发展的促进作用，对人民当家作主的保障作用，积极推动了"一府一委两院"依法行使职权。听取和审议区政府依法行政特别是行政执法情况，贯彻实施《北京市全民健身条例》情况的专项工作报告；听取和审议区人民法院民事案件审判情况的专项工作报告；听取了区人民检察院关于行政法律监督工作情况的专项工作报告。根据区人大常委会提出的审议意见，区政府、区人民法院分别制定了"理顺综合执法机制，不断提升行政执法效果""加强调解员和审判队伍建设，提高调解和审判团队办案能力"等工作措施。聚焦财政风险防控，对计划、预算的执行情况开展监督。

2. 立足宪法法律在本地区的有效落实，开展执法检查

始终把坚持依法治国、维护宪法法律权威作为重要任务，努力做法治建设的维护者、实践者和推动者。围绕事关改革发展稳定大局和群众切身利益、社会普遍关注的重大问题，有计划地对《中华人民共和国食品安全法》等 14 部法律法规在我区的执行情况进行了执法检查，及时纠正法律法规实施中存在的问题。坚持民生导向、问题导向，持续对《中华人民共和国教育法》《北京市居家养老服务条例》《北京市大气污染防治条例》进行跟踪检查，不断推动问题的整改落实，使法律监督更有力度、更具权威。

3. 健全备案审查制度，规范备案审查规程，做到"有件必备、有备必审、有错必纠"

2018 年共接受区政府报送备案的规范性文件 5 件，对审查中发现的与法律法规相抵触或不适当的问题，督促有关部门予以纠正。

（三）民生工作

2018 年，着眼办大事促发展惠民生的有机结合，开展工作监督。围绕"区委有要求，发展有需要，群众有期盼"的大事要事、热点难题，依法开展监督。重点聚焦赛会筹办举办、清空净水措施落实，听取和审议世园会、冬奥会周边环境综合整治情况，水污染综合防治情况的专项工作报告。听取区政府重点工作折子工程和为群众拟办重要实事工程安排情况的专项工作报告。持续聚焦就业增收、基础教育、医疗卫生、养老保障、精准帮扶等民生问题，通过组织调研、专项视察等形式，推动政府工作的有效落实。对村级医疗卫生机构建设及村医队伍建设、低收入村户增收、保障性用房建设及棚户区改造等工作情况进行跟踪检查，持续施力，确保我区改革发展成果更多更公平地惠及全区人民。

（四）代表工作

代表履职渠道不断拓宽。进一步落实常委会领导联系代表、代表联系群众制度，以定期联系、不定期走访的形式，深入到代表和群众中间，主动倾听群众呼声，及时回应群众意愿，实现了常委会驻会组成人员联系代表全覆盖。建立与各

专门委员会、各乡镇人大和各人大街工委的协调联动机制，共同为代表搭建履职平台。不断拓宽代表参政议政渠道，全年有21人次市区两级代表受邀列席人大常委会会议，审议相关议题并作会议发言；有110人次代表列席区政府常务会议；组织全区120名人大代表视察重点工程和为民办实事工程；有375人次代表参与了各专门委员会组织的调研、视察和执法检查等工作，努力为代表参政议政创造条件，使人大常委会的工作更加顺应民心、反映民意。区人大四次会议期间，人大代表共提出建议、议案66件。其中，32件建议、议案在年内得到了有效解决。内容涵盖了土地利用规划、民宿产业发展、社区卫生服务中心建设、重大疾病救助、妫川广场改造等诸多方面，一批群众关心关注的热点难题得到圆满解决。

二、法治政府建设

2018年，区政府法制办紧紧围绕市委市政府和区委区政府中心工作，聚焦服务保障冬奥会、世园会筹办举办，深入贯彻落实法治建设决策部署，认真履行职责，奋力担当作为，法治建设各项工作取得了积极成效。

（一）有序推进法治政府建设

制定《北京市延庆区2018年推进法治政府建设工作要点》，明确31项具体工作并细化分解落实。统筹相关部门做好2017年依法行政考核自查整改，完善制定2018年区政府规范行政行为专项考评细则，继续将行政执法，特别是街乡综合执法作为考核工作重点。加强学法用法培训，构建领导干部学法长效机制，已安排区政府常务会会前学法8次，组织领导干部依法行政专题培训班1期，行政执法专题培训9次。

（二）切实推进行政决策法治化

1. 充分发挥政府法律顾问作用

继续为各乡镇街道聘请政府法律顾问。充分发挥法律顾问作用，围绕服务保障冬奥会、世园会筹办举办，为城市环境建设、重点项目推进和重大疑难复杂矛盾纠纷化解等工作开展提供有力法律支持和智力支撑。全年各政府法律顾问团队共服务事项500余项。

2. 强化合法性审查和备案监督

落实重大事项合法性审查工作机制，坚持列席区政府常务会议、专题会议，加强对重大改革事项、重大工程项目、重大拆违、打击"四抢""疏解整治促提升"行动的法制审核把关。全年为15项重大工程项目、70余次重大执法活动、20余件重大信访事项和200余件文件、合同等进行合法性审查。按市级部署开展了"放管服"、公平竞争审查、生态环境保护、民营经济发展相关规范性文件的专项清理，向市政府和区人大报备规范性文件5件。

（三）不断加强和改进行政执法

1. 全力推进街乡综合执法改革

实现 18 个乡镇街道综合执法中心执法数据实时监测，创设综合执法检查单，做实街乡综合执法平台。落实市级部署，统筹完成我区城市管理领域部分行政处罚权的相对集中，区园林绿化局、区城管委 71 项行政处罚权划转至区城管执法局由各街乡分队统一行使。编制《街乡综合执法事项、职权、依据汇编》，明确 50 项街乡综合执法重点事项，切实解决街乡"吹哨报到"不明确、不精准问题，规范街乡综合执法开展。

2. 构建执法联动协作新格局

加强部门执法协作，印发《关于进一步强化行政执法衔接配合妥善处理权责争议的意见》，明确了案件移送、证据互认等 7 项衔接配合工作机制和职能对应、特殊权力优先等 6 项权责争议处理原则，提升行政执法的整体协同性。编印《行政执法职权梳理意见汇编》《生态保护红线特别区域职权梳理》，制定《关于进一步明确属地管理责任强化行政区域管理的意见》，全面理清行业监管和属地管理职责。牵头联合区检察院出台《关于进一步加强行政执法与刑事司法衔接工作的意见》，明确了"各向前一步""首案绿通""信息共享"等制度机制推动衔接效果，今年办理"两法衔接"刑事立案监督类案件 13 件，主要涉及污染环境、危害食品药品安全等领域案件，其中在区检察院的支持和监督下，5 起倾倒垃圾污染环境的案件依法得到制止并被移送公安机关立案查处。

3. 加强行政执法队伍建设

严格实施行政执法资格联机考试，行政执法人员资格、岗位、证件实现联网管理，全区 1292 名行政执法人员证件换发完成。落实行政执法人员在岗专业培训要求，组织行政执法培训等专项培训 9 次，有效提升行政执法人员依法行政的意识和能力。

4. 严格规范行政执法行为

推动新版行政强制案卷制作及评查标准贯彻落实，完善行政处罚听证和集体讨论适用条件和裁量程序，规范行政处罚、行政强制权行使。依托北京市执法信息服务平台，通过"建单—合单—跟单"构建起部门执法和街乡综合执法的数据关联分析机制，加强对街乡综合执法等执法数据的即时录入和动态监控。严格执行行政执法定期报告制度，依托执法信息服务平台构建部门执法和街乡综合执法的数据关联分析机制，结合全区行政执法考核指标要求，常态化开展行政执法的监测分析，并向区政府常务会进行汇报。

（四）依法妥善化解矛盾纠纷

1. 改进行政复议工作

坚持听证审理原则，对于重大疑难案件，坚持召开听证会，开展走访调查，全面客观掌握案件事实。充分发挥行政复议委员会作用，加大重大疑难案件集体研讨、会审力度。全年接待群众复议来访700余人次，受理行政复议案件38件，其中已审结34件。在办结的34件行政复议案件中，作出维持决定10件、驳回复议申请2件、确认违法3件、撤销原行政行为3件，通过调解申请人撤回申请16件，纠错率17.6%。

2. 做好行政应诉工作

推进落实《延庆区行政应诉工作规定》（延政办发〔2017〕29号），将行政机关负责人出庭应诉、履行法院生效判决和裁定、落实司法建议书等情况纳入依法行政考核内容和年度区政府折子工程。加强行政与司法良性互动，建立涉冬奥世园案件沟通联络机制，妥善处理重大疑难案件。全年以区政府为被告的行政应诉案件78件，已审结案件胜诉率为96.6%。全区行政机关负责人出庭应诉75件，出庭应诉率达73.5%，其中在以区政府为被告的行政应诉案件中，三位副区长出庭应诉。

3. 加强行政调解和人民调解

在公安、食药等14个矛盾纠纷多、调解任务重的部门设立行政调解委员会，推动行政调解规范运行。规范人民调解协议司法确认工作，建立人民调解矛盾纠纷移交委托、信息沟通等衔接机制。大力开展乡镇、街道调解委员会规范化建设，推进诉前调委会进驻立案庭，充实人民调解专家库。全年各行政调解主体共调处案件1436件，涉及2100余人次，化解纠纷1034件，成功率72%；各人民调解组织共调解纠纷1715件，成功1286件，涉及金额2436.6万元。

三、审判工作

2018年，延庆法院受理案件15 375件，同比上升7.62%，审结14 948件，同比上升11.54%，一审服判息诉率达94.76%，在全市基层法院中排名第一，法定审限内结案率达97.22%。

（一）刑事审判工作

依法公正审理刑事案件，惩罚犯罪、保障人权。全年审结刑事案件198件，判处罪犯293人。依法惩处妨害社会管理秩序类犯罪，顺利审结6起组织、利用"法轮功"邪教组织破坏法律实施案。全年适用认罪认罚从宽处罚程序审结案件147件，占刑事案件总数的74.24%，较好地实现了法律效果和社会效果的统一。

（二）民商事案件

依法公正审理民商事案件，为辖区经济发展营造良好的营商环境。全年审结民商事案件11 606件，同比上升15.40%。依托"多元化解+速裁"工作机制，妥善高效化解案件纠纷4788件，占民商事案件总数的41.25%。托北京市首家环境资源审判庭，依法妥善审结辖区首例生态环保类公益诉讼案件，为辖区生态环境保护提供有力的司法保障。依法保护企业间合法融资借贷关系，全年为辖区企业挽回经济损失约 4 亿元。

（三）行政审判和监督依法行政工作

依法公正审理行政案件，促进行政机关依法行政。全年审结行政案件 140件，同比增长 109%。完善行政机关负责人出庭应诉机制，该项工作得到我区涉诉行政机关负责人的高度重视。发布行政审判白皮书，全面梳理行政案件审理情况，助推辖区法治政府建设。

（四）案件执行工作

加大执行工作力度，决胜"基本解决执行难"。全年受理执行案件 3042 件，执结 2957 件，执结率为 97.21%，"基本解决执行难"工作取得显著成效。年内依法冻结被执行人银行账户 3000 余个，执行到位案款金额 2.1 亿元。与区检察院、区公安局建立长效联动机制，加大对拒执行为的打击力度，年内司法拘留、拘传被执行人 104 人次，并依法将两起拒执案件移送公安机关。成功对 67 起案件进行诉讼财产保全，引入执行悬赏机制，吸收更多社会力量参与查人找物，使"老赖"无处藏身。

（五）扫黑除恶专项工作

推进扫黑除恶专项斗争向纵深发展。成立扫黑除恶专项斗争领导小组，责任主体涵盖全院各庭室。建立扫黑除恶工作台账，设立扫黑除恶工作联络员，负责涉黑涉恶线索整理、上报等相关工作，并严格落实保密责任制。加强涉黑涉恶线索摸排，依托审判工作平台，对村霸乡霸村痞、套路贷、黑摩的、"保护伞"等涉黑涉恶线索进行深挖彻查，坚持聚焦涉黑涉恶问题突出的重点行业、重点领域，把打击锋芒始终对准群众反映最强烈、最深恶痛绝的各类黑恶势力犯罪，坚决铲除黑恶势力滋生土壤，维护辖区社会安全稳定。

（六）司法体制改革工作

深入推进司法体制改革，健全完善审判管理机制。有序推进员额制改革，进一步明确法官主体地位。2018 年度，延庆法院法官人均办案量较改革前增加33.69%，承办案件数量最多的法官年结案 847 件。年内我院院庭长办结案件5130 件，占全部结案数的 34.32%，同比增长 37.98%，院庭长办案职责得到全面落实。年内召开法官会议 120 余次，组建 24 个"1+1"简易审判团队，36 个"1+1+1"专业审判团队，并通过"周通报、月公开"的工作模式，加强对团队审判质效的监督管理。

（七）司法公开工作

全面推进司法公开。司法公开是公正司法的防腐剂，延庆法院不断加强审判流程、庭审直播、裁判文书三大公开平台建设，全年庭审直播案件 386 期，图文直播案件 47 期，裁判文书上网率达 100%，让审判工作经得起人民群众的"围观"。年内召开 5 期新闻通报会，通过"两微一端"、今日头条客户端、抖音短视频等渠道全方位公开法院工作，主动接受人民群众监督。

四、检察工作

2018 年，区人民检察院以习近平新时代中国特色社会主义思想为指导，全面深化司法体制改革、落实新时代首都强检战略，紧紧围绕延庆区"十三五"发展总体规划，全面履行检察职能，讲政治、顾大局、谋发展、重自强，争创"双一流"，为服务保障冬奥会、世园会筹办举办、为打造首都生态文明建设金名片注入"延庆检察力量"。

（一）全力推进平安延庆建设，确保区域和谐稳定、人民安居乐业

1. 坚决维护国家安全

完善国家安全人民防线建设小组成员及职责内容，深入开展反恐怖、反分裂、反邪教斗争，完善邪教类案件敏感舆情的预判、应急、引导机制，依法起诉利用邪教组织破坏法律实施案 4 人。在检察环节预判不稳定因素，协同区防范办有效处置，避免群体性事件。

2. 纵深推进扫黑除恶专项斗争

严格按中央和上级关于开展扫黑除恶专项斗争的工作部署，成立专门办案组，对接属地侦查机关；从严从快、依法办理破坏生产经营、强迫交易等为非作歹、欺压百姓的黑恶势力犯罪 4 件 26 人。检察长督办，提前介入引导侦查取证，为准确把握案件定性、确保案件质效奠定基础。

3. 推进平安校园建设

从严把握年龄关、事实关、证据关，起诉侵害未成年刑事犯罪 25 件 32 人；多名工作经验丰富、亲和力强的检察官被聘为"法治副校长"，在我区中小学开设"检察法治课堂"；到学校周边开展宣传，受众 3000 余人。

4. 拓展延伸办案效果

在检察环节将工作做深一层，促成因宅基地纠纷导致故意伤害的邻里双方，达成刑事和解，化解积怨；帮助因拖欠工资导致故意伤害的农民工，解决劳资纠纷；教育犯罪嫌疑人真诚悔过，向民众以案释法，增强法律意识。由小案入手，从细节出发，参与社会管理创新，传递司法温度。

（二）立足绿色发展，开展民生检察

厚植赛会美丽底色，在"办大事、促发展、惠民生"上展现检察机关的新担当、新作为。

1. 严厉打击破坏人居环境、生态环境的刑事案件

依法查办我区全面整治小产权房及违建工作中的刑事犯罪；办理了全市首例

渔业资源领域刑事附带民事公益诉讼案件，非法捕捞水产品的犯罪嫌疑人自愿认罪认罚，自购鱼苗"增殖放流"，修复生态环境。

2. 加大生态环境司法保护力度，守护绿水青山蓝天

重点查办污染大气、水源、土壤以及非法占用耕地、破坏性采矿等破坏环境资源犯罪，发出公益诉讼诉前检察建议 8 件，督促清理垃圾 5.83 余万立方米，恢复耕地 1.7 亩、林地 4.74 亩，对于我院发出的诉前检察建议，行政机关积极整改、迅速回复，及时纠正违法行为或履行法定职责，促进依法行政。办理的一起垃圾污染环境案，从发出检察建议到垃圾全部清运仅用 15 天，当地村委会送来"助力行政执法，保护一方净土"锦旗。

3. 保障千家万户舌尖上的安全

开展专项行动，与区食药监局多次对接，深入我区大型超市、母婴用品店、批发市场排查，重点清查学校周边商户的食品餐饮；对网络餐饮服务平台上 186 家经营者线上摸排、实地核查，针对 15 家经营者的违法行为，向监管部门制发诉前检察建议，推动全区开展网络餐饮专项整治。

4. 强化对未成年人保护力度

坚持教育感化挽救，落实合适成年人到场、社会调查、附条件不起诉、犯罪记录封存等制度。7 名涉嫌轻微犯罪的未成年人经检察官帮教后，悔过自新、重返校园；推进未成年被害人救助社会支持体系建设，探索异地救助，多次帮助本地及河北户籍的未成年被害人申请"小额爱心救助基金"。

5. 维护农民工合法权益

为让辛苦一年的农民工兄弟回家过好年，开展农民工讨薪问题专项监督，对全区整体农民工讨薪情况摸底，会同职能部门制定工作联动机制，对接工作、深入宣传，在农民工讨薪案件中发挥职能作用。

（三）全面聚焦赛会筹办，服务经济社会发展大局

落实"一纵一横多项"检察工作新格局要求，聚焦赛会攻坚决胜，立足检察职能提供依法、精准、有效的服务。

1. 制定出台《北京市延庆区人民检察院服务保障冬奥会世园会筹办举办的实施意见》

提出 6 个方面 17 项重点工作，为赛会重点工程建设、优良环境要求、良好营商环境、新城承载功能、乡村振兴战略等 5 个方面提供精准、优质的检察服务，对自身整合各项资源、为服务赛会建设提供坚强保障提出了要求。将《北京市延庆区人民检察院服务保障冬奥会世园会筹办举办的实施意见》细化分解为 28 个专项工作，落实时间表、路线图、责任人。

2. 严肃审查涉赛会的刑事案件

严厉打击赛会建设中重大工程项目招投标、拆迁、施工等过程中发生的各类

刑事犯罪。妥善办理了世园会园区建设工地的过失致人死亡案,有效化解社会矛盾,保障"世园会"建设的社会环境和谐稳定;在办理一起交通肇事案中,发现案发的较大诱因来自于违规进行道路施工,结合隐患撰写专题报告,被区领导批示并责成相关部门整改。

3. 在赛会建设中当好"公共利益的代表"

将标赛会对干净水源、洁净空气、亮丽风景的要求,落实"河长制"工作,深入我区 10 处饮用水水源保护区全面排查;以"检察+水务"的新模式,筛选出重点河流的 42 个问题建立台账,实现对污染河道类案件的动态监控。依托我区河流、空气、砂石场治理和"大棚房"整改,筛查公益诉讼线索,依法立案并制发诉前检察建议。

(四)牢记打铁必须自身硬,打造一流检察院、一流检察队伍

坚决贯彻落实习近平总书记"五个过硬"要求,切实提高检察人员"五种能力",努力建设一支让党放心、人民满意、忠诚可靠、清正廉洁的检察队伍。

1. 加强政治建设

遵守政治规矩和政治纪律,深入学习贯彻习近平新时代中国特色社会主义思想,推进"两学一做"学习教育常态化制度化,严格党内组织生活制度,深入落实延庆区人民检察院《意识形态工作责任制检查考核办法》,健全意识形态工作管理和约束机制。细化党组、机关党委、党支部、党员四个主体的职责任务,利用"一规一表一册一网",全面加强基层党建工作。

2. 持之以恒正风肃纪,全面从严治党

认真履行党风廉政建设"两个责任",深入落实巡视反馈意见,建立整改台账清单,巩固扩大巡视成果。严格落实中央八项规定及其实施细则精神,紧盯检察人员八小时以外行为,加强内部监督,防止说情干扰、违法行使职权;开展日常督察,预防"节日腐败"。进行廉政教育谈话,抓早抓小、防微杜渐。

3. 锲而不舍推进司法体制改革

落实以审判为中心的刑事诉讼制度改革,推进审查实质化,以证据为核心,对情节轻微、不妨碍诉讼顺利进行的犯罪嫌疑人,依法不批准逮捕 65 人;对社会危害性不大等没有起诉必要的案件,依法不起诉 26 人;启动非法证据调查核实案件 5 件,纠正移送起诉遗漏罪行 5 人。全面推进认罪认罚从宽制度改革,促进案件繁简分流,危险驾驶案、交通肇事案的平均办案期限缩减至为 3.94 天、16.11 天。对轻微刑事案件建议适用速裁程序,审查起诉周期缩短至 11 天。

4. 着力提升检察队伍整体素能

举办专题读书班、道德讲堂,重走革命征程、重温入党誓词、重读红色经典。严格落实检察官员额制,推进履职年审,探索将检察官表格化评分标准引入

年度绩效考评。分层分类培训，按需编班、分层施教，通过业务培训、技能比武、实战练兵、专案承办等形式，形成线上线下、院内院外、覆盖全员的培训体系。在全市检察机关第六届业务技能比武中有 5 人进入决赛，1 人获得审判监督业务能手称号。

（五）自觉接受监督，打造公开公信的阳光检务

1. 主动接受外部监督

自觉接受人大对检察工作的评议、质询和询问，严格落实宪法规定，坚持定期向人大及其常委会报告重要工作和重大事项，加强向区委、市院的请示报告。及时梳理各位代表、委员提出的意见和建议，及时整改落实回复。

2. 以问题为导向加强业务管理

开展审查起诉积存案件专项核查，每月对接收案件、审核结案、涉案财物保管、律师及诉讼代理人接待、案件质量评查情况及信息公开等情况汇总分析，对发现的不规范问题，通报承办检察官，规范自身司法行为。

3. 拓宽人民群众监督渠道

开展"两中心一平台"和"四新"检察院建设。在新媒体宣传检察职能和法律知识，开展公众开放日活动；加强案件信息公开，对社会公开生效法律文书156 件、案件程序性信息 329 件。全年共组织 7 次不起诉案件公开听证会，每次均邀请人大代表、特约监督员、基层组织人员参与公开听证，提升检察机关不起诉决定权行使的公开性、公正性。

五、公安工作

2018 年，区公安分局坚持以"法治延庆"建设为主线，以全力推进执法规范化提档升级为主线，强力构建规范的执法办案体系，系统的执法管理体系，实战的执法培训体系，全面落实新时代全面依法治国的新要求，努力开创延庆公安法治建设新局面。

（一）强化执法保障、全力维护地区安全稳定

紧密围绕反恐处突、扫黑除恶、打击整治枪爆违法犯罪、打击电信网络诈骗等专项行动，多警联动、重拳出击，严厉打击各类影响地区稳定的违法犯罪活动。针对世园会、冬奥会征地拆迁、场地建设等重点工作建设，汇总和梳理执法工作遇到的新问题和执法难点，研究制定解决方案，制定相关办案制度和指导性工作意见。紧盯实战需求，及时制定相关指导意见，提供及时、准确、专业的法律依据支持。同时严格依法办理行政复议应诉案件，有效化解争议，实现政治效果、法律效果和社会效果的统一，促进社会和谐稳定。

（二）健全工作机制，推进执法监督体系建设

依托派出所"两队一室"警务运行模式改革，推进落实基层所队案管组建

设，搭建完成"分局执法办案管理中心+基层所队案管组"两级专业案件管理机构体系。通过"案管中心+基层执法办案单位案管组"每日执法问题通报专栏与分局每日晨会、每周例会进行通报相结合的方式，对局属各单位案管组一周工作情况以及存在问题进行通报，确保整改及时、到位；采取集中培训与一对一培训的方式，使每位案管民警不掉队伍、逐一过关，确保案管组民警、辅警熟知工作职责、弄懂审核标准、吃透监督精神；通过办案管理中心网上巡检、视频巡控与实地检查相结合的方式，确保案卷集中保管、三室使用正常、台账填写齐全、涉案财物管理规范、音视频资料集中存储及时；执法办案管理中心集中调卷评查与基层案管组案件自查相结合，确保最大限度地发现案卷中存在的问题和瑕疵，杜绝超时立案、超期办案现象的发生，全面提升案件质量。

（三）开展执法考评，深化执法管理体系建设

严格按照市局部署和区公安分局执法办案实际，采取日常积累、按月公布、年终考评、自动生成的方法，实行分局、职能部门、派出所三级考评工作机制。年初，制定了《2018年执法质量考核评议实施细则》，明确考核评议标准，同时各派出所和相关职能部门分别结合具体工作实际，制定了执法质量考评实施方案和细则，真正做到了每个环节有制度可循。为确保涉案财物管理工作做到"案件底数清、涉案财物清、存在问题清"，结合办案实际，严格按照"一案一档"的工作要求分别建立详细涉财涉物案件登记台帐。对各类案件扣缴的涉案财物、保存的案件证物以及各种保证金，做到一一登记，物案关联，逐案建档。

（四）强化执法培训，提升民警执法能力素质

依托警察训练营组织开展了"2018规范执法素质提升"大培训活动，分警种、分类别组织开展专项执法培训，全面提升民警执法能力水平。由全局各业务部门及各自对应市局总队相关领导、分局警务实战教官团队及聘请区外事办等相关团队，采取"轮训轮值、战训合一"、案例教学、模拟实战、拉动演练、"微课程"教学等培训手段对所有参加"世园会"安保的民警、公安现役官兵、文职辅警、保安员及其他工作人员开展集中封闭轮训。培训内容的以十九大精神为统领，围绕"两件大事"安保需要，结合分局队伍素质整体状况，培训的内容分为公共科目、专业科目和特殊人才三个方面，通过组织全员培训，切实提升了民警综合素质能力和执法办案水平。

六、司法行政工作

2018年，区司法局以学习宣传贯彻党的十九大精神为主线，以服务保障冬奥会、世园会筹备举办，扫黑除恶，"疏解整治促提升"专项行动和迎接"七五"普法中期考核为工作重点，充分发挥职能优势，圆满完成了各项工作任务，为区域和谐发展做出了积极贡献。延庆区荣获"第四批全国法治县（市、区）

创建活动先进单位"。

（一）法治宣传教育扎实有效

深入开展"法律十进""以案释法""宪法宣传""法治春联下乡""法治文艺大赛""疏解整治促提升""服务营商环境""扫黑除恶"等专项普法宣传教育活动 2783 场，法治讲座 191 场次，以案释法 270 场次，受教育人数 41 万余人次；利用疏解整治腾退空间建成珍珠山水景区法治文化广场、S2 线火车站法治宣传阵地、儒林街道康安宪法宣传一条街、悦安居法治文化园、珍珠泉乡八亩地法治漫画墙等阵地设施。大力实施"互联网+法治宣传"行动。在"法治延庆"普法微信平台发送普法微信 48 期，播放"妫川说法"栏目 22 期，在延庆报"以案说法"版块刊登 24 期普法案例，拍摄法治微电影 20 部。"法治文艺大赛"荣获优秀组织奖。典型经验材料《延庆区打造"343"普法模式全力服务世园冬奥盛会》，被北京司法行政专报推广。

（二）人民调解第一道防线作用明显

主动沟通协作，进一步完善多元调解体系建设，与区法院联合召开多元化解纠纷工作推进会，共同推进诉前调委会进驻立案庭工作。2018 年，诉前人民调解委员会共调解案件 1214 件，成功 840 件，达成书面协议 624 件，口头协议 178 件，履行 809 件，协议涉及金额 1582 万元。各级调解组织开展调解纠纷 1715 件，成功 1286 件，调解协议涉及金额 2436.6 万元。访调对接工作取得了初步进展，与区综治办、信访办联合下发了关于《开展人民调解参与信访问题化解试点工作的实施方案》。

（三）公证、律师管理有序推进

全年对律所及律师巡查检查 116 次，没有出现因律师、律所违法违纪引发的投诉案（事）件。圆满成立了延庆区律师协会，实现了律师管理的跨越式发展。办理公证案件 235 件，未发生公证投诉、信访、诉讼、赔偿等案件。与 13 家律所共 77 名律师签订了"村居法律顾问"三方协议，并将村居法律顾问纳入人民调解专家库，壮大了人民调解力量。全年，村居顾问律师共提供法律咨询服务 7013 人次，比去年同期增长 176.8%，举办法治讲座 189 次，发放法治宣传资料 7.5 万余份，代写法律文书 193 份，提供法律援助 62 次，化解疑难矛盾纠纷 17 件。

（四）法律援助体系更加完善

全区新建 406 个法律援助联系点实现村居全覆盖。开展妇女、残疾人、青少年、军人军属、老年人维权周等法律援助宣传活动 210 场次。受理法律援助案件 418 件，接待来电来访法律咨询 6108 人次，较大提升了法律援助的知晓度。

（五）社区矫正和帮教安置工作扎实开展

组织开展为期 100 天的"警钟长鸣固防线 排查整治铸安全"社区矫正安全

隐患专项排查整治活动，在全国"两会""上合峰会""中非合作论坛北京峰会"等重点时间节点，严格落实"七包一"管控措施。社区服刑人员教育模式更加贴近实际，将国学主题与宪法主题相结合，切实帮助社区服刑人员确立正确的价值观。新建一家区级社区矫正和安置帮教过渡性安置基地。全年组织"两类"人员各类教育 36 次，社会适应指导 9 场次，心理辅导 8 场次。开展视频会见 52 人次，极大方便了服刑人员与家属沟通联系。与北京市和诚社工事务所签订"社会调查评估和居住地核实"服务协议，开启了以政府购买社会服务形式参与社区矫正工作管理新模式。

七、2018 年法治建设特色和亮点

打造"134"普法工作模式，助力世园冬奥服务保障。紧紧围绕服务冬奥世园会筹办举办这一中心工作，坚持以"增强市民法治观念，营造良好法治氛围"为目标，着力探索打造了服务保障冬奥、世园的"134"普法模式。

（一）建立一个协作机制

与朝阳区司法局、河北崇礼区司法局建立"三地协作机制"整合三地专家顾问团、普法讲师团、志愿者队伍，组建联合普法团队，实现资源共享。整合三地普法网站、微博、微信、客户端等载体，打造法治宣传媒体联盟，实现信息互通。筹设专项经费，统一印制志愿者队旗、服装、宣传标识、宣传资料等，定期联合开展主题宣传活动，营造法治氛围。协作机制建立以来，三地已联合开展主题宣传活动 5 场次，受教育人数达到 6000 余人次。

（二）抓住三个重点

1. 抓重点内容

加强有关"冬奥""世园"知识产权、征占地补偿安置，打击违法违规建设等相关法律法规和政策的宣传。印制《土地使用及征拆法规摘编》5 万册，《常见纠纷案例汇编》3 万册，以政策问答、以案释法的形式加大宣传力度。2018 年 6 月 2 日，在《法制日报》上刊登区委书记、法治延庆建设领导小组组长李志军的调解工调研文章《推进法治延庆建设 助力冬奥会世园会》，为冬奥会、世园会的筹办打造优质软环境。

2. 抓重点区域

将冬奥会、世园会场馆周边，外来人口聚集区、旅游区作为法治宣传教育的重点区域，通过悬挂横幅、张贴标语，用电子显示屏播放等形式，宣传与冬奥会，世园会相关的法律法规。

3. 突出重点人群

据有关部门预测，冬奥会、世园会期间，延庆区日均人流量将达到 10 万人次，高峰期可达 30 万人次。目前在冬奥、世园工地施工企业 13 家，建筑工人近

3万人，为做好该类人群的法治宣传教育工作，大力开展"法治宣传进工地"活动，通过举办讲座、播放警示教育片、表演法治情景剧、发放调查问卷和《致工友们的一封信》、开展安全知识问答等多种形式，着力提升各施工企业及施工人员的安全意识和法治素养，为冬奥、世园各项工程的顺利推进营造法治氛围。截至2018年，已开展"法治宣传进工地"活动285场次，活动覆盖所有冬奥、世园施工企业和场地。

（三）成立四支队伍

第一，积极与朝阳区律师协会合作，成立"社会矛盾多元调解公益律师顾问团"，针对冬奥会、世园会重大项目的土地流转、征地拆迁等事务，提供专业法律服务公益律师顾问团先后调研完成了《征地操作流程》《律师为疏解北京非首都功能"牛鼻子"保驾护航》《土地流转项目法律技巧》《棚户区改造法律问题分析》《律师参与信访工作的积极作用》5篇指导性调研，为司法行政服务冬奥、世园提供了最大程度的智力背书。

第二，以辖区内律师、公证员、司法助理员为主体，成立"服务保障冬奥会、世园会重点项目法律服务团"，围绕涉及冬奥、世园重大项目的有关问题，有针对性地提供方便、快捷、专业的法律服务。

第三，发挥"七五"普法讲师团和"以案释法"讲师团的作用，以冬奥、世园为重点，广泛开展法律十进"七五"行主题法治宣传活动，累计开展各类巡讲活动823场次。

第四，充分发挥区普法维权志愿者协会等志愿者队伍的职能优势，通过开展以案说法、举办法治文艺汇演、播放法治微电影等活动，教育引导广大干部群众自觉守法、遇事找法、解决问题靠法，为冬奥会、世园会筹办添能助力。

调查报告

《2018 年北京市法治建设满意度调查报告》解读

一、概述

2018 年是经北京市委批准，由北京市法学会委托北京市精诚兴信息有限责任公司实施北京市法治建设满意度调查的第四年，旨在通过调查报告客观展示北京市公众对 2018 年北京市法治建设状况的主观满意程度，为评价本市法治建设状况提供有益参考。

（一）关于调查样本的选取

本次调查采用随机抽样、计算机辅助电话调查（CATI）方式开展，调查样本 6400 份，涵盖北京市 16 个区，平均每区样本 400 份，并根据各区常住人口占全市人口的比例略作调整。调查对象为年龄在 18~75 岁之间，在北京现住地居住半年及以上的居民，包括政府公务人员、人大代表、政协委员、各类企事业单位工作人员、专家学者、高校师生、农村人口等。同时，为解决样本中法律工作者样本量过少的问题，从市法学会会员库中随机抽取部分法律工作者进行补充，但对法律工作者的数据进行了单独分析。

（二）关于调查问卷及指标设计

为贯彻落实党的十九大精神和全面依法治国方略，调查实施前，北京市法学会组织召开了调查问卷修改专家研讨会。在去年问卷基础上，专家认真研读十九大文件精神，以习近平新时代中国特色社会主义思想为指导，遵循"科学立法、严格执法、公正司法、全民守法"十六字方针，深入讨论，反复推敲，在保持问卷内容连续性的基础上，调整了原有问卷结构，新增了十九大全面依法治国方略的相关问题，修改了部分文字表述，使结构更加科学，突出体现北京市贯彻落实党的十九大法治建设新要求。内容包括公众对党的十九大全面依法治国方略的了解程度，对北京市立法、执法、司法和公民守法等领域的主观评价，其中满意度指标 14 个，分析判断指标 5 个（见表 1）。

表1 具体调查指标

	1	立法工作的科学程度
满意度 指标	2	立法工作的民主程度
	3	依法立法工作
	4	行政机关的执法行为
	5	行政机关执法的实际效果
	6	司法机关处理案件的公正程度
	7	司法裁决的实际履行效果
	8	律师的法律服务工作
	9	党政领导干部遵守法律、带头依法办事的表现
	10	公众的守法情况
	11	政府信息公开状况
	12	社会治安状况
	13	反腐败工作
	14	法治建设状况的满意程度
分析判断 指标	1	是否知道党的十九大明确的全面依法治国方略的内容？
	2	党的十九大明确的全面依法治国方略的具体内容？
	3	对北京市2018年落实党的十九大全面依法治国新要求，印象深刻的有哪些？
	4	现阶段法治建设的重点是什么？
	5	居民了解本市（本地区）法治信息的主要渠道是什么？

二、2018 年北京市法治建设满意度评价情况

从调查情况看，北京市 2018 年法治建设满意度得分为 79.6 分[1]，较去年（77.7 分）提高 1.9 分，法治建设状态稳步提升。

通过统计软件对调查数据进行分析，结果显示：民众对北京市总体法治环境满意度评价较高，对行政机关执法的实际效果满意度评价较低。具体来看，在 13 项指标中，本市社会治安状况满意度得分排在首位，为 86.3 分；其次分别是依法立法工作、立法工作的科学程度、政府信息公开状况、公众的守法情况和反腐败工作，得分均在 80 分以上。与去年相比，所有指标满意度得分均有不同程度的提升。除反腐败工作、司法机关处理案件的公正程度、律师的法律服务工作

---

[1] 本报告的总体满意度得分是通过因子分析法加权计算得出，各分项（13项）满意度得分为算术平均值。

和司法裁决的实际履行效果这些难点、重点工作与去年基本持平之外，其他 9 项指标的满意度评分均比去年提高了 2 分及以上。其中，立法工作的民主程度、党政领导干部守法表现和依法立法工作均提高了近 3 分。在所有指标中，法律工作者的评价得分大部分接近于平均分，其中在依法立法工作、对社会治安状况的评价上虽与平均分基本持平，但却明显高于法律工作者的总体满意度得分（79.7分），在对司法裁决的实际履行效果的评价上则明显低于平均分，也明显低于法律工作者的总体满意度得分。

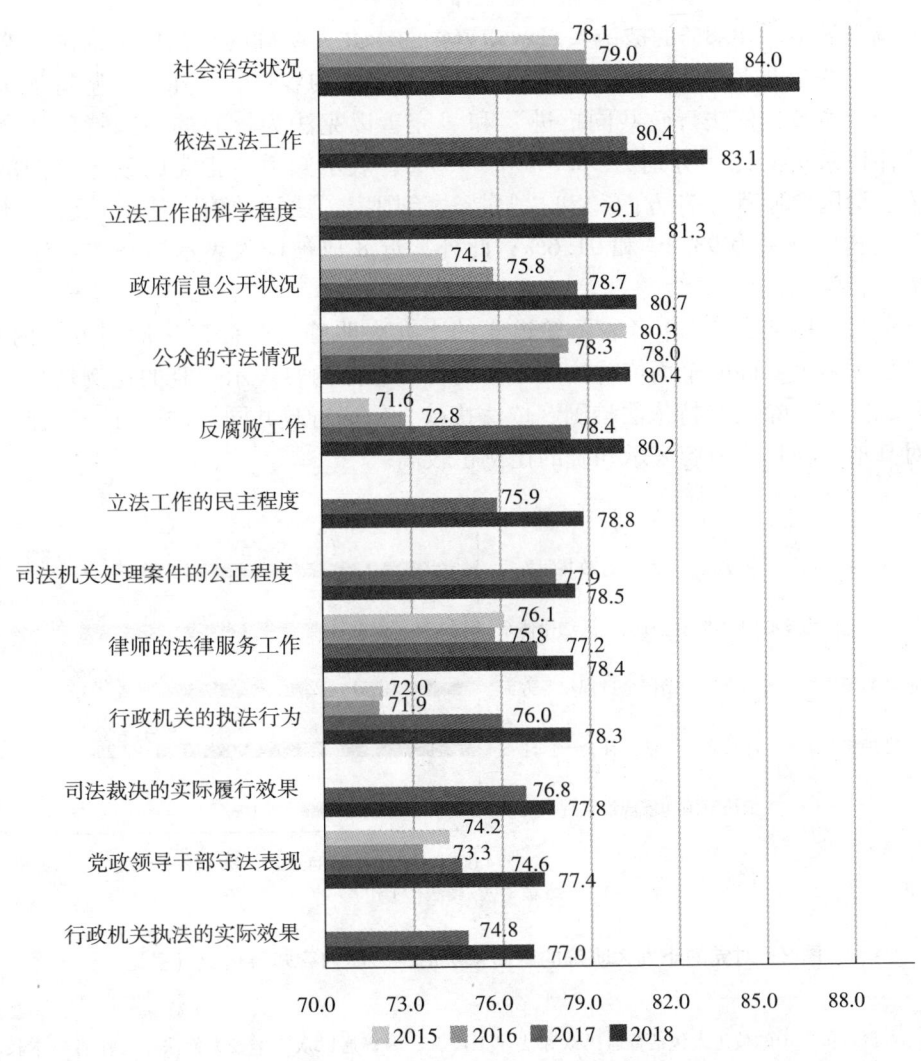

图 1　2015—2018 年法治建设状况满意度各项指标测评结果

（一）对党的十九大全面依法治国方略的了解情况

"对党的十九大全面依法治国方略的了解情况"在问卷中涉及是否知道党的十九大明确的全面依法治国方略的内容、对北京市2018年落实党的十九大全面依法治国方略的哪些新要求印象深刻2项指标。调查显示，近5成被访人[1]知晓全面依法治国方略的内容，8成以上被访人对落实党的十九大全面依法治国方略中的守法方面新要求印象最为深刻。

1. 近5成被访人知晓全面依法治国方略的内容

调查显示，48.8%的被访人表示知道党的十九大明确的全面依法治国方略内容。对党的十九大明确的全面依法治国方略的具体内容，表示知道"坚持依法治国、依法执政、依法行政共同推进"和"完善以宪法为核心的中国特色社会主义法律体系"的比例分别为95.8%和94.3%；表示知道"把党的领导贯彻落实到依法治国全过程和各方面"和"坚持法治国家、法治政府、法治社会一体建设"的比例分别为93.2%和91.6%；此外，近8成被访人表示知晓"依法治国和依规治党有机统一"。

8成以上的法律工作者表示知道党的十九大明确的全面依法治国方略内容。对党的十九大明确的全面依法治国方略的各项具体内容表示知晓的比例较高，均在8成以上。除"坚持依法治国、依法执政、依法行政共同推进"外，法律工作者对其他4项具体内容表示知晓的比例也较高。

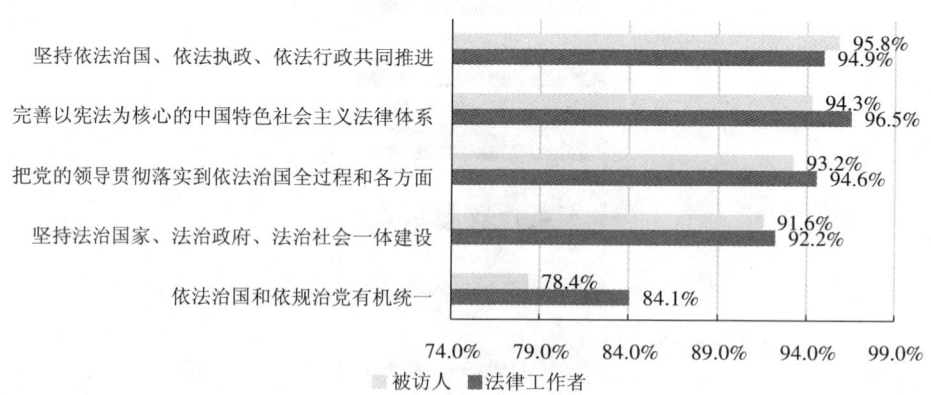

图2 对党的十九大明确的全面依法治国方略内容知晓情况（多选）

---

[1] 本调查报告中的被访人包括普通民众和法律工作者。因普通民众样本较大而法律工作者样本较小，被访人的各项满意度评分与普通民众的评分一致，因此报告中采用所有被访人的评分数据与法律工作者的评分数据来代表普通民众与法律工作者的评分情况。

2. 被访人对守法方面新要求的印象较为深刻

8 成以上的被访人表示对守法方面（如党员干部带头遵纪守法）的新要求印象深刻；次之是立法方面和执法方面，比例均为 50.7%；此外，仍有 12% 被访人表示对以上内容均无印象。

法律工作者的调查结果与总体一致。法律工作者对守法方面新要求印象深刻的比例较高，为 86.25%；其次是司法方面和执法方面，比例均在 7 成以上；此外，仍有 5% 的法律工作者表示对以上内容均无印象。

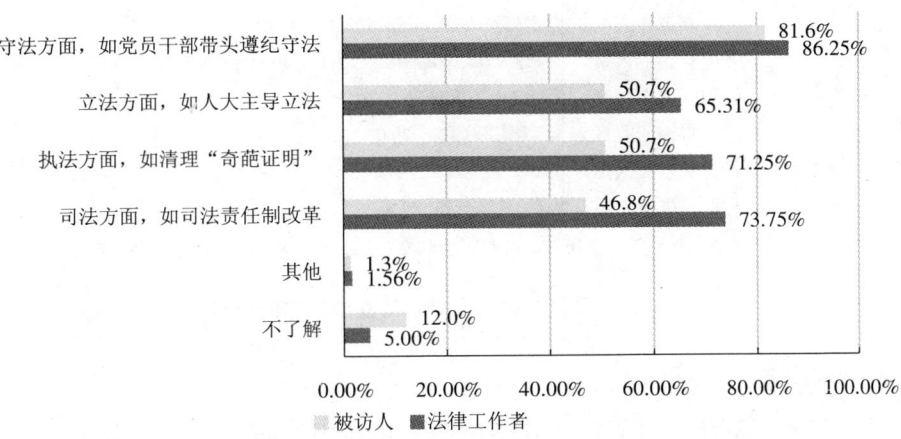

图3 2018 年被访人印象深刻的全面依法治国新要求（多选）

（二）对科学立法工作的评价

"科学立法"涉及立法工作的科学程度、民主程度和依法立法工作 3 个指标。调查显示，依法立法工作和立法工作的科学程度两个指标得分排名靠前，立法工作的民主程度虽较往年有较大提升，但排名仍靠后。

1. 被访人对依法立法工作的满意度评价较高

调查显示，被访人对依法立法工作的满意度评价平均得分为 83.1 分，较去年（80.4 分）提高了 2.7 分，但排名没有变化，在 13 项指标中排名第二位；其中评分在 60 分及以上的被访人占 93.1%，70 分及以上的占 82.3%。法律工作者对依法立法工作的满意度评分为 83.1 分，居中位。

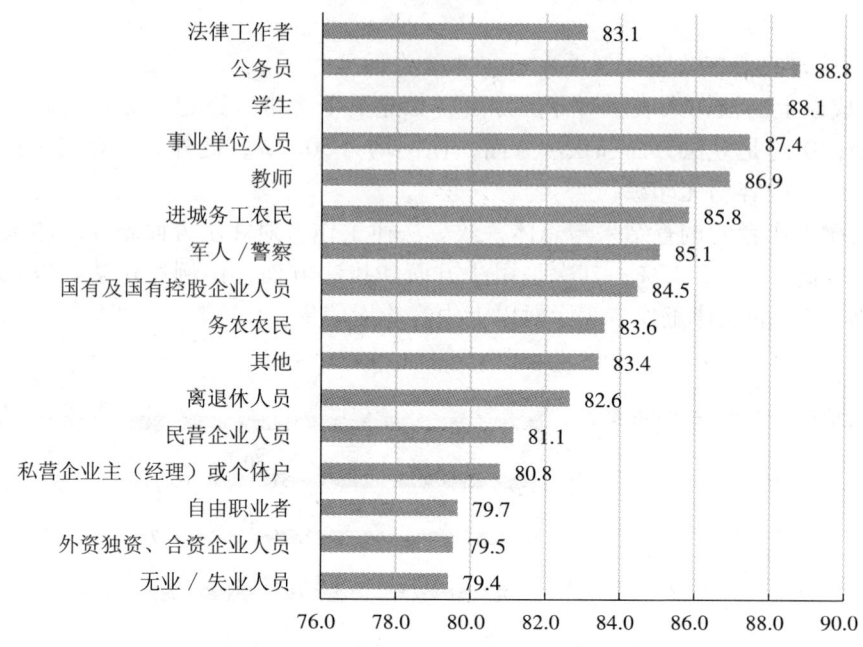

图4 不同职业被访人对依法立法工作的评价

2. 多数被访人肯定立法工作的科学程度

调查显示，被访人对立法工作科学程度的满意度评价平均得分为81.3分，较去年（79.1分）提高了2.2分，在13项指标中排名第三位，与去年一致；其中94%的被访人该项评分在60分及以上，80.6%在70分及以上。法律工作者对立法工作科学程度的满意度评分为80.7分，居中位。

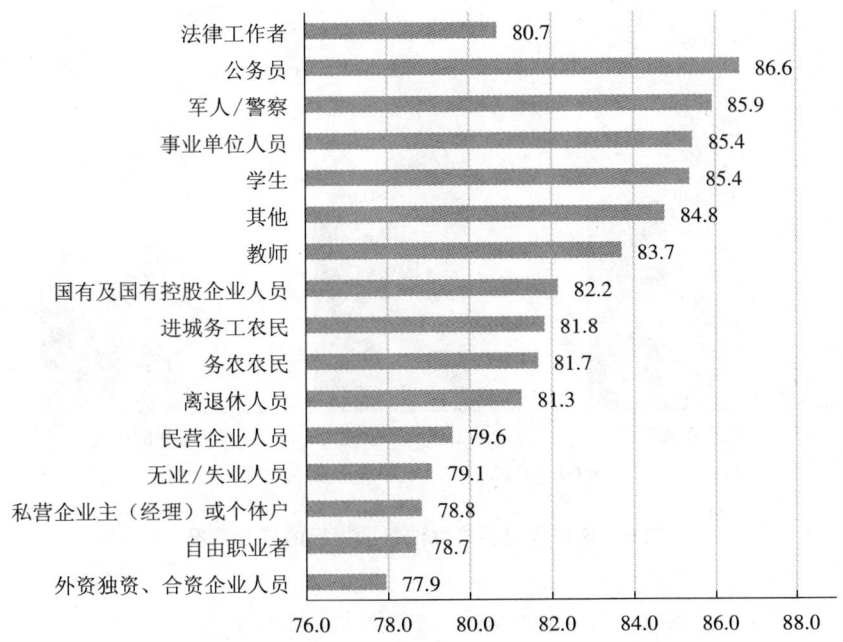

图 5　不同职业被访人对立法工作的科学程度的评价

3. 被访人对立法工作的民主程度满意度评价见好

调查显示，被访人对立法工作民主程度的满意度评价平均得分为 78.8 分，较去年（75.9 分）提高了 2.9 分，在 13 项指标中排名第七，较去年上升 4 位；其中评分在 60 分及以上的占 89.5%，70 分及以上的占 75.7%。法律工作者对立法工作民主程度的满意度评分为 79.5 分，较去年（75.1 分）大幅提升，与平均分基本持平。

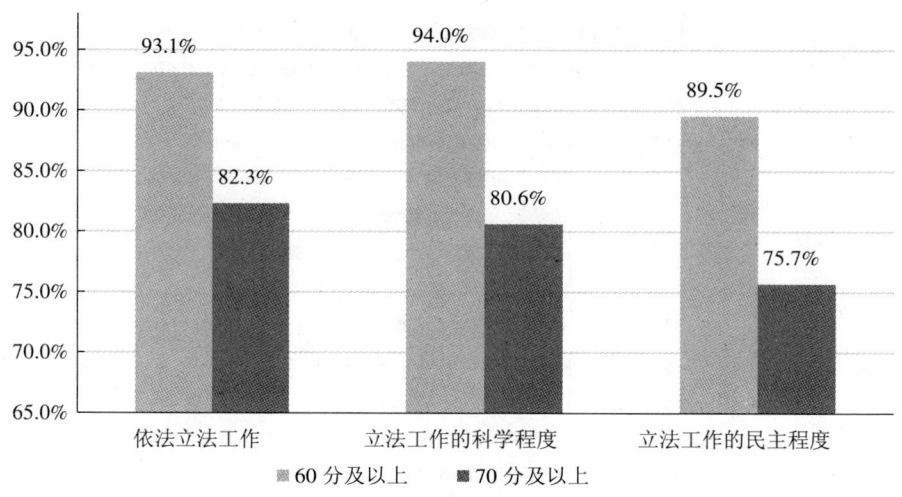

图6 被访人对科学立法各项指标的打分情况

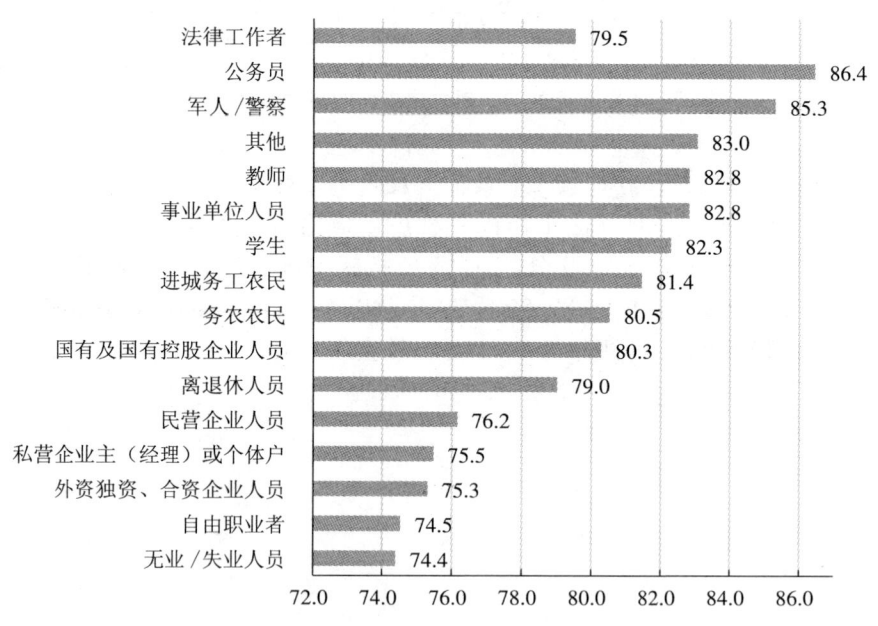

图7 不同职业被访人对立法工作的民主程度的评价

（三）对严格执法工作的评价

"严格执法"涉及行政机关的执法行为和执法的实际效果两个指标。从调查结果看，民众对"严格执法"的总体评价较去年有所提高，但分项指标满意度得分仍较低。

1. 被访人对行政机关的执法行为满意度较去年有所提升

调查显示，被访人对本市行政机关的执法行为评价平均得分为 78.3 分，低于平均分，但与去年（76 分）相比提高 2.3 分，在 13 项指标中排名第十，与去年持平；其中评分在 60 分及以上的被访人占 89.6%，70 分及以上的占 75.7%。法律工作者对本市行政机关的执法行为评分为 79.5 分，居中位。

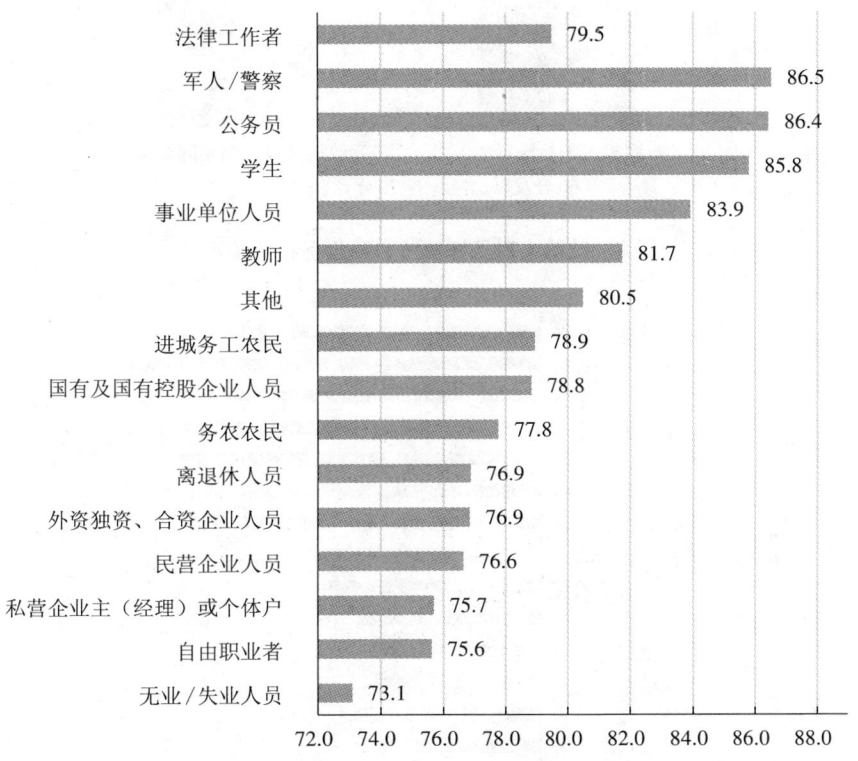

图 8 不同职业被访人对行政机关执法行为的评价

2. 被访人对行政机关执法的实际效果满意度较低

调查显示，被访人对行政机关执法的实际效果评价平均得分为 77 分，较去年（74.8 分）提高了 2.2 分，在 13 项指标中排在最后一位，较去年下降 1 位；其中评分在 60 分及以上的被访人占 88.8%，70 分及以上的占 73.9%。法律工作者对行政机关执法的实际效果评分为 78.3 分，居中位。[1]

---

〔1〕 行政机关执法的执法行为与实际效果相比，民众更倾向于肯定行政机关执法的执法行为而非实际效果。

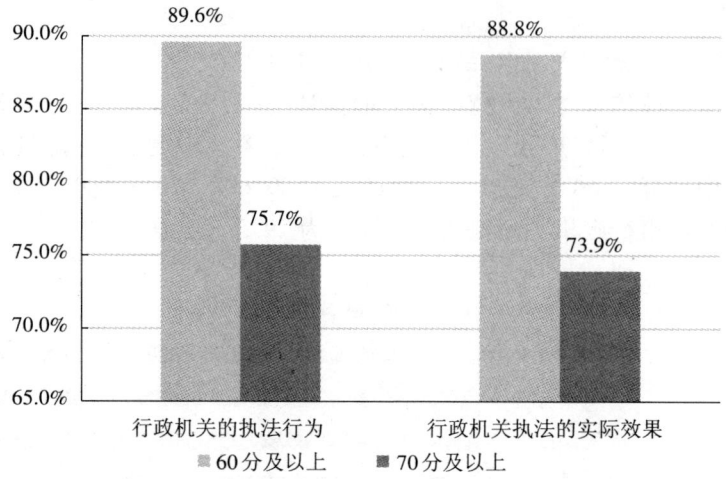

图 9　被访人对严格执法各项指标打分情况

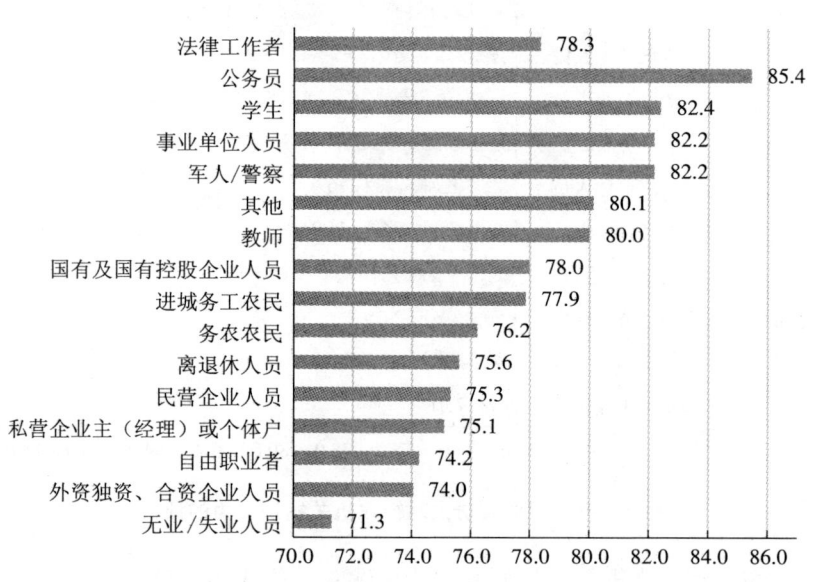

图 10　不同职业被访人对行政机关的实际执法效果的评价

（四）对公正司法工作的评价

"公正司法"涉及司法机关处理案件的公正程度、司法裁决的实际履行效果和律师的法律服务工作 3 项指标。从调查结果看，民众对"公正司法"总体满意。

1. 被访人对司法机关处理案件的公正程度满意度一般

调查显示，被访人对司法机关处理案件的公正程度评价平均得分为 78.5 分，接近平均分，较去年（77.9 分）提高了 0.6 分，在 13 项指标中位列第八，但较去年下降 1 位；其中 87.2% 的被访人对该项评分在 60 分及以上，超 7 成在 70 分及以上。法律工作者对司法机关处理案件的公正程度评分为 80.4 分，居中位。

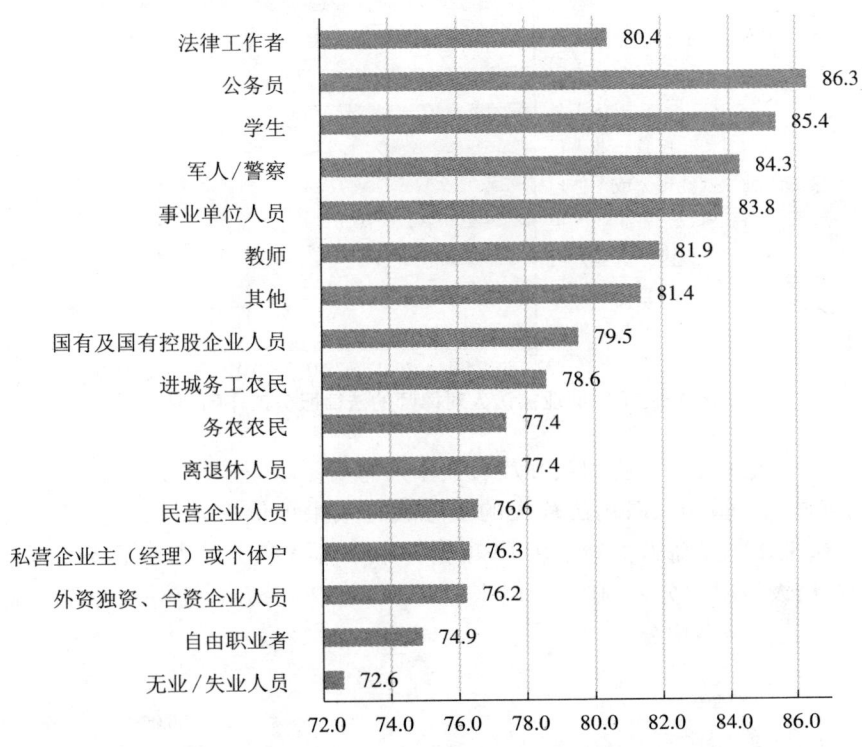

图 11 不同职业被访人对司法机关处理案件的公正程度的评价

2. 律师的法律服务工作需提升

调查显示，被访人对律师的法律服务工作评价平均得分为 78.4 分，较去年（77.2 分）提高 1.2 分，在 13 项指标中排名第九，较去年下降 1 位；其中超 8 成被访人该项评分在 60 分及以上，71.3% 在 70 分及以上。法律工作者对律师的法律服务工作评分为 80.2 分，居中位。

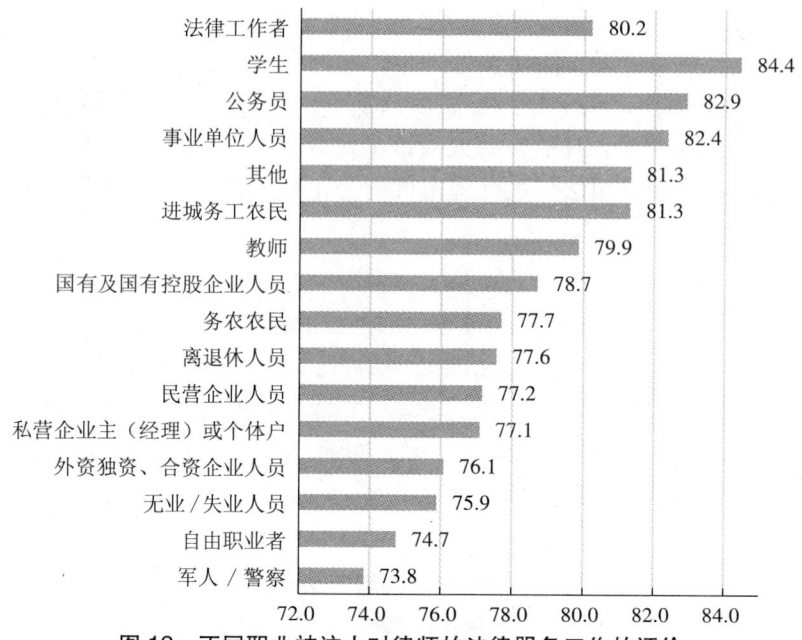

图12　不同职业被访人对律师的法律服务工作的评价

3. 被访人对司法裁决的实际履行效果满意度不高

调查显示，被访人对司法裁决的实际履行效果评价平均得分为 77.8 分，较去年（76.8 分）提高了 1 分，在 13 项指标中排名第 11，较去年下降 2 位；其中86% 的被访人该项评分在 60 分及以上，71.9% 在 70 分及以上。法律工作者的评价为 75 分，低于平均分。

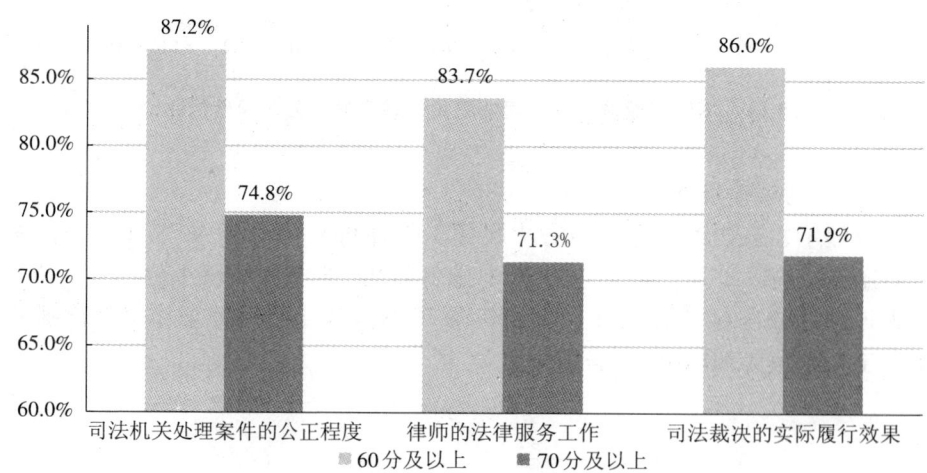

图13　被访人对公正司法各项指标的打分情况

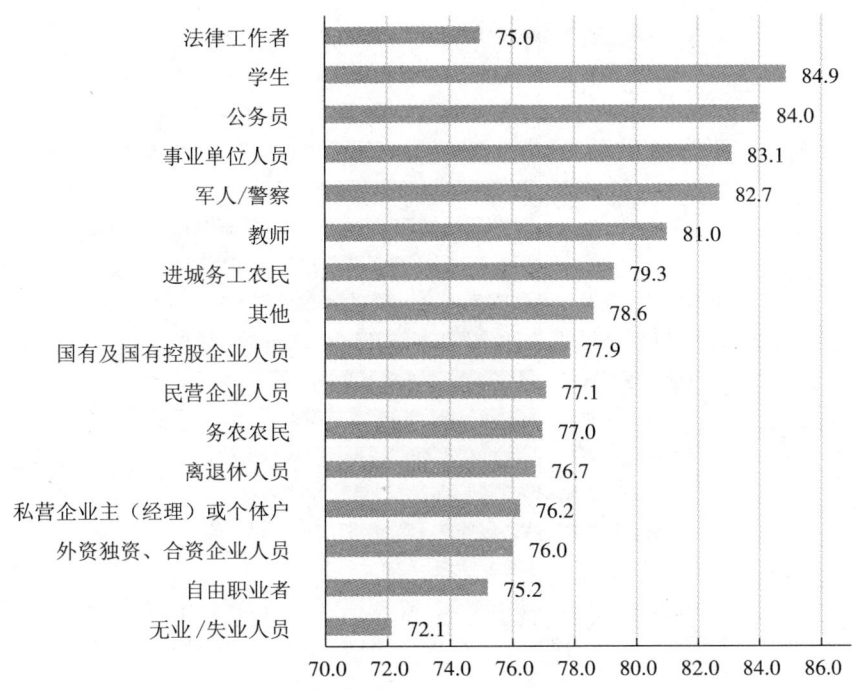

法律工作者 75.0
学生 84.9
公务员 84.0
事业单位人员 83.1
军人/警察 82.7
教师 81.0
进城务工农民 79.3
其他 78.6
国有及国有控股企业人员 77.9
民营企业人员 77.1
务农农民 77.0
离退休人员 76.7
私营企业主（经理）或个体户 76.2
外资独资、合资企业人员 76.0
自由职业者 75.2
无业/失业人员 72.1

图 14　不同职业被访人对司法裁决实际履行效果的评价

（五）对全民守法工作的评价

"公民守法"涉及党政领导干部守法表现、公众守法情况和社会治安状况 3 个指标。从调查结果看，被访人对社会治安状况和公众守法情况给予较高评价，对国家工作人员依法履职情况评价较低。

1. 公众对社会治安状况的满意度最高

调查显示，被访人对北京市社会治安状况评价平均得分为 86.3 分，较去年（84 分）提高了 2.3 分，且高出平均分 6.7 分，在 13 项指标中排名首位；其中 97%的被访人该项评分在 60 分及以上，91.1%在 70 分及以上。法律工作者对社会治安状况的评分为 86.5 分，与去年基本持平，居中位。

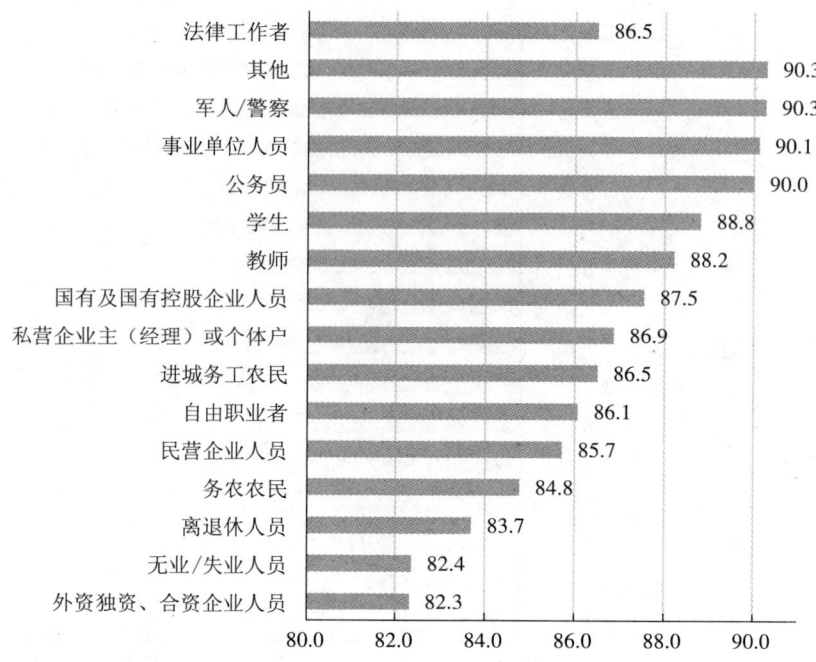

图15 不同职业被访人对社会治安状况的评价

2. 公众的守法情况有进步

调查显示，被访人对公众的守法情况评价平均得分 80.4 分，比去年（78 分）高出 2.4 分，在 13 项指标中排名第五，较去年上升 1 位；其中评分在 60 分及以上的被访人比例为 94.4%，70 分及以上的为 83.6%。法律工作者对公众的守法情况评分为 78.7 分，较去年（76.4 分）提升 2.3 分，居中位。

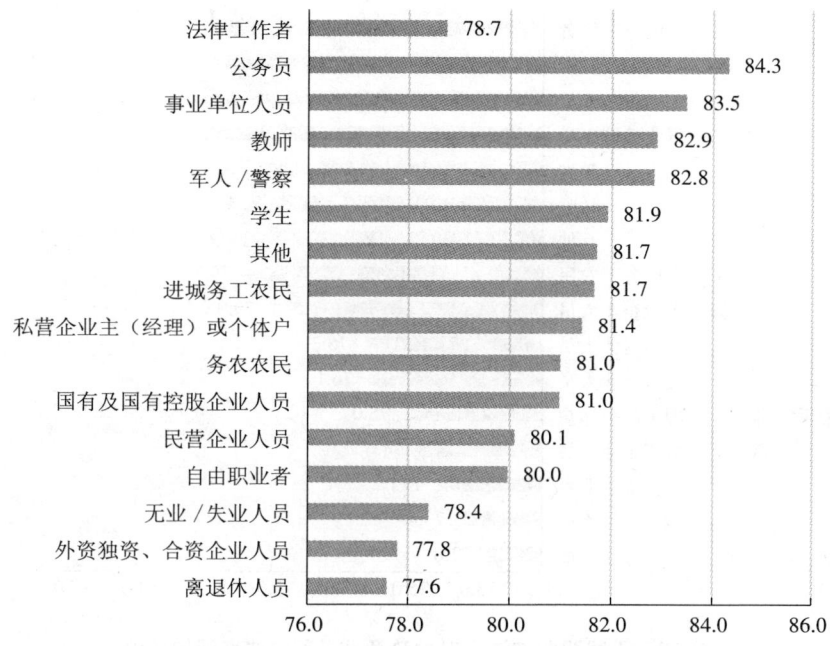

图 16 不同职业被访人对公众守法情况的评价

3. 公众对党政领导干部守法表现的满意度提升

调查显示，被访人对党政领导干部遵守法律、带头依法办事的表现满意度平均得分为 77.4 分，在 13 项指标中排名靠后，但较去年（74.6 分）提高了 2.8 分，排名上升 1 位；其中，86.8% 的被访人该项评分在 60 分及以上，73.3% 在 70 分及以上。法律工作者的评分为 78.7 分，居中位，较去年（75.4 分）明显提升（3.3 分）。

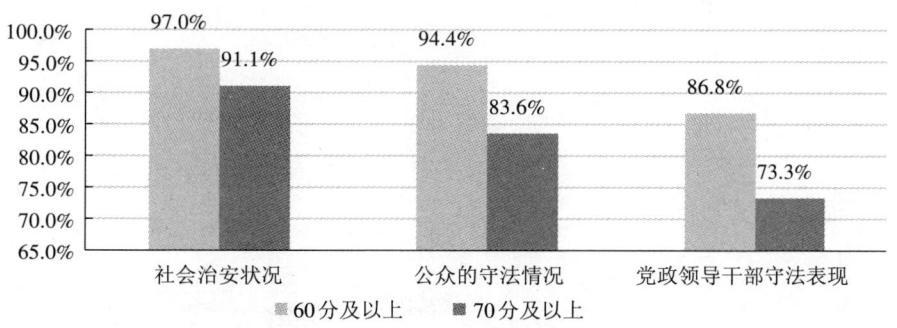

图 17 被访人对全民守法各项指标的打分情况

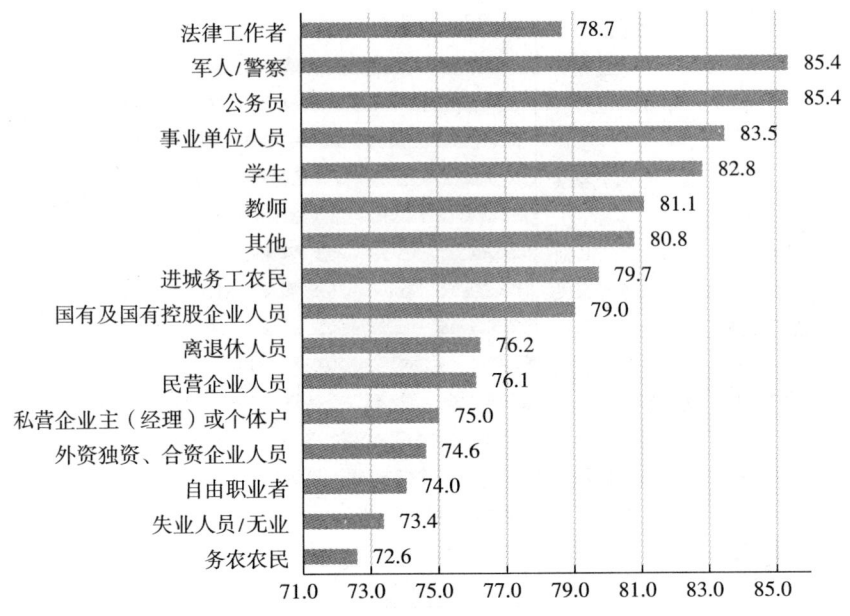

图18 不同职业被访人对党政领导干部守法表现的评价

（六）对政府信息公开工作的评价

1. 政府信息公开工作得到肯定

调查显示，被访人对政府信息公开工作评价平均得分为80.7分，较去年（78.7分）提高了2分，在13项指标中位列第四，与去年持平；其中90.3%被访人对该项的评分在60分及以上，79.6%在70分及以上。法律工作者的评分为80.3分，较去年提高2.4分，居中位。

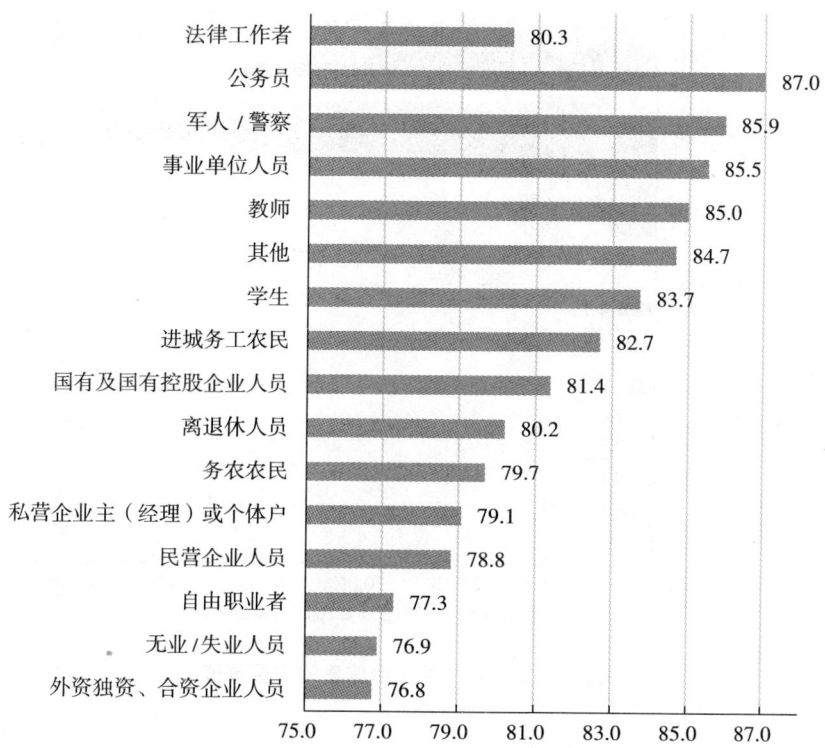

图 19　不同职业被访人对政府信息公开状况的评价

2. "网络"成为公众了解本市法治信息的主要渠道

调查显示，44.3%的被访人表示其了解本市法治信息的主要渠道是"网络"，比去年高出 15.8 个百分点；其次，表示主要通过"广播、电视新闻、报纸"来获取本市法治信息的被访人比例为 43.6%，较去年降低了 16.2 个百分点；此外，以"工作接触"和"普法活动"为主要渠道的均不足 5%。网络已经取代传统的广播、电视新闻、报纸，成为公众了解本市法治信息的主要渠道。

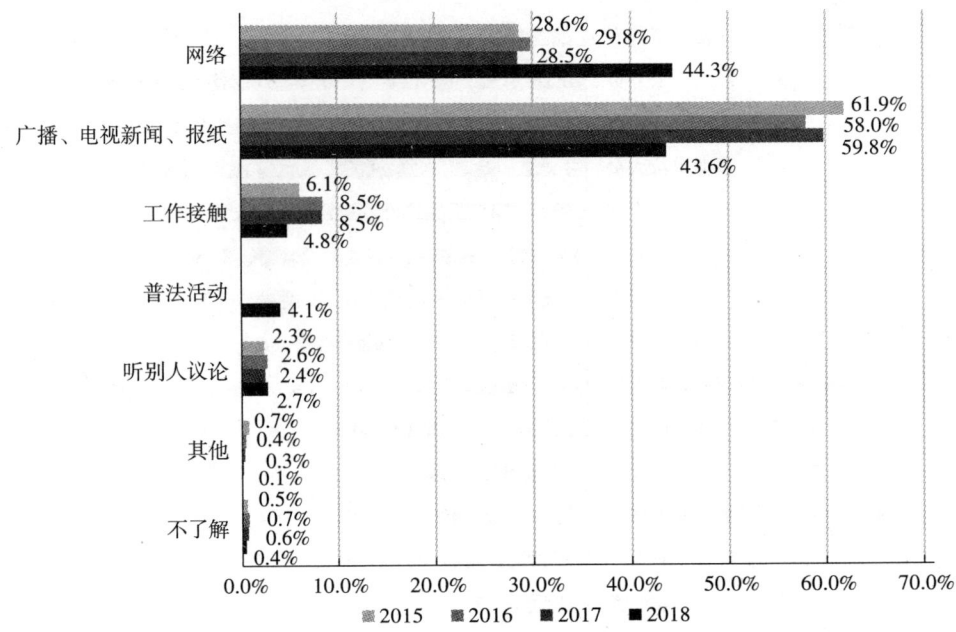

图20 被访人了解法治信息的主要渠道

（七）对反腐败工作的评价

反腐败工作获公众认可。调查显示，被访人对反腐败工作评价平均得分为80.2分，较去年（78.4分）提升1.8分，在13项指标中排名第六；其中，评分在60分及以上的被访人比例为88.6%，70分及以上的有78.4%。法律工作者对反腐工作的评分为80.1分，与去年（80.6分）基本持平，居中位。

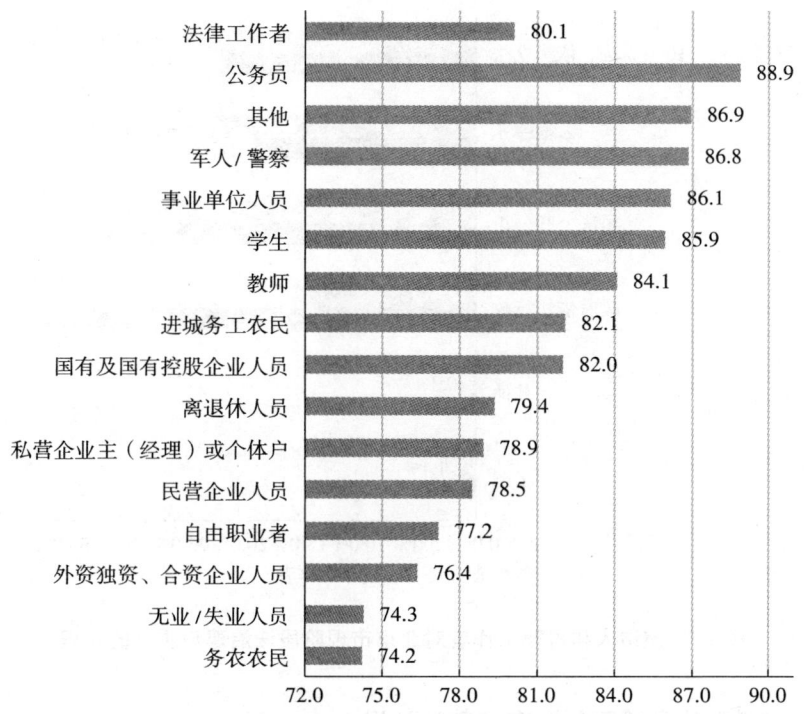

图 21　不同职业被访人对反腐工作的评价

（八）法治建设的重点领域

科学立法工作，取代去年的"全民守法"，成为北京市现阶段法治建设的重点。调查显示，在全部被访人中，27.2%认为北京市现阶段法治建设的重点是"科学立法、民主立法、依法立法"；其次是"全民守法"和"司法公开公正"，比例分别为 26.9%和 26.7%；此外，选择"政府依法行政"的为 17.9%。

320 位法律工作者中，认为"政府依法行政"是北京市现阶段法治建设重点的比例最高，为 33.1%；其次是"司法公开公正"，为 25.3%，显示出普通民众与专业法律工作者的显著差异。

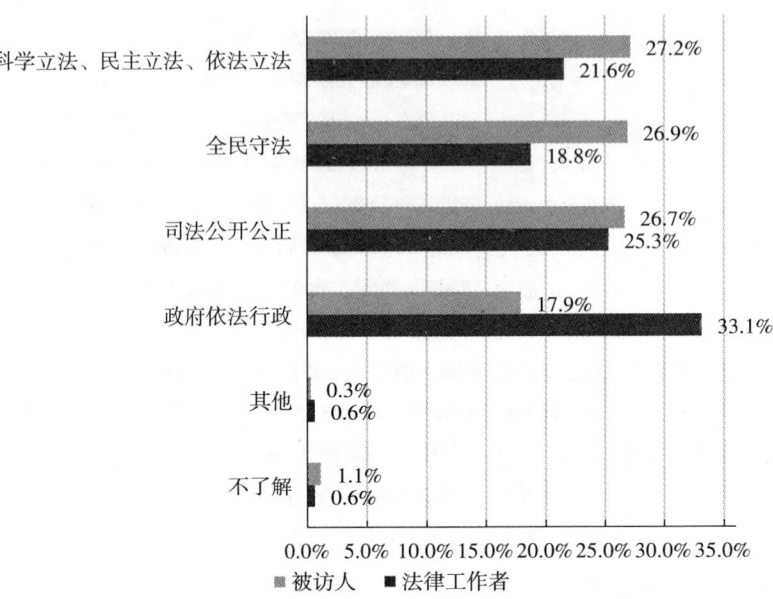

图 22　被访人和法律工作者对北京市现阶段法治建设重点的认识

三、对满意度评价高低分布趋势的认识

（一）分类统计得出的分布趋势

本次调查通过对被访人的基本信息包括户籍、受教育程度、收入、年龄以及相关经历等进行分类测算统计，得出满意度评分的高低分布趋势。

第一，城镇居民评价高于农村居民，外地人口评价高于本地人口。

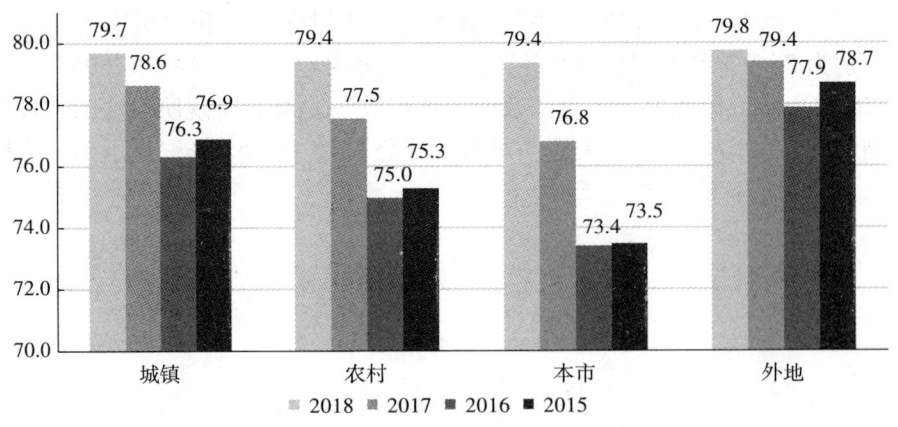

图 23　不同户籍被访人对本市法治建设状况满意度评分

第二，居住时间短的人对法治建设满意度评价高于居住时间长的人。

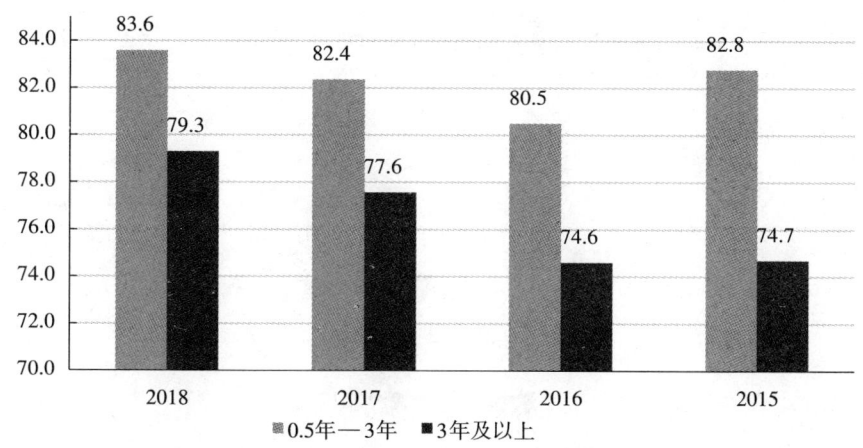

图 24　不同居住时长被访问人对本市法治建设状况满意度评分

第三，法治建设满意度评价大致随学历而走高。

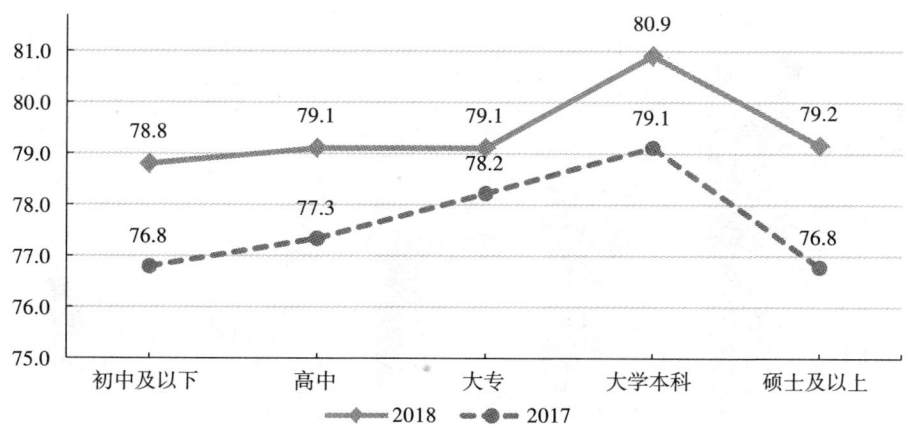

图 25　不同学历被访人对本市法治建设状况满意度评分

第四，不同收入阶层对法治建设状况的满意度评价呈现"两头低、中间高"的趋势，月收入在 5001 元到 10 000 元之间的被访人评价最高。

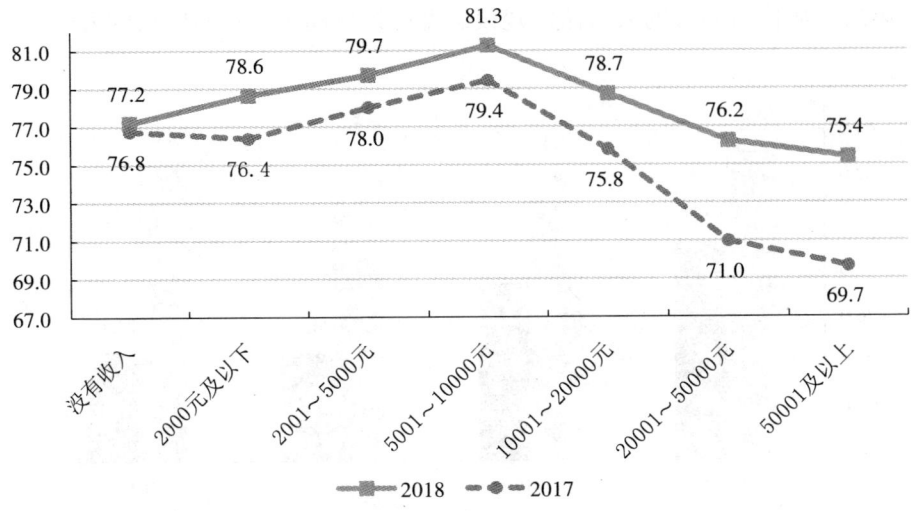

图 26　不同收入被访人对本市法治建设状况满意度评分

第五，法治建设满意度随年龄层次的增加而走低。"90 后"评价较高，"50 后"评价较低。

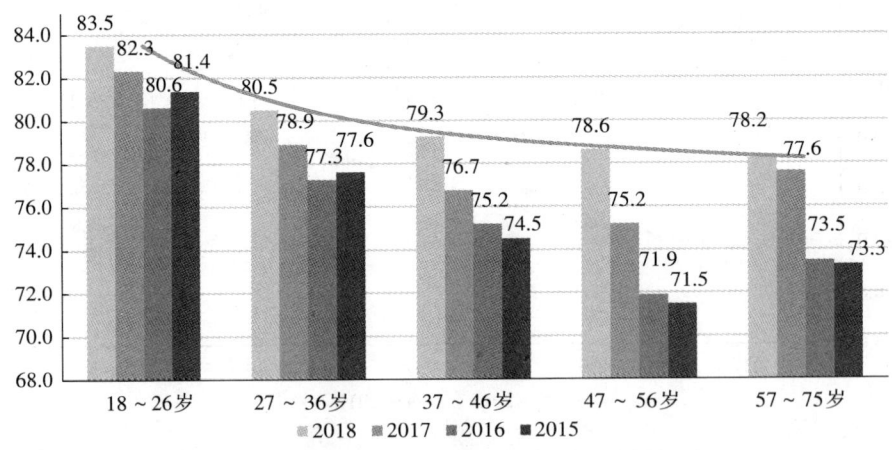

图 27　不同年龄层次的被访人对本市法治建设状况满意度评分

第六，法治建设满意度高低与被访人对法治相关事项的接触程度有着一定的关系。除参加过立法听证会的被访人评价高于没参与过的外，其他几项经历的被访人均是未接触的评价较高。

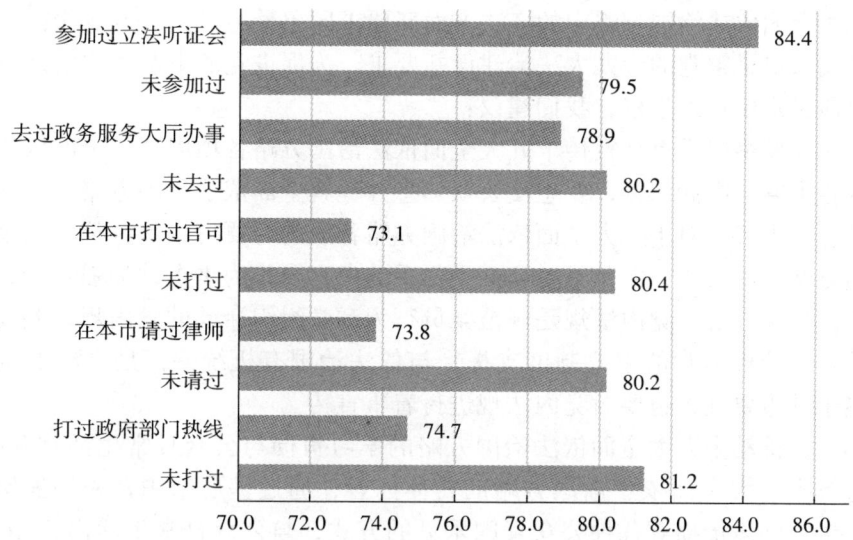

图 28　近三年不同经历被访人对本市法治建设状况满意度评分

（二）对上述趋势的认识

综合起来看，上述这些趋势与 2017 年总体一致，简述如下。

（1）法治评价高低与经济收入并非正相关关系。

（2）法治评价高低与居住时间长短呈负相关关系。

（3）法治评价高低与学历并非正相关关系。

（4）法治评价高低与对法治建设接触的多少并非明显的相关关系。

（5）法治国家建设在经济社会建设中地位的提升及法治宣传教育的成果在年轻人中起到了显著效果。

（6）低收入群体的社会获得感不强，法治评价低。

四、进一步提高法治建设满意度的建议

党的十九大报告指出："人民是历史的创造者，是决定党和国家前途命运的根本力量。必须坚持人民主体地位，坚持立党为公、执政为民，践行全心全意为人民服务的根本宗旨。"根据上述要求，为进一步提升人民对法治建设的满意度，结合北京市 2018 年法治建设满意度调查情况，就一步提高北京市法治建设满意度，提出如下建议。

（一）宣传落实党的十九大法治建设新要求的建议

为了解北京市贯彻落实党的十九大法治建设新要求在公众日常生活中的落实情况，本次调查新增了考察公众对党的十九大全面依法治国方略的了解情况。调查显示近一半的公众表示知晓全面依法治国方略的内容，80%以上公众对落实党的十九大全面依法治国方略中的守法方面新要求印象最为深刻。专业法律工作者比普通民众更了解党的十九大法治建设新要求。为促进党的十九大法治建设新要求在普通民众中落地生根，我们建议：

第一，要突出重点地宣传十九大全面依法治国方略各项内容。全面依法治国方略内容丰富，内涵深刻，要想使公众熟悉并理解全面依法治国方略，必须全面宣传其各项内容。对十九大全面依法治国方略各项内容要持续地宣传，让全面依法治国方略入脑入心，尤其是对公众不熟悉的内容要作为重点，加强宣传，让公众熟悉，加深理解。党内法规是规范党员行为和党组织活动的党内规章制度，是制度治党、依规治党的主要制度支撑，与依法治国有机统一，是立法的重要源头，鉴于其重要性，也要对党内法规进行着重宣传。

第二，推动十九大全面依法治国方略的学习贯彻与公众日常生活相互融合。一是分解十九大全面依法治国方略的具体内容，通过基层组织，采用展览、赠书、宣讲、网络传播等各种公众喜闻乐见的方式，与公众日常生活内容相结合，进行宣传，让老百姓看得见，能理解，记得住。二是举办各种活动，吸引公众参与。可举办知识竞赛、趣味答题、情景剧等活动，吸引公众广泛参与，让公众在活动中加深对知识的了解和印象。三是扎扎实实推进党的十九大治国方略在具体实践中的落实，真真切切将党的法治建设措施落到实处，让人民群众在自己的生产生活中自然而然地感受到全面依法治国带来的改变。

第三，发挥榜样作用，促进公众践行。挑选对十九大全面依法治国方略理解透彻并且德行兼备的部分典型人物，将其树为先进榜样，用身边的人讲身边的事，让国家政策方略的落实更加"接地气"，从而提升公众对国家政策方略的理解。同时，还要推动公众自身的践行，增强老百姓对落实十九大全面依法治国方略的参与度和行动力，进而提高公众对北京市法治建设的满意度。

（二）立法方面的建议

科学立法是判断"良法"的价值标准之一。调查显示，民众对依法立法和科学立法比较满意，对立法工作的民主程度满意度虽较往年有较大提升，但排名仍靠后。所以，相关部门尚需着力增强立法工作的民主性，我们建议：

第一，完善市人大与市政府之间立法工作沟通协商机制。以为人民服务为宗旨，市政府与市人大分工合作，畅通立法工作机制。市人大主导立法工作，密切联系群众，汇集民意、凝聚民识，通过法定程序来保证人民群众意愿成为法律。面对法规起草涉及的突出问题，市政府与市人大要充分沟通，真正形成立法工作的合力，从源头上保证法规的公平、公正。

第二，提升立法调研工作的科学性、全面性和针对性。一是要完善民意征集和反馈机制。拓宽民意反映渠道，综合运用座谈会、论证会、网络公开发布等机制和平台，保障公众对立法工作有序参与。二是要全面设计调研内容，采用灵活的调研方式。要使调研内容充分反映立法的目标和导向，要全方位地听取公众的意见建议。充分发挥组织明察暗访、第三方机构调研等多种调研方式的作用，充分利用"互联网"途径进行调研，方便公众参与立法工作。三是立法调研对象要全面。要认真听取社会各界包括专家和普通民众的意见建议，最大限度地涵盖调研对象。要注重对科学立法工作评价总体较低的民营企业人员、私营企业（经理）或个体户、外资独资合资企业人员、自由职业人员和无业人员等的意见，有针对性地与上述人员进行沟通、交流，将其合理诉求纳入到立法之中。努力提高立法信息收集的全面性和准确性，提升立法调研工作的科学性、全面性和针对性，保证民意调研结果的真实性，并平衡相关各方利益，寻求立法正义。

第三，继续强化立法的依法性。民主立法离不开依法立法。增强立法的民主程度，必须继续强化立法的依法性。一是要严格按照依法立法要求，加强宪法实施和监督，推进合宪性审查工作，维护宪法权威。二是依法立法要解决法出多门、地方保护主义等问题。立法部门在立法的时候，一定要遵守我国立法法等法律所设定的程序、授权界限。三是相关立法成果要接受法定的备案审查，完善"事后监督"的机制。尤其是完善司法程序中对相关法律法规的效力问题的解决程序。

（三）执法方面的建议

行政机关的严格执法是保证法的权威的重要方面。调研结果显示，虽然民众对"严格执法"的总体评价较去年有所提高，但分项指标满意度得分仍均低于平均分，排名仍居后位，对行政机关执法的实际效果满意度降至末位。为推进严格规范公正文明执法，我们建议：

第一，切实严格规范行政机关执法行为。一是切实加强行政执法队伍的思想教育工作。行政执法与民众生活息息相关，稍有不慎，就会造成不良的社会舆论。要增强行政机关执法队伍的公仆意识，树立秉公执法、执法为民的思想，使其自觉做符合其公仆身份与职务的工作，防止滥用执法权限。二是建立系统的培训机制，增强行政执法能力。采用"内部交流经验""专家学者讲法""异地挂职锻炼"等各种方式，系统地提高执法机关队伍的理论储备，不断提升执法能力，建设高素质的执法队伍。三是强化执法内部监管制度。执法往往会涉及各方利益，执法行为不能因为利益等原因而对当事人区别对待，引发执法公平公正问题。要完善行政权力运行监督，从程序和制度上增强执法人员的自律意识，严格规范执法行为。

第二，优化行政执法的实际效果。一是采用定量与定性相结合的方式来衡量执法机关的执法工作成效，既要看办案的数量，又要看办案的质量，要综合衡量执法人员的能力和潜力，并设置与之相配套的奖励机制，以正确地引导执法人员在执法过程中要保质保量，而非一味地追求"短快平"，造成对"疑难"案件的仓促处理或者刻意推诿、规避，维护健康的执法生态。二是提升执法的实际效果。进一步简政放权，降低准入门槛；公正监管，促进公平竞争；高效服务，营造便利环境，进一步健全依法行政制度体系、稳步提升行政执法效能，更好地服务人民群众的实际需要。三是增强执法的公正性。行政机关在执法过程中应坚持以事实为依据、以法律为准绳，合理设定行政处罚的自由裁量，尤其要合理设定对严格执法工作评价较低的进城务工农民、务农农民、民营企业人员、私营企业（经理）或个体户、外资独资合资企业人员、自由职业人员和无业人员等的行政处罚，在保证高效办案的基础上，确保执法的计划性、规范性和公正性，增强法治的震慑力，捍卫民众的合法权益，真正严格规范公正文明执法。

（四）司法方面的建议

司法公正是促进社会公平正义的最后防线。调查显示，民众对"公正司法"总体满意，评价得分较去年有所上升，但是分项指标——司法机关处理案件的公正程度满意度、律师的法律服务工作和司法裁决的实际履行效果满意度，得分排名却均居后位且较去年均有所下降，其中司法裁决的实际履行效果满意度排名下降至第十一位。为进一步提升司法公正，发挥司法公正引领社会公正的作用，我们建议：

第一，要纵深推进司法体制综合配套改革，全面落实司法责任制。一是进一步推进"立案登记制""法官员额制"等改革，规范司法过程，完善司法职业奖惩制度，提高司法队伍的工作积极性，提高司法"权力寻租"的成本与代价，杜绝司法腐败，保障法官作出公正的司法判决。二是进一步完善人民陪审员制度。通过严格方式选出人民陪审员，最大限度地代表人民群众的常识与需求，发挥人民陪审员在司法裁决中的发挥的作用。重视民众需求，以案普法，力争审理一案教育一片影响一方。要注重做到司法的规则之治和个案正义之间的平衡，尤其是增强对特殊、弱势群体的个案正义的维护，保障裁决的公开公正，要让正义以看得见的方式得以伸张。

第二，要着力全面治理司法裁判"执行难"的问题。一是增强民众对司法裁判履行之于国家法治建设意义的认识。司法裁判的公信力在于执行。缺乏公权力的充分干预，很多公正合理的判决就会变成"一纸空文"，对受害人不能带来应得的补偿，对施害人不能造成足够的威慑，严重危及国家的法治建设。因而，法院在司法裁判的执行方面要发挥更加有力的作用。二是要严格区分"执行难与执行不能"。对确实不能执行的，要积极引导市场主体增强防范风险的能力。对拒不履行裁决结果的"老赖""闹诉者"，绝不姑息，要采取相应的惩处措施如限制部分行为等，辅之以"失信名单"等配套的居民信用体系，实现司法效率和司法公信力的双提升。

第三，提升律师服务民生的能力。一是加强律师的业务能力与职业伦理培训，努力打造专业、正义、诚信的法律服务队伍。二是进行法律服务规范化建设。完善基层便民服务措施，规范服务场所设施、服务人员配备，建立相关制度等，实现律师工作的规范化。三是拓宽律师工作领域，扩大法律服务覆盖面。鼓励广大律师定向定期开展普法宣传，鼓励律师担任基层法律顾问或调解员，缩短法律服务与群众间的距离，不断增强群众的法治理念，办事依法、遇事找法、解决问题用法、化解矛盾靠法，为群众提供便捷、高效的法律服务。四是加强法律工作者之间的相互交流，互相听取意见，增进法律工作者对公正司法的了解和正面评价。

（五）守法方面的建议

法治不是单方面的事，既需要立法机关，司法机关，执法机关以及相关社会力量各司其职，恪守不渝，也离不开广大人民群众牢牢树立法治意识。调查表明，民众对社会治安状况最为满意，对公众守法的满意度和排名有提升，但对于党政领导干部遵守法律、带头依法办事的表现而言，虽然得分及评价均有所上升，却仍低于平均分值。为促进公众据法行事，党政领导干部依法履职，建议：

第一，加强党内法规制度建设，使公职人员有法有规可依。始终坚持中国共产党的领导，是实现中华民族伟大复兴的根本政治保证。治国的关键在于治党。要严格按照 2017 年 6 月中共中央印发的《关于加强党内法规制度建设的意见》，加快构建党内法规制度体系、提高党内法规制度落实力度，加强夯实组织领导，严格贯彻落实以习近平总书记为核心的党中央关于全面从严治党、依规治党的重大决策部署。要全面从严治党，依规治党，切实践行党内法规，努力保证其公信力，不让制度"成为稻草人、纸老虎"，要"让制度、纪律成为带电的'高压线'""使党员、干部心有所畏、言有所戒、行有所止"。

第二，完善国家工作人员学法用法制度。一是深入探索、创新领导干部学法制度。加大领导干部学法培训力度，积极号召学习宪法知识，熟练掌握法律条文。强化重大决策依法有据的意识，不断提高依法履职、依法办事的能力，促进党政领导尊崇法治、敬畏法律，增强党政领导运用法治思维和法治方式处理公务的自觉性和主动性。优化党政领导深化改革、推动发展、化解矛盾的方式方法，使其在遵法守法方面做好表率，发挥示范带头作用，形成"领头雁效应"。二是完善国家工作人员用法制度。健全依法决策机制，落实行政执法责任制以及重大事项决策合法合规的审查制度，推动法治政府建设。细化预案机制与具体对策，面对重大事项，国家工作人员能有标准判断自己所采取的措施是否合法合规，防止相互推诿，或者仓促决策，甚至错误决策。

第三，积极推进法治宣传活动，加强基层法治教育。一是普法单位要定期进行"走进社区"，进行普法宣传活动，充分了解当地居民的迫切需求，增强普法宣传的针对性和有效性，吸引民众积极参与，防止"剃头挑子一头热"。二是营造人人学法用法守法的法治氛围。树立宪法至上、法律面前人人平等的法治理念。三是要发挥网络传播速度快的优点，把涉及民众日常生活的法律知识和案例进行网络传播，营造人人学法用法守法的法治氛围，加强法律底线思维。四是要大力加强社会主义核心价值观教育，树立好人好事的榜样，用道德自律和法治思维规范民众行动，形塑民众品格，彰显守法本身的正义性，培养公民守法的自觉意识，让守法成为公民的一项内化于心的义务。

（六）其他方面的建议

为保持调查的一致性和连续性，本次调查还包括公众对信息公开、反腐败的满意度和法治建设重点领域的看法。调查显示，政府信息公开工作得到公众肯定，分数较去年有所提升，反腐败工作获公众认可，科学立法和政府依法行政分别被普通民众和专业法律人士视为北京市现阶段法治建设的重点领域。而且，不同群体，诸如城镇群体与农村群体之间，对法治满意度的评价上存在较大差异。为更好地推进北京市法治建设，我们建议：

第一，继续推进政府信息公开工作。要按照"公开为原则，不公开为例外"的要求公开政府事务及其掌握的其他信息，尤其是涉及民生重点领域的信息，让公众了解情况。要充分利用网络的及时性、广泛性优势，将相关政府信息第一时间在网络平台上公开，使得公民能够迅速、便捷地获取相关信息。同时，在实施信息公开工作时要注意技术的保密性、安全性，实时监测相关网络传播情况，及时更正相关数据，澄清不实信息，创造一个具有公信力的政府信息公开平台。

第二，继续稳步推进反腐败工作。一是完善党政领导干部管理制度，加强党风廉政建设。自上而下，细化党风廉政建设要求，加强党风廉政建设宣传，发挥"领导班子民主生活会"作用，促进党政领导干部自我监管。继续实施巡视巡察制度，及时处理巡视巡察得到的问题线索。二是保证公众沟通、投诉渠道畅通，全面落实各项公众监督机制。通过加强公众对国家工作人员行为的监督，督促国家工作人员严格遵守组织纪律，锤炼良好工作作风。三是切实运用相关法规规范国家工作人员言行举止。特别是要厉行《监察法》的要求，实现对所有行使公权力的公职人员的监察全覆盖，稳步推进法治反腐，把权力关进制度的笼子里。

第三，注重法治实施的总体平衡性。法治固然不排除一定程度的"各殊性"，但其最为核心的特征在于规则的一般性。根据调查，城镇与农村群体之间，外地与本地人群体之间，不同收入群体之间，居住时间不同的群体之间等，对法治满意度的评价存在较大差异。因而，要注重法治实施的总体平衡性，进一步平衡法治对于城镇群体和农村群体以及不同收入群体的价值。同时，要保障法治持之以恒地高质量地实施，让居住时间长、年龄高的居民也切实感受到法治的价值。此外，要在立法、执法、司法、守法等各个环节牢固树立法治意识，了解法治、热爱法治，让法治成为一种日常生活方式。为法治而奋斗，理应成为每一个法律人甚至普通人的追求。

专题报告

立三法修一法　形成首都交通法治新秩序

北京市人大常委会法制办公室

首都交通问题是 2014 年习近平总书记视察北京时指出的令人揪心的大城市病，也是广大市民非常关注的民生难题。北京市人大常委会在 2018 届首之年，在中共北京市委领导下，按照"主动、担当、精准、有效"的工作理念，一年内密集出台了四部交通领域的地方性法规。即"立三法修一法"：制定了《北京市机动车停车条例》《北京市查处非法客运若干规定》《北京市非机动车管理条例》，修订了《北京市实施〈中华人民共和国道路交通安全法〉办法》。

一、问题引导立法，人大直面问题回应群众呼声

一段时间以来，首都被称为"首堵"，这名称的背后是广大市民对交通堵塞、无序的不满和无奈。人大代表们多次反映群众的强烈呼吁。在北京市第十四届人民代表大会第一次和第三次会议上，共有 3 个代表团和 179 位市人大代表提出了关于缓解交通拥堵和加强机动车停车管理方面的 15 件议案。2018 年 1 月在北京市第十五届人民代表大会第一次会议上，又有 72 位市人大代表提出了关于规范共享单车和电动自行车方面的 4 件议案。

社会公众和代表们关注的交通问题主要包括：

一是本市停车难问题突出，直接影响动态交通的顺畅。截至 2017 年底，全市城镇地区车位约 382 万个，夜间需要停车的机动车约 384 万辆。从数字看，夜间停车位的供需总体平衡，但仍然存在着结构不平衡和区域不平衡的问题。这导致核心区、中心城区，尤其是胡同、居住小区和道路上的停车位缺口大。市民亲身感受的都是停车难，经常得去抢占车位、私划车位、私装地锁、挤占消防通道来停车。而且，道路上多排停放车辆、街巷两侧无序停放车辆等直接影响了机动车的正常运行，甚至过路行人都不得不在车辆中侧身挤过。

二是本市非机动车数量激增、交通违法乱象日益突出。近几年，本市电动自行车保有量猛增到约 400 万辆，其中超标电动车占总量的 80%。大街上，车辆无牌无证、假牌假证、超标上路屡见不鲜，闯红灯、逆行抢行、随意并线也随处可

见。同时，共享单车快速发展，投放数量达 220 多万辆。共享单车在解决最后一公里通行难题的同时，也带来了过度投放、堆积占道，骑行者随心所欲违反交通规则等问题。加上老年代步车、电动滑板车、独轮车等新工具大量涌上路面，导致各种车型、车速不一的车辆混行在一起，引发了较多的交通事故。2012 年至 2017 年 7 月，本市共发生非机动车交通事故约 27 万起，造成 1526 人死亡、近 16.8 万人受伤。

三是受非法利益驱动，黑车成为城市治理中的顽疾。由于开黑车"成本低、回报高"，在利益驱动下，大量黑车司机长期聚集在本市从事非法客运活动。据不完全统计，本市黑车数量约 25 万辆，扰乱了首都交通运营和社会管理秩序，有的甚至威胁到乘客的人身财产安全。

习近平总书记强调，"人民对美好生活的向往，就是我们的奋斗目标。"在北京，广大市民和人大代表都期盼着有序、规范、畅通的交通出行环境。面对群众和代表们的强烈呼吁，市人大常委会主动担当，按照"问题引导立法、立法解决问题"的思路，直面交通难题，集中发力，在短短一年内，加快立法步伐，打出立法组合拳。制定、修改的四部交通法规，统筹规范了机动车和非机动车两类主要交通工具、个体出行和客运经营两类主要交通行为，实现了对本市动态和静态两大交通体系的立法全覆盖，为推动形成首都交通法治新秩序提供了坚实的法治保障。

二、坚持党的领导，发挥市委对交通立法的统揽全局作用

一是把住规划关，市委、市人大党组明确将交通立法列入五年立法规划，作为落实城市总体规划的重要抓手。2017 年，党中央、国务院正式批复《北京城市总体规划（2016 年—2035 年）》，其中要求：标本兼治治理交通拥堵，综合运用法律、经济、科技和行政手段，加快建设完善城市综合交通体系。市委确定将落实城市总体规划作为北京三件大事之首。市人大常委会在编制五年立法规划时也明确指出，要以贯彻习近平总书记对北京重要讲话精神为指导思想，以落实城市总体规划为统领，统筹谋划首都立法工作。为此，专门将涉及交通领域的多项地方性法规，列入五年立法规划中。包括：制定机动车停车管理条例、非机动车管理条例、查处非法客运若干规定，以及修订出租汽车管理条例、公路条例。而且，市人大常委会早谋划、早动手，在五年立法规划实施的第一年，就积极组织协调，督促政府抓紧起草法规，要求人大专委会抓紧进行审议，使四项交通法规得以尽早通过，以坚实的法律制度保证习近平总书记的重要指示在京华大地落地生根。

二是把住立项关，市委确定将交通法规的立法形式从政府规章上升为地方性法规。非机动车管理立法原本是 2017 年市政府制定规章的立法项目。市委主要领导在听取汇报时明确提出：对本市非机动车管理要从源头抓起，形成从生产、销售到登记、通行、停放的全过程、全覆盖的监管体系，对违法行为要加大惩处力度。政府规章受制于其自身立法权限，因此需要由人大制定地方性法规，以规定出更有效的管理措施和更严格的法律责任。同时，考虑到非机动车关系到广大市民切身的财产权利，需要有更广泛的民主程序和更严格的审议程序，来保障民意民情得到充分地吸收与采纳。因此，市委决定将非机动车管理立法形式从政府规章上升为地方性法规，为非机动车管理提供更精准、更有效的制度规范。

三是把住内容关，市委、市人大党组针对交通法规中的重点难点问题，多次召开会议进行专题研究，做出明确的立法指示。除了常规地向市委请示报告立法情况外，在起草环节，市委专门增加了一次会议，专题听取了市政府对非机动车管理和查处非法客运草案的起草情况汇报，从源头就开始关注立法的主要目的和核心制度，进行总体把关。在审议环节，市人大党组充分履行对人大立法的领导职责，先后召开十多次党组会研究这四部交通法规。市委在专题听取市人大党组对机动车停车立法的情况汇报后，做出进一步要求：停车立法要发挥引领、推动、保障和规范作用，既管当前、也管长远，显示制度预期；要有大局意识，将停车立法纳入治理大城市病、疏整促行动中进行统筹考虑；还提出了具体的停车制度设计，如：居住停车位要适度满足，出行停车位则从严控制等。市委还专门组织开展立法协商工作，征求了市政协对《北京市非机动车管理条例（草案）》的意见，扎实推进协商民主。可以说，市委和市人大党组做出的明确指示，发挥了把方向、管大局的作用，保证了交通法规符合党中央对北京的战略定位要求，符合首都未来交通的发展方向。

三、发挥人大的立法主导作用，立出有效、管用的交通法规

一是恪守依法立法原则，确保地方性法规的合法性和权威性，经得起备案审查。党的十九大报告首次将依法立法与科学立法、民主立法并列为重要立法原则，还提出要加强宪法实施和监督，推进合宪性审查工作。市人大常委会认真贯彻落实党的十九大精神，坚持将依法立法原则作为交通立法工作的基本底线，做到不与宪法和法律、行政法规相抵触。

如：《北京市查处非法客运若干规定（草案）》第11条曾规定："在本市从事非法客运经营达到两次以上的本市小客车，车辆出售、报废后，小客车指标管理机构不予办理车辆更新手续。在本市从事非法客运经营受到行政处罚的外埠车辆，自作出行政处罚决定之日起，一年内不得在本市道路上行驶。"在市人大常委会向社会公开征求意见中，有多位法学专家、网约车经营企业和社会公众对此提出质疑，认为其合法性不足，而且会对营运驾驶员造成过重的权益影响。市人大常委会高度重视这些反映不同诉求的意见，随即开展了一系列的调研论证：先后组织两次专家论证会，征求了十多位法学专家的意见；召开三次部门座谈会听取意见，实地调研违法车辆的查处情况。在充分调研的基础上，市人大法制委员会在审议结果报告中专门做出回应："在公开征求意见过程中，有意见提出，本条规定对于公民权益会产生较大影响；同时，法学专家对本条规定的合法性、合理性还存在较大分歧。法制委员会经慎重研究，建议删去草案第十一条。"

值得一提的是，市人大常委会在开展交通立法中，多次针对疑难法律问题，尤其是如何与国家《行政处罚法》《行政强制法》以及相关上位法保持一致、不突破地方立法权限的问题，及时向全国人大常委会法工委、司法部、公安部、工信部做了请示汇报。国家机关给予了我们大力支持和指导，帮助我们把住了法律关，恪守了依法立法原则，保证了地方立法质量。

二是针对交通法规的社会民生属性，充分发挥立法机关在表达、平衡、调整社会利益中的主导作用，开展了卓有成效的民主立法、科学立法工作，妥善处理了不同群体的利益诉求，增强了广大市民对有序交通秩序的参与感和获得感。

如：在机动车停车立法中，由于本市的交通承载能力和城市资源的有限性决定了停车位的供给不是按需提供，公共利益和居民停车利益之间的矛盾是必然存在的。而市人大常委会要做出立法决策，就必须在这矛盾的焦点上砍一刀。如何精准地砍出这一刀？市人人常委会为此开展了一系列工作：其一，全面普查本市停车资源，掌握立法基础数据。由市交通委牵头开展本市停车资源普查工作，委托专业公司负责开展调查，各区各部门补充、核实数据。普查数据为立法决策提供了准确的数据支撑，提高了科学决策水平。其二，依托北京人大特有的"三级代表联动机制"，广泛征求了近千位人大代表的意见。其中：市人大代表参加166人次，区人大代表参加664人次，乡镇人大代表参加145人次。通过三级代表联动机制，使机动车停车立法的主要思路和核心制度在广大代表和市民中得到了广泛宣传普及。在调研论证基础上，市人大常委会按照市委的立法指示，进一步确定机动车停车制度设计要按照"保居住、限过往，保存量、限增量"的原则，区分居住停车和出行停车，区分重点区域和非重点区域，规定不同的停车泊位供给和停车定价机制。可以说，这既可以适度满足居民的居住停车需求，缓解中心城区的停车难问题；又从严控制出行停车需求，降低中心城区的机动车使用强度，为大多数的公众出行提供顺畅的交通环境。

三是依法赋予政府行使行政处罚和强制措施的职权，让交通法规长出牙齿，为交通治理提供足够的法律武器。

如：制定《北京市查处非法客运若干规定》，在删除前述的有争议条款、"拔一颗牙"的同时，为保证从严治理黑车的力度不减，市人大常委会又依法增加了暂扣驾驶证的行政处罚、"补了一颗牙"。在反复征求全国人大法工委、司法部和多位法学专家意见的基础上，市人大常委会根据国家《行政处罚法》，借鉴上海立法经验，明确增加一条行政处罚，即：驾驶人员从事非法客运经营被执法部门处罚两次的，由公安机关交通管理部门暂扣三个月机动车驾驶证；从事非法客运经营被执法部门处罚三次以上的，由公安机关交通管理部门暂扣六个月机动车驾驶证。同时，法规中还针对隐蔽性强、危害性高的克隆出租车，以及横冲直撞、危及公共安全的残摩载客等违法行为，依法规定了"没收车辆"的行政处罚；针对违法运营的网约出租车和巡游出租车，依法规定了"扣押车辆"的行政强制措施。这些有力的行政管理措施，为规范本市客运市场秩序、保障乘客合法权益提供了坚强的法治保障。

再如：非机动车管理立法从"立一法"改为"立一法、修一法"，实现了对机动车和非机动车的规范全覆盖。在《北京市非机动车管理条例（草案）》中，曾一度将老年代步车、快递车、外卖车的行政处罚措施放在"附则"章中。这既不符合立法技术规范，也与非机动车管理立法的调整范围不符合。对此，市人大常委会提出：既要坚决管住社会普遍关注的老年代步车和快递车、外卖车的违法乱象，又要保证地方立法质量、不出现明显的立法瑕疵。因此决定：在制定《北京市非机动车管理条例》的同时，修订《北京市实施〈中华人民共和国道路交通安全法〉办法》。这两部法规涵盖了对非机动车和机动车的全部管理规范：一是对电动自行车和共享单车进行严格管理，对违法经营企业进行约谈、限制投放、代履行以及没收、罚款、吊销营业执照，对违法个人处以扣车、罚款、收缴车辆。二是对老年代步车，从源头禁止生产、销售和使用，违者将被处以没收、并处罚款、吊销营业执照、查封的重罚；对现有的老年代步车，则根据现行的道路交通法律法规进行规范。三是对快递车、外卖车，授权市政府制定管理办法，纳入整治范畴。四是对违法使用电动平衡车、滑板车等上路的，处以扣留、罚款。

四、多方合力，推动形成首都交通法治新秩序

"徒法不足以自行。"出台的四部交通法规是否真正有效，还需要市人大常委会加强监督、政府严格执法和公众全面守法，共同形成法治合力，推动建立交通治理新秩序。

一是政府部门抓紧开展法规实施工作，为新交通法规的实施提供便民服务。如：《北京市非机动车管理条例》2018年11月1日起实施，为方便市民对已有的电动自行车申领牌照、取得合法上路资格，北京市交管部门在全市设置了223处牌照发放站点，其中"线上申报、线下领取"点202处，"预约办理、现场申领"点21处。"北京交警"APP还专门开通"过渡期电动自行车申请临时标识工作平台"，方便市民上线申请和预约。实施一个月来，多处登记点持续爆满，反映出广大市民对交通治理新秩序的热切支持和法治意识的不断提升。

二是市人大常委会统筹立法和监督工作，发挥"法律巡视"的利剑作用，以法律监督来促进新交通法规的全面施行。延续"法规实施当年就开展执法检查"的北京做法，将对照交通法规的每一个法条进行详查，落实政府部门的管理职责，督促政府制定出台法规的配套规定。如：电动自行车的产品目录、登记办法和过渡期管理办法等。同时，还将广泛宣传新交通法规，让群众充分了解和广泛参与首都交通治理，共同营造有序、规范、畅通的首都交通法治新秩序。

发挥金融审判职能　保障金融健康发展
——党的十八大以来北京金融审判工作调研报告

北京市高级人民法院审判管理办公室课题组[*]

第一部分　北京法院 2013 年—2018 年金融审判概述

北京是国家金融监管中心。国内主要金融机构聚集在北京，主要金融行业协会也聚集在北京，北京金融资产占全国金融资产总量的 45%[2]。金融审判是人民法院审判工作的重要组成部分，北京的区位特征决定了北京法院的金融审判具有特殊意义。党的十八大以来，北京法院坚持首善标准，依法审理各类金融案件，积极创新金融审判理念和工作机制，不断提升金融审判能力，努力为营造良好的金融法治环境提供司法服务和保障。

一、北京法院金融审判数据统计与分析

六年来（2013 年—2018 年，下同），北京法院新收各类涉金融刑事、民事、行政案件共计 468 015 件，审结 467 575 件（含旧存案件，下同），收结案数呈现逐年上升趋势（详见图 1）。

---

　*　课题主持人：吉罗洪，北京市高级人民法院党组副书记、副院长；课题负责人：周晓冰，北京市高级人民法院审判管理办公室主任；执笔人：范跃如，北京市高级人民法院审判管理办公室副主任；罗鹏飞，北京市高级人民法院刑二庭副庭长；王姝、潘俊美、黄源泉，北京市高级人民法院审判管理办公室干部；刘建勋，北京市西城区人民法院金融街法庭庭长；陈婵、高亢、郝卉，北京市西城区人民法院立案庭（诉讼服务中心）审判员；宋健，北京市西城区人民法院立案庭（诉讼服务中心）法官助理；曹实，北京市高级人民法院行政庭书记员。
〔2〕　引自北京市金融工作局局长霍学文在"2018 中国银行保险业国际高峰论坛"上的致辞。

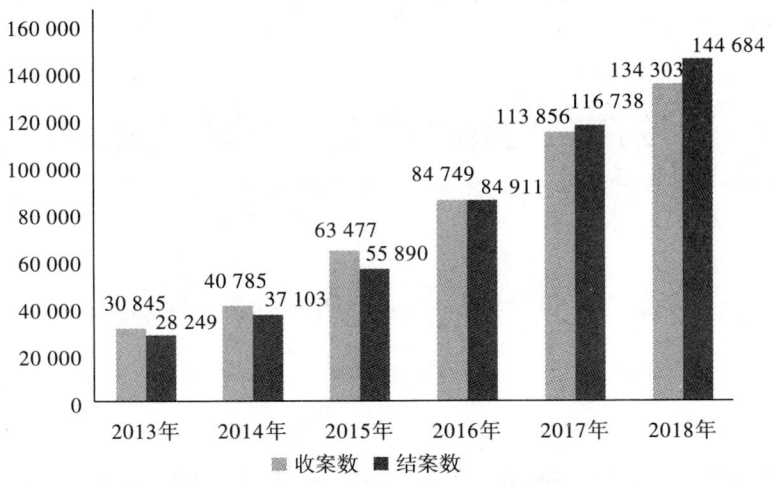

图1　北京法院涉金融案件情况（单位：件）

（一）涉金融刑事审判工作

金融犯罪共涉及 44 项具体罪名[1]。六年来，北京法院共新收各类涉金融犯罪刑事案件 4746 件，审结 4633 件，整体呈现以下特点：一是年收案数量较为平衡，从 2015 年开始，年收案数均维持在 700 件~800 件（详见图2）。二是犯罪类型集中，以破坏金融管理秩序罪、金融诈骗罪为主，上述两类案件总数达 4361 件，占全部案件的 92.31%。信用卡诈骗罪、非法吸收公众存款罪是占比最高的

---

[1]　涉金融犯罪的罪名：涉金融犯罪的罪名集中在《刑法》第三章第四节"破坏金融管理秩序罪"和第五节"金融诈骗罪"，共涉及 44 项具体罪名。其中，职务侵占罪、贪污罪、非国家工作人员受贿罪、受贿罪、挪用资金罪、挪用公款罪等 6 项罪名非涉金融犯罪专属罪名，其他犯罪行为也可涉及；其余 38 项罪名属于涉金融犯罪专属罪名，根据侵害犯罪客体的不同，可分为以下 9 类 38 项罪名：①危害货币管理制度罪：伪造货币罪，出售、购买、运输假币罪，金融工作人员购买假币、以假币换取货币罪，持有、使用假币罪，变造假币罪。②危害金融机构设立管理制度罪：擅自设立金融机构罪，伪造、变造、转让金融机构经营许可证、批准文件罪。③危害金融机构存贷管理制度罪：高利转贷罪，骗取贷款、票据承兑、金融凭证罪，非法吸收公众存款罪，违法发放贷款罪，吸收客户资金不入账罪。④危害金融票证、有价证券管理制度犯罪：伪造、变造金融票证罪，妨害信用卡管理罪，窃取、收买、非法提供信用卡信息罪，伪造、变造国家有价证券罪，伪造、变造股票、公司、企业债券罪，擅自发行股票、公司、企业债券罪，违规出具金融票证罪，对违法票据承兑、付款、保证罪。⑤危害证券、期货市场管理制度犯罪：内幕交易、泄露内幕信息罪，利用未公开信息交易罪，编造并传播证券、期货交易虚假信息罪，诱骗投资者买卖证券、期货合约罪，操纵证券、期货市场罪。⑥危害客户、公众资金管理制度犯罪：背信运用受托财产罪，违法运用资金罪。⑦危害外汇管理制度罪：逃汇罪，骗购外汇罪。⑧危害金融业务经营管理制度犯罪：洗钱罪。⑨金融诈骗犯罪：集资诈骗罪，贷款诈骗罪，票据诈骗罪，金融凭证诈骗罪，信用证诈骗罪，信用卡诈骗罪，有价证券诈骗罪，保险诈骗罪。

具体罪名，二者收结案总数分别占全部案件的 81.06%、80.40%（详见表1）。

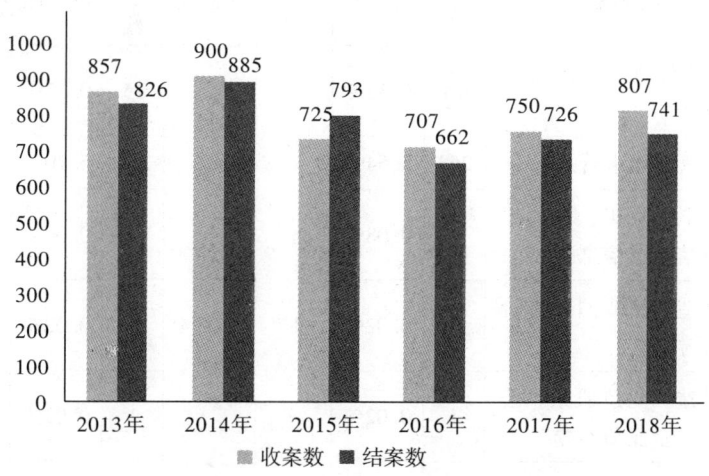

图2　北京法院涉金融犯罪刑事案件情况（单位：件）

表1　涉金融刑事案件结案案由分布情况（单位：件）

犯罪类别	结案案由	收案数	占　比	总收案数	总占比	结案数	占　比	总结案数	总占比
危害货币管理制度犯罪	伪造货币罪	5	0.11%	44	0.93%	5	0.11%	45	0.97%
	出售、购买、运输假币罪	13	0.27%			13	0.28%		
	持有、使用假币罪	26	0.55%			27	0.58%		
危害金融机构存贷管理制度犯罪	骗取贷款、票据承兑、金融凭证罪	55	1.16%	1365	28.76%	55	1.19%	1188	25.64%
	非法吸收公众存款罪	1276	26.89%			1099	23.72%		
	违法发放贷款罪	34	0.72%			34	0.73%		

续表

犯罪类别	结案案由	收案数	占比	总收案数	总占比	结案数	占比	总结案数	总占比
危害金融票证、有价证券管理制度犯罪	伪造、变造金融票证罪	15	0.32%	287	6.05%	15	0.32%	287	6.19%
	妨害信用卡管理罪	263	5.54%			264	5.70%		
	窃取、收买、非法提供信用卡信息罪	4	0.08%			3	0.06%		
	伪造、变造国家有价证券罪	1	0.02%			1	0.02%		
	伪造、变造股票、公司、企业债券罪	1	0.02%			1	0.02%		
	违规出具金融票证罪	2	0.04%			2	0.04%		
	擅自发行股票、公司、企业债券罪	1	0.02%			1	0.02%		
危害证券、期货市场管理制度犯罪	内幕交易、泄露内幕信息罪	4	0.08%	20	0.42%	5	0.11%	22	0.47%
	利用未公开信息交易罪	15	0.32%			16	0.35%		
	操纵证券、期货市场罪	1	0.02%			1	0.02%		
危害客户、公众资金管理制度犯罪	违法运用资金罪	2	0.04%	2	0.04%	2	0.04%	2	0.04%
危害外汇管理制度犯罪	骗购外汇罪	2	0.04%	2	0.04%	1	0.02%	1	0.02%

续表

犯罪类别	结案案由	收案数	占比	总收案数	总占比	结案数	占比	总结案数	总占比
危害金融业务经营管理制度犯罪	洗钱罪	2	0.04%	2	0.04%	2	0.04%	2	0.04%
金融诈骗犯罪	集资诈骗罪	166	3.50%	3016	63.55%	160	3.45%	3078	66.44%
	贷款诈骗罪	33	0.70%			36	0.78%		
	票据诈骗罪	100	2.11%			106	2.29%		
	金融凭证诈骗罪	23	0.48%			24	0.52%		
	信用证诈骗罪	22	0.46%			23	0.50%		
	信用卡诈骗罪	2571	54.17%			2626	56.68%		
	保险诈骗罪	101	2.13%			103	2.22%		
非涉金融犯罪专属罪名	职务侵占罪	3	0.06%	8	0.17%	3	0.06%	8	0.17%
	非国家工作人员受贿罪	4	0.08%			4	0.09%		
	受贿罪	1	0.02%			1	0.02%		

（二）涉金融民事、商事审判工作

涉金融民事（含商事，下同）案件数量多、案由种类丰富，主要案件类型包括借款合同、银行卡、证券、保险、票据等纠纷[1]。六年来，北京法院共新收各类涉金融民事案件 461 710 件，审结 461 407 件，具有以下特点：一是收结案数整体上呈现快速上升趋势，特别是自 2013 年—2017 年之间，收结案数年增幅均超过 30%（详见图 3），其中借款合同纠纷增长尤其突出，是带动涉金融民事案件数量上升的主要因素（详见图 4）。二是信托、保理、基金等新类型案件不断出现，虽然案件总量不大，但是对法院的审判能力提出了更高的要求。三是案件区域分布不均衡，北京城区的朝阳、西城、石景山、海淀、东城、丰台六家法院审理了全市 70% 以上的案件。

---

[1] 涉金融民事案件类型：主要有借款合同纠纷、保证合同纠纷、抵押合同纠纷、质押合同纠纷、定金合同纠纷、进出口押汇纠纷、储蓄存款合同纠纷、银行卡纠纷、融资租赁合同纠纷、委托理财合同纠纷、典当纠纷、追偿权纠纷、证券纠纷、期货交易纠纷、信托纠纷、保险纠纷、票据纠纷、信用证纠纷等十八个三级案由及分期付款买卖合同纠纷这一个四级案由。其中，借款合同纠纷含金融借款合同纠纷、同业拆借纠纷、企业借贷纠纷、民间借贷纠纷、小额借款合同纠纷、金融不良债权转让合同纠纷、金融不良债权追偿纠纷 7 个四级案由；银行卡纠纷含借记卡纠纷、信用卡纠纷 2 个四级案由；委托理财合同纠纷含金融委托理财合同纠纷、民间委托理财合同纠纷 2 个四级案由；证券纠纷含证券权利确认纠纷、证券交易合同纠纷、金融衍生品种交易纠纷、证券承销合同纠纷、证券投资咨询纠纷、证券资信评级服务合同纠纷、证券回购合同纠纷、证券上市保荐合同纠纷、证券发行纠纷、证券返还纠纷、证券欺诈责任纠纷、证券托管纠纷、证券登记、存管、结算纠纷、融资融券交易纠纷、客户交易结算资金纠纷 17 个四级案由；期货交易纠纷含期货经纪合同纠纷、期货透支交易纠纷、期货强行平仓纠纷、期货实物交割纠纷、期货保证合约纠纷、期货交易保证金纠纷、期货欺诈责任纠纷、操纵期货交易市场责任纠纷、期货内幕交易责任纠纷、期货虚假信息责任纠纷 11 个四级案由；信托纠纷含民事信托纠纷、营业信托纠纷、公益信托纠纷 3 个四级案由；保险纠纷含财产保险合同纠纷、人身保险合同纠纷、再保险合同纠纷、保险经纪合同纠纷、保险代理合同纠纷、进出口信用保险合同纠纷、保险费纠纷 7 个四级案由；票据纠纷含票据付款请求权纠纷、票据追偿权纠纷、票据交付请求权纠纷、票据返还请求权纠纷、票据损害责任纠纷、票据利益返还请求权纠纷、汇票回单签发请求权纠纷、票据保证纠纷、确认票据无效纠纷、票据代理纠纷、票据回购纠纷 11 个四级案由；信用证纠纷含委托开立信用证纠纷、信用证开证纠纷、信用证议付纠纷、信用证欺诈纠纷、信用证融资纠纷、信用证转让纠纷 6 个四级案由。

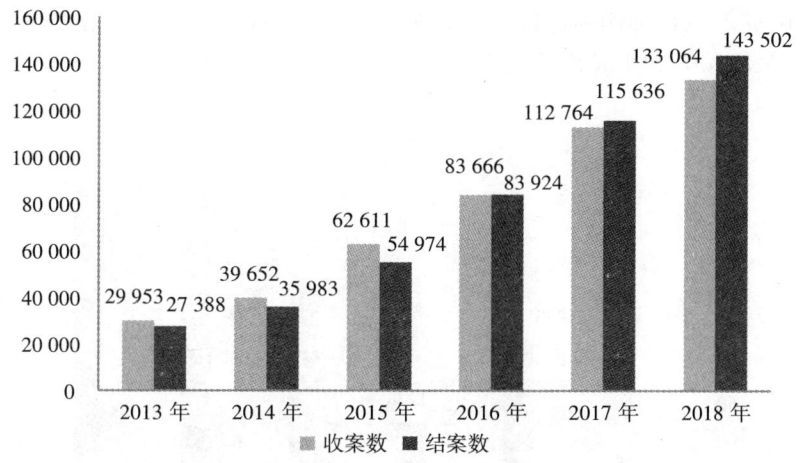

图 3　北京法院涉金融民事案件情况　（单位：件）

图 4　北京法院借款合同纠纷收案情况（单位：件）

（三）涉金融行政审判工作

北京法院受理的金融行政案件涉及原"一行三会"、中国银保监机构、国家外汇管理局、北京市金融工作局[1]等金融监管机构，案件覆盖金融监管的各个环节，涉及行政许可、行政处罚、政府信息公开等多种行为。六年来，北京法院共新收各类涉金融行政案件 1559 件，审结 1535 件，整体呈现以下特点：一是收结案数在经历了 2014 年的大幅度增长及 2015 年的显著回落后，从 2016 年开始趋于稳定（详见图 5）。二是案件类型以涉信息公开类最多，收案数为 337 件，

---

〔1〕　2018 年 11 月 8 日，北京市成立北京市地方金融监督管理局，并加挂北京市金融工作局牌子，不再保留单设的北京市金融工作局。

占比 21.62%。三是诉讼主体以涉证监机构的案件数量最多，收结案数占全部案件的 40.35%、40.00%（详见表 2）。

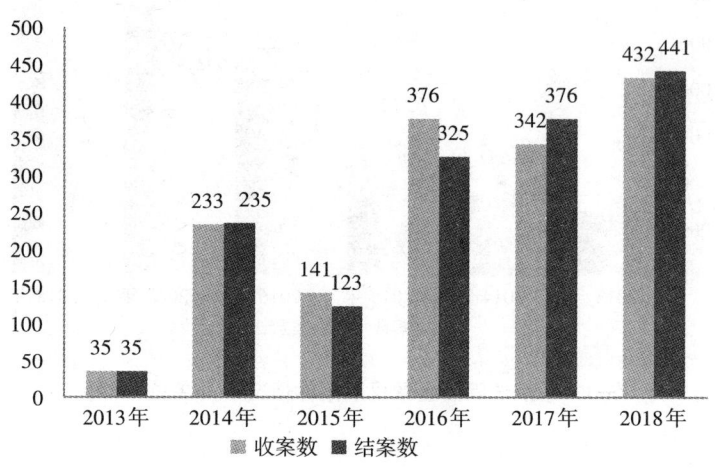

图 5　北京法院涉金融行政案件情况（单位：件）

表 2　各金融监管机构案件分布情况（单位：件）

涉及机构	2013 年		2014 年		2015 年		2016 年		2017 年		2018 年	
	收案	结案	收案	结案	收案	结案	收案	结案	收案	结案	收案	结案
人民银行	0	0	6	4	12	12	16	13	21	25	181	178
证监机构	21	21	55	59	52	52	186	151	156	170	159	161
原银监机构	2	1	67	68	38	33	82	66	109	117	37	45
原保监机构	12	13	104	104	31	21	85	84	49	58	19	21
外汇管理局	0	0	1	0	8	5	0	4	5	4	1	2
北京市金融工作局	0	0	0	0	0	0	7	7	2	2	5	5
中国银保监机构	0	0	0	0	0	0	0	0	0	0	30	29

二、北京法院金融审判的工作举措与成效

（一）公正审理各类金融案件，维护金融市场健康稳定发展

（1）依法审理涉金融刑事案件，维护金融安全和社会稳定。金融安全是国

家安全的重要组成部分。北京法院依法严惩金融犯罪行为，年办理数量从 2014 年最高时的 900 余件逐渐下降到 700 余件且趋于平稳，切实维护了金融安全和社会稳定。金融刑事审判工作有两个重点：一是"打击犯罪+推动完善"并行。如针对信用卡类刑事案件，法院在依法对犯罪人处以刑罚的同时，积极向发卡银行提出建议，建议其加大对信用卡申领人资信状况、还款能力的审查，通过引入新的信息技术提高银行卡防伪水平。二是严厉打击涉众型金融犯罪，涉众型金融犯罪主要是以金融创新为名义的非法吸收公众存款、集资诈骗类犯罪，具有被害人数量多、涉案金额大、社会影响广的特点，易引发不稳定因素。广受各界关注的"e 租宝案"等案件的妥善审理，取得了良好的社会效果。

（2）依法审理涉金融民事案件，引导规范金融市场行为。涉金融民事审判承担着绝大多数金融案件的审判任务。北京法院通过有效化解金融纠纷，引导和规范金融交易，防范金融风险，努力营造良好的营商环境。面对年均增幅超过 30% 的案件数量，北京法院采取了以下有效措施：一是针对民间借贷纠纷、金融借款合同纠纷、信用卡纠纷等多发金融民事案件，通过明确裁判标准，探索"立保同步、保调对接、立审执衔接"工作机制，推行"要素式审判"等方式提高审判质量与效率。二是积极开展业务培训，提升审判人员的金融知识，使其具有妥善审理涉互联网金融、银行卡非授权支付、伞形信托等新类型案件的能力。三是积极与北京市金融工作局、北京多元调解发展促进会、北京市互联网金融行业协会等机构或部门沟通协调，开展金融纠纷多元化解和源头预防等工作，六年来一审以调解、撤诉方式办结案件近 20 万件，占全部涉金融民事一审案件的 41.82%，妥善稳步推进争端解决。

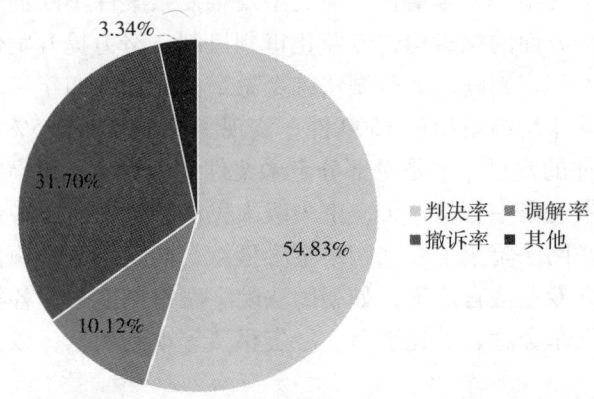

图6　北京法院涉金融民事案件一审案件结案方式占比

（3）依法审理涉金融行政案件，促进金融监管的法治化建设。金融行政审判，是金融监管体系中重要的法治守门员。北京法院涉金融行政审判工作始终秉承司法使命，配合金融改革和金融监管机构调整，从以下三个方面促进金融监管的法治化建设：一是支持金融监管机构依法履行职责，打击扰乱金融市场秩序的行为。二是圆满审结了一批新类型、社会关注度高的重大疑难案件，通过确立裁判规则实现指引社会行为的效果。三是推动金融监管不断完善，将审理中发现的与监管有关的问题，向银保监会等机构发出司法建议，促进相关单位弥补金融监管漏洞、完善监管工作机制。

（二）积极推进审判规范化建设，统一金融案件裁判标准

建设金融案件裁判标准，有利于实现金融审判的规范化，北京法院从四个方面开展有关工作：一是制定案件办理规范。采取招投标形式，集中全市三级法院骨干力量编写完成了《北京法院案件办理规范》，其中有多项规范涉及金融审判，有效统一了金融案件的法律适用和裁判尺度。二是扎实推进法官会议制度。制定了法官会议的启动程序、研讨范围、议事规则和结果运用等工作机制，确保法官会议实质化。三是切实落实院、庭长办案制度。以院、庭长审理涉金融典型案件及疑难复杂案件的方式，发挥其审判能力和审判经验等业务优势，突出其办案的示范指导作用，并以此推动案件审判质量和效率的全面提升。四是探索建立"问题发现"机制。北京市高级人民法院民二庭建立了商事审判三级法院专职联络员制度，制定明确的"问题层报规则"，在北京法院商事审判内网中增加"请示与答复"专栏，力求及时解决疑难问题。

（三）探索构建专业化审判机制，提升金融案件审判质量

针对近年来金融案件大幅增长且新类型疑难复杂案件不断涌现的状况，北京法院通过以下三个方面的探索构建专业化审判机制，努力提升案件办理质量：一是设立金融案件专门审判庭。如西城法院金融街法庭连续四年年均结案超过1万件，每个审判团队年均结案超过1500件，实现了以全院不到5%的员额法官审结全院20%以上案件的效果。二是对部分金融案件集中管辖，提高案件的专业审判程度，如北京四中院集中管辖全市应由中级人民法院管辖的金融借款合同纠纷一审案件，北京互联网法院集中管辖网络金融借款合同、网络小额借款合同纠纷案件。三是探索建立专业法官队伍，如朝阳法院金融审判庭根据各类金融案件的特点，在庭内组建汽车金融、委托理财、融资租赁等审判团队，以类案专审促审判质效。

（四）着力推动信息化建设，提高金融案件审判效率

北京法院以信息化建设推进审判体系和审判能力现代化，金融审判取得了长足进步。一是以编写《北京法院案件办理规范》为契机，将审判智能服务系统

与办公办案平台相融合，开发出一套适合法官用、法官也爱用的智能研判服务系统，减少法官的重复劳动和低效率检索。二是以成立北京互联网法院为契机，将特定类型的金融案件集中管辖，在线完成电子诉讼平台注册、认证、立案、案件关联、调解、网上庭审等诉讼活动，实现"法院 24 小时不打烊"。三是依托信息化建设开展要素式审判工作，如西城法院对银行卡案件、金融借款合同纠纷案件等类型化案件进行提前规划与集约管理，实现了一个审判团队以判决方式年结案超过 6000 件的效果。

第二部分　北京法院金融审判热点问题分析

一、刑事审判热点问题

北京法院审理的涉金融刑事案件，突出特点在于经济犯罪所具有的涉众性。涉众型经济犯罪案件是指集资诈骗、非法吸收公众存款等被害人或投资人众多的经济犯罪案件。

从犯罪形势分析，当前涉众型经济犯罪总体形势严峻。2013 年—2018 年，北京法院受理的涉众型经济犯罪案件呈现出以下两个显著特点：一是案件数量快速上升。北京法院受理的涉众型经济犯罪一审案件，从 2013 年的 59 件上升到 2018 年的 414 件，6 年内增加了 6 倍，年均增长率超过 40%。二是案件规模明显扩大。北京法院 2017 年审结的"e 租宝案"，涉案金额 762 亿元，投资人 115 万。2016 年以来，北京法院受理的该类一审案件，涉案金额过亿元的达 177 件。

从危害后果分析，涉众型经济犯罪危害后果严重。有以下表现：一是非法集资金额高，2016 年非法集资总额为 1236 亿元（除去"e 租宝案"为 474 亿元），2017 年为 403 亿元，2018 年为 536 亿元。二是投资人损失率高，平均损失率达到 78.8%。三是该类案件造成投资人损失巨大，引发大量集体访，影响社会稳定，危害经济健康运行。

从刑事政策分析，贯彻宽严相济刑事政策需重点突出"从严"。但在法律适用上，存在以下困难：一是相关立法滞后。非法吸收公众存款罪的最高法定刑为十五年有期徒刑，并处罚金人民币五十万元，而集资诈骗罪最高法定刑为无期徒刑，并处没收个人全部财产。二是集资诈骗罪与非法吸收公众存款罪的界限实操性差。二者区别在于认定犯罪分子主观上是否有非法占有目的，实践中类型化情形偏少，非法吸收公众存款罪成为办结非法集资案件的"保底"罪名。以上两点，导致绝大部分的非法集资案件以非法吸收公众存款罪侦查、起诉、裁判。三是追赃力度方面，对不退赃的惩处力度尚待加强。非法集资犯罪案件中，犯罪分子"以刑换钱"特征明显。在今后的刑事诉讼活动中，需要加大追赃力度，检察机关应当加强侦查阶段追赃工作的法律监督，非法集资案件中对犯罪分子不退赃的要体现"从严"。四是打击面呈现变相缩小化倾向。随着案件规模的扩大，受到刑事追究的人数个案中没有明显增加，大量的中间层级负责人没有被追究刑事责任，其可能成为"潜在"非法集资的主力军。

二、民事审判热点问题

近年来的金融创新导致新类型金融产品不断出现，在便捷交易和扩大流动性的同时，也引发了新型纠纷，这一现象在涉金融民事审判领域有突出表现。相对于传统业务，新类型金融产品具有更为复杂的交易模式、交易主体和法律关系，对民事审判工作提出了新的挑战和更高的要求。

（一）关于银行卡盗刷案件的分析

银行卡是金融消费的基础产品，其广泛使用推动了消费市场的发展。2017年全国银行卡交易 1494.3 亿笔，同比增长 29.4%，银行卡欺诈率达万分之一点三六[1]，仅 2000 万笔。随着金融科技的加速升级和移动支付的蓬勃发展，银行卡网络盗刷逐步成为欺诈交易的重要形式，不法分子利用黑客技术窃取他人支付信息进行盗刷，产生了大量诉讼案件。

（1）案件特点。2013 年—2018 年，北京法院共作出 475 份有关的银行卡盗刷案件的裁判文书，该类案件存在以下特点：一是案件数量变化明显，2013年—2016 年北京法院受理此类案件的数量分别为 7 件、58 件、110 件和 149 件，2017 年、2018 年案件数量分别回落至 99 件和 52 件。二是涉诉主体多样，包括持卡人、发卡银行、特约商户、收单银行、第三方线上支付机构以及电信业务经营者等，甚至包括中国银联。三是纠纷矛盾尖锐、和解难度大，在被统计的 475件案件中，以判决方式结案的占比 89%，当事人达成和解的仅有 5%。四是盗刷行为呈现高科技特征，争议事实难以认定。

（2）裁判观点。对于此类案件，法院有三种主要裁判观点：一是法院认定发生盗刷的原因在于持卡人未妥善保管交易信息，并判决持卡人承担资金损失。二是法院认定发生盗刷的原因在于银行没有提供安全的交易信息验证方式，并判决银行承担资金损失。三是法院认定持卡人和银行对于盗刷的发生均有过错，故判决二者根据相应比例分担资金损失。

（3）意见与建议。为了妥善化解与银行卡盗刷有关的社会风险，本报告提出以下建议：一是建立合理的损失分担机制。盗刷是客观存在的，在现有技术条件下，持卡人、发卡银行难以采取有效方法彻底禁绝盗刷行为的发生，对于损失

---

[1] 数据来源于中国银行业协会发布的《中国银行卡产业发展蓝皮书（2018）》，银行卡欺诈包括伪卡、虚假申请和互联网欺诈。

亦不存在法律意义上可归责的过错。因此建议确立持卡人有限责任的损失分担规则，即在盗刷发生后，持卡人按照某一特定比例或者限额分担盗刷损失，其余部分由银行承担。上述规则，有利于通过利益分配引导发卡银行作出更有利于防范风险的交易决策，从而在整体上降低盗刷风险发生的可能性以及社会成本，建议立法机关、监管机关适时制定有关法律或政策。二是推动商业保险参与风险管理。银行作为专业金融机构，与保险公司就银行卡盗刷风险联合研发保险产品，可以对银行卡盗刷风险进行有效的社会化管理。具体而言，银行可以同时作为投保人与被保险人，与保险公司订立保险合同，将银行卡被盗刷约定为保险事故。盗刷发生之后，由银行先行承担损失，然后向保险公司申请理赔，保险公司向银行赔偿保险金并取得向盗刷行为人的追偿权。建议参照交强险，建立银行卡盗刷强制保险制度。

（二）关于 P2P 网络借贷案件的分析

（1）行业概述。P2P 网络借贷，是指第三方通过互联网平台撮合借贷双方达成借贷交易的借贷模式[1]。我国 P2P 网贷行业发展分为三个阶段，2013 年前为原始起步阶段，2013 年—2016 年为野蛮生长阶段，2016 年后为清理整顿阶段。按照定位的不同，网贷平台分为两类：一是纯粹的信息中介平台。网贷平台只负责信息发布、交易撮合以及资信评估等中介服务。二是债权转让型网贷平台。这种平台以发售"定期理财产品"为名义募集资金并设立资金池，向投资人承诺以远期债权转让的方式足额偿付投资本息，吸收资金后分别向借款人出借款项，从而完成借贷链条。该种网贷平台设立资金池的行为，既违反监管政策，也符合集资诈骗罪和非法吸收公众存款罪的特征。

（2）诉讼概况。北京法院在 2016 年、2017 年及 2018 年审理涉网络借贷案件的数量分别是 9105 件、22 997 件及 15 797 件。鉴于截至 2017 年底网贷成交量与贷款余额均增至历史新高，预计未来数年，起诉至法院的此类案件有可能出现新一轮显著增长。案件的主要争议焦点在于如何认定相关交易行为的合法性。鉴于债权转让型网贷平台以发售理财产品为名义设立资金池的行为，违反监管政策、损害金融秩序稳定且涉嫌集资诈骗犯罪与非法吸收公众存款犯罪，法院应当阻却网贷平台非法谋取利差的合同目的，将借贷行为认定为无效。

（3）意见与建议。鉴于 P2P 网络借贷行业在被彻底清理整顿之后，合法合规的信息中介型网贷平台能够发挥降低融资成本、方便小微企业或个人融资以及满足投资者合理投资需求的功能，允许合规的网贷平台继续展业有合理性。针对未来 P2P 网络借贷市场的健康发展提出以下建议：一是建立行业准入制度，新

---

〔1〕　张雪楳：《P2P 网络借贷相关法律问题研究》，载《法律适用》2014 年第 8 期。

的网贷平台必须向政府金融监管机构申请备案登记并经许可后方能设立。二是制定网贷展业规则，P2P 网络借贷行业应当坚持信息中介的服务定位，不得自行发售或代销各种金融产品，不得以任何形式设立资金池。三是完善网贷监管机制，网贷平台应当定期向监管机构报送财务会计报表等资料，监管机构有权随时对网贷平台的展业场所和数据系统进行全面检查。

（三）关于私募投资基金案件的分析

（1）行业概述。私募基金，是指以非公开方式向投资者募集资金设立的投资基金[1]。截至 2018 年 11 月底，中国证券投资基金业协会（以下简称为基金业协会）已登记私募基金管理人（以下简称为管理人）24 448 家，备案私募基金 74 642 只，管理基金规模 12.78 万亿元。[2] 募集私募基金可以采取订立基金合同、设立公司、成立合伙等形式。[3] 一只基金从设立到清算需要经过以下步骤，一是管理人在基金业协会完成登记并取得资格，二是管理人以非公开方式向合格投资者募集资金并向基金业协会备案，三是管理人根据基金合同约定运作募集资金，四是基金合同约定的存续期间届满后进行清算。

（2）诉讼概况。2013 年—2015 年，北京法院共判决涉私募基金民事案件 17 件，但在 2016 年、2017 年、2018 年这一数字分别增长至 30 件、59 件、93 件，上升趋势明显。上述案件主要是投资者作为原告，起诉管理人要求给付投资收益或赔偿投资损失。鉴于私募基金业自 2016 年起进入高速发展期，且基金存续期间往往在 5 年以上，因此预计在 2021 年大量私募基金到达清算期，彼时起诉至法院的案件有可能集中爆发。法院对此类案件主要有以下裁判思路：一是法院认定投资者与管理人之间构成民间借贷法律关系，并判令管理人向投资者返还借款并支付利息；[4] 二是法院认定投资者向管理人给付的资金并非借款，而是投资，应当按照基金合同中权利义务的约定，就投资收益的享有和投资损失的分担作出判决。本报告认为，法院裁判此类案件应当正确认定基金合同的性质，不宜将投资认定为借款，对于投资收益的分配和投资损失的负担，应当尽量以合同约定为判决依据。

（3）风险及建议。私募基金市场上，以下因素不利于行业的健康发展：一是大量投资者不了解私募基金的基本运作规则，缺乏风险意识。二是管理人未依

---

[1] 定义见中国证券监督管理委员会《私募投资基金监督管理暂行办法》第 2 条规定。

[2] 数据来源于《私募基金管理人登记及私募基金产品备案月报（2018 年第 12 期）》，发布于中国证券基金业协会网站统计数据栏目。

[3] 在实务中，基金合同、公司章程、合伙协议，可被统称为"基金合同"。下文若无特别说明，所用"基金合同"一词均指广义上的基金合同，即包括狭义的基金合同、公司章程及合伙协议。

[4] （2017）京 0105 民初 47557 号、（2017）京 0105 民初 47559 号等民事判决书持此裁判观点。

法履行管理职责，利用管理运作私募基金的便利条件，实施违法犯罪行为的现象屡见不鲜。三是按照现有监管规则，基金募集完成后需向监管机构进行备案，但此前的募集行为不受监管制约。四是尚未建立对投资者知情权的有效保障机制。

针对上述风险，本报告提出以下建议：一是加强私募基金运作规则和投资风险的宣传，防止"不合格投资者"进入私募基金行业。二是规定严格的法律责任，防止管理人对投资者进行欺诈和误导。三是加强对资金募集行为的监管，要求管理人向基金业协会报送拟募集基金的基本情况，并将基金募集信息有条件地向投资者披露，使其作出正确投资决策。四是完善基金托管制度，根据资金规模、风险程度对私募基金进行分类，强制风险程度高的私募基金实行资金托管，保障资金的安全。五是探索建立私募基金业务全流程在线办理及同步备案机制，并教育投资人形成"非在线合同不可靠"的常识，遏制投资欺诈行为。

（四）关于权益类交易案件的分析

（1）行业概述。权益类市场交易是"互联网+文化+金融"的类证券化交易，其依托产权交易所的互联网平台，将交易标的集中分类托管，采取类似股票交易的电子匿名集中竞价模式，进行线上挂牌交易。交易包括会员注册、银行签约、托管评审、挂牌交易和提取货物等主要环节。

权益类市场交易以文化艺术品份额化交易为开端，扩展至茶叶、邮币卡、珠宝玉器等标的并扩散于全国各地。交易急速扩张过程中乱象频发：一是市场秩序混乱，存在虚假宣传、做庄交易、操纵价格等情形。二是多数交易平台采取了T+0交易模式，扩大了流动性，市场投机氛围浓厚。三是平台开办单位以盈利为目的，缺乏自律和有效监管。四是交易价格畸高于线下实物价格，投资者投机心理严重。

面对层出不穷的乱象，监管机构采取了严厉的整治措施，自2016年起，上述各类市场被强制关停。

（2）诉讼概况及裁判观点。北京法院受理的此类一审案件，以2017年1月1日为界，此前共计174件，此后则多达689件。案件具有如下特点：一是基于电子匿名交易的模式，投资者举证困难，败诉后容易产生对抗情绪。二是部分投资者试探性地将办理资金结算服务的银行甚至银联作为被告，盲目诉讼。三是案件具有涉众性，其他投资者对诉讼关注度高，易形成群体事件。

对于投资者起诉平台开办单位要求赔偿损失的案件，法院普遍认为投资者与平台开办单位之间成立的服务合同有效，平台开办单位是否应当向投资者赔偿损失，取决于投资者能否举证证明其损失是由平台开办单位的欺诈、误导行为所致。对于投资者起诉商业银行要求赔偿损失的案件，法院认为投资者与商业银行之间仅存在资金结算服务合同关系，商业银行的结算行为与投资损失不存在因果关系，无须承担赔偿责任。此外本报告认为，法院应当充分考量此类交易违反监管政策的现实以及对金融市场秩序造成的负面影响，并在此基础上对于合同效力作出恰当认定。

（3）风险分析及建议。权益类产品线上交易市场作为文化产业对接金融资本的创新产物，在国家支持文化产业发展的背景下，通过建立有效的行政监管和行业自律机制，引导投资者树立健康的投资理念，具有可期的发展前景。关于未来权益类线上交易市场的重建，提出以下建议：一是明确权益类市场交易属于现货交易的性质，并将市场目的设定为提供交易信息和便利流通。二是建立省级区域内统一的交易平台，规模较大的市场更有利于防止严重投机和操纵价格行为。三是加强行业自律，建立全国统一的行业协会，制定行业自律规则。四是建立信息发布机制，及时有效发布与各种交易商品有关的信息，帮助投资者作出审慎的交易决策。五是建立有效的监管机制，应当明确此类市场的监管机构，就市场的规划、信息发布、违法行为查处等工作制定监管规则，保障交易安全。六是由监管机构牵头建立交易风险信息汇集机制、风险预警机制和问题查处机制，促进市场良性发展。

（五）关于互联网金融电子证据有关问题的分析

互联网金融已经形成时代趋势，电子证据问题由此成为金融审判的热点。

（1）证据现状与使用困境。电子证据的表现形式主要包括网页信息、短信记录、通话录音、图像截屏等。鉴于电子证据的客观属性，当事人在法庭上只能提交证据的打印件，无法提供证据原件，该打印件上没有当事人的签章，因此经常出现相对人否认证据真实性的情形。

电子证据在诉讼中存在着现实的运用困难，在客观上削弱了其应有的证明作用。首先，电子证据通常存储于由金融机构单方控制的介质中，相对人经常对电子证据的原始性、客观性、完整性提出质疑，认为金融机构受利益驱动，存在改动数据的可能，这一观点在利益冲突的场合很容易产生说服法官的效果，法官要求金融机构强化举证责任的现象因此时有发生。其次，电子证据是以计算机二进制代码的形式在物理存储介质中生成并保存，在客观上难以被人类直接感知，这一特性决定了电子证据的载体与其内容在物理上被分离，认定电子证据的证明力需要通过技术手段对证据内容进行再现，但尚不存在由国家制定的鉴定电子证据的标准化方法，而且鉴定成本较高。最后，部分法官受自身知识和经验的限制，对于电子证据的客观性、证明力、认定标准认识不足，导致电子证据本应具有的证明作用在诉讼中未能充分发挥。

（2）意见与建议。司法天然具有保守性，但是法院不应成为阻碍科技进步的消极因素。法官应当学习科技知识和商业知识，提升运用生活常识和逻辑推理认定证据的能力。在民事审判中，法官应当坚持"高度可能性"的证明标准，不因电子证据的出现过分强化金融机构的举证证明责任。

电子证据运用困境是技术创新导致的阶段性问题，解决这一问题的出路在于技术的再创新和改进完善。关于完善互联网金融实务中电子数据的配套制度，并由此提升金融审判中电子证据的使用实效，本报告提出以下建议：一是采取可信时间戳。可信时间戳是由权威的可信时间戳服务中心签发的一个能证明数据电文在特定时间点是已经存在的、完整的、可验证的电子凭证，主要用于电子文件防篡改，为电子证据提供可信的时间证明和内容真实性、完整性证明，在诉讼中可以补强电子证据的证明力。二是采取第三方存证。第三方存证是由与交易各方无利害关系的第三方存证机构，为签约主体提供标准化的电子合同存证服务，实现电子合同的数字信息无法被破解或篡改，可以避免由金融机构单方存储电子证据所引发的争议。三是采取区块链技术。区块链技术最大优势在于去中心化设计，即通过区块链算法本身的技术特性，把数据信息保存到区块链上做分布式存储。区块链作为一种新的存证形式，具有安全、高效、便捷和低成本等特点，可以一举解决电子数据在保存、传输、验证上的问题，较前两种技术具有更大优势。

（六）妥善解决金融审判中的刑民交叉问题

刑民交叉问题是指刑事诉讼与民事诉讼均对同一涉诉事实进行处理，并且二者在处理程序与结果上存在冲突矛盾的现象。当前金融领域中，触犯刑律的金融行为屡见不鲜。行为人虽然被刑事追诉，但是受害人基于填补损失的利益衡量，往往更愿意通过民事诉讼维护权益。因此，怎样做到既维护当事人的正当民事权利，又不使犯罪分子逃避刑事打击，是当下金融审判面临的重要课题。

刑事诉讼有相对完善的追赃、退赔以及刑事附带民事诉讼等制度，因此刑事审判受刑民交叉问题的影响不大。但在民事诉讼当中，"先刑后民"的思想根深蒂固，而"先刑后民"的内涵与外延并没有被清晰界定，因此刑民交叉问题给民事审判带来了更多的困扰。通过统一裁判思路以及构建协调机制能够有效消除这一问题的负面影响。为此，本报告提出以下建议：一是建立涉金融刑事犯罪信息共享机制。公安机关、检察机关、人民法院、监管机构在各自职责范围内分别掌握有关金融犯罪的不同线索和信息，为更有效、及时地打击金融犯罪，有必要打破上述各个机关之间的信息壁垒，实现金融犯罪信息共享。为此，建议建立一个由上述各机关共同参与的信息共享平台，各方均应将其掌握的金融犯罪信息在不违反保密原则的条件下通报给其他各方，为重要决策的完成提供信息支持。二是建立犯罪线索和案件的移送机制。法院在审理民事案件时发现犯罪嫌疑后，向公安机关、检察机关移送犯罪线索存在一定困难。为了及时有效地打击金融犯罪，建议由政法委牵头，建立由公检法共同参与的金融犯罪线索移送机制。法院在审理民事案件时发现金融犯罪嫌疑的，应当通过该机制启动会商程序，在程序上确定接受犯罪线索材料的侦查责任机关，保障刑事侦查的及时开展。三是谨慎适用裁定驳回民事起诉的裁判方法。法院在审理民事案件时发现存在犯罪嫌疑的，经常以该案件涉嫌犯罪为由，裁定驳回原告的起诉，这就意味着法院从根本上否认了原告起诉请求法院保护的民事权益的合法性，因此对该裁判规则必须谨慎适用。建议最高人民法院及时出台司法解释对民事案件中发现犯罪嫌疑后可以裁定驳回原告起诉的情形作出具体规定，防止该规则被滥用。民事案件中即便存在犯罪嫌疑，只要原告起诉请求法院保护的民事权益具有合法性，即应当对案件进行实体审理并作出判决，而不应以案件中发现犯罪嫌疑为由拒绝就案件作出判决。

三、行政审判热点问题

以 2014 年为分水岭，北京法院受理的金融行政案件大幅增长。这一现象既反映出我国金融市场繁荣发展的态势，也反映出金融行政执法存在的问题和面临的挑战。

（一）案件特点

金融行政审判存在以下特点：一是金融行政案件与市场发展和监管政策变化的贴合度很高，由此导致该类案件专业性强，复杂疑难程度高，新情况、新问题层出不穷。二是金融行政案件市场影响力大、社会关注度高，60%以上的行政处罚类案件有媒体报道。三是金融行政案件的被告多为全国最高金融监管机构，这些机构承担行业宏观调控和政策制定的功能，因此金融行政审判不仅通过个案监督依法行政，也通过裁判发挥引领行业规则和统一执法标准的作用。

（二）金融监管存在的问题

通过分析可以发现，金融监管存在以下问题：一是立法供给不足问题突出，金融监管领域许多重要的法律制度不完善，如期货、私募基金监管尚未制定法律，导致对市场违法行为缺乏明确的监管法律依据。二是执法标准明确性、连续性不足，金融市场的复杂性、变动性决定了执法标准不易确立，比如内幕交易、操纵市场违法所得计算标准等问题长期存在争议。三是投资者权益保护机制不健全，行政处罚通过处理违法行为，实现对投资者权益的整体性保护，个别投资者的损失只能通过民事诉讼等程序获得救济。但是投资者赔偿基金制度尚不成熟，纠纷多元化解机制尚未充分发挥作用，投资者维权途径仍不健全。四是交易所、行业协会的法律地位不明确，上述机构虽然被界定为行业自律组织，但实际上行使着大量行政管理职能，在不同类型的纠纷中如何确定其职责及相对人的救济途径，尚需进一步探究。

（三）对策和建议

以金融行政审判为视角，本报告为金融法治建设提出以下对策和建议：一是加强金融监管领域的立法供给，推进空白领域立法，为行政执法提供明确的法律依据，长期以来形成的执法惯例应当上升为法律规范。二是健全投资者权益保护机制，完善先行赔付制度，确保投资者权益保护的救济途径畅通。三是明晰交易所、协会的法律地位，全面梳理和规范这些机构的行政监管职责，对其管理行为引发的争议明确救济途径。四是推进金融领域专业化审判，探索将全国金融行政案件集中到北京法院管辖，有利于解决裁判标准的统一性问题，着力培养专门的金融行政审判队伍，在条件成熟的情况下探索建立北京金融法院，集中管辖金融争议，为金融稳定提供完备、有力的司法保障。

第三部分　优化金融法治环境的建议

一、加强审判标准建设促进金融案件法律适用与裁判尺度的统一

金融审判是金融法治的重要组成部分，公平、公正、公开的金融审判有利于指引、规范金融行为，增强金融活动当事人的守法意识，对促进金融法治建设具有重要意义。

金融审判具有两方面的特殊性。一方面，各类金融产品的交易结构虽然复杂，但是在交易时普遍采用格式合同，因而当事人的权利义务具有稳定性和标准化的特征。另一方面，金融审判专业化程度高，涉及银行、证券、保险、期货等多种金融业务，对其所关联的金融知识，审判人员基于普通人的生活常识难以准确认知，由此导致法官在审理复杂金融案件时，认定事实、适用法律皆有困难。上述两个特征决定，法院对于各类金融案件，以交易所采取的格式合同为基础素材，以通行的缔约模式和行业习惯为辅助性素材，通过"提取公因式"的方法，可以制定出每一个案由项下的审判标准。此处所谓的审判标准有两项内容，一是事实认定标准，二是法律适用即裁判标准。

（一）事实认定标准

在强调当事人举证责任的现代司法中，法庭调查是以法官引导、当事人举证为中心进行的，法官在查明事实的过程中应当首先明确举证责任的分配问题。[1]所谓法庭调查思路，实为以法律关系为方向性指引，以特定法律关系所对应的基础事实为轴线，以该事实轴线上每一个事件或当事人的行为作为节点，确定当事人的举证证明责任。不同案由代表不同法律关系，不同法律关系指向不同但是基础事实存在规律性，法官只有熟知不同类型的金融产品以及该产品的特定交易习惯，才能有针对性地开展法庭调查，防止出现事实遗漏。制定法庭调查标准的方

---

[1]　邹碧华：《要件审判九步法》，法律出版社 2010 年版，第 136 页。

法，是就每一个案由所指向的基础性、常规性事实，尽可能多地梳理出可能出现争议的事实节点，并确定每一个事实争点的举证证明义务人，这些待查的事实节点，实为法庭调查问题清单。

（二）法律适用标准

法律适用的基本模式是以逻辑三段论为核心的演绎推理，即将具体案件事实置于法律规范的要件之下，就该案件事实是否具备其构成要件进行判断，得出结论的思维过程。[1] 在裁判三段论的范畴内，认定案件事实与适用法律的关系在于，法条由事实要件与法律效果这两部分构成，将具体案件中认定的事实，归入法条的事实要件，若二者一致，再排除相对人的抗辩权，该法条的法律效果即可以成为裁判结论。针对每一个案由，梳理出常见的事实争点，采取"提取公因式"的方式对争议事实进行类型化处理，确定可适用的法条，即可以制定出相对统一的裁判思路，并汇集成裁判观点库。在裁判观点库的基础上，可以进一步发展建设成争点说理库和裁判文书标本库。

二、加强金融消费者权益专项保护

金融消费者是金融市场的基础性因素，也是金融行为的重要主体，保护金融消费者的正当合法权益是建设金融法治和健全金融市场的必然要求。为了建立更加开放、稳定、繁荣的金融市场，我国需要积极与世界接轨，遵循金融发展规律，保护好金融消费者的正当权益。通过公共政策调整消费者与金融机构之间的不平等地位，并对金融消费者进行适度的倾斜性保护，有助于维护金融消费者对金融市场的信心，促进金融市场长期稳定发展。加强对金融消费者的风险提示，防止其被金融投机产品欺骗，平衡好鼓励金融创新和维护金融消费者权益的关系，有利于消除金融市场内的不稳定因素。

（一）加强金融消费者权益保护专项立法

世界主要金融强国普遍制定了保护金融消费者权益的专门法律。我国保护金融消费者权益的有关规定分散在各种法律、行政法规、部门规章及其他规范性文件中，有关立法工作存在短板。建议适时制定统一的金融消费者权益保护法，该法律应当包括以下主要内容：一是明确界定金融消费者的主体概念及其范围；二是统一规定金融消费者及金融机构的主要权利及义务；三是建立统一的金融消费者专门保护机构；四是完善金融消费争议的配套解决机制，包括金融消费者损失的保障、补偿机制。

（二）建立统一的金融消费者权益保护机构

我国原"一行三会"的金融消费者权益保护局等内设机构，在保护金融消

---

[1] 邹碧华等：《民商事审判方法》，法律出版社2017年版，第77页。

费者权益方面存在以下问题：一是独立性不强，层级较低，在推动金融消费者权益保护的立法、执法等方面力度不足。二是基于分业监管的监管框架，以及当前金融创新的跨行业经营、产品性质不明等特点，容易出现监管与消费者权益保护的盲区。三是一个机构既承担审慎监管职责，又承担金融消费者保护职责，容易顾此失彼。四是各个保护机构之间的职能存在重叠，分别设立会造成资源分散和人事烦冗。

本报告建议成立独立的金融消费者权益保护机构，并由该机构承担以下职责：一是制定金融消费者权益保护总体战略、政策及部门规章。二是对金融机构损害消费者权益的行为进行调查、处理。三是对金融消费者进行风险防范意识的教育、宣传，为金融消费者提供法律和政策的咨询服务，提起集团诉讼以及参与社会矛盾纠纷多元化解决机制。

三、加强金融司法政策与金融监管政策的协调

金融法治的目的在于维护国家金融安全，促进经济和金融的良性发展，法院与监管机构均为上述工程的重要参与者，在落实服务实体经济、防控金融风险、深化金融改革三大任务方面都具有不可替代的作用。金融司法强调事后评价和责任确定，金融监管则具有主动性、灵活性和及时性的优势，二者协同有利于促进金融法治建设。

（一）建立信息共享机制

近年来，同一金融行为既被法院审判，又受到监管机构处理的情形较为普遍，金融审判与金融监管存在交叉现象。一方面，监管机构具有较强的专业能力，其监管意见与监管结论对有关的刑事及民事案件的审判具有参考意义。另一方面，法院通过对大量金融案件的审理，可以发现金融市场存在的隐患问题，法院将这些问题和有关建议及时反馈给监管机构，有助于监管机构迅速做出反应，避免风险扩大。

本报告建议从以下方面入手建立法院与监管机构之间的信息共享机制：一是建立信息共享工作平台，确保有关工作的常态化和稳定性。二是确定职责部门，确保联络沟通的有效性。三是确定信息共享的范围，确保共享信息的全面性。四是建立金融疑难案件会商机制，法院在审理金融案件时发现疑难问题，可以依托信息共享平台，邀请相关监管机构参加案件会商，征询专业意见，确保案件审理质量；监管机构也可以通过这一会商机制，提升行政监管行为的合法性。

（二）法院与监管机构联合推动金融纠纷多元化解

法院与金融监管机构加强合作，共同推进金融纠纷的多元化解，既有助于化解法院案多人少的矛盾，也符合社会综合治理的要求。应当结合金融行业纠纷多发、高发、涉群体、涉民生、标的额大等特点，落实中共中央办公厅、国务院办

公厅《关于完善矛盾纠纷多元化解机制的意见》，以及《最高人民法院关于人民法院进一步深化多元化纠纷解决机制改革的意见》等文件精神，探索建立法院与金融监管机构、司法行政机构、金融行业协会等共同参与的金融纠纷多元化解机制。借助该机制，法院可以通过立案前委派调解、立案后委托调解、审理中诉调对接等多种工作方法，将事实较为简单、权利义务争议不大的金融案件，以尽可能短的时间和尽可能简便的方法结案，降低纠纷矛盾解决成本，有效维护各方当事人的合法权益。由此，深化法院与金融监管机构的合作，发挥各自专业资源优势，实现金融纠纷的高效解决。

北京市人民检察院关于加强法律监督工作情况的报告

北京市人民检察院

宪法和法律规定检察机关是国家的法律监督机关，检察机关的法定职能包括批捕、公诉、诉讼监督、公益诉讼等。本报告主要是 2016 年 8 月—2018 年 7 月全市检察机关加强法律监督工作有关情况。近年来，在市委和最高人民检察院的正确领导、市人大及其常委会的有力监督下，全市检察机关牢牢把握新时代检察工作的历史方位，顺应检察制度变革、监督格局重塑、工作转型发展的形势要求，紧紧围绕中央关于"完善检察机关行使监督权的法律制度，加强对刑事诉讼、民事诉讼、行政诉讼的法律监督"要求，更新理念、健全机制、完善格局，不断推动法律监督工作开创新局面、实现新发展，努力为国际一流的和谐宜居之都和法治中国首善之区建设作出积极贡献。

一、以深化司法体制改革为契机，健全完善法律监督工作机制

深入贯彻北京市人大常委会《关于加强人民检察院对诉讼活动的法律监督工作的决议》，以全面深化司法体制改革为契机，努力从思想保证、组织保证、制度保证三方面采取措施，扭转了监督工作弱化局面，整体面貌焕然一新。

（一）加强思想保证

紧跟形势任务要求，坚持解放思想，打破陈规旧习，以理念变革引领法律监督工作创新发展。一是树立监督主责主业意识。切实转变监督工作从属于司法办案的传统观念，将二者在概念上分开、职能上分离，形成司法办案和法律监督两条检察工作主线。研究制定系列规划，系统部署监督工作，全面推进法律监督体系建设。二是坚持以人民为中心的监督理念。自觉对标人民群众在民主、法治、公平、正义、安全、环境等方面的新需求，提出法律监督工作一系列新要求新举措新办法。聚焦人民群众普遍关注的生态环境、资源保护、食药安全等突出问题，部署开展法律监督活动，不断提高人民群众的获得感、幸福感、安全感。三是恪守共同维护法制统一的职责使命。牢记与其他执法司法机关目标同向、理念相同，坚决摈弃高人一等、你错我对的错误认识，积极构建良性、互动监督关系。与市工商局、生态环境局、园林绿化局等单位会签协作配合文件十余件；创新法律监督工作机制，借助检察长列席人民法院审判委员会工作平台，定期向市高级人民法院通报对全市法院审判和执行活动实施法律监督工作情况，共同研究解决影响司法公正的突出问题；建立协同推进法律监督工作机制，优化监督工作关系，共同维护司法公正、提升司法公信。四是坚持"三效统一"的监督效果。综合考虑法律效果、政治效果和社会效果，以效果为导向依法采取监督方式，不求全面开花、不唯监督数量，突出精准监督，力争实现纠错一案、警示一片。如针对公安机关对部分取保候审案件侦查不力，造成案件久压不结的现象，不搞一案一监督、一案一文书，通过一份纠正违法通知书进行集中监督，引起公安机关高度重视，在内部进行通报并完善相关工作规范。

（二）加强组织保证

针对司法办案和法律监督"一手硬一手软"的问题，深入推进司法体制改革，推动监督工作专门化、专业化发展。一是优化监督工作格局。遵循诉讼职能和监督职能适当分离原则，分类整合侦查监督、刑事审判监督、刑事执行检察职能，优化民事检察、行政检察职权配置，形成多元化监督职能协调发展、相互促进的监督工作新格局，推动监督工作驶入专业化发展快车道。进一步理顺司法办案和法律监督业务衔接关系，完善线索移送、工作协同等配套机制，确保司法办案和监督工作分得开、连得上，形成工作合力。二是建立多层次监督组织体系。设立"两法衔接"、知识产权等专业化办案组，大力加强专业化监督团队建设。完善专家咨询支持体系，建立包括160余名专家、涵盖12个领域、三级院共享共用的咨询专家库，逐步形成专门监督部门、专业监督团队以及"内外脑"相结合的监督组织体系，全面提升监督工作专业化水平。如市检察院行政检察部组建知识产权办案组，办结知识产权案件39件，就奇艺公司与风行公司著作权纠纷等11件案件向市高级人民法院提出抗诉，全部获法院再审改判。

（三）加强制度保证

着力破解法律监督"制度落实不到位""工作不规范"等难题，部署开展法律监督制度化、规范化、程序化、体系化、信息化（以下简称"五化"）建设试点，织密编牢配套制度机制，提高监督工作法治化水平。一是创新监督工作模式。针对传统监督工作无案卡、无案号、无案卷、办事色彩浓厚，导致工作不规范、监督质量不高的问题，在全国率先探索对重大监督事项实行"案件化"办理。研究制定法律监督案件案由和立案标准，明确130余种诉讼违法立案标准，建立健全办案时限、结案方式、立卷归档等办案规程，形成对轻微诉讼违法实行"事项化"办理，对重大诉讼违法实行"案件化"办理的新型监督模式，推动法律监督工作由"办事模式"向"办案模式"和"办事模式"相结合的方向转型，这得到了最高人民检察院的充分肯定。二是健全诉讼违法查处机制。详细梳理580余种执法司法机关诉讼违法情形，区分一般诉讼违法、严重诉讼违法、涉嫌职务犯罪等三类情形，逐一明确认定标准和纠正方式，建立健全检察与监察线索移送和工作衔接机制，确保监督方式与违法程度相匹配，避免在小问题上"穷追猛打"、大问题上却"隔靴搔痒"。三是探索监督决定宣告、跟踪、反馈"三步法"。首创法律监督决定公开宣告制度，对重大复杂监督案件，当面宣读监督决定，讲清事实，讲明理由，变"文来文往""隔空喊话"为"零距离""面对面"，积极争取被监督单位的认同和支持，增强法律监督仪式感和权威性。同步健全跟踪督促、定期回访、工作通报等机制，确保监督意见得到有效落实。四是规范监督工作程序。制定监督线索管理办法、监督规程等规范性文件，对线索受理、审查立案、调查核实、纠正处理、跟踪反馈等进行全流程规范，坚持查深查透各类诉讼违法。如对公安机关认为是民事纠纷的陈某被诈骗一案，严格按照监督规程进行调查核实，查明于某伙同他人诈骗陈某唯一住房，并涉及"套路贷"等黑恶势力犯罪线索的事实，成功监督公安机关立案侦查。

二、紧紧围绕服务保障首都工作大局，充分履行法律监督职能

全市检察机关不断增强"四个意识"，坚决服从、服务党和国家工作大局，自觉立足首都工作全局谋划和推进法律监督工作，主动作为、积极参与、依法履职，努力为首都发展提供优质法治环境和有力司法保障。

（一）主动服务保障"重点工作"

增强工作预见性、主动性，聚焦党和国家中心工作、首都发展重点工作，精准发力，不断提高服务保障工作的针对性和实效性。一是系统谋划服务保障工作布局。围绕"三大攻坚战""三件大事"等，研究制定服务保障北京城市总体规划、打好污染防治攻坚战等4个实施方案，从条线和区域两个层面，合理部署检察工作和检察资源，着力构建"一纵一横多项"的检察工作新格局。精准对接区域定位、重点项目，全面履行诉讼监督和公益诉讼检察职能，找准切入点、着力点，针对性部署6个方面和9个专项服务保障工作，不断提高服务保障工作水平。二是积极参与打好"三大攻坚战"。坚决打好风险防范攻坚战，针对非法集资等金融犯罪高发态势，加强对侦查活动的监督，提前介入"华赢凯来""安信普华"等重大金融犯罪案件，确保案件质量；与金融监管部门会签金融犯罪惩防联动合作备忘录，组织召开金融安全与金融检察研讨会，发布金融、证券犯罪等检察白皮书，及时对金融风险进行预测预警。坚决守护首都绿水青山，扎实开展"破坏环境资源犯罪"专项立案监督活动，从严打击相关刑事犯罪，共监督公安机关立案150人；依法开展"大气污染防治""土壤污染防治""环境资源保护"等检察公益诉讼专项监督活动，加强对环境违法行为的监督。对原环境保护部通报的重污染预警期间扬尘违法问题，督促属地城市管理部门依法履行监管职责，责成堡辛新村拆迁等 8 处建设工地进行整改，被最高人民检察院评为公益诉讼典型案例。三是精准服务"三件大事"。会签京津冀检察机关合作框架意见，加强三地检察机关工作联动和办案协作，形成服务保障工作合力。积极开展服务保障"疏解整治促提升"专项行动，充分发挥各项监督职能，依法办理疏解整治过程中发生的各类检察案件，确保专项行动顺利推进。如充分发挥生态环境资源保护行政公益诉讼职能，针对北京西客站至长阳铁路桥下私搭乱建严重、环境脏乱差、存在重大铁路运输安全隐患的问题，主动与地方政府沟通，发出诉前检察建议，依法督促属地城市管理部门进行集中清理整治，共清除违法占地 1 万余平方米，拆除违法建筑 36 处。

（二）积极参与社会治理创新

围绕城市精治共治法治要求，深度融入首都社会治理工作，不断增强服务发展的效果。一是积极参与社会综合治理。加强与行政机关的沟通联系，建立健全工作协作、信息共享等机制，积极运用检察建议、工作通报等方式，督促相关行政机关加强监管治理，推动解决垃圾扰民、环境污染等人民群众反映强烈的问题，助力解决城市治理顽疾。如针对永定河沿岸长期堆放垃圾污染环境、违建旅游设施侵占河道等问题，依法向属地政府和监管部门发出检察建议，督促责任单位清运垃圾 2 万余吨，拆除违建近 2 万平方米。二是努力营造良好营商环境。积极开展"经济犯罪领域专项监督撤案活动""推动解决刑事案件牵连产权保护问题专项监督活动"，坚持依法、平等、全面保护产权，切实维护投资者、生产者和经营者的合法权益。依法对江苏某公司银行账户被冻结、公司继续经营困难的监督线索，深入开展调查核实，查明该账户与某重大非法集资案并无实际关联，督促公安机关及时解封 641 万元资金，保障涉案非公企业走出经营困境。三是积极化解矛盾纠纷。坚持把查办案件与化解矛盾、追赃挽损、维护稳定结合起来，与市维稳办、市信访办等部门建立重点案件通报制度，妥善处置"e 租宝""华融普银"等涉众型经济犯罪案件集体访 260 余批次 7400 余人次，坚决防止经济风险向政治安全领域传导。扎实做好息诉服判工作，加大释法说理力度，共办理刑事、民事、行政申诉案件 4514 件，当事人息诉服判率达到 80% 以上。

（三）坚决维护公益和保障民生

坚持司法为民，依法履行公益诉讼等职责，将保护公益与保障民生结合起来，积极回应人民群众关切。一是切实履行保护公益的时代新使命。围绕公益保护核心，部署开展"涉农领域国有财产保护""英雄烈士保护"等 7 个专项监督活动，全力以赴保护国家利益和社会公益。如，针对通惠河两座明代古桥年久失修、保护缺位，依法督促属地文化委员会加装护栏和文物标示，并对全区 236 处不可移动文物进行全面排查、加强保护。严格把握提起公益诉讼条件，对于已经履行诉前程序、相关适格主体或行政机关仍不履行职责的，及时向法院提起诉讼，以刚性手段依法保护社会公益。共提起民事公益诉讼 9 件、行政公益诉讼 11 件，挽回、恢复各类土地 720 余亩，督促关停、整治污染环境企业 70 余家，收回国有财产 1000 余万元。二是保护人民群众"舌尖上的安全"。持续开展"危害食品药品安全犯罪"专项立案监督活动，共监督公安机关立案 213 人，依法办理马某销售不符合安全标准食品案，销毁涉案羊肉 4500 公斤。积极开展"保障千家万户舌尖上的安全"检察公益诉讼专项监督活动，督促水务部门及时整治密云水库、官厅水库周边的水事违法行为，确保首都饮用水安全。针对网络平台餐饮服务者无线下实体门店等违法经营现象，向相关食品药品监督管理部门发出检察建议 20 份，督促立案 236 件，罚没金额 120 余万元。市食品药品监督管理局为此启动全国首个"网络餐饮食品经营监管系统"，建立健全长效机制。三是加强特殊群体司法保护。强化对未成年人的综合司法保护，提前介入红黄蓝幼儿园虐童案，确保案件依法妥善处理。扎实开展"协助解决农民工讨薪讨债""维护打工者合法权益"等专项监督活动，建立劳动者欠薪案件"绿色通道"，共办理涉及农民工讨薪案件 81 件，支持 50 余人提起诉讼。依法对涉案金额达 95 万元、一审判决无罪的范某拒不支付劳动报酬案提出抗诉，案件发回重审后，范某被改判有罪，这一结果受到被欠薪农民工的称赞。

（四）着力促进公正司法、严格执法

恪守客观公正立场，坚持以监督促进执法司法公正，努力营造良法善治的法治环境。一是加强对诉讼活动的监督。首创派驻公安机关执法办案管理中心检察室工作机制，在全市 13 个公安分局设立派驻中心检察室，监督立、撤案数分别占同期总数的 53%、65%。两年来，全市检察机关共监督公安机关立案 328 人、撤案 298 人，同比分别增长 50%、86%；提出书面纠正意见 164 件，收到整改回函 158 件。研发量刑数据辅助系统，制定刑事审判监督工作指引，定期编发典型抗诉案例，不断提高抗诉意见的精准性。共提出刑事抗诉 177 件，同比增长 92%，法院改判 65 件，抗诉意见采纳率为 60.2%。深入开展"财产刑执行""判处实刑罪犯未执行刑罚"等专项检察活动，以重大专项活动带动刑事执行检察工作全面发展。共监督纠正不当减刑、假释、暂予监外执行 466 件，纠正监外执行罪犯脱管 5 人、漏管 42 人，监督社区矫正罪犯收监执行 49 人；提出释放或变更强制措施建议 1442 人，被采纳 1206 人，同比上升 179.8%；针对监内、监外执行不当提出书面纠正违法意见 447 件，收到采纳回函 360 件，同比上升 60%。紧紧围绕裁判不公、违法调解、违法执行等突出问题，强化民事、行政诉讼监督，共提出民事、行政抗诉案件 117 件，同比增长 10%，法院再审改判 72 件，再审改变率为 64.6%。二是积极促进依法行政。深化"两法衔接"工作，推动市政府法制办将行政执法机关移送涉刑案件情况纳入政府综合考评体系，建议行政执法机关移送涉刑案件 1004 人，同比增长 20 倍。完善行政检察与行政执法衔接工作机制，与市生态环境局、水务局等单位建立"检察+环保""检察+水务""检察+园林"长效机制。针对环境资源保护、食品药品安全、国有财产保护、国有土地使用权出让等领域的行政不作为、乱作为现象，运用好行政公益诉讼诉前程序，促进行政机关依法履职，共办理行政公益诉讼诉前程序案件 202 件，行政机关整改率达到 95.5%。

三、坚持问题导向，推动法律监督工作向纵深发展

总的来看，全市法律监督工作取得了明显成效，呈现出崭新局面：一是扭转了法律监督趋于弱化的被动局面，实现了从"软任务"到"硬任务"、从"副业"到"主业"的转变，法律监督主责主业地位得到进一步加强。二是各级党委、政府、人大、政协越发重视法律监督工作，执法司法机关更加欢迎和支持检察机关的监督，监督意见采纳率、回复率、整改率均有较大幅度提高。三是法律监督格局进一步完善，服务大局的针对性和实效性不断提高，在维护司法公正、促进依法行政、保护社会公益、推动国家治理体系和治理能力现代化过程中的重要作用越发显现。

与此同时，我们也清醒地认识到，法律监督工作还存在一些问题和不足：一是监督职能履行还不充分、发展仍不平衡。监督工作的规模、质效与党和国家要求、人民群众的期待仍存在一定差距；民事、行政诉讼监督工作仍然相对薄弱，公益诉讼检察刚刚起步。二是监督制度机制还不健全。与其他执法司法机关之间的工作衔接还不够顺畅，办案信息共享还不够充分，"信息知情难、调查核实难、监督纠正难"等问题在一定程度上依然存在。三是法律监督环境仍需进一步优化。社会公众对诉讼监督和公益诉讼检察职能了解不够多，少数执法司法人员对法律监督的认识还不够到位，良性、互动、积极的法律监督关系仍需进一步塑造。四是一些检察人员法律监督能力不强，专业素养有待提升，尤其是具有金融证券、环境资源、信息网络、知识产权等专业知识的检察人才匮乏。

下一步，全市检察机关将以争创"双一流"为目标，树立模式自信，坚定探索决心，继续深化法律监督体系建设，重点做好以下工作：一是坚守宪法定位，全面履行法律监督职能。坚持法律监督与司法办案"两手抓、两手硬、两手协调"，主动适应以审判为中心的刑事诉讼制度改革要求，继续强化侦查活动、刑事审判和刑事执行监督；强弱项、补短板，全面加强民事、行政诉讼监督，做实做优公益诉讼检察，推动各项法律监督职能全面、均衡、充分发展，努力为首都经济社会发展营造良好的法治环境。二是继续深化检察改革，健全完善法律监

督机制。进一步完善法律监督系列配套规范，研发监督业务系统模块，全面推进法律监督"五化"建设。抓住政法网建设的有利契机，推动公检法司办案平台互联互通，探索建立与互联网法院"网上案件网上审理"相适应的新型法律监督机制，理顺与执法司法机关的监督衔接关系，打通法律监督内外微循环。三是加强沟通宣传，积极营造良好监督环境。加强与执法司法机关的双向交流，统一思想、凝聚共识、增进合力，着力破解因沟通不畅、配合不足引发的"调查核实难、监督纠正难"等问题。贯彻落实"谁执法谁普法"的普法责任制，广泛宣传检察机关职能作用，努力形成全社会了解、支持、配合法律监督的良好局面。四是坚持素质强检，加强过硬检察队伍建设。牢牢把握"五个过硬"的总要求，全面加强法律监督人才建设和队伍专业化素质能力建设。积极开展业务竞赛活动，突出监督人才选拔培养，注重选拔民事、行政、公益诉讼等领域专业人才，探索从律师、法学专家中公开遴选检察官的制度建设；持之以恒加强素质能力建设，加大教育培训、业务研修力度，深化与执法司法机关人员的双向挂职交流和联合培训，不断提高检察队伍专业化水平。

北京市公共法律服务体系建设工作情况

北京市司法局

2018 年，在司法部和北京市委、市政府领导下，北京市司法局坚持以习近平新时代中国特色社会主义思想为指导，高站位谋划公共法律服务体系建设"四四六"总体布局，高标准推动全市公共法律服务体系建设，高起点推进公共法律服务实体、网络、热线、项目四大平台建设，取得明显成效。

一、平台建设运行基本情况

2018 年 2 月，北京市司法局印发《关于推进公共法律服务体系建设的实施意见》，提出了公共法律服务实体平台建设的工作目标、主要任务，明确了实体平台建设的时间表、路线图。

（一）大力推进公共法律服务实体平台建设

一年来，全市各级司法行政机关高度重视，大力推动，在底子薄、起步晚的情况上，迎难而上，攻坚克难，区、街道（乡镇）和社区（村）公共法律服务实体平台建设已基本实现全覆盖。2018 年，全市公共法律服务实体平台边建设、边服务，共解答来访群众法律咨询 4.3 万人次，受理批准办理法律援助案件 3.1 万件，引导办理公证、司法鉴定服务，积极开展人民调解服务，真正实现了让群众只进一扇门，就能办理公共法律服务所有事。

（二）建设多功能的公共法律服务网络平台

2018 年 6 月，北京法律服务网正式对社会公布，半年多来该网站注册用户 3611 人，访问量 574 304 次，智能法律机器人为群众解答咨询 40 634 次，解答群众留言咨询 712 条，在线咨询 4799 次，群众满意度达 99%。热线平台 36 个电话坐席日均接听量 1000 余次，群众满意率达到 96%。2018 年 9 月，傅政华部长视察北京市司法行政工作，对北京市公共法律服务网络平台建设给予充分肯定。

（三）推进公共法律服务热线平台建设

积极推进北京市 12348 公共法律服务热线平台建设，增加平台容量，开通 37 个坐席，其中包括 1 个管理坐席、34 个电话咨询坐席、1 个网络咨询坐席和 1 个微信服务坐席，形成了电话、网络、微信三种服务方式同时服务的工作模式。2018 年，12348 平台全年共解答群众来电咨询 25.5 万人次，接通率 86.06%，电话服务总时长 2.7 万小时；解答群众网络咨询 3030 人次，应答率 100%；创建工单 191 571 份，占总服务量的 75.25%。同时，"北京法援"微信公众号总关注人数 30 723 人，全年推送图文消息 44 期共 314 篇，阅读量 170 924 人次，文章被转载 21 418 次。在推动热线平台建设同时，注重保证热线服务质量，通过政府采购招投标方式，择优遴选 180 家法律服务机构，从源头上保证热线接听人员质量；出台文件规范网上法律服务和线上法律服务人员工作，从制度上加强对热线平台服务人员管理；举办热线、法网驻场法律服务人员培训，提高热线平台服务人员接听技巧、服务能力和水平。据满意度评价系统显示，2018 年，热线平台电话咨询收到满意度评价 50 363 人次，评价率 19.78%，满意度 96.51%，网络咨询服务群众满意度 92.47%；接到群众各类投诉及意见建议反馈 36 件，占总服务量的 0.02%；收到表扬 42 次，占总服务量的 0.02%。

（四）创新推出公共法律服务项目平台

在积极构建公共法律服务实体、网络、热线平台的同时，北京市加大创新力度，围绕经济社会发展和公共法律服务需求，统筹司法行政各类法律服务资源，推出公共法律服务项目平台，建设门类齐全、覆盖广泛、群众普惠的公共法律服务项目库，为特定群体、特定机构、特定事项，研发、定制法律服务项目，提供公共法律服务产品，满足社会不同群体、个性化的法律服务需求。2018 年，制定《公共法律服务项目平台建设实施方案》，分三批组织推出 147 个公共法律服务项目，在北京法律服务网上展示，供各类社会主体选择使用。

二、经验做法

在推进公共法律服务体系建设过程中，形成了一些经验。

（一）高度重视，加强指导

一是市委市政府高度重视，市司法局领导积极推动。2018 年 3 月 30 日，中央政治局委员、中共北京市委书记蔡奇听取了市司法局向市委全面深化改革领导小组第八次全体会议关于公共法律服务体系建设工作的汇报，强调"要全面推进公共法律服务体系建设，这是实现公平正义的需要"。2018 年北京市政府工作报告对公共法律服务体系建设提出要求，并纳入全市重点任务。二是优化职能设置，强化组织领导。2018 年 3 月，协调编办将法律援助工作处更名为公共法律服务规划协调处（法律援助工作处），统筹全市公共法律服务体系建设工作，明确了责任部门，加强了公共法律服务体系建设的组织领导。同时，在北京市法律援助中心加挂北京市公共法律服务中心牌子，依托市法援中心资源，加快推进市级公共法律服务实体平台建设。三是加强业务指导。市司法局主管局领导先后 10

次实地调研检查9个区的实体平台建设。公共法律服务处除陪同领导现场检查调研外，还对其余7个区实体平台建设开展督查和业务指导，全年走访检查全市全部16个区、80多个街镇、社区（村），通过现场调度、实地检查、指导实体平台建设，协调解决业务用房、空间布局、设备配备等具体困难问题，有力推动了全市公共法律服务实体平台建设。

（二）建章立制，规范发展

一是印发推进公共法律服务体系建设方面的实施意见。2018年2月，市司法局印发《北京市司法局关于推进公共法律服务体系建设的实施意见》，提出着力打造综合性、便利性、多层次、全覆盖的公共法律服务实体平台，让群众只进"一扇门"，就能办理公共法律服务"所有事"。二是出台公共法律服务实体平台建设标准。2018年5月，市司法局出台《北京市公共法律服务实体平台建设标准》，明确四级实体平台建设的各项标准和具体要求，提高公共法律服务实体平台规范化水平。三是设计公共法律服务视觉识别系统。根据司法部技术规范，结合各区实际需求，综合考虑四级平台的场景，设计四大应用系统，明确"优质、高效、便捷、专业"的公共法律服务主旨，解决实体平台标识的色值、色块、版式问题，保证全市各级平台的外观统一、规范。四是出台公共法律服务实体平台验收标准。制定下发《关于开展公共法律服务实体平台建设检查验收工作的通知》，进一步明确实体平台的建设标准和重点功能，提高公共法律服务实体平台建设效率。五是出台基层法律服务社会力量大建设工作方案。制定下发《关于开展基层公共法律服务社会力量大建设工作方案》，吸引、扶持和规范社会力量参与基层公共法律服务，提升基层公共法律服务的供给能力。

（三）调研培训，提高素质

一是考察学习兄弟省市先进成果。局领导亲自带队赴江苏、山东、上海等省市学习考察公共法律服务体系建设，及时转化考察成果，调整全市公共法律服务体系建设思路。组织各区司法局、建设骨干，赴江苏省太仓市考察学习公共法律服务平台建设，深化基层干部对公共法律服务实体平台建设的直观印象。二是注重本市各区之间交流学习。以半年工作会为契机，组织全市各级司法行政领导干部参观海淀区公共法律服务实体平台建设。鼓励各区结合本区情况，学习海淀、朝阳、顺义等区公共法律服务中心不同建设思路，形成既统一规范，又各具特色的建设模式。三是组织开展全市公共法律服务培训班4次，解读公共法律服务平台建设相关政策，提高公共法律服务体系建设者、运营者的业务水平，打造一支素质过硬、视野宽阔、业务突出的公共法律服务队伍。同时，安排市司法局主管公共法律服务的副处长给相关区具体负责的同志们集体授课，解答基层同志疑问，为各级实体平台建设提供权威、直接的指导。四是加强理论研究。完成《关于北京市公共法律服务平台建设情况的调研报告》，对全市公共法律服务实体平台建设情况进行全面梳理。着眼长远，提前思考，完成《机构改革视野下公共法律服务职能辨析》，探索研究机构改革之后公共法律服务的性质和定位。

强制隔离戒毒人员复吸原因调查及防范对策研究

北京市戒毒管理局 *

一、调查对象范围

全市司法行政戒毒系统 2017 年 8 月 1 日在所戒毒人员和 8 月 2 日—12 月 31 日间收治的戒毒人员，这些戒毒人员在执行社区戒毒或社区康复期间因复吸被决定强制隔离戒毒，其中，男性占 85.2%，女性占 14.8%，北京籍占 52.1%，外省籍占 47.9%；18 岁以下占 1%，19 岁至 40 岁占 61.1%，40 岁至 50 岁占 28%，50 岁以上 9.9%。被调查人员中曾经被执行强制隔离戒毒的人员占总调查人员的 24.06%。

二、调查方法

课题组结合戒毒所戒治实践、先期向民警调研的结果，并借鉴民警个别谈话教育、心理辅导过程中的询问方法，设计了调查问卷。问卷题目涵盖戒毒人员的基本信息、复吸原因、对吸毒危害性的认识、家庭和社会支持系统对戒毒的影响、戒毒所戒治措施对戒毒的帮助共 5 项内容，共计 58 题。首次被强制隔离戒毒的人员只回答前 4 项内容涉及的 38 道题目。

* 执笔人：庄许洪，北京市戒毒管理局戒毒管理处处长；张志东，北京市戒毒管理局戒毒管理处副处长；樊佳珺、刘艳梅，北京市戒毒管理局戒毒教育处工作人员。

三、复吸原因调查与数据分析

（一）调查结果

表 1　戒毒人员复吸的主要原因（多选）

有效指标 原因	昔日毒友的唆使和引诱	生活无价值感	家庭变故,寻求逃避	遇到原先吸毒场景	为在朋友圈里继续"混"	戒毒所管吃住,可缓解经济窘境	减轻病痛	增加性功能	减肥	心瘾难耐	缓解疲劳
百分比	32.91%	19.26%	13.70%	13.48%	26.53%	1.66%	12.57%	10.59%	12.25%	49.17%	26.86%

表 2　戒毒人员获取毒品的主要途径（多选）

有效指标途径	向原来毒友购买	向毒贩购买或以贩养吸
百分比	37.19%	69.98%

表 3　上次强制隔离戒毒后,哪些问题使自己焦虑迷茫（多选）

有效指标 困难类型	无固定的经济来源	子女教育、就学问题	房产纠纷	夫妻关系终结	家人的排斥和冷漠	家庭重大变故后难以适应和处理
百分比	63.60%	7.46%	21.49%	23.46%	42.11%	14.25%

表 4　排解不良情绪的方式（多选）

有效指标方式	找家人沟通	和朋友倾诉	喝酒	赌博	到娱乐场所宣泄	旅游	接受心理咨询	体育锻炼	吸毒
百分比	14.98%	10.65%	32.64%	12.95%	33.55%	9.74%	1.39%	6.37%	43.18%

（二）数据分析

（1）不良生活环境和心理渴求是导致戒毒人员复吸的首要因素。从表1对戒毒人员复吸主要原因的统计数据看,涉及"受昔日毒友的唆使引诱""为了继续混迹于原来朋友圈"的占比将近60%,这反映了戒毒人员虽然在执行社区康复或社区康复,仍较难摆脱原来生活环境、社交圈的影响,这些外在因素很容易影响戒毒人员刚建立的戒毒信心,从而使其走上复吸的道路,同时也说明戒毒人员大多会受到社会的排斥和边缘化，戒毒人员在社会生活中处处碰壁，无法融入社会主流环境，只能再次回到原来的朋友圈中以获得心理上所谓的归属感。有将近50%的戒毒人员将"难以忍受戒断心瘾"作为导致复吸的主要原因之一，戒毒人员的心瘾之存在是为获得心理上的满足、避免精神上的不适，这种依赖顽固长久，可改变其生活方式、情感性格和意志行为等，一旦戒毒人员被毒品的心理依赖再次控制，将很容易复吸。26.86%的戒毒人员将"缓解疲劳"作为自己复吸的原因，这从深层次说明这部分戒毒人员并没有真正构建正确的生活模式，不能合理分配自己的精力，自己的身心长期处于透支状态而没有掌握有效缓解疲劳的方法。将近20%的戒毒人员认为"生活的无价值感"是导致自己复吸的主要原因，这反映出部分戒毒人员因长期吸毒而与正常的社会生活环境疏离，自身的关注点多集中在如何获得毒品、如何与昔日毒友联系上，生活中的兴趣点或原来的爱好已不能占据戒毒人员的思想意识，一旦没有毒品"相伴"，他们便会产生强烈的空虚和无价值感，因此即使没有其他人的引诱和教唆，部分戒毒人员也会主动复吸。12.57%的戒毒人员将"减轻病痛"也作为复吸的原因之一，由于长期吸毒，戒毒人员的身体机能已受到严重损害，大部分脏器的损害甚至是不可逆的，戒毒人员不仅较常人更容易患病，而且其身体机能已基本"适应"了原先使用毒品的状态，这种以牺牲身体机能为代价的"饮鸩止渴"模式，使得戒毒人员的身体一旦离开毒品，便会出现各种常人难以想象的肌体戒断反应。此外，在229名选择以"减肥"作为复吸主要原因的戒毒人员中，有71.62%的人员为女性。

（2）获取毒品途径的相对便利是导致戒毒人员复吸的主要诱因。从表2看，戒毒人员获取毒品的主要途径是毒友、毒贩，而这些毒友和毒贩都是戒毒人员的主要社交对象，是其"生活亚文化圈"的主体，且戒毒人员的一些毒友本身就是毒贩，有的毒贩就是戒毒人员昔日毒友介绍的，这些人员与戒毒人员有着密切的联系，尤其是毒友之间彼此掌握对方的生活习惯、联系方式、经常活动的地点等基本信息，能够轻易进入戒毒人员的日常生活，当戒毒人员心灵空虚、遇到挫折或心瘾难耐时，这些毒友或毒贩可以很快向其提供毒品。

（3）戒毒人员普遍缺乏正确、理性应对生活压力的能力和方法。从表3、表4看，有超过40%的解除强制隔离戒毒人员选择将家庭变故、房产纠纷、子女教育等个人问题作为自身难以承受的困难。上述问题是人们在一生中基本都会遇到的，一般人们会积极想办法去解决上述困难，即使暂时解决不了，也不会因此被沮丧、焦虑情绪"代入"很深，而会以相对平和的心态继续今后的生活，绝大多数人不会采取伤人害己的过激言行。但戒毒人员在面临上述问题时，基本选择了逃避，或受制于焦虑心理和不良情绪，继而通过吸毒再次麻痹自己，而不去思考解决问题的方法。在表4关于排解不良情绪方法的调查中，只有不到30%的戒毒人员选择向家人和朋友倾诉，而有43.18%的戒毒人员将吸毒作为负面情绪的主要排解方法，这反映出戒毒人员与家人关系隔阂，不能建立起良性的互动模式，且由于常年吸毒，戒毒人员的朋友也逐渐主动疏远，使戒毒人员缺乏良性支持系统的帮助，只能再从毒品中获得"安慰"。

（4）家人的排斥和经济状态的不稳定不利于戒毒人员保持操守。从表3的统计看，有42.11%的解除强制隔离戒毒人员认为"家人的排斥和冷漠"，是其强制解除后感到焦虑和迷茫的主要原因。虽然戒毒人员在戒毒所接受了系统的戒治，但这毕竟是在矫治技术层面接受的戒毒治疗，限于戒毒所的管理方式等客观条件的限制，亲情帮教无论在力度、还是针对性上都会不足，但戒毒人员终究要解除强制回归家庭，如果其再回到这样无助、冷漠的家庭环境里，家属根本没有帮教意愿，导致戒毒人员无法得到及时、有效的帮教，无助于戒毒操守的保持。此外，有63.60%的戒毒人员将"没有固定的经济来源"也作为自己焦虑迷茫的原因，从民警平时了解的情况看，有的戒毒人员此前有相对稳定的工作，但因为吸毒被单位开除或辞退，今后在就业过程中也因为有吸毒经历而被排挤和边缘化，由于没有相对固定的经济来源，戒毒人员始终处在不确定、不安全的状态中，但自身又很难通过正常的渠道谋取工作，为维持日常的生活开销，大部分人员只能再找到原来的毒友、进入原来的社交圈，因此也很容易再次沾染毒品。可见，戒毒所仅是帮助戒毒人员戒毒的一个环节，要想使戒毒人员持续保持操守，既需要戒毒所的努力，也需要家人的帮助支持和社会各界的积极参与，实现戒毒工作的社会综合治理。

四、外界支持因素对戒毒的影响

（一）调查结果

表5　戒毒人员最希望家人提供的支持和帮助（多选）

有效指标选项	理解与包容	接纳与鼓励	经济支持	事业支持
百分比	28.57%	50.08%	19.53%	9.63%

表6　戒毒所的哪些戒治活动有助于戒毒人员保持操守
（多选，针对曾执行强制隔离戒毒人员）

有效指标 戒治活动	运动康复	心理咨询和矫治	康复劳动	戒毒动机强化训练	职业技术教育	严格的作息制度，行为养成训练
百分比	70.18%	62.72 %	33.99%	20.39%	28.51%	33.55%

表7 戒毒人员解除后希望政府帮助解决的问题（多选）

有效指标问题	解决家庭矛盾、经济纠纷	办理低保	提供法律援助	职业技能培训、提供就业岗位	基础生活补助	重新办理机动车驾照	心理辅导	讲授戒毒方法	多开展禁毒宣传	讲解处理人际关系的方法
百分比	18.99%	70.20%	14.39%	29.16%	28.52%	49.81%	11.56%	17.12%	16%	13.43%

（二）数据分析

（1）家庭帮教能力、家庭关系能够很大程度影响戒毒人员解除强制后的身心状态。从表5看，如果家人持有重新接纳的态度面对戒毒人员，其戒毒动机和信心能够得到正强化，因为最亲近的家人能够接纳自己走入新生活，最能激发戒毒人员积极转变的潜能。但许多长年吸毒的人员，其家人基本对其戒毒丧失信心，甚至希望戒毒人员能长时间留在戒毒所，好让家人能"消停一段时间"，家人这种冷漠、排斥的态度，很容易使戒毒人员内心仅存的一点希望和寄托彻底破灭，在自暴自弃的吸毒不归路上越走越远。

（2）戒毒所的科学戒治和社会支持系统对戒毒人员的重要影响。从表6看，戒毒人员对戒毒所的科学戒治总体是比较接受的，在有助于保持戒毒操守的戒治活动中，选择"运动康复""心理咨询和矫治"的戒毒人员均超过了60%，选择"严格的作息制度，行为养成训练""康复劳动"的戒毒人员也超过了30%，这说明戒毒人员在戒毒所相对规律的生活中、在更有针对性的戒治措施干预下，逐渐养成了积极的行为习惯，从中切实体会到了戒治措施在自己身上的成效。此外，良好的社会支持系统，要在就业支持、社会保障救助、生理心理关爱等多方面向戒毒人员合理倾斜，归根结底是要求全社会用"平视"的眼光来看待这群特殊的人，从表7看，有超过70%的戒毒人员希望在解除强制隔离戒毒后，由政府帮助办理低保，有近60%的戒毒人员希望接受职业技能培训和获得基础生活补助，这说明大部分戒毒人员还是希望重新融入社会的，他们想重新获得在社会谋生的技能，因此无论是戒毒所、还是社区戒毒（康复）管理部门都应当关注戒毒人员的这一心理需求，积极采取戒治和帮扶延伸措施，帮助戒毒人员重新适应社会。

（3）戒毒所的戒治措施有助于戒毒操守的保持。从表6看，认为运动康复措施对自己的戒毒有较大帮助的戒毒人员占70.18%，认为心理咨询、心理脱敏训练对自己戒毒有较大帮助的戒毒人员总共占62.72%，其次是康复劳动、戒毒动机强化训练。从调查结果看，运动康复措施能够帮助戒毒人员恢复身体机能、合理转移自己多余的精力，同时也能促进戒毒人员积极情绪的强化。心理咨询和心理脱敏训练能够积极调整戒毒人员的心理状态，帮助戒毒人员提高对新环境的适应能力，缓解戒毒人员的焦虑情绪，因此大多数戒毒人员认为心理咨询和矫治活动对戒毒有较大帮助。此外，有 33.55％的戒毒人员认为戒毒所严格的作息制度有助于自己戒毒，这说明良好的行为习惯养成能促进戒毒人员正确生活模式的重建，有利于其保持操守。

五、工作对策

第一，监督管控戒毒人员生活圈与社交圈。一是要严格落实衔接通报机制，避免戒毒人员在社会面的管控"脱失"，对于被责令社区康复的人员，从该人员解除当日开始，要保证其始终处于社会康复管理部门的有效管控下，如落实戒毒人员责任民警、戒毒人员家属、户籍地派出所民警、居委会等工作人员在戒毒人员解除现场见面交接的机制，彼此互留风险救助方式，戒毒人员解除当日到户籍地派出所报到，登记相关信息，继续纳入公安机关的吸毒人员动态管控范围，按规定接受毒品检测，同时公安机关应和街道乡镇等戒毒康复执行机构加强联系沟通，及时掌握戒毒人员的执行情况，不断完善动态管控机制。二是根据戒毒人员现实表现、成瘾程度、风险评估等情况，分级分类管控，使戒毒人员在社会上也始终受到监督约束，当戒毒人员企图再接触原来毒友或进入此前吸毒环境时，内心会有所顾忌，从而控制自己的行为。三是逐步实现戒毒人员社会"网格化管理"，由于工作精力、地域范围等客观情况所限，只靠派出所民警、禁毒社工的力量很难做到对戒毒人员生活状态的及时跟踪，因此应充分发挥戒毒人员所在社区楼门长的作用，借助楼门长与戒毒人员及其家属互为邻里的便利条件，更加密切地监督戒毒人员的日常动态、经常询问近况，对戒毒人员的异常情况或问题及时向街道、派出所报告。四是有条件的司法行政戒毒机关，可发挥所属戒毒康复场所的资源优势，加强与地方政府的合作共建，在戒毒人员相对集中的地区建立戒毒康复工作站，在帮助社区培养戒毒康复工作人员的同时，将社区内所有回归社会的戒毒人员纳入照管范围，定期开展家访和电话访，对于戒毒人员遇到不可规避的复吸风险，动员戒毒人员随时到戒毒康复所接受系统的防复吸训练。

第二，加强戒毒所的戒治工作。戒毒人员在戒毒所期间接受的教育和行为养成训练，对其今后保持操守也起着重要作用。戒毒所在开展戒毒人员入所教育时，应通过个别教育、专题讲座、班组活动、亲情帮教、视频演示、VR 技术、同伴教育等多种途径，加深宣传教育对戒毒人员内心的触动。强化戒毒人员的行为养成训练，从日常生活中的行为规范及内务卫生等点滴小事抓起，培养遵纪守法的意识。通过这些活动让戒毒人员意识到吸毒并不是生命的全部内容，有很多比吸食毒品更有意义的事情可做，丰富多彩的生活更需要自己多一份责任与担当，吸食毒品并不是逃避生活的方法，使其逐渐培养积极的生活态度和观念，逐渐实现从"我想戒"到"我要戒"的行为转变。除此之外，还可以开展丰富多样化的文体活动，让戒毒人员在丰富多彩的戒治活动中发泄情绪、舒缓压力。

第三，降低戒毒人员对毒品的心理渴求。从调查数据看，对毒品的"心瘾"是导致戒毒人员复吸的主要因素，减少戒毒人员对毒品的心理依赖对戒毒极为关键。戒毒人员心瘾的实质是人大脑内部"犒赏行为机制"在发挥作用，即吸毒者不断追求吸毒时的欣快感受，从而引发人体一系列行为习惯的改变，因此要努力找寻戒毒人员新的兴奋点和兴趣点，逐步替换原来的"犒赏行为机制"。戒毒人员在戒治过程中，必然会经历与心瘾的强烈斗争，因此其心理的承受能力、对外在环境变化的心理调适能力，都是其能否战胜心瘾的关键因素。戒毒人员内心深处对亲情关怀的渴求、原来的兴趣爱好等都可以逐渐被激发和唤醒，成为戒毒人员新的关注内容，但问题的关键是如何让这些关注点在戒毒人员的思想意识中持久、有效地发挥作用。为此，一是要培养、调动戒毒人员的心理自救意识，通过个别访谈、心理咨询、团体辅导等多种形式，探寻戒毒人员内心渴望积极改变的原动力是什么，并运用专业技术方法加以调动和激发，同时对戒毒人员开展心理干预，如采取认知行为疗法、系统脱敏疗法、厌恶疗法等，有针对性地进行心理戒治；二是要经常性地对戒毒人员开展毒品防范技能、心理健康调适方法的培训，使其自身能逐步掌握保持良性兴奋点和兴趣点的方法；三是发挥社区戒毒（康复）管理部门的作用，通过多组织社区公益性劳动、专项教育活动等，尽可能恢复戒毒人员的健康生活习惯，同时戒毒康复场所也应充分发挥职能作用，积极号召戒毒人员入驻康复所，接受更加规律、系统的戒毒治疗。

第四，重建戒毒人员家庭支持系统。从调查结果看，家人对戒毒人员冷漠疏远，是导致戒毒人员回归家庭后不能得到持续有效照管的主要原因。作为心理学意义上的"重要他人"，家属逐步接纳戒毒人员，是戒毒人员保持操守的关键因素，家庭关系不融洽、家庭帮教的缺失或不足，会对戒毒人员保持操守起负面作用。从戒毒所的戒治层面讲，要以"促进戒毒人员家庭和谐""提高家庭照管能力""做好戒毒所与家庭帮教的衔接"为切入点开展工作：一是融通戒毒人员与家属的关系，通过团体辅导、个体咨询、家庭治疗等方式以及组织亲子活动、母亲节与父亲节主题活动、亲情聚餐、邀请家属来所参观等活动，教育引导戒毒人员充分认识毒品对家庭造成的伤害，逐步增强他们的家庭责任感和感恩意识，也使家属感受到戒毒人员的努力和变化，鼓励家属在戒毒人员强制解除后持续做好后续照管工作。二是做好戒毒人员家属的戒毒知识培训，利用探访日、戒毒所"开放日"、主题教育活动等平台，在戒毒所定期开设家属课堂，教育戒毒人员家属正确认识毒品和吸毒行为，掌握必要的帮教方法。从戒毒人员后续帮扶的层面讲，禁毒社工、禁毒志愿者、戒毒康复所的督导民警要将戒毒人员家属作为戒毒培训的重点对象，不仅要让戒毒人员家属了解毒品知识、禁毒戒毒方面的法规政策，更重要的是让家属进一步认识戒毒的艰巨性、复杂性和反复性，更加客观理性地看待戒毒人员的戒治历程，在精神上给予戒毒人员支持，同时帮助戒毒人员家庭拟定戒毒康复计划，从家庭氛围营造、戒毒人员身体恢复状况、精神状态、就业情况等方面，分别明确阶段性的戒毒目标，利用家访、调查问卷等形式经常评估帮扶措施的实效性，并不断加以调整和完善。

第五，加强禁毒戒毒宣传教育。戒毒所、社会禁毒管理部门应当坚持利用各种宣传媒体，广泛、持久地宣传毒品危害和国家禁毒法规，尤其是要借助"互联网+"的优势，将宣传内容常态化地发布于网络、自媒体，使社会公众在日常生活中对禁毒知识耳濡目染，力求家喻户晓、人人皆知。戒毒所也要选派民警到学校、社区开展宣传，邀请在校师生到戒毒所参观座谈，教育部门尤其要加强对青少年的禁毒教育，要在大、中、小学开设禁毒教育课程，利用宣传栏、黑板报、校园广播等平台，围绕什么是毒品、毒品的种类、毒品的危害等方面，向学生宣传毒品预防知识，并利用课外活动、主题团日等途径，组织学生到禁毒教育基地等教育场所参观，让他们充分认识到毒品的危害，自觉拒绝毒品。同时，积极宣传国家关于戒毒人员回归社会的就业安置、失业登记、就业帮扶、企业接纳戒毒人员给予减免税收的政策、戒毒人员医疗保险政策、职业技能培训补助政策、自主创业政策支持和帮助等内容，这既可以让戒毒人员了解相关帮扶政策，也有助于社会公众对戒毒人员回归社会的支持和理解，尽量给戒毒人员的生活营造一个接纳、帮助的氛围。

北京市监狱管理局统筹推进五大改造工作情况

北京市监狱管理局

2018年6月28日全国监狱工作会议以来，北京市监狱管理局坚持以习近平新时代中国特色社会主义思想为指引，深入学习贯彻傅政华部长的重要讲话和全国监狱工作会议精神，立足于服务党和国家以及首都发展大局的政治高度，坚持政治引领、党建先行，坚守安全底线、践行改造宗旨，以统筹推进五大改造引领首都监狱事业新发展，基本形成了五大改造氛围浓厚、载体多样、内容系统、体系完备的良好态势，有力促进了党的政治建设、安全稳定、公正执法、智慧监狱以及队伍建设等各项工作一体发展，连续22年实现了监所持续安全稳定，2017年刑释人员重新犯罪率全国最低，在市委市政府对2018年48个市级委办局绩效考核中我局也历史上首次进入优秀等次。具体工作情况如下。

一、建立党委统一领导机制，确保统筹推进五大改造正确的政治方向

始终坚持党的绝对领导，建立党委统一领导机制，市局成立五大改造工作领导小组，局长任组长、政委任副组长、班子其他成员为组员，设立18个职能处室为成员的领导小组办公室，领导、组织和统筹推进全局五大改造工作稳步发展。全国监狱工作会议以后，市局党委分别向市委市政府、市委政法委和市司法局党委专题汇报，第一时间召开党委扩大会议专题学习传达会议精神、研究贯彻落实措施。合肥研讨会后及时召开专题工作会议，深入学习傅政华部长讲话精神，系统梳理部分省局监狱的工作典型经验和对首都监狱工作的重要启示，由局领导带队组织各基层单位监狱长共30人分三批赴安徽省合肥监狱学习考察五大改造工作，召开全局性推进部署会4次、专项推进会8次，提高政治站位、强化责任担当、明确阶段任务，同时把五大改造工作落实情况作为考核监狱领导班子和主要负责人重要评价指标，确保全局坚决贯彻落实司法部党组的工作要求、思想行动统一到统筹推进五大改造工作上来，以强有力地组织领导确保了五大改造工作正确的政治方向。

二、明确"新格局新体系新发展"主线脉络，为统筹推进五大改造提供战略支撑

科学分析首都监狱系统贯彻五大改造工作的优势不足，立足首都区位、坚持首善标准、突出首都特色，将统筹推进五大改造与完善科学改造新体系、推动北京行动纲领新发展有机融合，明确"新格局新体系新发展"的主线脉络，形成"一个统领（五大改造）、三项支撑（北京行动纲领、27 个行动计划和双创一优活动）"的战略格局。先后出台《关于构建五大改造新格局、完善科学改造新体系、推动"一四五四"北京行动纲领新发展的工作意见》《关于深入推进"新格局、新体系、新发展"的工作方案》《五大改造工作考核方案（试行）》《2019 年罪犯政治改造、教育改造、文化改造工作计划》《关于实施首都监狱"一四八"罪犯政治改造实践模式的意见》《关于启动并规范全局罪犯政治改造日的通知》等制度性文件 10 余项，明确统筹部门、明确具体分工、明确重点任务，为统筹推进五大改造阶段性发展确立了时间表、路径图、责任状和"施工队长"，提供了战略上的坚实保障。

三、围绕"五个着力"规划实现路径，强力推进五大改造扎实见效

将改造罪犯成为守法公民的总目标细化分解，紧密结合五大改造的重点任务，明确了"五个着力"的具体目标，即：政治改造着力于将罪犯改造成为拥护党、爱祖国、爱社会的守法公民，监管改造着力于将罪犯改造成为遵法纪、守规矩、知敬畏的守法公民，教育改造着力于将罪犯改造成为知悔悟、能自律、有知识的守法公民，文化改造着力于将罪犯改造成为知廉耻、明是非、心向善的守法公民，劳动改造着力于将罪犯改造成为爱劳动、肯吃苦、有技能的守法公民。围绕"五个着力"规划实现路径、形成生动实践。其一，在政治改造方面，突出以习近平新时代中国特色社会主义思想教育为核心，将每月第一周的教育日（周六）确定为全局统一的罪犯政治改造日，每月 1 日组织罪犯举行升国旗唱国歌仪式，抓住重大政治活动、关键节点，扎实推进社会主义核心价值观、宪法、爱国主义、集体主义等主题教育活动，全局开展升国旗唱国歌、政治改造讲堂等特色教育活动 330 余场，政治改造的统领作用有力发挥。其二，在监管改造方面，广泛开展"明身份、守规范、保稳定"专项教育活动，通过学规范、正言行、考养成、打违纪四个环节，增强罪犯遵纪守法观念、提升自律能力，全年依法加刑 2 人、处罚 145 人，树立了执法权威、强化了震慑作用；深入推进罪犯危险性评估，自主研发了具有北京特色的"321"危评模式并通过专家论证，评估出极高危险罪犯近 200 人、高度以上危险罪犯 100 余人，采取相应预警、管控等跟进措施，有效防范罪犯自杀、杀他犯、杀民警的风险。其三，在教育改造方面，深化改造项目建设，打造内视观想、正念训练、暴力预防、亲情修复等罪犯改造项目 20 余个；积极开展分类教育，大力加强对不认罪罪犯、顽危犯、邪教类等重点罪犯的攻坚转化，初步形成了涵盖职务犯、诈骗犯、短刑犯、涉毒犯等10 类群体的分类教育指导手册，攻坚转化不认罪罪犯 30 余人，邪教类罪犯出监转化率达 96.8%；全局开展"法律援助进监区"活动 40 余场次，春节及中秋期间组织 261 名罪犯视频会见及面对面会见，组织 8 名罪犯离监探亲并安全返回，教育改造的攻心治本作用有力显现。其四，在文化改造方面，坚持以文化人、以文塑人、以文育人，大力开展监区文化标准化建设活动，通过精品课程教育、经典诵读、礼仪熏陶、情境体验等形式，增进罪犯对优秀传统文化的学习和认同；发挥专网功能，完成"新生在线"二期工程建设，完成教育改造云平台局内监所全覆盖；将罪犯文化教育纳入北京市政府整体规划，在 5 所监狱集中开展罪犯文化教育，统一规范教学内容、学时、师资和考试考核；同时充分发挥全局 350余个罪犯兴趣小组的积极作用，广泛开展各类文化活动，大力弘扬新时代中国特色社会主义文化，形成了具有时代特色的首都监狱改造文化。其五，在劳动改造方面，紧贴罪犯释放后就业需要，积极开展职业技术教育培训，2018 年共开展35 个培训工种，培训罪犯 2166 人次，临释罪犯持证率在 90% 以上；积极落实司法部关于提高罪犯劳动报酬的工作要求，将罪犯劳动报酬计提比例由 40% 提高到50%；配合政府采购项目发展，调整优化产业结构，退出金属加工项目；积极开展 QC 小组和劳动现场 "5S" 管理活动，促进罪犯通过劳动洗涤罪恶、荡涤心灵、重归社会。

四、抓住完善科学改造体系这一重点，在坚持全局统筹上实现重点突破

将完善科学改造体系作为工作重点，为全面构建五大改造新格局提供体系支撑。一是完善政治改造氛围体系，将部监狱局提出的"看见祖国、想到祖国、记住祖国、感恩祖国"要求落到实处，在监区活动大厅、监区通道、监舍和教室等公共活动场所悬挂国旗，在狱内布置改造口号、宣传橱窗、标语横幅，在监狱报和狱内电视台开设政治改造专栏等，基本形成了监狱有政治宣誓室、监区有政治学习功能区、监舍有政治学习园地"三有"基本配置，营造了良好的政治改造氛围。二是完善罪犯教育教材体系，已出版《"五大改造"教育读本丛书》，包括《政治改造分册》《监管改造分册》《教育改造分册》《文化改造分册》和《劳动改造分册》。三是完善罪犯改造考评体系，以政治改造效果为首要指标，围绕五大改造内容和目标，明确评价标准、评价方式，综合评估罪犯改造成效，并通过完善罪犯计分考核制度，积极推动考核结果在罪犯奖励、分级处遇中逐步应用，强化指向性作用。四是完善罪犯改造方法体系，固化新闻学习、主题班会及政治仪式教育等制度，深入推进"听、看、诵、读、唱、讲、写、考、行"八项措施，全方位、立体化开展课堂教育、媒体教育、基地教育、宣讲教育等各种方式，推动建立具有实效、丰富多样的改造方法体系。五是完善罪犯改造平台体系，大力推进监所"一馆、一厅、一站、一庭、一团、七个分中心"罪犯教育中心建设（即监所图书馆、改造成果展厅、法律援助工作站、狱内法庭、罪犯艺术团、政治改造教育分中心、文化改造教育分中心、心理健康教育指导分中心、改造传媒分中心、回归指导分中心、内视观想分中心、社会帮教分中心等），监区层面加强"一线、两室、两组"建设（即罪犯"新生在线"、谈话室、图书室、罪犯学习小组和罪犯兴趣小组），为统筹推进五大改造提供平台支撑。六是完善罪犯改造品牌体系，一方面加强对行之有效的改造工作总结提炼，固化机制、长久坚持；另一方面围绕特点创特色，充分借助首都丰富充裕的资源优势，加强内部挖潜和外部引入，探索并形成了内视观想、新生在线、"红心·润心"、"四正八德"、"清葵文化"等一大批具有首都监狱特色的五大改造品牌。

五、激发基层创新活力，统筹推进五大改造在全局生动实践、亮点纷呈

在市局的统一领导之下，各基层监所充分发挥基层创新的源头活水作用，分别成立政治改造工作领导小组和相应的教研督导小组、师资研培督导小组，各押犯监区成立政治改造工作专班，围绕特点创特色，有力促进了五大改造生动实践。首先，清河分局投资 450 万元支持分局所属各监狱推进特色矫正项目建设、整治教学场所、更新设施设备、建设职业技术教育基地，成立由 270 余名民警组成的专职教师队伍，与中央团校合作成立政治改造实践研究基地，创作微电影 12 部、改造歌曲 60 余首、改造漫画 460 余篇、书画手工艺作品近千幅，五大改造初见成果；其次，女子监狱搭建"一格双核五翼"政治改造导图，践行"红心·润心"五大改造实践模式，打造制度文化、环境文化、法治文化、传统文化、创意品牌、智慧平台"六位一体"的监区文化新模式，走出了一条具有女监特色的监狱发展之路；再次，延庆监狱形成"四室一讲堂"格局、设立"五位一体大讲堂"、开展"一看、三听、六唱、百咏读"四项常规教育，政治改造蓬勃发展；复次，潮白监狱形成了政治改造"三新"、监管改造"二像"、教育改造"一体"、文化改造"四正"、劳动改造"五有"的基本模式，五大改造扎实推进；最后，柳林监狱立足病犯特点，形成"一统三点四维五法六平台"政治改造模式，全方位、立体式、多维度打造政治改造主题环境，构建监区"一社一栏一小组"政治学习平台，有力促进了罪犯牢固树立"五个认同"，等等。

六、发挥五大改造工作牵动作用，推动首都监狱事业新时代实现新跨越

始终充分发挥统筹推进五大改造工作的统领性牵动作用，全方位、深层次推动首都监狱事业转型升级。其一，突出政治引领，全力打造模范政治机关。牢固树立"监狱机关首先是政治机关"的属性意识，深入学习贯彻党的十九大精神、习近平新时代中国特色社会主义思想，开展"不忘初心、牢记使命""坚定信仰、信念、信心"学习教育、推进落实"首题必政治"常态化、专题读书研讨以及大学习大讨论等活动750余次，累计参学2万余人次，确保全系统牢固树立"四个意识"、坚定"四个自信"、做到"两个维护"。其二，坚守安全底线，全力打造全国最平安监狱。始终坚持"首都稳则全国稳""首都无小事、事事连政治""小监区事关首都大安全"等安全理念，深入开展短板大调研、风险点排查等活动，梳理排查出24项短板清单、6个领域97个风险点，确保做到预警在先、掌控在前；第一时间贯彻落实司法部警务值班模式改革要求，实行"一总四分"勤务模式，严格落实监狱领导24小时进监区、监舍闭门管理、撤销值班岗位床铺、规范装备佩戴以及机关民警挂钩基层值班等制度，推动警务值班模式改革扎实落地；将监狱纳入北京市整体反恐维稳体系，主动与市公安部门会商形成会议纪要，就加强罪犯改造、人力情报建设、信息沟通交流、建立驻监警务工作站强化外来人员身份核查、监狱外围视频监控纳入"天网工程"、特警队反恐防暴培训等多项重点内容达成协议并深化对接，全局12所押犯监狱均已建成警务工作站，形成具有首都特色的警务协作机制；坚持"物品越少越好、越少越安全"工作理念，强力推进监区物品清理整顿，全面推行罪犯采买食品监区集中管理，常态化开展安全隐患排查整治工作，组织异地用警8次、专项检查和各类突击检查600余次，坚决抓好问题整改，做到最大限度隐患清零；建立并实施战时"六大机制"，即安保等级防控机制、监所安全每日三级报告机制、每日调度会商机制、重大安保期间禁酒机制、领导干部双班带班机制以及战时思想政治工作宣传教育到位、表彰激励到位、问责惩戒到位、关心慰问到位"四到位"机制，圆满完成了党的十九大、中非合作论坛北京峰会、一带一路、两会等重大安保任务，确保了监所持续安全稳定。其三，坚决服务大局，深入开展扫黑除恶专项斗争。明确"五个100%"的工作目标，坚持深挖黑恶线索、净化改造秩序和彻查"保护伞"一体发展，坚持"四个一"模式，集中开展学习宣传"八个一"活动，全局共摸排转递违法犯罪线索285条，在有效打击犯罪上体现了担当作为。其四，发挥科技引擎，全力打造智慧监狱。深入落实司法部"数字法治、智慧司法"工作部署和"大平台共享、大系统共治、大数据慧治"的具体要求，形成了"三个一""四个五"的顶层设计，明确了"一体""两翼""四主线"的建设思路，构建了统一领导、统一规划、统一标准、统一建设"四个统一"的工作格局，全局以内外门户网站为支撑的综合办公应用框架、一键启动的智能安防平台建设基本完成，以"人、地、事、物、情"五个维度为支撑的监管安全动态评估体系初步建立，以42个业务系统为支撑的信息化业务体系实现了全覆盖，其中移动警务、狱外可视化指挥、"狱付宝"以及医疗信息HIS系统等多个项目全国领先。在司法部考核验收中，女子监狱以987分位居全国前列，成为首批部级"智慧监狱示范单位",充分展示了我局智慧监狱建设成效。其五,坚持政治建警,全力打造首都监狱民警铁军队伍。坚决落实全面从严治党主体责任,完善政治引领、监督约束、人才培养以及激励关爱等机制,构建一级抓一级、层层抓落实的工作格局;着眼于革命化、正规化、专业化、职业化的发展方向,优化队伍专业和知识结构;强化队伍专业培训,突出专家型人才培养,形成每个监区都有能手、每个监狱都有专家、专业力量分布在实战一线的人才格局;从严从优带好队伍,加大正风肃纪力度,建立民警依法履职免责制度,落实民警健康保障措施,建立民警从警30周年、40周年荣誉纪念和荣誉退休制度,规范民警入职、晋级、授衔宣誓制度和职业仪式,广泛开展"首都监狱卫士"评选表彰活动,被首都文明办吸纳为"北京榜样"主题活动子品牌,着力打造"三铁四化五硬"的监狱人民警察队伍,为推进首都监狱事业发展凝聚了强大动力。

坚持以政治改造为统领统筹推进五大改造,是监狱工作在新时代的全新实践。在司法部和市委市政府、市委政法委、市司法局党委的坚强领导下,北京市监狱管理局将深入学习贯彻习近平新时代中国特色社会主义思想,坚持党对监狱工作的绝对领导,坚持以人民为中心的发展思想,认真贯彻落实全国监狱工作会议精神,坚持政治引领、党建先行,坚守安全底线、践行改造宗旨,全力推进五大改造在首都监狱系统生动实践,奋力谱写首都监狱工作新的时代篇章。

北京市年度法学教育报告

北京市教育委员会*

一、法学教育

（一）毕业生、师资概况

（1）毕业生情况。北京市法学毕业生总体就业情况良好，各个学历层次就业率约等于或高于90%。具体将每一层次的就业率与各学科平均数据相比时，本科与硕士学历的法学毕业生就业率略低于北京市的平均水平，特别是本科生就业率低于总体水平5个百分点。因此虽然北京市法学就业率较全国高出许多，但在法学学科就业率总体水平较低的大背景下，仍然不宜过分乐观。此外，将各个层次进行横向对比会发现，从本科生到硕士生再到博士生，就业率上升明显，且博士生就业率高于平均水平。另外，法学本科生选择继续升学的比例是四个层次中最高的，与平均水平基本持平。

纵观表1、2中所列的各项指标，可以发现法学就业质量总体较平均水平稍高或基本持平。此外，就业质量与毕业生学历基本成正比，尤其是"认为工作发展空间'一般'及以上"这一项，博士生比例高出专科生16%以上。可见，法律职业内在要求深厚的专业基础与知识储备。整体而言，北京市2018年法学毕业生就业质量良好。

---

* 撰稿人：北京师范大学法学院，李德嘉。

表 1 2018 年北京市法学毕业生去向概览[1]

学历层次		深　造		就　业		未落实		合　计		就业率
		人　数	%	人　数	%	人　数	%	人　数	%	
专科	法学	105	11.75	738	82.55	51	5.7	894	100	94.3%
	总体	2992	10.13	25 534	86.48	999	3.38	29 525	100	96.62%
本科	法学	3179	37.87	4379	52.16	837	9.97	8395	100	90.03%
	总体	45 862	38.77	67 660	57.19	4765	4.03	118 287	100	95.97%
硕士	法学	422	57.3	5141	88.88	221	3.82	5784	100	96.18%
	总体	5398	9.41	57 347	89.32	1462	2.27	64 207	100	97.73%
博士	法学	63	8.92	625	88.53	18	2.55	706	100	97.45%
	总体	3157	22.15	10 714	75.18	381	2.67	14 252	100	96.33%

表 2 2018 年北京法学毕业生部分就业质量指标概览[2]

学历层次		样本数（人）	落实工作的满意度（均值）%	获得相关社会保障的比例（有保险有公积金）%	专业与岗位相关度（均值）%	认为工作发展空间"一般"及以上的比例%
专科	法学	120	76.83	63.80	71.66	73.44
	总体	3149	76.84	63.80	71.66	74.06
本科	法学	372	75.54	73.12	73.28	73.39
	总体	9821	77.19	80.58	74.68	75.67
硕士	法学	540	80.56	95.00	81.15	78.74
	总体	9574	80.14	95.82	80.48	78.72
博士	法学	76	81.32	97.37	86.84	80.26
	总体	1755	82.64	96.52	89.13	81.53

---

[1] 数据来源：北京市教委《2018 年毕业生质量报告》。

[2] 数据来源：北京市教委《2018 年毕业生质量报告》。

（2）师资情况。从各高校的师资结构来看，各高校普遍存在讲师、助理教授数量与教授比例倒挂现象，良好的师资结构需要进行一定的梯队建设，需要继续吸引青年人才进入教师队伍，为未来的骨干人才培养奠定基础。

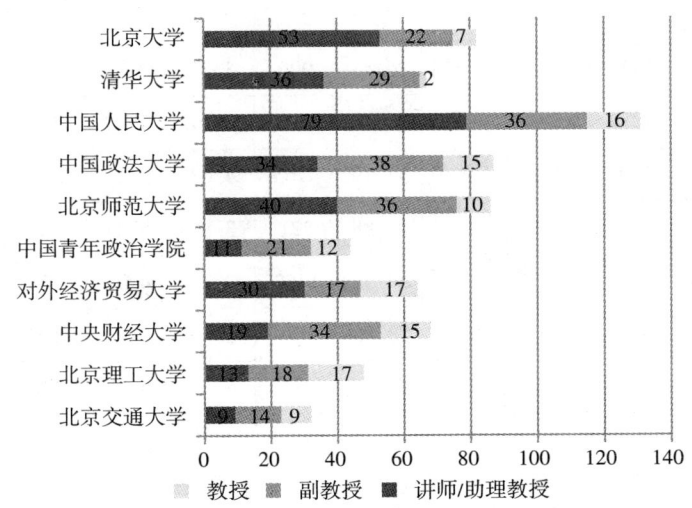

图1　北京市主要法学院在职师资情况[1]

（二）人才培养

法治国家的建设必须以法治人才的培养为基础与前提。高校是为法治事业培养与输送人才的重要阵地，高校法学教育质量是我国法治事业建设的基础与根本。习近平总书记在视察中国政法大学时强调，全面推进依法治国是一项长期而重大的历史任务，要坚持中国特色社会主义法治道路，坚持以马克思主义法学思想和中国特色社会主义法治理论为指导，立德树人，德法兼修，培养大批高素质法治人才。

2018年12月8日，2018—2022年教育部高等学校法学类专业教学指导委员会成立大会暨2018年年会在京正式举行。会议通过了《2018—2022年教育部高等学校法学类专业教学指导委员会章程》，原则通过了《2018—2022年教育部高等学校法学类专业教学指导委员会五年工作规划》和《2018—2022年教育部高等学校法学类专业教学指导委员会2019年工作计划》。

1. 法学培养体系制度化

一是在不同的培养层次体现不同的培养重点，形成一套系统的培养模式。我

─────────────

[1] 数据来源：各法学院官方网站"师资"一栏。

国当前的法律教育分为专科、本科、硕士以及博士四个层次，其中硕士又分为以学术为导向的法学硕士和以实践为导向的法律硕士。四者层层递进，又在定位上呈现差异化。根据法学学科特点，针对本科生、法学硕士、法律硕士、法学博士等不同类型的学生群体，制定并完善相应的制度体系，不断进行制度和方式方法创新，研究适合学科特点和法治要求的管理制度、配套政策和操作方法，为建立健全法学研究生培养的长效机制提供规范依据和制度保障，从而使得教师和学生对于研究生培养的方式、程序和目标都有稳定明确的预期，最大限度地降低个案解决的成本，形成依规范、依制度培养的法学研究生培养特色。

教育者要根据不同的培养层次，寻找不同的切入点，突出各层次培养的侧重点。法学本科生的培养是法治人才培养的基础，作为学术型研究生与博士生的后备军，首先应当加强其基础理论的教学。其次其培养还应区别于高层次研究型人才，应当同时注重实践能力的锻炼。学术型研究生与博士生的培养是培养高端人才的重点。在研究生培养的过程中，应当尊重人才培养的规律，关注社会和时代的发展需求，坚持法学院校在法学人才培养过程中的中心地位和引导作用。强调论文写作能力是展开学术创新的前提，也是评价学术创新能力的关键指标。应用型研究生是培养应用型、复合型人才的关键，尤其是法律硕士的培养。各院校大多为法律硕士设置了不同了研究方向，以期根据学生的本科背景、学习兴趣等因材施教。从表3可以看出，北京大学、中国人民大学在方向设置上体现出综合性但又各具特色的特点，如中国人民大学与相关国际人权组织联合培养人权法方向的法律人才、依托法学院与律师学院共同培养的律师方向、与最高人民检察院合作招收职务犯罪侦查方向法律硕士生等订单式的培养模式改革不仅受到学生的欢迎，在社会上也有广泛影响。北京大学独具特色地设置了市场竞争法专业方向、房地产法专业方向、环境、资源与能源法专业方向等。中央财经大学依托自身在财经方面的丰富资源，重点培养经济法、商法等方向的人才；此外，在课程设置上，中央财经大学独具特色为法律硕士开设了会计学、金融学、财务管理等经济类课程。

二是对课程结构进行重新梳理，划分课程为基础类、专题类、实务类、应用类，分别服务于不同的功能，又形成一套完整的体系。北京各法学院基本上实现了"基础理论课程+实务性课程+外语类课程"甚至更详细系统的课程体系。

表3　主要法学院法硕方向设置[1]

院　校	研究方向
清华大学	知识产权法方向、国际经济法方向、国际仲裁与争端解决方向、国际知识产权法方向
北京大学	财税法方向、金融法方向、商法方向、国际商法方向、房地产法方向、知识产权法方向、专利代理方向、经济法（市场竞争法）方向、经济法（公司法与证券法）、刑法方向、民法方向、卫生法方向、诉讼法方向、公法与公共治理方向、环境资源与能源法方向、国际公法方向、法律与公共政策方向、电子商务法方向
中国人民大学	刑法方向、民商法方向、诉讼法方向、理论法方向、国际法方向、知识产权方向、经济法、律师方向、人权法方向、多元纠纷解决方向、国际商事方向、亚太精英法律人才方向、食品安全方向、职务犯罪侦查方向
北京师范大学	政府法治方向、民商事方向、经济法方向、国际法方向
中央财经大学	公司法、金融服务法方向、财税法方向、国际经济法方向、诉讼法方向、公共采购法方向

2. 与实践对接，培养职业化人才

教育部和中央政法委联合出台的《关于实施卓越法律人才教育培养计划的若干意见》文件提出了以培养应用型、复合型法律职业人才为目标的卓越法律人才教育培养计划。传统的法学教育注重法学理论知识的传授，但是法律是一个实践性学科，法学理论应该接受实践检验，法学生必须是能解决问题的职业化应用型人才。因此法学教育也应当做到理论性与实践性的统一。

（1）创新教学方法。在教学方式上，继续推进案例教学、诊所式教学、模拟法庭等创新方法的运用。同时，强调互联网与教育的结合，推动慕课建设，北京各高校均启动了法学专业慕课建设。北京师范大学法学院已经着手开发教育法治的微专业，利用慕课、微课、混合式教学等多种方式，推动教育法治的在线专业发展。

（2）加强与实务界的联系。高校法学院与法院、检察院、律师事务所等实践部门之间的良性互动是培养职业型、应用型法律人才的重要途径。

2018年，最高法院继续推出实习生项目，接收实习生50名，此次实习项目实行导师制，由经验丰富的资深法官或者领导干部担任指导老师。实习生在实习

---

[1]　数据来源：各学院公布培养方案。

期间担任实习法官助理或书记员，主要安排在最高人民法院机关本部审判业务部门从事司法辅助工作，少量安排在综合部门从事司法调研和司法行政工作。实习内容主要包括：习近平新时代中国特色社会主义思想、公平正义思想教育，刑事、民事、行政诉讼等审判业务实践。最高法院的实习生项目为优秀的法律学子们提供了宝贵的实践机会。北京市各高校法学院也继续专注于各自法学教育实践基地的建设与扩展。

这些举措从内容和形式上丰富了法律实务界与高等学府间的合作交流，通过交换生、双学士、暑期课程、远程教学、圆桌会议等丰富多样的形式，拓宽了法治人才培养途径。

二、法学研究

（一）研究成果

改革开放以来，中国法学的研究成果和学术活动经历了质的变化，每年法学专著公开出版以及学术论文发表数量不断提升，法学学术期刊种类不断丰富，学术团体阵容不断扩充，国内外的学术交流活动愈发频繁。

1. 中国法学会

2018 年 9 月 4 日，中国法学会发布了《中国法学会 2018 年度部级法学研究课题申报公告》。截至 10 月 8 日，共收到有效申请书 1425 份。10 月 23 日—11月 21 日，中国法学会严格按照《中国法学会部级法学研究课题管理办法》，组织113 位专家进行了两个阶段的通讯匿名评审工作。11 月 26 日，在中国法学会副会长、学术委员会主任张文显教授的主持下，严格按照两个阶段总分的高低，确定了中国法学会 2018 年度部级法学研究课题拟立项名单。其中，重大课题空缺、重点课题 11 项、一般课题 52 项、青年调研项目 18 项、基础研究重点激励项目 3项、自选课题 166 项。上述立项课题中，有 16 项一般课题、12 项青年调研项目、1 项基础研究重点激励项目从自拟选题中择优产生。

表4　中国法学会 2018 年度北京市部级法学研究课题立项公示[1]

部分重点课题（11 项）			
序号	课题名称	申请人	所在单位、职务/职称
1	党领导依法治国的法规制度保障研究	韩　强	北京联合大学马克思主义学院教授
3	党内法规制度建设保障体系研究	王建芹	中国政法大学法学院教授

[1]　资料来源：本表资料来源于中国法学会网站。因篇幅限制，此处仅列举部分课题。

	部分一般课题（52项）		
4	合宪性审查的机制与程序建设研究——以工作型合宪性审查制度模式为中心	李少文	中共中央党校（国家行政学院）政法教研部讲师
9	黑恶势力认定标准研究——以扫黑除恶法律适用问题为切入点	张向东	最高人民法院刑三庭审判员
14	商法法典化问题研究——我国制定统一商法典的基本理由	蒋大兴	北京大学法学院教授
15	农村集体经济组织立法研究	吴昭军	中国人民大学法学院博士后研究人员
17	税收法定原则实施中的立法问题研究	叶 姗	北京大学法学院教授
21	捕诉合一的理论与实践研究	卫跃宁	中国政法大学刑事司法学院教授
22	调解前置程序实证研究	马 强	北京市高级人民法院副院长
23	民事电子证据规则研究	刘哲玮	北京大学法学院副教授
44	公司法之功能嬗变及结构性革新研究	周 游	中央财经大学法学院讲师
46	法院剥夺律师辩护人资格问题研究	陈学权	对外经济贸易大学法学院教授
48	刑法中"群"行为理论在规制非法信息网络传播行为中的应用研究	张燕龙	北京外国语大学法学院讲师
	部分青年调研项目（18项）		
1	共享经济的合作规制研究	刘绍宇	中国政法大学博士研究生
3	区块链应用中的法律问题研究	王 森	北京物资学院法学院讲师
4	P2P网络平台非法集资行为刑事规制研究	彭新林	北京师范大学刑事法律科学研究院副教授
6	专利链接制度实施中的竞争法律问题实证研究	孙瑜晨	中国人民大学法学院博士研究生

续表

9	正当防卫的司法认定标准研究——以刑法与民法区别规定为切入	简 爱	中央财经大学法学院讲师
14	印证证明模式运行样态实证研究	谢 澍	中国政法大学刑事司法学院博士研究生
18	领土和海洋争端解决中的默认规则研究	宋 岩	外交学院国际法系讲师
部分基础研究重点激励项目（3项）			
1	70年来执政党在宪法实施中的地位研究	郑贤君	首都师范大学政法学院教授

2. 北京市法学会

北京市法学会在市委政法委管理下，积极组织开展法学研究。按照《北京市法学会市级法学研究课题管理办法》的规定和市委政法委的要求，北京市法学会2018年市级法学研究课题经过选题征集，选题确定，市委政法委批准，公开招标，申报，专家匿名评审，会议评审等程序，完成了课题审核工作。根据评审结果，择优立项，同时兼顾综合平衡的原则，经北京市法学会研究同意，2018年市级法学研究课题拟立项重点课题10项，一般课题20项，青年课题10项。

表5　北京市法学会2018年度市级法学研究课题立项公示[1]

重点课题（10项）			
序号	课题名称	申请人	所在单位、职务/职称
1	北京市践行习近平法治思想研究——以推进生态文明建设为视角	于文轩	中国政法大学环境资源法研究所、北京市法学会生态法治研究会
2	首善之区法治建设引领作用研究	冯玉军	中国人民大学
3	社会主义核心价值观融入首都法治实践研究	王立、黄悦波	北京警察学院

---

〔1〕　资料来源：本表资料来源于首都法学网。

续表

4	涉法涉诉信访矛盾化解机制研究	刘荣军	北京师范大学
5	北京市大数据产业创新应用的法律规制研究	范 贞	北京卫生法学会
6	刑事案件认罪认罚制度研究（委托）		
7	以审判为中心的司法改革研究（委托）		
8	刑事执法办案机制研究（委托）		
9	司法人员执业保障研究（委托）		
10	智能办案系统机制研究（委托）		
一般课题（20项）			
序号	课题名称	申请人	所在单位、职务/职称
1	北京市司法改革社会第三方评估研究	施鹏鹏	中国政法大学
2	诉监分离的刑事审判监督模式研究	廖 明	北京师范大学刑事法律科学研究院
3	公证参与司法辅助事务的实践探索与制度完善	张 华	北京政法职业学院
4	京津冀协同发展中的社会法问题研究	薛长礼	北京化工大学
5	以乡规民约推动基层社会治理	安 辉	门头沟区人民法院
6	北京市信访疑难案例研究	黄乐平	北京义联劳动法援助与研究中心
7	北京市电子商务法治环境问题研究	刘 权	中央财经大学
8	社会建设法治化的理论创新与实践问题研究	邵 晖	北方工业大学
9	我国社会新的主要矛盾与按劳分配原则的依法调整	林 嘉	中国人民大学

10	北京市三条文化带整体保护利用法律问题研究	李倩茹	北京联合大学
11	产业规划与首都生态文明建设相互协调研究	周 珂	中国人民大学
12	北京市教育立法的现状与发展研究	李 昕	首都师范大学
13	北京市《电影产业促进法》实施方案研究	刘 毅	北京市影视娱乐法学会
14	北京市养老机构管理困境与法律对策	陈洪忠	北京老龄法律研究会
15	京津冀协同监管体系下食品欺诈规制研究	孙 颖	中国政法大学
16	《北京市不动产登记条例》立法研究	武 腾	中央财经大学
17	北京市推广房地产税的可行性研究	高喜善	北京市房地产法学会
18	北京市房地产经纪机构信用管理立法研究	刘敬忠	北京市房地产法学会
19	河长制在京津冀区段的北运河协同实施研究	李爱华	北京物资学院
20	人工智能的法律规制和法理思考	周青风	中国政法大学

青年项目（10项）

序号	课题名称	申请人	所在单位、职务/职称
1	监察机关和检察机关刑事办案程序、证据标准衔接	贾晓文	北京市朝阳区人民检察院
2	辩护律师全覆盖难点与对策研究	王迎龙	北京工商大学
3	首都房地产限购背景下房产税公平问题法经济学研究	杜津宇	北京工商大学
4	北京法院应对跨境破产问题研究	范志勇	北京市破产法学会

续表

5	民事证据契约效力的实证研究	赵小军	北京市第一中级人民法院
6	涉众型经济犯罪涉案财物处置问题研究	叶 萍	北京市朝阳区人民检察院
7	北京市共享单车关键法律问题研究	周静怡	北京工商大学
8	数据挖掘法律问题研究	罗 娇	中国科学院文献情报中心
9	腐败案件被告人缺席程序的诉讼构造研究	初殿清	北京航空航天大学
10	北京法院关联企业破产案件审理疑难问题研究	武诗敏	北京市破产法学会

3. 高校系统

2018 年，北京市数十所开设法学专业的高等院校在法学研究领域成绩斐然。高校系统研究成果的形式主要有学术期刊论文、承办会议等内容。下表为 2018 年中国法学创新网统计北京市主要高等院校法学研究发表 CLSCI 论文数。

表 6　2018 年中国法学创新网统计北京市主要高等院校法学研究发表 CLSCI 论文数

名　次	科研单位	总篇数
1	中国政法大学	115
2	中国人民大学法学院	90
4	清华大学法学院	69
6	北京大学法学院	63
9	中国社会科学院法学研究所	33
13	中央财经大学法学院	27

（二）对外学术交流

2018 年，北京市继续推进首都法学教育对外开放，拓展国内外法学合作领域，为首都法学教育与研究引进资源，促进首都教育的现代化和国际化发展。在完成各项工作任务的基础上，努力提高交流合作的质量和效益，改善服务质量，法学学术交流活动在此基础上得以不断深入与丰富，交流水平得到全面提升。北京市各大高等院校法学院系继续积极邀请国外知名院校法学专家开展研讨会、开设双语课程,在相互交流之中,学习法学教育进步经验。

北京大学法学院、中国人民大学法学院、北京师范大学法学院、对外经济贸易大学法学院、中央财经大学法学院等都分别开展了多项内容丰富的国际学术交流活动。

三、成效与亮点

(一) 院校整体实力得到国内外的认同

英国的知名高等教育评估机构 Quacquarelli Symonds (简称"QS")的世界大学排名被评为世界上最受瞩目的大学排行榜之一,除了综合排名外,它还提供世界大学学科排名,在 2011 年首次对全球著名法学院进行国际评估和排名,展示了世界范围内法学排名前 200 的大学。

表7　北京高校在 QS2016—2018 年全球法学院排行榜的排名[1]

年份　高校	2016	2017	2018
北京大学	21	20	23
清华大学	28	33	28
中国政法大学	101~150	101~150	101~150
中国人民大学	51~100	51~100	51~100
北京师范大学		151~200	151~200

2018 年,有 5 所北京高校进入 QS 世界法学院前 200 的排行榜。

(二) 办学亮点与成效

实践型、应用型、复合型、国际化法律人才的培养是北京各法学院校教学改革的重点,体现出以下特色与亮点:

1. 本科生特色实验班

本科教育是大学社会声誉的重要基石与影响因素,因而也是卓越法律人才培养的重点。复合型的法律人才培养除了法律硕士外,还要从本科开始抓起。所谓复合型法律人才不仅要有过硬的法律专业素质,还要具备较好的外语水平和新闻、经济、金融、商学以及管理等多学科知识背景。北京几所高校建设性地开设

---

[1] 数据来源:QS 官方网站。

了复合型人才培养实验班。

中国人民大学法学院与商学院合作开办了法学—工商管理实验班，与新闻学院合作开办了法学—新闻实验班。利用人民大学法学院的平台优势，与商学院、新闻学院强强联合，培养同时具备管理素质、新闻素质的法律人才。

中国政法大学国际法学院与中央财经大学于2015年就设立"涉外法律人才实验班"达成合意。实验班从课程、教材、师资、境外交流几方面着手，致力于培养适应复杂国际环境的国际化复合型法律人才。

对外经济贸易大学2015年开设了第一届法学与金融实验班，班级由法学与金融学学生各自选拔的15人组成，以期所培养的学生能将法学知识与金融学知识相结合，将来在金融衍生交易、金融监管等境内外金融和法律领域大放光彩。

北京师范大学开设了专门的卓越实验班和瀚德实验班，法学卓越实验班旨在培养厚基础、宽口径、高素质、富有创新能力和国际视野，具备深厚的人文素养和崇高的法律信仰，系统掌握法学知识，熟悉我国法律和党的相关政策，能在国家机关、企事业单位和社会团体特别是能在立法机关、行政机关、检察机关、审判机关、仲裁机构和法律服务机构从事法律工作的高素质创新型人才。法学瀚德实验班旨在培养德才兼备、富有创新能力和国际视野，具备深厚的人文素养和崇高的法律信仰，系统掌握法学知识，熟悉中国和国际法律规则，熟练运用英语和第二外语，兼具管理能力和信息技术应用能力，能胜任政府机关、企事业单位以及法律服务机构从事涉外法律工作或者可以直接在国际组织、跨国公司从事国际法律工作的应用型复合型高端法律人才。

这些实验班的设置，在不同程度上打通了学科之间的壁垒，从而更加贴近复合型、应用型人才的教育理念。

2. 高校与实践机构资源深度整合

全国有30所法学院校获批建设国家级法学教育实践基地。基地设立之本意在于以基地为依托，使高校能不断加强与法院、检察院、律师事务所、仲裁机构等实务部门的联系，为学生提供实践能力锻炼的平台。

3. 学子风采

教学效果的最终都将体现在法学学子的素质上。在各种国内、国际的大赛中，都能见到北京高校优秀法律学子的身影，这些比赛有的考验学生们的学术水平，有的考验他们的实践能力。一方面这是对学生自身在法学院学习深造情况的一个检验；另一方面，他们的活跃与傲人成绩也正好是对北京各高校法学教育成果的动态展示。

（1）模拟法庭类。

第一，2018年11月19日—11月23日，第十六届"贸仲杯"国际商事仲裁模拟仲裁庭辩论赛（以下简称"贸仲杯"）在北京国际商会大厦举行。经过五天激烈角逐，对外经济贸易大学法学院代表队蝉联冠军，北京大学代表队获得亚军。

第二，2018 年 11 月 25 日晚，第 12 届中国大陆地区红十字国际人道法模拟法庭竞赛圆满落幕。经过激烈角逐，由法学院学生组成的北京大学代表队从 34 支参赛队伍中脱颖而出，获得冠军。

第三，2018 年 5 月 20 日，由厦门大学主办的"联合信实杯"模拟法庭辩论赛落下帷幕。在密集的赛程安排中，武汉大学代表队勇夺冠军，中国人民大学代表队最终取得了亚军。

第四，2018 年 2 月 24 日—2 月 26 日，"中国第十六届杰赛普国际法模拟法庭全国选拔赛"在中国人民大学举办，全国 49 支法学院校代表队展开了为期三天的激励角逐。北京大学代表队荣获冠军，北京师范大学代表队取得团体二等奖。

第五，2018 年 11 月 13 日，由北京市教委主办、中国政法大学承办、中国人民公安大学协办的第十届北京市大学生模拟法庭竞赛在中国人民公安大学正式开赛。来自京津冀地区 40 所高校的 228 名参赛选手同台竞技，在模拟法庭上提升法律实务能力。

（2）学术类。

第一，2018 年 5 月 22 日，由北京林业大学主办、北京市八所知名高校参加的"林韵杯"首都高校辩论邀请赛落下帷幕。历时一个多月的激烈角逐，中国人民大学法学院辩论队过关斩将，在决赛中力克中国政法大学，荣获冠军。

第二，2018 年 5 月 27 日晚，"达辉杯"第八届北京高校法科辩论赛在北京大学法学院凯原楼模拟法庭落下帷幕。历经了一多个月的激烈角逐，四场比赛的考验，中国人民大学法学院荣获冠军。

第三，2018 年国际刑事法院模拟法庭审判竞赛国内赛于 3 月 17 日—18 日在中国政法大学昌平校区举行。在通过学术论文预选赛竞争之后，共有包括北京大学、武汉大学、上海交通大学等全国 24 所知名高校展开了激烈角逐。经过为期两天的精彩较量，北京师范大学代表队取得了团体特等奖（The Overall Winner）。

（3）其他竞赛。

2018 年 10 月 5 日下午，由中共北京市委教育工作委员会、北京市教育委员会主办的第三届全国学生"学宪法讲宪法"北京赛区（高校组）总决赛成功举办。通过初赛、复赛的选拔，来自清华大学、中国人民大学、中国政法大学等高校的 13 名选手齐聚中国政法大学，给现场评委与观众带来一场精彩绝伦的视听盛宴。

（三）法学研究工作成效亮点

中国法学核心科研评价来源期刊（China Legal Science Citation Index，简称 CLSCI），是中国法学会法律信息部于 2010 年起，对全国法学研究机构和个人在重要核心期刊上发表的论文进行统计分析的期刊目录。其中，由北京市高校、科研机构负责的刊物共 10 种，分别是《清华法学》（清华大学）、《中外法学》（北京大学）、《法学家》（中国人民大学）、《环球法律评论》（中国社会科学院法学研究所）、《法学研究》（中国社会科学院法学研究所）、《中国社会科学》（中国社科院）、《比较法研究》（中国政法大学）、《政法论坛》（中国政法大学）、《法学杂志》（北京市法学会）、《中国法学》（中国法学会）。

中国法学会法律信息部每年均会在统计 CLSCI 论文数量等数据的基础上，对各个法学院校的学术质量和贡献力进行分析、评价，并发布相关评估报告，旨在建立属于法学共同体自己的评价体系。对 2018 年北京地区 CLSCI 期刊进行统计、分析、评估之后，总结出以下几点法学研究工作成效与亮点。

1. 北京地区 CLSCI 期刊影响力因子排名靠前

2018 年的《中国学术期刊影响因子年报（人文社会科学）》，首次发布综合评价指标——学术期刊影响力指数，将总被引频次和影响因子二者结合起来考量，更全面地反映期刊学术影响力状况。根据《年报》统计数据，在影响因子排名中，中国法学会主管主办的《中国法学》在 2018 统计年度法学期刊中以 1414.214 名列第一；《法学研究》以 1112.002 名列第二；《法学》以 735.813 名列第三；《中外法学》以 562.406 名列第四；《法商研究》以 519.009 名列第五，而《法学杂志》以 324.000 名列第十八。

在影响力指数（CI）排名方面，排名前十位的期刊中北京地区法学期刊独占五位，在全国范围内均具有较大的影响力与绝对的权威性，法律期刊影响力指数与影响因子具体排名如表 8 所示。

表 8　北京地区法律期刊影响力指数与影响因子排名（部分）[1]

排　名	刊　物	影响力指数（CI）	影响因子
1	中国法学	1414.214	7.038
2	法学研究	1095.228	5.277
4	中外法学	690.968	2.929

[1]　资料来源：本表资料来源于《中国学术期刊影响因子年报（人文社会科学）》，2018 第 13 卷。

续表

排 名	刊 物	影响力指数（CI）	影响因子
6	法学家	509.960	2.781
10	政法论坛	452.168	2.169
14	清华法学	390.172	2.481
16	比较法研究	337.180	1.756
15	环球法律评论	351.326	1.765
18	法学杂志	324.000	1.213

2. 法学学科论文转载量人大、北大法学院稳居榜首

《光明日报》发布《2018 年度复印报刊资料转载指数排名》（以下简称《排名》）。该排名是由中国人民大学人文社会科学学术成果评价研究中心根据 2018 年度复印报刊资料学术系列刊的全文转载数据，从转载量、转载率和综合指数三个量度为准，经仔细考量、分析后发布的。《排名》能够基本客观地反映中国人文社科学术期刊、教学科研机构的学术研究水平和状况。

具体到学科领域，该《排名》选取了部分一级学科，对高等院校二级院所的论文转载量进行统计排序，从一定程度上可反映我国高等院校二级院所在不同学科的科研实力。

在法学学科领域，2018 年被转载全文 9471 篇，涉及高等院校 624 所，转载量约占全年复印报刊资料学术刊全文转载总量（11 653 篇，包含报纸和内刊论文，下同）的 81.3%。中国人民大学法学院、北京大学法学院以较大的优势位列法学学科论文转载数的前两位，这充分表明了北京地区高校科研机构法学研究的总体水平居于学科标杆的地位，体现了北京地区高校科研机构强大的研究实力。具体排名如下：

表 9 高校法学学科论文转载数排名[1]

机构名称	转载数	名 次
中国人民大学	628	1

---

[1] 资料来源：本表资料来源于《2018 年度复印报刊资料转载指数排名》，人民日报，2016 年 3 月 29 日。

机构名称	转载数	名　次
北京大学	413	2
武汉大学	287	3
华东师范大学	286	4
北京师范大学	284	5
复旦大学	273	6
南京大学	251	7
清华大学	240	8
南开大学	218	9
中山大学	195	10

四、问题、挑战、机遇与对策

（一）系统总结法学教育经验得失

法学教育经过四十年的发展，已经到了经验总结与创新发展的关键时期。当下，法学教育的发展需要深入贯彻习近平总书记全面依法治国新理念新思想新战略，全面落实全国教育大会精神。对改革开放40年来的法学教育的得失进行系统总结，进一步促进我国法学教育改革，繁荣卓越法学人才的培养，创新法治人才培养机制，更好发挥法学教育基础性、先导性作用。

（二）法官、检察官开展实践性教学工作的保障与实践导师队伍建设

北京各高校正致力于不断推动与实务部门的交流与合作，加深交流深度，扩大合作广度以实现实践型、应用型人才培养的目标。但是就现状而言，实践导师往往处于一个辅助补充的地位，而并不像"双导师"字面上所体现的那样是并列的关系。法官、检察官在高校兼职实践导师，在高校、科研院所开展实践性教学活动如何取酬、如何计算工作量，还需有相关政策加以落实。为了提高法官、检察官在高校开展实践性教学活动的积极性，应该有相应的工作量折算办法或取酬的标准，使法官、检察官在高校的兼职工作既不影响本职的司法工作，也不伤害其开展教学活动的积极性。

2018 年北京律师行业十大亮点工作巡礼

北京市律师协会

栉风沐雨，春华秋实。2018 年是全面贯彻党的十九大精神开局之年，是改革开放四十周年。北京市律师协会站在历史新节点上，坚持政治引领、党建先行，充分发挥职能作用，在服务党和政府中心工作、优化律师执业环境、推动解决会员关切、加强行业自身建设等方面呈现出北京律师行业的"十大亮点"，绘就一幅浓墨重彩的新画卷。

一、成立律师行业党委，北京律师行业党建工作向纵深发展

2018 年，北京市律师协会坚持政治引领、党建先行，积极推进律师行业党建工作管理体制机制建设，成立北京市律师行业党委，指导 16 个区全部建立律师行业党组织，理顺律师行业党建管理体制，形成市委组织部门牵头抓总、司法行政部门组织领导、律师行业分级管理的党建工作新格局；在全国率先将"坚持以习近平新时代中国特色社会主义思想为指导""坚定维护以习近平同志为核心的党中央权威和集中统一领导"和加强党的建设工作写入协会章程，并推进 16 个区律协同步完成了章程制定、修订工作，为新时代律师行业党建提供制度保障；同时，还修订完成《北京市律师行业党委议事规则》等多项党建工作制度，进一步完善行业党委工作机制。从有形覆盖到有效覆盖，北京律师行业党建的突出成果得到了各级领导的关注，司法部傅政华部长专程赴京调研党建工作并给予充分肯定。深入贯彻落实全国律师行业党建工作座谈会和市组织工作会议精神，组织召开全市律师行业党建工作座谈会，全力推进新时代北京律师行业党建工作向纵深发展。在第 5 个国家宪法日、首个宪法宣传周来临之际，8000 余名北京律师集体宣誓，表达了全市律师坚定不移听党话、跟党走、坚决维护宪法法律权威的政治态度。

二、蔡奇同志为市委法律顾问颁发聘书，北京律师积极投身法治中国首善之区建设

2018 年 9 月 4 日，中央政治局委员、北京市委书记蔡奇为市委法律顾问颁发聘书。其中，中华全国律师协会会长、金杜律师事务所主任王俊峰，北京市律师协会会长、中创律师事务所律师高子程受聘为市委法律顾问，北京道信律师事务所律师万欣等15位北京律师受聘为市委法律专家库成员，开启了北京律师助力法治政府建设新征程。2018年，为深入贯彻落实习近平总书记关于支持民营企业发展相关指示精神和司法部决策部署，协会与市司法局、市工商联合会联合印发了《关于组织开展律师服务民营企业专项活动的工作方案》，遴选92名优秀专业律师组成服务团，拉开北京民营企业"法治体检"活动序幕，先后走进北京小桔科技有限公司（滴滴出行）、汉能移动能源控股集团有限公司两家北京重点民营企业"把脉问诊，提供法律处方"，成功搭建了律师对接民营的企业法律服务平台，目前，经过律师服务团"会诊"，"滴滴出行"的法治体检"处方"已正式开具；同时，协会认真落实市委市政府工作部署，积极配合相关部门做好保护中小投资者指标、执行合同指标、破产重组指标等优化营商环境工作，用实实在在的工作成果让企业和群众感受到北京营商环境的显著变化，为创建首都法治化营商环境作出了积极贡献。

三、主动作为多措并举，北京律师执业环境优化工作成效斐然

2018年，北京市律师协会积极践行会员服务职能，成功推出多项优化律师执业环境的新举措，为北京律师营造了更为良好的执业环境。为提高律师会见效率，切实保障在押犯罪嫌疑人、被告人的合法权益，经与市公安局沟通协调，创建了律师快速远程会见的新模式，在派出所与看守所之间为律师与在押犯罪嫌疑人、被告人搭建快速会见平台，使律师远程视频会见在押犯罪嫌疑人、被告人成为现实，为畅通会见开辟了新途径。为律师提供高效优质的诉讼服务，与市高院共同打造现代科技手段为律师服务的新常态，成功搭建"微律师"等多个网上办案平台，将实体诉讼服务向互联网端、移动端拓展，为律师提供案件查询、法官联络、材料递交、文书送达、投诉建议等多种服务功能，切实提升律师诉讼工作效率。2018年，北京市律师协会协会与广东、天津、海南、黑龙江、陕西5家兄弟协会签订《跨区域维护律师执业合法权益合作协议》，构筑起与30家律协有效衔接的省际维权工作体系，实现了北京律师维权互助网络国内全覆盖；与此同时，协会直接受理和协调解决个案维权事项14件，有效维护了律师执业权利。

四、34名律师成功积分落户，开启优秀律师人才落户北京新进程

2018年10月15日，来自22家北京律师事务所的34名执业律师名列北京第一批积分落户名单，开启了优秀律师申请办理人才引进落户北京的新进程。同时，600多家北京律师事务所在工作居住证信息管理系统中注册开通，不少执业律师已经获得了工作居住证，享受到了被纳入北京市《工作居住证》办理范围的政策带来的便利，在不转移户籍的前提下持证享受子女教育、购买商品房和小客车指标摇号等多项市民待遇，使北京律师切实感受到真正的获得感。这是北京市律师协会始终秉承服务理念，积极回应会员关切，在市司法局的正确领导下，主动沟通协调，推动实现优秀律师被纳入市"高精尖"人才引进范围的新突破，是打造有温度会员之家的又一成功举措。同时，也从另一角度充分反映出北京律师多年来围绕中心服务大局，积极履行社会责任，投身公益法律服务，参与社会矛盾化解，助力首都城市和谐发展，展现出了应有的责任和担当，得到社会各界的充分肯定和广泛认可。

五、勇于担当精心作为，律师调解和辩护全覆盖北京模式熠熠生辉

2018 年，北京地区律师调解和律师辩护全覆盖工作成效显著，已初步构建起突出首都特点、体现首都特色、发挥首都特长的北京模式。近年来，北京市律师协会根据司法部和最高院在北京开展律师调解和刑事案件律师辩护全覆盖试点工作的要求，在市司法局的正确领导下，坚决贯彻落实上级决策部署，精心谋划、积极构建体现首都特色的律师调解工作格局，依托北京多元调解发展促进会平台，指导全市 33 家律师事务所成立律师调解中心，培训认证律师调解员 435人，推进成立由 416 名律师调解员组成的北京市律师协会调解中心；选派 393 名资深律师和 30 名实习律师进驻法院，与人民调解员协同开展诉前调解。与此同时，北京市律师协会按照市司法局工作要求，精心组队、统筹运作，在确保工作不留空挡的基础上，不断提升首都律师参与刑事辩护工作的规范化、标准化水平。北京已组建 1123 人的刑事辩护律师和 1013 人的值班律师团队，全市审结的一、二审普通案件辩护率达 95%，简易速裁案件值班律师帮助率达 98%。

六、开拓创新凝心聚力，开创北京律师行业统战工作新局面

党的十九大以来，中央和市委就加强新的社会阶层人士统战工作、深化律师制度改革等专门印发文件，为做好新时期统战工作指明了方向。近年来，北京市律师协会高度重视行业统战工作，取得显著的工作成果。2018 年 5 月，北京市律师协会与市委统战部、市司法局成立研究课题组，开展全面调研并形成《律师行业统战工作调研报告》，为进一步完善行业统战工作提供数据支持和政策依据。2018 年 7 月 20 日，市委常委、统战部部长齐静专程到协会调研北京律师行业统战工作，对统战工作取得的成绩给予充分肯定，并就进一步做好北京律师行业统战工作提出新要求。为深入贯彻落实中央、市委关于加强律师统战工作的部署要求，推动新时代律师行业统战工作开展，市委统战部、市司法局党委联合印发《关于加强新时代律师行业统战工作的意见》（以下简称《意见》），《意见》共分为六部分 21 条，紧紧把握首都律师统战工作的自身特点和独特规律，注重解决实际问题，充分体现北京律师行业特色，为进一步开创北京律师行业统战工作新局面提供了坚强的制度保障。

七、着眼未来薪火相承，北京市律师协会出台全面扶持青年律师发展计划

"青年兴则国家兴，青年强则国家强"，体现了习总书记对青年的高度重视、亲切关怀和殷切期望。青年律师是律师行业的未来，青年律师工作的开展，关系到整个律师行业的健康发展。多年来，北京市律师协会一直将青年律师培养作为行业重点工作，专门组建成立了青年律师工作委员会和青年律师联谊会，通过推出系列保障政策、组织"青年律师阳光成长计划"等多种适合青年律师特点的活动，助力青年律师快速成长。2018 年，为贯彻落实中华全国律师协会《关于扶持青年律师发展的指导意见》要求，北京市律师协会在广泛调研基础上，结合北京市青年律师工作现状和行业目标规划，制定出台《北京市律师协会关于扶持引导青年律师可持续发展的指导意见》。该《意见》着眼未来、注重传承，从加强政治引领、强化主体责任、设立专项资金等八个方面推出了扶持青年律师发展的具体措施，标准更高、可行性更强，为北京青年律师未来绘就了美好的蓝图。同时，北京市律师协会面向全市青年律师同步推出"十大举措"，从引领、关爱、表彰等方面为青年律师的成长保驾护航。

八、千帆竞发百舸争流，170 名北京律师入选全国千名涉外律师人才

2018 年 8 月 31 日，来自全国 30 个省份的 988 名律师入选司法部"全国千名涉外律师人才库"，其中，北京律师达 170 名占比 17.21%，成为入选人数最多的省市。这是多年来北京市律师协会发挥首都地域优势持续助力涉外律师人才培养的成果。近年来，随着"一带一路"倡议等重大国家发展战略的实施，北京市律师协会通过举办多种形式的涉外法律服务培训、研讨与交流活动，不断培育和壮大涉外律师队伍，为律师国际化之路以及行业健康发展铺路搭桥。2018 年，北京市律师协会着眼谋划涉外律师发展蓝图，持续构筑首都涉外法律服务新高地。紧扣涉外法律服务发展脉搏，中华全国律师协会于 2019 年 3 月 20 日正式出炉《北京市涉外法律服务调研报告》，为进一步完善涉外法律服务的相关政策提供翔实的数据支持；持续推出精品项目"扬帆百人计划—国际经济合作与争议解决法律实务培训班"，提升北京律师涉外法律服务实操技能，为中国企业"走出去"提供更为优质的法律服务；修订颁布了出国培训助学金申请办法等，助力有志律师境外深造，进一步提升北京律师队伍涉外法律服务水平。

九、立足新时代展现新作为，北京律师行业宣传工作亮点频出

2018 年，北京市律师协会顺应时代需求，依托"四位一体"宣传平台，成功打造多维度全覆盖的行业宣传体系。围绕行业重点工作，联合央视社会与法频道、北京台新闻频道及生活频道等多家权威媒体及时准确报道"北京市第十届律师代表大会第六次会议""'1+1'中国法律援助志愿者行动北京律师行前会"等多项活动；成功举办"改革开放四十年 北京律师成果展示—优秀辩护词代理词原音重现"活动，在线视频观众累计达 78 万余人；充分运用自媒体平台精心打造推出《北京市律师协会新春祝福》短视频、系列节气及节日问候海报增强会员幸福感；推陈出新开设"京城所事""首都涉外律师营"等专栏立体宣传和展示首都律师正能量。2018 年，协会先后荣获全国律协"2018 年度律师宣传好新闻"守正出新奖，全市司法行政系统新闻宣传工作先进单位，官方微博获得市司法行政系统十大最具影响力新媒体；微信推文量和阅读量在北京司法行政新媒体排行榜中一直高居前列且屡创佳绩，其中，《风雨无阻！专业敬业的首都律师刷爆朋友圈》一文创造下 10 万+阅读量，并荣获 2018 年全国司法行政系统"十佳新媒体案例奖"。2018 年 12 月，中华全国律师协会专门发文，在北京市律师协会设立全国律协新闻信息中心（北京）工作站。

十、扎实推进行业自身建设，市区两级律师协会组织建设实现全覆盖

2018 年 12 月 1 日，延庆区律师协会正式成立，北京 16 个区全部成立了律师协会，率先实现了直辖市律师行业组织的市区两级全覆盖，这是北京律师行业全面贯彻落实党的十九大精神，深入实践习近平新时代中国特色社会主义思想，适应地区律师工作实际需要的重要举措，标志着全市律师管理和服务工作又迈上了一个崭新的台阶。2018 年，协会一方面根据《北京市司法局关于认真做好东城等 12 个区律师协会换届工作的通知》要求，统筹规划、合理设计、分步实施，指导昌平、大兴、通州、石景山、门头沟、顺义、海淀、朝阳、东城、房山、西城、丰台 12 个区圆满完成换届工作；另一方面借深入推进两公律师改革的良机，协助怀柔、平谷、密云、延庆 4 个区顺利完成区律师协会组建工作。与此同时，协会积极推进行业规范体系建设，修订颁布了理事会工作规则、会长会议规则等行业规则 10 余部，发布《申请律师执业人员实习管理实施细则》等 2 个修正案。此外，为固化行业发展成果，夯实行业制度体系，协会还编印了《北京市律师协会行业规范汇编》，为各区律协工作提供制度遵循。

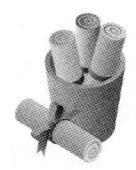

朝阳区构建"吹哨报到"基层治理新模式

朝阳区法学会

推动治理重心下移，解决基层治理"最后一公里"问题是一项关乎首都治理全局的改革举措。2018年3月，北京市出台了《关于党建引领街乡管理体制机制创新，实现"街乡吹哨、部门报到"的实施方案》，提出构建党建引领的"街乡吹哨、部门报到"工作机制，并作为北京市委改革"1号课题"，在全市各区同步开展政策试验。朝阳区根据全市统一部署，对照市级14项重点任务，确定本区16项重点工作、68项具体任务，坚持问题导向、效果导向，推动"街乡吹哨、部门报到"向党建引领深化，向街乡改革深化，向社区治理深化，向受理市民诉求、解决群众身边的问题深化，着力解决城市基层治理"最后一公里"难题。

一、健全一个体系，强化党建引领

党建是基层治理的核心和龙头。朝阳区委组织部深入推进"吹哨报到"工作机制与"一轴四网"区域化党建体系的有机融合。一方面，将14项重点任务作为支撑、丰富"一轴四网"体系的重要内容，通过"赋权""明责"和"聚能"，把"轴"做强；通过"强基""下沉"和"增效"，把"网"做实。另一方面，以"一轴四网"为基础，为"街乡吹哨、部门报到"机制的顺畅运行提供组织、制度、资源等各类保障。

第一，完善街道（地区）社区的党建工作统筹协调机制。全区已建立区级、街乡和社区三级党建工作协调委员会和分会，通过协商制定各方认可的运行规则，为广泛的社会参与提供平台和渠道。

第二，积极推进基层党建大数据建设。在八里庄试点可视化党建，使党建工作实现"可视、可触、可跟踪、可评价、可监督"。

第三，聚焦基层党建力量不足的全市性难点。初步形成加强全区基层党务工作者队伍建设的意见和相关配套办法。

第四，指导基层不断丰富"双报到"党员发挥作用的形式。强化网格化党建，形成常态化工作机制。比如，酒仙桥完善"333"党员积分制工作体系，延伸对"双报到"在职党员的积分管理；呼家楼实施"三三"工作法，推进"双报到"工作取得实效。

二、畅通两条路径，凝聚共治合力

朝阳区把党政群共商共治机制作为常态化议事机制，将"街乡吹哨、部门报到"工作机制作为高效解决问题机制。

（一）共商共治聚合力

以"听民声、办民事、解民忧"为主题，建立党政群共商共治机制，着力办好群众家门口的事，形成了党组织领导下的社会动员机制。以"群众的呼声就是哨声、大家的心到才是报到"为导向，区委办、区委社会工委推进党政群共商共治与"吹哨、报到"有机结合，汇集动员全社会资源和力量共同"报到"。以深化"一轴四网"区域化党建为抓手，进一步健全党组织领导下的居民自治机制、民主协商机制、群团带动机制、社会参与机制，使地区居民党员、群众、社会单位在党的引领号召下，自觉成为"听哨人"，通过多方努力、多元参与的实践，进一步打造好共商区域发展，共育先进文化，共促民生和谐，共建美好家园的"党建同心圆"。发挥街道议事协商会作用，推进居民议事厅规范化建设。

（二）"街乡吹哨、部门报到"解难题

强化"以造福人民为最大政绩"的意识，坚持把满足人民日益增长的美好生活需要作为党建引领开展基层工作的出发点和落脚点，做到坚持党的群众路线，坚持脚步为亲，做实"小巷管家""街巷长制"，切实办好群众家门口的事，解决好"最后一公里"难题。探索形成"七步工作法"[1]，提出构建社会治理责任链，通过搭建责任落实的机制和平台的"三三五"[2]工作体系，推动责任链的科学运行。

三、搭建三级平台，推动智慧治理

朝阳区将"吹哨报到"按区、街乡、社区三级确定吹哨级别，让"哨"吹得响、吹得准。

（一）建设区级综合指挥平台

区城管监督中心利用现有平台，已经初步完成朝阳区"街乡吹哨、部门报到"整体流程演示门户的建设工作，实现即时抓取数据，反映动态成果，将街乡反映等15类渠道作为区级哨源，并细分为应急处突"预警哨"、区级协调"指

---

[1] "七步工作法"：哨源形成、分析研判、街乡吹哨、平台受理、部门报到、全程监督、评价反馈。
[2] "三三五"：三化，体系化、信息化、社会化；三级平台，区级综合指挥平台、街乡实体化综合执法平台、朝阳区城市移动服务平台；五个一，一格统筹、一键动员、一声哨响、一网通办、一体评价。

挥哨"和媒体"舆情哨"三类，形成了"四大运行机制"。[1] 区社会办以双井为试点，按照"整体统筹，分项实施"的工作原则，在指挥体系、信息系统、网格划分和办理流程等九方面深入推进"多网"融合。

（二）构建街乡实体化综合执法平台

区城管委牵头指导 43 个街乡全部建设街乡实体化综合执法平台，探索形成了"三规范一清单六机制"[2]，通过十里河、金台路和青年路等地铁口的整治综合执法印证了工作流程和运转机制，成效显著。

（三）开发朝阳区城市移动服务平台

区城管委研发了"朝阳群众管城市"APP——即街巷长和小巷管家工作平台，鼓励更多群众参与城市治理，最终实现朝阳区的"全民小巷管家"。区信息办探索测试城市管理 AI 客服 APP，并与"朝阳群众管城市"APP 实现融合交互。

四、强化四个保障，实现简政赋权

简政赋权是实现资源下沉后提升基层工作效能的关键，简政赋权同时也意味着要实现监管有力。

（一）强化组织保障

街乡管理体制改革方面：区编办印发了街乡机构改革试点方案、权责事项清单（街道 115 项，乡 136）和"吹哨报到"专项清单，确定了双井、麦子店、太阳宫和将台为试点单位。从职责体系、组织架构、人员编制、派驻管理体制等方面，对街乡管理体制进行了系统设计和调整优化。社区减负方面：区社会办联合区农委等部门制定落实社区减负的实施方案、社区准入发文联审制度（征求意见稿）等文件，研究构建了"四减三增两满意"[3] 立体减负增效体系，优化了社区资源配置，提升社区服务站效能。

（二）强化队伍保障

区编办印发了协管员队伍规范管理试点方案，从健全机制、完善制度入手，规范协管员管理，突出统筹下沉，重点解决"统"和"放"的问题，其中双井街道形成"三减三增五统一"[4] 的工作方法，确保协管员规范管理做到公平合

---

[1] "四大运行机制"：部门联审、动态监测、会商研判以及督办评价。

[2] "三规范一清单六机制"：即实名常驻、片区派驻和吹哨进驻人员三个管理规范，街乡实体化综合执法中心任务清单，党建引领机制、筛查汇总机制、会商研判机制、分级处置机制、效果评价机制、督查问责机制。

[3] "四减三增两满意"：部门主动减、街乡统筹减、技术支撑减、准入源头减；社区主体增能、社区服务增效、居民需求增服务；注重群众满意、注重社会满意。

[4] "三减三增五统一"：减岗、减员、减重合；增资、增效、增活力；统一招录、统一使用、统一考核、统一培训、统一核薪。

理、科学有效。区城管委牵头在全区 43 个街乡推进街巷长制建设，推动开展街巷长队伍和小巷管家队伍的建设工作，制定运行机制，规范工作流程，开展小巷管家的招募和培训工作，共同参与街巷的环境治理。

（三）强化赋权保障

区委组织部、区绩效办优化完善了基层考核评价指标体系，在千分制考核中，街乡对部门的考核权重为 38%，联合印发考核实施细则；区委组织部制定了落实街乡相关职权的实施方案（试行），明确"四权"具体清单。

（四）强化资金保障

区财政局印发了《朝阳区民生家园建设专项资金管理办法（试行）》，确定每个街乡自主经费额度为 1000 万，规范资金使用，提升街乡资金统筹使用效能。

五、加强多方联动，推进法治建设

（一）形成政府整体的行政权力管理网络

法治是调节社会利益关系的基本方式，是社会治理的基本准则和手段。朝阳区在实施"街乡吹哨、部门报到"过程中，全面深化"平安北京"建设，以法治保障精细化管理，形成政府整体的行政权力管理网络，政法部门积极参与社会治安综合治理。一是推进多级贯通的实体平台建设。区司法局立足"法律事务咨询、矛盾纠纷化解、困难群众维权、法律服务指引和提供"的平台建设功能定位，着力打造区级、街道（地区）、社区（村）三级贯通、协调联动、一站式办理、运行高效的公共法律服务实体平台。建成 1 个区级公共法律服务中心，43 个公共法律服务站，569 个公共法律服务室。二是创新调解无缝衔接机制。区司法局与区法院积极推进朝阳区诉前调解中心建设，构建朝阳特色的"三方调解、两员进驻、一站式诉调对接纠纷解决机制"，调解不成功再转入法院诉讼程序，实现调解、诉讼"无缝转换"。三是完善基层指导机制。区公安分局根据全局 47 个派出所的地理位置、工作特点、高发案件类型以及近几年办案数据，推行法制支队对口包所指导机制，通过"送教到基层"方式进行针对性现场培训。四是完善多部门沟通联动机制。区检察院加强与区政法委、公安、法院等部门的沟通联动，建立信访风险评估预警机制，做到信访问题"在办案中发现、在发现时化解"，维护了正常的信访秩序和社会秩序。

（二）实现从联合执法链工作机制向全面推进基层治理运行模式的转变

朝阳区"街乡吹哨、部门报到"通过推进行政资源下沉街道，治理重心下移、力量下沉、服务基层，完善基层治理的应急机制、服务群众的响应机制，建立起从发现问题到监督评价，环环相扣、无缝衔接的社会治理责任闭合圈，实现了从联合执法链工作机制向全面推进基层治理运行模式的彻底转变，取得了显著成效。一是工作推进实现创新化、成果化。形成了党建引领"街乡吹哨、部门报到"试点三大成果汇编，包括：实践成果共计523项案例（其中，提炼典型案例38项），专组成员部门、试点单位拟定的制度成果共计143项，与智库和专业团队合作，以"5个课题"为基础，形成5个理论成果。二是常态化运行机制实现规范化、标准化。比如区级监督中心建立的"四大运行机制"、社会办"四减三增两满意"立体减负增效体系；试点单位安贞"七步工作法"推动安贞路交通综合治理、将台"提议定办评"实现芳园南里西区整治提升等，群众满意度高。通过共商共治平台，推动完成了1168件为民办实事解忧项目落地。按照"五有五化"的标准，继续推进居民议事厅规范化建设，在城市地区完成了40个居民议事厅规范化建设任务；在高碑店等10个地区办事处完成了95个居民议事厅规范化建设，逐步推进居民议事厅规范化建设实现全覆盖。三是总结宣传工作实现立体化、经验化。相关媒体报道及重点网络转载近600篇次，其中，《北京日报》报道10篇（其中头版报道8篇）；北京电视台报道13次（其中《北京新闻》报道4次）；《北京晚报》《北京青年报》《北京晨报》《新京报》《法制晚报》等媒体头版、整版、半版、挂栏报道40篇。同时，"一轴四网"、双井社区卡、"三三五"工作体系在《北京工作》、《北京改革情况交流》进行刊载，编辑印发涉及各级工作动态、典型案例和经验做法等内容的信息快报共74期。